CAROLI MAY

OPERA COLLECTA

TOMVS IX TOTIVS OPERIS

VINNETV
TOMVS TERTIVS

KARL-MAY-VERLAG
BAMBERG·RADEBEUL

CAROLVS MAY

VINNETV
TOMVS TERTIVS

Narratio itineraria quam in Latinum vertit

IOHANNES LINNARTZ

Mille ad tria milia exemplarium

KARL·MAY·VERLAG
BAMBERG·RADEBEUL

INDEX

Prooemium 5
1. DE VIRO SINE AVRIBVS. 7
2. AD MAGNAM FERRIVIAM OCCIDENTALEM. . . . 35
3. „AQVAM, AQVAM!" 69
4. ‚VVLTVRES' PLANI PALATI. 94
5. APACHIVM SPECVLATOR VENIT 122
6. IN ‚TRVCES ET CRVENTOS SALTVS' INTVEAMVR! 150
7. IN CAMPO TENTORIO COMANCHIVM. 178
8. IN COHORTE DOMNI FERDINANDI. 206
9. DE MIRO DEVERSORIO. 237
10. DE PVLVERE MORTIFERO. 260
11. DE REGVLIFRAGIS. 295
12. DE OCCVRSV IN SEMITA BELLI. 320
13. DE „ALVTATIONE ANGELICA" IN LOCIS INCVLTIS AVDITA.. 328
14. DE VINDICTA IVSTA.. 354
15. SVB MONTE HANCOCKII.. 372
16. RVRSVS AD NVGGET TSIL. 391
17. DE TESTAMENTO APACHIS. 415
18. IN PAGO KIOVARVM. 439
19. AD ARBOREM MORTIS ALLIGATVS. 461
20. AD AQVAM OBSCVRAM. 489
EPILOGVS.. 510
Appendix 514

Res huius narrationis primis annis
octavi decennii saeculi undevicesimi gestae sunt.

Herausgegeben von Lothar und Bernhard Schmid
Übersetzung von Hans Linnartz
© 1998 Karl-May-Verlag, Bamberg
Alle Urheber- und Verlagsrechte vorbehalten
Deckelbild: Carl Lindeberg

Satz: Oldenbourg Informations Management, München
Druck: Druckhaus Beyer GmbH, Hollfeld
ISBN 3-7802-0152-6

Prooemium

‚Emortua est lingua Latina.' Quis est, qui hanc sententiam multipliciter repetitam ignoret! Quae sententia non fit verior, quo saepius repetatur. Ecclesia Romano-catholica scil. numquam desiit hac lingua uti, quamquam nostris temporibus linguae vernaculae in sacris celebrandis plus plusque invalescunt. Revera nulla iam est natio, nullus iam populus, qui Latine loquatur. Attamen sunt, qui in circulos amicaliter congregati hunc vetustum sermonem colant, quo monstrant monstrentque eum adhuc esse vivum, vegetum, vitalem, cuius ope etiam res nostrae aetatis, quae modernae dicuntur, exprimi possunt.

Talis circuli vivae Latinitatis amantium sodalis est Joannes Linnartz, qui admirabili annisu hunc Caroli May librum Latine reddidit, idque scite et daedale. Probet ergo unusquisque Latini sermonis gnarus, utrum legibilis et intellegibilis sit hic liber necne, quamvis ‚lingua emortua' scriptus proponatur!

Rochus Habitzky

1. DE VIRO SINE AVRIBVS.

Non mediocri spatio a primo mane confecto aliquantum fatigatus eram et validis radiis solis in alto caeli fastigio stantis vexabar, ut quiescere et prandium sumere constituerem. Prataria undatim alia post alia excelsiora et depressiora efficiens latissime patebat, Postquam manus nostra quinque ante diebus a crebra Ogellalarum caterva dispersa est, neque bestiam memorabilem neque hominis vestigium inveneram, ut desiderio animalis ratione praediti caperer, quocum experirer, si forte silentio diuturno lingua defectus essem.

Neque rivus neque aliae aquae hic erant, ne silva quidem vel virgulta, ut haud diu mihi eligendum esset egoque consistere possem, ubicumque volebam. Itaque in depressiore loco in humum desilui et equifero pedica vincto stratum dempsi et excelsiora ascendi, ut illic considerem. Equus mihi infra relinquendus erat, ut hostibus appropinquantibus non videretur. Ipse autem locum excelsiorem deligere debui, ut loca oculis perlustrare possem, cum ipse humi procumbens haud facile conspicerer.

Non sine causa mihi cavendum erat. Cum grege duodecim virorum a ripa Plattae fluvii profecti eramus, ut in orientis parte Montium Saxosorum in Texiam descenderemus. Eodem tempore variae gentes Siuxensium vicos castrenses reliquerant, quod nonnullis bellatoribus ab albis interfectis poenam petituri erant. Quamquam id scientes caveramus, in manus eorum incideramus et quinque viris ex nostris acerrimo et cruento proelio interfectis in omnes pratariae partes dispersi sumus.

Cum Indiani ex vestigio meo, quod parum delere potueram, cognovisse viderentur me in meridiem equitare, eos me secuturos esse pro certo habendum erat. Ergo oculos apertos habere debebam, ne mihi timendum esset, ne lodice quodam vespere involutus mane sine capitis cute in aeternis saltibus venatoriis expergiscerer.

Procubui, frustum bubalinae siccatae prompsi et sale egens pulvere pyrio infricui, tum dentibus in statum redigere conabar, ut massam corio duriorem in ventrem insererem. Post unum ex meis *manufactis* sumpsi et accendi et fumi nubeculas tanta cum voluptate efflabam, quasi colonus Virginianus essem, qui foliola media optimi *chenopodii*[1] digitabulis nitentibus evulsa fumat.

Nondum diu in lodice cubabam, cum fortuito respiciens punctum in margine circuli finientis conspexi, quod via angulum acutum cum mea itineris regione efficiente ad me ferebatur. De loco edito tantum delapsus, ut corpus prorsus contegeretur, rem observabam, quam paulatim cognoscebam equitem esse, qui valde pronus Indianorum modo in equo pendebat.

Cum eum primo conspexi, ad mille quingentos passus a me aberat. Equus eius tam tardos gradus faciebat, ut ei paene semihora opus esset ad mille passus conficiendos. Rursus prospectans, unde veniret, obstupefactus cognovi alia quattuor puncta diligenter vestigium eius prosequentia, qua re eo attentior sim factus. Illum equitem singularem album esse ex veste eius certe cognovi. Erantne fortasse alii eum persequentes Indiani? Telescopium prompsi:

Revera, me non fefelleram. Eos appropinquantes ex armis et coloribus per tubum perspexi Ogellalarum, gentis bellicosissimae et crudelissimae Siuxensium esse. Equis bonis erant instructi, cum equus albi deterrimus esse videretur.

Eques, qui statura parva et macra erat, in capite pilleum margine carentem gerebat, quae res in prataria conspicua non erat, hac in re autem defectum evidentem

[1] chenopodium – goosefoot (species tabaci)

faciebat, qui mihi maxime insignis esse debebat: Ei deerant aures. Loci, ubi esse debebant, vestigia violentiae exhibebant. Ei utique desectae erant. Umeri eius amicti erant ingenti tegumento, quo superior corporis pars prorsus velata esset atque etiam crura macra vix cognosci possent, quae peronibus tam miris erant calceata, quos homines in Europa habitantes risissent. Tales enim erant, quales *gauchi*, qui dicuntur, bubulci Americae australis, conficere et gerere consuerunt. In pellem, quae de pede equino ungula privato detracta est, dum calida est, crus inseritur. Tum cutis refrigescens arte et firme aptatur et pedi et cruri, ut egregium pedum tegmen efficiatur, quo scilicet ipsius plantis itur. De ephippio ignoti res pendebat, quae, quamvis pro bombarda esset, fusti similis videretur, qui in ipsa silva inveniatur. Equus eius erat vetula equa camelipes, cui saetae caudae prorsus deerant. Caput eius iusto maius erat et tanta longitudine aures, qua quis terreri posset. Bestia tali habitu erat, quasi ex variis corporum partibus equi, asini dromadisque esset composita. In eundo caput deorsum deflectebat usque ad solum, cum aures iuxta caput sicut canis Terranovanus flaccidas demittebat, tamquam ei essent nimis graves.

Si condiciones aliae fuissent sive novicius fuissem, eques et equus mihi risui fuissent; sed quamquam habitus eius mirus erat, mihi unus ex illis viris occiduis esse videbatur, qui cognosci debeant, ut praestantia eorum iudicari possit. Putabam eum nescire quattuor atrocissimorum hostium tam prope a se abesse, sin aliter, non tam lente et secure viam tenuisset aut certe interdum ad eos respexisset.

Cum usque ad centum passus appropinquavisset, vestigium meum tetigit.Utrum ille an equus eius id prius animadvertisset, dicere nequibam, sed bene crevi equam ultro subsistentem, caput amplius quam antea in terram demittentem, limis oculis vestigia equiferi mei intuentem, acriter aures longas moventem, quae modo sursum et deorsum ferebantur, modo porro et retro ad se applicabantur, ut a manu caeca de capite extorqueri viderentur. Cum eques, ut vestigia diligenter scrutaretur, descensurus esset, ne tempus pretiosum perderet, eum occupavi clamans: „Heus, vir! In equo residens paulum adequita!"

Habitum corporis ita mutaveram, ut me videre posset. Equa eius confestim caput tollens auresque immobiles porro applicans, tamquam verba mea sicut pilam excipere vellet, sedulo brevem et nudum truncum caudae movebat.

„Heus, domine", ait, „alias voci tuae moderare et rude paulo lentius. Hoc in vetere prato numquam scis, an fortasse hic vel illic sint aures, quas nihil audire oporteat. Veni Tonia!"

Equa, postquam succlamatione inducta crura paene supra modum longa cievit, sua sponte apud *equiferum*[1] meum stetit, cui, cum eum superbe et maligne intuita erat, illam corporis partem obvertit, quam apud navem puppim appellare solent. Una ex illis bestiis esse videbatur, quae – haud raro in prataria – solum domino suo vivant, sed cuilibet alii tam contumaces se praebeant, ut nulli usui sint.

Ei respondi: „Non ignoro, quanta voce loqui liceat. Unde venisti et quo vis, domine?"

„Id omnino nihil ad te attinet", inquit.

„Putasne? Nimis humanus non es. Id tibi iam nunc bona mente testificari possum, quamquam vix ulla verba tecum locutus sum. Sed aperte dicere velim me responsum ferre consuesse, si interrogaverim."

„Ehem. Tu videlicet mihi nobilissimus vir humanus esse videris", inquit contemptim me adspiciens. „Itaque ilico te certiorem faciam, sicut petisti."

Primo retrorsus innuens, tum prorsus: „Inde", inquit, „veni, illuc velim."

---

[1] equifer, -i m. – der Mustang

Viro delectari coepi. Certe me alterum Gargilium[1] existimavit, qui a comitibus aberravisset. Vir vere occiduus[2] parum curat habitum et aperte ab omni cultu abhorret. Qui per multos annos in occidente fero vagatus est, vestimento ad vitae societatem hominum elegantiorum aptus non est atque putat hominem corpus suum curantem *neoceraeam*[3], a qua nihil praeclarum exspectari possit. Illic in castello Randallio me novo vestitu exornaveram et semper arma nitentia habere solebam, quibus rebus zavanivago[4] gravis videri nequibam. Itaque mores asperos homuncionis alieni haud moleste ferebam, ut aeque ac ille porro innuerem:

„Ita fac, ut *illuc* pervenias! Sed cave illos quattuor Indoandras[5], qui vestigium tuum persequuntur. Haud scio, an eos omnino non animadverteris."

Ille vir macer me contra intuitus est oculis claris et acribus, ex quibus simul et admiratio et irrisio cognosci possent. „Eos non animadverti? Hihihi! Quattuor Indoandres post me neque ego eos animadvertam? Exempli gratia mirum caput mihi esse videris! Optimi homines iam a primo mane me insequuntur. Sed eos respicere non debeo, quoniam horum rubrorum virorum nobilium mores novi. Satis magnum spatium tenebunt, dum lux clara erit, mihique obrepent, si qua cubile mihi quaesivero. Sed ratio exempli gratia eos valde fallet; nam gyrum carpam, quo post tergum eorum perveniam. Adhuc solum deerant loca apta. Inter has undas locorum editorum et demissorum tandem facere potero. Atque si discere et videre vis, quomodo vetus vir occiduus efficiat, ut advehatur ad *Erythroandras*[5], tantum ad decem minutas tibi exspectandum erit. Sed certe omittes; nam tui generis vir exempli gratia aliquid Indianorum spiritus naribus

---

[1] alter Gargilius – Sonntagsjäger (Hor.)
[2] vir occiduus – Westmann [3] neoceraea – Greenhorn
[4] zavanivagus – Savannenläufer [5] Indoandres – Indsme
[5] Erythroandres – Redmen

haurire vehementer abhorruerit? Age Tonia!"

Prorsus me neglegens equo avectus est, ut iam post semiminutam una cum mira equa inter edita loca evanuisset.

Consilium eius mihi facile erat ad intellegendum; nam eius loco simile cogitatum perfecissem. Cum equa gyrum carpturus erat, quo post tergum insectantium perveniret. Hoc modo illis appropinquare debebat, priusquam ex cursu flexo consilium eius concluderent. Ut id, quod volebat, consequeretur, ei in vallibus locorum undatorum versandum erat, melius autem erat eum non post tergum Indoandrum se collaturum, sed flexum tam brevem facturum esse, ut iis praetereundus esset. Cum eum adhuc bene observare potuissent, sciebant, quam longe ante se esset, ut suspicari nequirent eum subito rursus in propinquo fore.

Cum essent quattuor contra unum, fieri potuit, ut armis uti deberem. Quibus igitur inspectis exspectabam, quid accideret.

Indiani appropinquabant alius post alium. Paene ad locum pervenerant, ubi vestigium parvi et meum inter se concurrerant, cum primus ex iis equo stato oculos rettulit. Mirum eis videbatur, quod albus, quem insectabantur, non iam videbatur. Arte una manentes breve consilium inierunt.

Globulo sclopeti *ursicidalis*[1] eos, si res id exegisset, contingere potuissem. Sed opus non erat; nam tum ictus sclopeti fragorem edidit, et proxima secunda alter ictus auditus est. Dum duo Indiani ex equis defluunt, magna et exsultans vox intonuit.

„O-hi-hi-hiiii!" illo sono gutturali editum est, quem clamorem Indiani tollere solent.

Sed non Indiani eum emittebant, sed ille parvus venator, qui ex propinqua valle demissa exortus est. Propositum suum peragens, postquam ante me e conspectu evo-

---

[1] (sclopetum) ursicidale – der Bärentöter

lavit, rursus ante me videbatur. Simulabat se post duos globulos coniectos fugiturum esse. Equa eius repente prorsus alio ingenio esse videbatur. Crura vehementer divaricabat, caput cum auribus alacriter erectis imis in cervicibus erat omnesque nervi intenti esse videbantur. Et eques et equa quasi in unum corpus coaluerant. Vir sclopetum habenis laxatis tam certe oneravit, ut eum non primum in tali loco esse colligi posset.

Post eum duae displosiones crepuerunt. Uterque Indianus invulneratus ictum in eum miserat, sed neutro globulo tactus est. Indoandres ululatum rabiosum tollentes securibus bellicis captis eum subsequebantur. Ille omnino nondum respexerat. Cum autem sclopeto onerato equum subito converteret, bestia consiliorum domini partem capere videbatur. Constitit et cruribus porrectis stabat immota sicut machina serratoria. Postquam sclopeto sublato eques breviter speculatus est, proximis atomis temporis bis fulsit neque minime quidem equa micuit – patebat duorum Indoandrum capita percussa esse.

Adhuc sclopetum ad scopum direxeram, sed *ponticulum*[1] non presseram, cum parvus auxilio meo carere posset.

Postquam ex equo descendit occisos inspectaturus, ad eum astiti.

„Quid vero, domine, scisne tandem exempli gratia, quomodo ad hos furciferos rubros in gyrum redeatur?" me interrogavit.

„Εὐχαριστῶ (gratias ago), domine! Video apud te aliquid disci posse!"

Risum meum paulum ancipitem ducere videbatur, ut acriter in me intuens diceret: „An tu etiam in talem cogitationem incidisses?"

„Gyro opus non fuit", inquam. „Cum haec sit natura loci, ut in vallibus clam te subducere possis, satis est te,

[1] ponticulus – Abzug

postquam a longiore spatio in conspectum venisti, in proprio vestigio equo revehi. Gyrus magis idoneus est ad planam et patentem pratariam."

„En, unde haec omnia cognoveris? Quis tandem es, eho?"

„Libros scribo."

„Tune – libros – scribis?" Admiratus pedem rettulit et frontem partim suspicaciter, partim misericorditer contraxit. „Aegrotasne, domine?"

Eques auribus carens digitum intendit ad frontem, ut non ignorarem, quem morbum diceret.

Rettuli: „Non sum."

„Nonne? Ita fortasse ursus te intelleget, sed ego non! Bubalum mihi telo occido, quod mihi edendum est. Qua de causa tandem libros tuos scribis?"

„Ut legantur."

„Domine, pace tua dixerim, haec vero stultitia est, qua maior cogitari non potest! Qui libros legere cupit, sibi ipse eos scribat, quam rem exempli gratia etiam puer intelleget. Neque ego enim pro aliis carnem comparo! Ehem, *bibliopoeus*[1] igitur es? Sed quorsum huc in zavanam venis, heus? Visne exempli gratia hic libros scribere?"

„Id tum demum faciam, si rursus domum revertero. Tum narrabo, quaecumque expertus ero et videro. Et multa milia hominum legent et scient, quae in zavana accidant, neque ipsis in pratariam ire opus est."

„Narrabisne igitur etiam de me?"

„Videlicet!"

Altero gradu relato proxime ad me accessit et dexteram capulo cultri venatorii, sinistram bracchio meo admovit.

„Domine, illic equus tuus est! Te subice in eum et fac, ut hinc facessas, nisi vis nonnullos digitos frigidi et acuti ferri inter costas tuas se insinuare! Coram te neque ullum

---

[1] bibliopoeus (βιβλιοποιός) – Bookmaker, Büchermacher

verbum dicere neque bracchium movere mihi liceret, quin omnes certiores fierent. Hic et ille male tibi faciat! Quam citissime te amolire!"

Parvus vir, quamquam vix usque ad umerum meum pertinebat, serias minas iactaverat. Quae res mihi delectamentum attulit, sed id non patefeci.

Ad propositum reverti: „Tibi promitto me nihil nisi bonum de te scripturum esse."

Respondit: „Abibis! Dixi, manet et fixum est!"

„Ergo fidem tibi astringo me de te omnino nihil scripturum."

„Hoc concedi non potest! Qui aliis hominibus libros facere aggreditur, demens est neque demens umquam fidem servabit. Age, porro, vir, ne exempli gratia bilis effluat in digitos meos neve ego faciam, quod aegre patiaris!"

„Quid id fuerit?"

„Ilico id videres!"

Eum ridens in irata et micante oculorum acie aspiciebam.

„Ergo fac, ut videam!"

„Age, huc specta! Quantopere tibi probatur hoc ferrum?"

„Haud male. Tibi probabo."

Temporis puncto ei rapto bracchia retro torsi, inter ea et tergum eius bracchium meum sinistrum inserui, ea arte mihi impressi dextramque meam tam dure manus articulo imposui, ut vocem doloris edens cultrum ex manu amitteret. Hoc impetu repentino parvus vir tantopere praeventus erat, ut loro sacculi globorum manus eius in tergo constrictae essent, priusquam resistere potuisset.

„Malum!" exclamavit. „Quid tibi vis! Quid mihi exempli gratia facies?"

„Heus, domine, voci tuae moderare et rude paulo lentius" eius ipsius prioribus verbis usus respondi. „Hoc in vetere prato numquam scis, an fortasse hic et illic sint aures, quas nihil audire oporteat."

Eo ex manu emisso celeriter cultrum cepi et bombardam, quam antea, cum occîsos inspecturus esset, deposuerat. Manuum vinculum rumpere temptabat, ut contentione rubor ei suffusus sit, sed ei non contigit, quod lorum nimium adductum erat.

Ei consilium dedi: „Exspecta, domine! Non prius libertas tibi reddetur, quam ego voluero. Tibi enim solum declaraverim bibliopoeum cum hominibus ita loqui consuesse, ut illi cum eo loquuntur. Cultrum in me neque laesus neque damno affectus strinxisti, ut ex legibus zavanae mihi sis egoque tibi facere possim,quaecumque mihi placent. Nemo homo est, cui licebit me rationem facti reposcere, si fecero, ut hoc frigidum et acutum ferrum inter costas tuas se insinuet neque inter meas, sicut tu antea voluisti."

Truci voce respondit: „Feri me, vir! Mihi gratissimum erit, si me exstingues; nam quod a singulo adversario, dum comminus eum aspicio, clara luce superatus et ligatus sum, ut ne digito quidem eum attigerim, est ignominia, cui *Sin-Otus* [1] superstes esse nequeat."

Exclamavi: „Sin-Otus? Tune Sin-Otus es?"

Multum de hoc claro viro occiduo audiveram, qui raro alio comitante inveniebatur, quod vix quemquam dignum ducebat, qui eum sequeretur. Cum multis ante annis aures apud Navaios amisisset, ei nomen *Sin-Oti* impositum est, quod miro modo ex duabus linguis compositum est et sub quo notus erat, quoad zavana pertinebat et ultra.

Sin-Otus a me interrogatus tacebat et tum demum, cum iterum interrogaveram, dixit:

„Meum nomen nihil spectat ad te! Si mihi sit malum, non est dignum, quod edatur, atque si mihi sit bonum, oportet me id integrum servare a praesenti ignominia!"

---

[1] Sin-Otus – Sans-Ear

Ad eum accessi et vincula eius solvi.

„Ecce culter tuus tuaque bombarda; liber es! I, quocumque vis!"

Fremuit: „Noli stulte iocari! Num ignominiam hic relinquere possum, me a neoceraea esse victum? Si plane vir fuisset sicut Vinnetu vel potius *Vetus Pyrobolochir*[1] et *Vetus Catabolochir*[2], tum –

Miserebat me vetuli. De machina mea profecto graviter ferebat, ut mihi commodum esset me eum consolari posse, quoniam modo nomen memoraverat, quo ad ignem campestrem alborum et in Indianorum *viguamiis*[3] (casis) clarus eram factus.

Rogavi: „A neoceraea? Putasne reapse tironem Sin-Oto strenuo talem dolum nectere posse?"

„Quis alius es? Habitu enim es vir, qui recta via ex vestificina venit, et arma tua ita extersa et nitida sunt, ut pro saltatione personata institui solent!"

„Sed praestantia sunt; videbis! Animum attende!"

Lapidem altero tanto maiorem dollario humi iacentem captum in altum ieci et, cum in eo esset, ut viribus actus et terrae nutu summum viae locum assecutus esset, ut immotus inter caelum et terram suspensus esse videretur, globulo ictus et etiam sublimius actus est.

Talem iactum prius mei exercendi causa sescenties temptaveram, quam bene succederet. Erat artificiolum, quo spectatores obstupescerent. Nempe parvus me oculis aspexit, ex quibus me paene aliquid consternationis cognoscere putabam.

„Pro Dei fidem, qui iactus! Succeditne semper?"

„Ex viginti iactibus undeviginti succedunt."

„Ita es unus ex iis, qui haud facile inveniuntur! Quod exempli gratia tuum est nomen?"

„Vetus Catabolochir."

[1] Vetus Pyrobolochir – Old Firehand
[2] Vetus Catabolochir – Old Shatterhand
[3] viguamium, -ii n. – Wigwam

„Esse non potest! Vetus Catabolochir multo maior natu esse debet, aliter non *Vetus* Catabolochir vocaretur."

„Obliviscéris verbum *veteris* saepissime ad alia indicanda atque aetatem adhiberi."

„Res ita est, ut dicis! Sed ehem, tua pace dixerim, domine: Vetus Catabolochir a Vinnetu plagam in collum accepit, quae –"

„Aspice – haec est cicatrix!"

„Vere! Illic est! – Et – Vetus Catabolochir semper duo sclopeta secum ferre dicitur, ursicidale et carabinum."

„Ecce illa!"

„En, reapse igitur es Catabolochir! Ehem, tibi aliquid dicere velim: Nonne putas me exempli gratia stuporem esse immensum?"

„Non est ita, non puto profecto. Tantummodo me falso neoceraeam duxisti, nihil aliud. A novicio talem petitionem exspectare non poteras. Sin-Otus solum re necopinata vinci potest."

„Oho, tibi re necopinata opus non esse videtur. Neque multi fuerint, quibus sint ingentes corporis vires tuae.

Si quis a te opprimitur, ei non ignominiae est. Ergo inter nos amicitiam iungamus! Verum nomen mihi est Marco Iorrocks. Atque si mihi gratum facere velis, Marcum me appella!"

„Et tu me Carolulum, sicut omnes amici. Ecce dextra mea!"

„Cedo, ita sit, domine! Vetus Marcus non talis est, qualis ilico uniuscuiusque manum prenset. Tibi autem extemplo dextram dabo. Sed benevolum te praebe, quaeso, ne forte mihi manum in pultem contundas! Posthac ea mihi opus erit."

„Ne timueris, Marce! Ista manus mihi etiam saepius gratum faciat, sicut mea parata est ad te adiuvandum. Sed nunc priorem quaestionem mihi iterum proferre licuerit: Unde venis et quo tendis?"

„Ex Canada parumper degressus, ubi cum *hylastis*[1] fui, nunc exempli gratia in Texiam et Mexicum tendo, ubi tot furciferi esse dicuntur, ut vehementer gaudeas, si tibi fingas, quot globuli et cultrorum ictus ibi sint exspectandi."

„Haec utique prorsus est via mea! Ego quoque in Texiam et Californiam volo neque quicquam mea refert, num parvo itinere transverso per Mexicum usurus sim. Licetne mihi te prosequi?"

„Num tibi liceat? Ita sane! Te iam in illa regione meridiana fuisse audivi, ut ipse sis vir, quo mihi usus est. Sed nunc mihi extra iocum dic: Revera libros facis?"

„Facio."

„Ehem! Quoniam Vetus Catabolochir id dicit, res tota contra se habere debet, quam putabam. Ego autem tibi affirmo me de improviso et supinum in cavum ursinum cadere malle, quam calamum in atramento intingere. Tota vita ne ullum quidem verbum efficerem. Nunc autem explica, quomodo Indoandres hanc in regionem perveniant! Sunt Ogellallae, a quibus quacumque ratione cavendum est. Alias autem illae mastigiae multo magis ad septentriones versus quaeri solent."

Ei narravi, quae nossem.

„Ehem!" tum inquit. „Ita alienum erit in hoc loco inhaerere. Heri enim in vestigium non contemnendum incidi, in quo sexaginta minimum equos cognovi. Hi quattuor rubri ad illum gregem pertinere et ad explorandum emissi esse videntur. Iamne aliquando hic fuisti?"

„Non fui."

„Indoandras circiter triginta milia passuum ad occasum versus versari opinandum est. Eis via decedemus iter in ipsum meridiem tendentes, quamquam ita cras demum in aquam incidemus.. Si mox profecti erimus, hodie ante noctem ad ferriviam perveniemus, quae ex *Civitatibus* in regiones occidentales aedificata est atque, si opportune illuc pervenerimus, delectationem habere

---

[1] hylastes, -ae (ὑλάστης, -ου) – lumberjacks (Holzfäller)

poterimus videndi exempli gratia tramen praetervehens."

„Promptus sum ad proficiscendum Sed quid cadaveribus faciemus"?

„Quid faciemus? Non multum. Hic ea relinquemus. Antea autem aures eorum adimam."

„Ea nobis infodienda sunt; nam si inventa erunt, nos adesse patebit."

„Velim inveniantur, Carolule; id ipsum volo."

Sin-Otus Indianos mortuos in summum collem tulit, alium iuxta alium deposuit, aures desectas in manus eorum dedit.

„Ita satis est, Carolule! Si eos invenerint, ilico Sin-Otum adfuisse scient. Tibi dico, taetrum est sensu, si hieme aures tuae frigent, quamquam tibi non iam sunt. Quondam tam imperitus eram, ut a rubris caperer. Compluribus eorum interfectis unum securi bellica non bene iceram, ut ei solum aurem abscidissem. Itaque mihi aures ad ludibrium desecuerunt, priusquam in eo erat, ut in vitae periculum adducerer. Aures quidem abstulerunt, non autem vitam; nam Marcus ex inopinato aufugit. Pro duabus auribus autem – ah – numera, quaeso!" Bombarda prompta aequus multas incisuras mihi ostendit, quas fecerat. „Unaquaeque incisura significat mortem Indoandris hostilis. Nunc quattuor adduntur."

Quattuor incisuris insectis pergebat:

„Hi omnes rubri sunt. Illae octo incisurae autem pro albis sunt factae, qui globulos meos gustaverunt. Qua re, hanc rem tibi certe aliquando referam. Mihi tantummodo duo quaerendi sunt, pater et filius, pessimi carnifices, qui in amplissimo Dei mundo esse possunt. Quibus duobus inventis pensum meum transactum erit."

Oculi eius repente umentes micabant atque in ore eius intemperie signato aliquid maestitiae et animi motus et mollitiae comparuit. Coniciebam animum veteris venatoris olim etiam haud dubio amore incensum fuisse. Fortasse sicut multi alii dolore aut ulciscendi cupiditate adductus vitam asperam locorum incultorum petiverat; nam venator vere pratarius non iam novit mandatum: Diligite inimicos vestros!

Marcus bombardam rursus oneraverat. Erat unum ex illis miris ferris ignivomis, quae in prataria haud raro inveniantur: Scapus primam speciem amisit, quod incisura iuxta incisuram, ictus iuxta ictum est. Unumquodque signum de morte inimici monet. Fistula spissa ferrugine tecta distorta esse videtur. Alienus ne mediocrem quidem iactum tali sclopeto mittere potest. Tali bombarda possessor autem semper destinata ferit. Tota vita se ea exercuit, ut omnia bona omniaque mala et vitia eius noverit, et si globulum in pulverem pyrium depulit, sponsionem facit de vita et beatitudine eum destinatum percussurum esse.

Parvus vocavit: „Antonia!"

Equa, quae adhuc in propinquo pasta erat, ab eo vocata assiluit et tam apta prope eum constitit, ut solum bracchium levare deberet ad insiliendum.

„Marce, tibi est equus praecipuus! Si quis eum primum viderit, nullum dollarium pro eo pollicebitur. Sin autem diligentius observaverit, mox animadvertet eum tibi ne quingentis quidem dollariis venalem esse."

„Quingentisne? Hm! Dic mille! Illic in Montibus Saxosis venae mihi notae sunt, ex quibus aurum abunde eximere possem. Atque si cui obviam factus ero, qui dignus sit, quem Marcus Iorrocks ex animo carum habeat, ei venam monstrabo. Ergo non opus est me Antoniam aliqua pecunia vendere. Solum tibi tantum dicere velim, Carolule: Ille, qui nunc Sin-Otus nominatur, olim plane alius homo erat, felicitate et hilaritate abundans sicut dies luce et guttis mare abundat. Erat colonus iuvenis, cui erat uxor, pro qua sescentas vitas profudisset, et puer, qui ei pluris erat quam decem milia vitarum. Uxorem olim optima in equa sua, cui nomen erat Antoniae, domum deduxerat. Et cum postea equa pullum peperisset, qui erat sanus alacer prudensque quam raro animal, cur non item Antonia nominaretur ut mater? Nonne recte dico, Carolule?"

„Ita est", respondi valde affectus animi innocentia eius, qui nunc tam necopinato ad me loquebatur.

„Age, tum autem illi decem venerunt, de quibus tibi antea rettuli. Erant globus *grassatorum* [1], qui illam regionem tum infestam reddebant. Praedium meum combusserunt, uxorem puerumque interfecerunt, equam, qua uti nequibant, quod neminem alienam ferebat, transfixerunt. Solus pullus effugit, quod fortuito aberraverat. A venando reversus hanc bestiam inveni, quae unica erat testis felicitatis amissae. Quid tibi aliud narrem? Octo illorum furciferorum mea manu ceciderunt, globulis hac bombarda coniectis ceciderunt. Duo ultimi item mei fient. Nam cuius vestigium vetus Sin-Otus insectatus erit, eum non effugiet, licet transcurrat usque ad Mongoles. Ea ipsa de causa deorsum in Texiam et Mexicum volo. Colonus iuvenis et alacer canus factus est silvi et zavanivagus [2] qui tantummodo sanguinem et poenam meditatur, et pullus in animal conversus est, quod specie et vultu similius est capro quam bono equo. Sed strenuus uterque etiam hodie est et fortiter una sustentabimus, donec aut sagitta striderit aut globulus sibillaverit aut securis bellica cum strepitu delapsa erit, ut alteri exitum afferat. Alter – sive equus sive vir – maerore et desiderio conficietur."

Sin-Otus oculis manu strictis insiluit et dixit:

„Tantum de veteribus rebus, Carolule. Primus es, quocum de his locutus sum, quamvis te primum viderim, atque etiam ultimus fueris. Tu de me audisti, atque de te quoque narrabatur, si occasione oblata mihi in mentem venerat hos vel illos homines ad quadrantem horae prope ignem assîdere. Itaque me te non alienum existimare tibi

---

[1] grassati – bushheaders (Strauchdiebe)
[2] silvivagus – Waldläufer

ostendere volui. Si me amas, etiam obliviscere me hodie a te oppressum esse. Tibi ostendere temptabo veterem Marcum Iorrocks tamen omni tempore vigilare."

Equiferum ex pedica expedivi et ipse quoque me subieci. Iorrocks, quamquam dixerat nos in meridiem tenturos esse, tamen recta via in occasum equitabat. Sed eum de hac re non interrogavi. Utique rationem bene consideratam sequebatur. Neque ullum verbum feci, quod hastas quattuor Indianorum secum ferebat.

Non mediocre iter iam emensi neque ullo verbo usi eramus, cum equum suum sustinuit. Postquam ex equo descendit, hastam in summam acclivitatem pratariae undatae infixit. Tum cognovi eum id agere, ut hastas ut indices viarios poneret, ut Indoandribus viam monstrarent ad mortuos ferentem, ut viderent Sin-Otum quattuor novas hostias morte multavisse.

Tum veteres hippoperas aperuit et octo pannos spissos prompsit, quos mecum partitus est.

„En Carolule, descende! Si ungulas equiferi tui involveris, in huius generis humo ne minimum quidem vestigium facient, ut Erythroandres nos per aera avolavisse putare debeant. Nunc recta via equita, donec ad ferriviam perveneris; ibi me exspecta! Tribus aliis hastis infixis te exempli gratia sequar. Certo alter alterum inveniet, et si alter ab altero paulum deerraverit, vulturis vox interdiu sit signum et noctu ululatus *canis latrantis*[1]."

Quinque minutis post invicem nos non iam videbamus. Cogitationibus traditus regione designata equitabam. Ungulis obvolutis equus meus retardabatur a celeriter currendo, ut aliquot quinque milia passuum emensus descenderim ad pannos adimendos, quoniam tantummodo fuerant ad vestigia nostra circa ipsas hastas caeca facienda.

Tum equifer rursus pleno gradu currere poterat. Prataria paulatim planior fiebat et compluribus locis parva

---

[1] canis latrans – Kojote

nucum et cerasorum silvestrium virgulta habebat. Sol adhuc paulum super caelum extremum occidentale erat, cum in meridie conspexi lineam paene exacte ab soli occasu ad ortum porrigentem.

Fueritne illic trames ferriviae memoratae? Profecto. Postquam iter illuc tetendi, ea, quae ibi fore exspectaveram, revera inveni. Ferrivia, cuius orbitae in aggere hominis altitudinem aequante positae erant, ante me erat.

Mire afficiebar, obscure quidem, attamen intellegibiliter. Hic post longum tempus rursus cultui humano et civili occurri. Oportebat me tramine appropinquante solum signum manu dare, ut vel in occidentem vel in orientem avolarem. Sed hac cogitatione animus meus pellicitus non est, cum tantopere pratariae amoenitate captus essem. Equo *laqueo missili*[1] ad paxillum alligato sub fruticibus ligna arida quaesivi ad ignem campestrem faciendum. Cum me demisissem, ut nonnulla ramalia colligerem, obstupefactus malleum humi iacentem conspexi, qui breve tempus ibi esse poterat, quod nitens erat, ut nuper in usu fuisset; neque latera neque caput neque pinna eius quicquam ferruginis exhibebant, qua obducta essent, si instrumentum nonnullos dies umori roris nocturni obiectum fuisset. Hodie autem vel summum heri ibi homines versatos esse necesse erat.

Cum aggeris latere mihi adverso inquisito nihil notandum invenissem, ascendi et rursus irritus diu quaesivi. Ad extremum fasciculum densum *graminis Grammarii*[2] odorati et crispi animadverti, quod mihi hoc loco insolitum esse videbatur. Diligentius intuens aliquid inopinatum oculis crevi: Revera, pes superimpositus erat. Vestigium recens erat, haud longius duas horas exstabat. Graminis herbae soleae margine inflexae iam erectae erant, cum a parte fasciculi planta interiore pedis depressâ latitudo calcis et digitorum cognosci posset. Vestigium

---

[1] laqueus missilis – Lasso
[2] gramen Grammarium – Grammagras

mocassino Indiano effectum erat. Num Indiani in propinquo erant? Quae ratio ergo intercedebat cum malleo? Nonne albi quoque mocassinis Indianis utuntur? Nonne fieri potuit, ut *siderodromicus*[1] tramitem inspiciens hoc commodo calceamenti genere usus esset? Utcumque re se habebat, non acquiescere ulla opinione temptare debebam. Rem certo scire summa erat.

Sane quidem mihi persuasum erat tramitis inquisitionem periculosissimam esse. Esse poterat, ut ab utraque aggeris ferriviarii parte post unumquemque fruticem hostis in speculis esset, et in ipso aggere ex longinquo conspici poteram. Cum res aliter se habuisset, de malleo minus sollicitus fuissem et sine mora inquirere coepissem. Tum autem, cum Ogellallas in hac regione esse scirem, etiam in minima re quam maxime cavere opus erat. Sclopetis iniectis solum *pistolium versatile*[2] in manum sumpsi. A frutice ad fruticem repens tarde longum spatium progressus sum – nequiquam, ut ad initium investigandi rediem. Hanc investigationem, quae ab eo loco, ubi equus meus pascebatur, longe in occidentem pertinuerat, deinde in orientem persequebar initio pariter frustra. Tum caute trans regulas transire volebam. Manibus pedibusque oblique trans orbitas repens aggeris glaream hic sicut in orbem recenter impositam esse animadverti, quomodo siderodromici in sarciendo operari non solebant. Glaream digitis eruens perterritus sum, quod manus sanguine imbuta erat. Atque etiam glarea rubra et umida erat. Cum toto corpore dure humum premens rem investigarem, magnam et altam lacunam sanguinis glarea conspersam esse cognovi.

Illo loco caedem factam esse certum erat. Nemo sanguinem bestiae celare studuisset. Tum autem id agebatur, quis esset occîsus quique homicida. Vestigium in summo aggere conspici nequibat, quod humus propter duritiam

---

[1] siderodromicus (σιδηροδρομικός) – railroader (Eisenbahner)

[2] pistolium versatile – Revolver

id non receperat. Sed in declivitatem *buchloa* [1] vestitam spectans complura vestigia animadverti atque duas impressiones continuas, quasi corporis pars superior hominis, cuius pedes trahebantur, prehensa et de aggere detracta esset.

Hoc loco transire valde periculosum erat, cum vestigia tam recentia essent, ut caedem, quam suspicabar, brevi tempore ante commissam esse mihi putandum esset atque interfectores adhuc in propinquo esse possent. Itaque rursus citra desuper repsi et magnum spatium in occidentem versus ibique aggerem transgressus ab altera parte in orientem tarde processi.

Id lentissime feci, cum mihi omnis astutia et cautio adhibendae essent, ut obscurus essem, si periculum instaret. Bene contigit, ut ibi frutices propius alius ab alio essent, atque tametsi post unumquemque fruticem oculis acerrime pervadere debebam, priusquam spatium inter duos transilire aut me humi anguis more flectens perrepere auderem, tamen nullo incommodo accepto subter illum locum perveni, quo antea in aggere sanguinem animadverteram.

Ad speculandum iacebam post cerasorum fruticem, cui ex adverso virgulta densa lentiscorum spatio libero octo metrorum distantia stabant. Quamvis frutices cerasorum impedirent, ne bene perspicerem, et lentisci densissimae starent, tamen mihi aliquid corpori humano simile suppositum esse videbatur. Hoc, quamquam opertum erat, massa obscura erat diversa ab rebus circumiacentibus et longitudinem hominis habebat. Ibine vir occisus absconditus erat? Sed etiam unus ex homicidis esse poterat.

De hac re me certiorem fieri necesse erat.

Ramo caute prehenso petasum praefixi eumque consulto parvum strepitum faciens per cerasorum frutices promovi, ut ultra coniciendum esset citra aliquem perva-

[1] buchloa, -ae – Büffelgras

dere temptare. Ultra nihil movebatur. Aut non aderat ullus adversarius aut res mihi erat cum aliquo, qui callidior et peritior esset, quam ut tali fallacia falleretur.

Itaque mihi omnia audenda esse decrevi. Postquam retrorsum repsi impetum cepi. Spatium liberum paucis saltibus permensus cultrum paratum habens ad feriendum in lentiscos penetravi. Sub ramis defractis hominem iacere statim sensi. Sed non iam in vivis erat. Ramis sublatis vultum colluctationibus foede deformatum cum calva cruenta conspexi. Albus erat capite *degluptus*[1] et prorsus nudatus. In corpore explorando acumen unco instructum sagittae fractae in tergo infixum esse animadverti. Ex quo unco cognovi mihi rem esse cum Indianis in belli semita versantibus.

Utrum rubri discessissent an adhuc in propinquo essent, mihi resciscendum erat. Vestigia eorum, quae inde bene cernebantur et ab aggere ferriviario in pratariam ferebant, semper paratus ad sagittam accipiendam aut adhibendum cultrum a frutice ad fruticem secutus sum. Ex vestigiorum magnitudine quattuor viros, duos maiores natu et duos adulescentes, adfuisse conclusi. Cum vestigia, cum ipse solis digitis extremis manuum et pedum procederem – quae res magnum usum neque mediocres nervos requirit – celare non studuissent, ergo se ibi plane tutos esse putaverant.

Ventus eurus erat, mihi igitur obflabat. Itaque haud nimis territus sum, cum equi fremitum audirem. Me olfacere enim non potuerat. Postquam repere perrexi, tandem ad metam perveneram aut certe satis animadverteram, ut rursus me recipere possem. Ante me enim inter virgulta sexaginta fere equos conspexi, qui praeter duos omnes Indianorum modo frenati erant. Ephippia eis dempserant, profecto ut iis in area propinqua quietis sedibus vel cervicalibus uterentur. Apud bestias duo viri soli excubias agebant, quorum alter, adhuc adulescens,

---

[1] deglubere – die Haut abziehen, skalpieren

caligas solidas ex corio bubulo factas habebat, quas certo antea vir interfectus possederat, cuius vestimenta et res inter sicarios distributa esse videbantur. Vigil igitur erat ex illis quattuor viris, quorum vestigiis adductus eram.

Indianis saepius commercium esse solet cum albis, qui linguam eorum non intellegunt. Hac de causa inter viros rubros et *facies pallidas*[1] lingua mimica effecta est, cuius signa et vim novisse debet, quicumque *occidentem ferum*[2] intrat. Si cui animus alacer est sive commovetur, saepe fit, ut oratio gestibus iungatur, quibus eadem vis est ac verbis. Duos vigiles rebus, de quibus conferebant, acriter devinciri apparebat; nam ita se gerebant, ut haud dubie vituperationem bellatorum maiorum subissent. Manus ad occidentem intenderunt, significaverunt ignem et equum, ergo machinam vectoriam, quippe quae ab Indianis *equus ignivomus*[3] appelletur, arcubus humum pulsaverunt, quasi quid concidere vel gravissime malleo tundere vellent, tela collineaverunt et motus compungendi et securim bellicam vibrandi fecerunt. Cum satis vidissem, vestigia mea quam optime delens ilico reverti.

Itaque diuturnum fuit, dum rursus ad equum meum perveni, cui interim comes se aggregaverat. Propter eum enim pascebatur equa Marci, qui commode post fruticem iacens ingens frustum carnis siccatae mandebat.

Me interrogavit: „Quot sunt, Carolule?"

„Quis?"

„Indoandres."

„Qui id excogitasti?"

„Vetus Sin-Otus tibi neoceraea esse videatur, sicut tu antea ei? Sed vehementer erras, hihihihi!"

Hic erat submissus et superbus risus, quem ab eo auribus iam perceperam et ille solum edebat, si se quo alio

---

[1] facies pallida – das Bleichgesicht
[2] occidens ferus – der Wilde Westen
[3] equus ignivomus – das Feuerroß

superiorem esse sciebat. Ceterum hi mores novi socii mihi Samium (Samuelem) Hawkens in memoriam revocaverunt, qui paene eodem modo ridebat.

„Quid ita, Marce?" sciscitatus sum.

„Idne demum tibi dicere debeo, Carolule? Quid tu fecisses, si huc venisses atque istum malleum quidem apud equum invenisses, sed non socium tuum?"

„Exspectassem, dum revertisset."

„Itane? Id exempli gratia non satis credere velim. Non aderas, cum veni. Cum fieri potuisset, ut tibi aliquid accideret, te secutus sum."

„Sed etiam intercepto interesse potuissem, quod fortasse praesens ad irritum redegisses. Praeterea Catabolochir, ut opinor, nullam rem aggreditur, in qua non cautionem, qua opus est, adhibeat. Quod spatium me secutus es?"

„Primum eo, tum illuc, post ad illum miserum virum, quem Indoandres interfecerunt. Properavi, quoniam te ante me esse sciebam. Cum deinde mortuum viderem, cogitans te modo speculatum esse huc reverti, ubi postea exempli gratia sedate te opperiebar. Ergo, quot sunt?"

„Ad sexaginta."

„Aspice! Ergo certe illa caterva, cuius vestigium iam heri animadverti. In semita belli?"

„Sane quidem."

„Estne mora brevis?"

„Strata detraxerunt."

„Malum. Ergo in hac regione mente aliquid agitant!"

„Nonne aliquid vidisti?"

„Ut mihi videtur, regulas ferriviarias [1] divellere volunt, ut tramen casu adverso accepto ab iis spoliari possit."

„Delirasne, Carolule? Ista quidem siderodromicis et vectoribus sit res periculosissima! Unde scis?"

„Sermonem rubrorum captavi."

„Dialectum igitur Ogellallarum intellegis?"

---

[1] regula ferriviaria – Eisenbahnschiene

„Intellego. Sed eam intellegere opus non erat; nam equorum custodes, ad quos perveneram, perspicuis motibus loquebantur."

„Hi interdum fallunt. Describe, quaeso, motus, quos vidisti!"

Feci. Parvus vir exsiluit, sed animum coercens rursus consedit.

„Ita eos recte intellexisti atque tramini a nobis auxilium ferendum est. Sed exempli gratia non temere agamus, cum res tam graves placide et sedate considerandae et cum altero conferendae sint. Ergo sexaginta? Ehem, vix decem incisuras incîdere possum! Ubi eas postea incîdam?"

Quamvis in tanto discrimine essemus, paene risu diruptus sum. Tantum aberat, ut parvus homuncio, etsi sexaginta Indoandras ante se habebat, tantam multitudinem timeret, ut solum loco incisurarum vereretur.

Ex eo quaesivi: „Quotnam prosternere velis?"

„Id exempli gratia ipse nondum scio. Sed puto, summum duos vel tres; nam aufugient, si viginti aut triginta albos conspexerint."

Marcus igitur item, ut ego iam tacite feceram, confidebat nobis gregem ferriviariorum et vectores auxilio fore.

„Imprimis", inquam, „nobis revera coniciendum est, quod sit tramen, in quod impetum facturi sunt. Valde molestum esset, si falsam viam ingrederemur."

„Secundum gestus tramen montanum dicunt, quod ex occidente veniet, quae res mihi mira videtur. Tramen orientale scilicet aliquanto amplius mercium vel rerum, quibus Indoandres uti possint, secum vehet quam alterum. Non poterimus, quin discedamus. Alter ad orientem solem, alter ad occidentem ibit."

„Id sane cogemur, nisi nobis contigerit, ut certiores fiamus. Vero, si sciremus, quo et quando tramina vehantur."

„Quis id sciet! Per totam vitam nondum in tali vehiculo sedi, quod currum appellant, in quo pavore perterritus nescis, ubi crura ponas. Malo pratariam et Toniam! – Laborantes Indoandras nondum vidisti?"

„Non. Solum equos vidi. Ex his omnibus autem conici poterat eos scire, quando tramen venturum esset, atque ante noctem ad opus non aggressuri esse videntur. Summum semihora crepusculum erit. Tum eis obrepemus, ut fortasse comperiamus, quid nondum sciamus."

„Euge, ita sit!"

„Ita opus erit alterutrum ex nobis in aggerem ascendere. Fieri enim possit, ut rubris ab altera parte huc accedere in mentem veniat. Ego quidem eos ad nos versus regulas divulsuros esse existimo, cum aream ad impetum faciendum inter se et tramen praeparare debeant."

„Recte dicis. Sed illuc in aggere in statione esse opus est, Carolule. Ecce Tonia! Numquam eam ad paxillum alligo neque pedica eam vincio. Est bestia eximie prudens eique nasus est, cui confidere possim. Vidistine iam equum, qui hostem odorans non fremat?"

„Minime vero."

„Vero, unus est, et hic est Tonia. Fremitu dominus equi quidem monetur, sed etiam duae res patefiunt: primum ubi bestia et homo sint, deinde virum monitum esse. Itaque Toniam ab hac consuetudine avocavi et pecus scita me mente comprehendisse videtur. Eam semper solutam pasci sino. Sed simulatque periculum odorata est, accedens mihi os impingit."

„Atque si hoc ipso die nihil animadverterit?"

„Au! Ventus ab Indoandribus flat, ut ilico focili me traicere poteris, nisi Tonia unamquamque *rubripellem*[1] a mille passibus nuntiaverit. Ceterum illi homines sunt *Lyncei*[2], atque etiam, si te in aggere procubueris, fieri poterit, ut te e longinquo reperiant. Ergo sedatus mane, Carolule!"

„Recte dicis, ut Toniae aeque ac tu confidam. Quam-

---

[1] rubripellis – Rothaut
[2] lynceus – luchsäugig (hier: adleräugig)

quam eam nondum satis novi, paene iam me ei confidere posse mihi persuasum habeo."

Rursus unum ex meis *manufactis* prompsi et incendi. Marcus parvos ocellos et os quam maxime diduxit. Cum naso imo dilatato odorem herbae ardenter traheret, delineamenta oris maxima voluptate illustrata sunt. Vir occiduus, quamvis ei non saepe occasio fiat bonum tabacum gustandi, tamen plerumque fumificando ardenter deditus est.

„ʽΩ θαυμαστόν! (O mirabile) Carolule! Habesne sigara?"

„Sane quidem! Visne aliquod?"

„Cedo! Es homo, qui *cucurbita admirationis*[1] affici debet."

Dum fumum sigari sui, quod meo accenderat, devorat et rursus ex ventre profundit, in vultu eius delectatio cognosci poterat, quasi usque in caelum septimum Mahometi ascendisset.

„Mehercle, quae voluptas! Colligamne coniectura, cuius notae sit, Carolule?"

„Conice! Esne peritus?"

„Id affirmare velim!"

„Dic!"

„*Chenopodium* Virginianum aut Marianum!"

„Non ita!"

„Quid dicis? Ergo primum erro. Est chenopodium, nam hunc odorem et hunc saporem novi!"

„Nequaquam."

„Ergo certe *Legitimum* Brasiliense est!"

„Neque est!"

„*Curacaitanum Albisinuense*[2]?"

„Et ne id quidem."

---

[1] ‚Cucurbita admirationis' est locutio pagideutarum, cui est vis *multa* sive *plurima admiratione*

[2] Curacaum – Curaçao, Sinus Albus – Bahia (Alba) Curacaitanus (Adi.) Albisinuensis (Adi.)

„Dic, quidnam?"

„Aspice hoc sigarum!"

Aliud promptum evolvi et folium exterius interioraque folia ei porrexi.

„Delirasne, Carolule, quod tale sigarum perdis! Quilibet pagideutes tibi, si occasio venerit, si quidem diu non fumificaverit, unam duasve pelles fibrinas dabit!"

„In duabus aut tribus diebus nova accipiam."

„In tribus diebus? – Novane? – Undenam?"

„Ex fabrica mea."

„Quid? Tibine est sigarorum fabrica?"

„Est."

„Ubinam?"

„Ibi."

Digito equiferum meum demonstravi.

„Carolule, solum ioco, quaeso, utere, si exempli gratia usui erit."

„Non est iocus, est verum."

„Ehem! Nisi esses Catabolochir, revera putarem in capite tuo aut nimis multum aut parum inesse."

„Primo aspice tabacum!"

Iorrocks summa cum diligentia fecit.

„Non novi. Sed bonum est, praestans."

„Ita tibi fabricam meam monstrabo."

Ad equiferum accessi atque ephippio laxato subtraxi pulvillum et aperui.

„En, manum insere!"

Marcus manipulum foliorum exemit.

„Carolule, noli me ludibrio habere! Ista mera sunt folia cerasorum et lentiscorum!"

„Acu tetigisti! Paulum *cannabis silvestris* [1] quoque additum est et folium exterius nihil aliud est quam genus quoddam *bubulae linguae* [2], quod hic Verhally appellari

---

[1] cannabis silvestris – wilder Hanf
[2] bubula lingua – Ochsenzunge

videtur. Hic pulvinus vere mea fabrica tabacina est. Si bona folia huius generis inveni, tantum eorum colligo, quantum mihi opus est, in pulvinum ingero, suppono ephippio. Ita calor oritur, ut folia fermententur – ista mea ars!"

„Incredibile!"

„Sed verum! Tale sigarum sane quidem miserrimum est *succidaneum* [1], ut illic in oriente unusquisque homo pugnax, cui est palatum sicut corium bubalinum, uno summum haustu sumpto id abiciat. Sin autem per multos annos in zavana pervagatus aliquid id genus fumabis, folia bubulae linguae optima chenopodia habebis. Ex tuo ipso exemplo cognoscis."

„Carolule, mea admiratio tui augescit!"

„Cave, ne nunties hominibus, qui nondum in occidente fuerunt. Aliter *Tungusus, Cirgisa, Ostiacensis* [2] habeberis, qui membra gustatus et odoratus bitumine lêverit aut pice muniverit!"

„Utrum sit Tungusus an Ostiacensis, meâ non refert, dummodo sigarum bene sapiat. Ceterum nescio, ubi illud genus hominum inveniantur."

Ne minimum quidem patefaciendo, quomodo sigara fabricarem, interpellatus est, quominus fructum caperet ex fumificando, sed sigarum consumpsit usque ad *ciccum* [3] tam exiguum, quod vix labris tenere posset.

Interim post solis occasum crepusculum ingruerat et tenebrae tam celeriter oriebantur, ut propositum nostrum peragere possemus.

Marcus interrogavit: „Nuncine?"

„Paratus sum."

„Qui fiat?"

„Postquam una usque ad equos rubripellium ierimus, castris eorum obreptum discedemus postque ea rursus inter nos congrediemur."

[1] succidaneum – Ersatz(mittel)
[2] Tungusus, Cirgisa, Ostiacensis – Tunguse, Kirgise, Ostjake
[3] ciccum, -i – die Kippe (sigar.)

„Vero. Et si quid accidat, quo cogamur, ut fugam petamus et nos e conspectu amittamus, hinc directe ad meridiem versus ad aquam conveniamus. Lacinia extrema *silvae incaeduae*[1], quae ex montibus descendit, ibi longe in pratariam prominet. Duo milia passuum ab hac lacinia, in meridiano margine silvae, est sinus pratariae, in quo facile alter alterum ex nobis invenire poterit."

„Optime! Ergo procedamus!"

Non quidem verisimile esse putabam nos dissipari, sed prospicere debebamus, ut ad omnes res tuti essemus.

2. AD MAGNAM FERRIVIAM OCCIDENTALEM.

Profecti sumus.

Iam tantis tenebris obortis, ut periculi expertes erecti ferriviam transgredi possemus, sinistrorsum versi cultros parati ad iciendum, si hostibus occurreremus, praeter aggerem ibamus. Oculus, ut omnes sciunt, celeriter tenebris assuescit, ut ab aliquot passibus omnem hostem cognovissemus. Praeter cadaver albi necati pervenimus in eum locum, ibi antea equi pasti erant, qui adhuc ibi stabant.

Marcus postquam insusurravit: „Tu dextrorsum egoque sinistrorsum", leniter se subduxit.

Ego flexu circum equos avolans veni ad aream virgultis vacuam, ubi Indianorum cubantium obscura lineamenta videbam. Ignem non accenderant et tam quieti erant, ut etiam lenissimum strepitum audirem. Paulum seorsum ab iis tres viros sedentes videbam. Quos quam cautissime obrepsi.

Cum vix sex passus post eos essem, obstupefactus unum ex tribus album esse cognovi. Quid huic viro cum Indoandribus negotii erat? Eum captivum non esse in

---

[1] silva incaedua – Urwald

promptu et manifestum erat. Fortasse erat unus ex illis pratariae erronibus, qui modo stent a rubris et modo ab albis, prout voluntas praedandi postulat. Sane quidem etiam unus ex illis venatoribus esse poterat, qui ab Indianis capti vitam servent, cum puellam rubram ducunt, ut in posterum eius gentis homines sint. Ita vestimentum, cuius partes et habitus, quamquam tenebrae erant, bene cognoscebam, magis more Indiano esset confectum.

Alii duo reguli erant, sicut collegi ex pennis aquilinis, quas ad capillum verticis erectum destinaverant. Itaque bellatores duarum gentium vel pagorum coisse videbantur ad inceptum praeparatum exsequendum.

Illi tres in margine areae vacuae sedebant proxime fruticem, quo efficiebatur, ut tam prope ad eos accedere possem, ut fortasse aliquot verba sermonis eorum caperem. Caute admotus brevi secundum eos iacebam, ut manu eos attingere possem.

Intercapedo colloquendi facta esse videbatur. Postquam silentium nonnullas minutas obtentum est, alter regulus venatorem illâ dialecto verbis Anglicis et Indianis mixtâ, qua Indiani cum albis loquentes uti solent, interrogavit:

„Nonne frater albus bene sciat proximo *equo ignivomo* multum auri allatum iri?"

Interrogatus affirmavit: „Scio."

„Quis ei dixit?"

„Unus ex viris, qui iuxta stabulum equi ignivomi habitant."

„Aurumne ex terra *Vaecuria* (California) advehetur?"

„Ita est."

„Atque ad Magnum Patrem facierum pallidarum vehi iussum est, qui dollaria ex eo facturus est?"

„Ita est."

„Magno Patri tam paulum auri reddetur, ut ne unum quidem nummum ex eo sibi facere possit. Multine viri equo ignivomo equitabunt?"

„Nescio. Sed quotcumque sint, frater ruber cum bellatoribus fortibus eos omnes vincet."

„Bellatores Ogellallarum multis cutibus capitum potientur et mulieres et puellae saltationem gaudii habebunt. Equitesne equi ignivomi multa secum habebunt, quae viris rubris usui sunt? Vestimenta, arma. tegumenta, aliaque huius generis?"

„Haec omnia secum habebunt et multa alia. Dabuntne autem viri rubri fratri albo, quae postulat?"

„Frater albus omne aurum et argentum, quod equus ignivomus secum tulerit, accipiet, cum ea Ogellallis opus non sint, quoniam quotcumque *palagas*[1] volunt, in montibus suis sunt. Ca-vo-mienus, Ogellallarum regulus", inquit, cum digito ad semetipsum intenderet, „quondam faciem pallidam prudentem et fortem cognovit, quae dixit aurum nihil nisi θανάσιμον κόνιν[2] esse factum a daemone ad homines fures et homicidas reddendos."

„Illa facies pallida magnus erat fatuus. Quod ei erat nomen?"

„Non erat fatuus, sed, ut dixi, bellator prudens et fortis. Ogellallae ultra ad aquas Missurii congregati erant, ut sibi cutes capitum aliquot *pagideutarum*[3] caperent, qui in eorum agro multos fibros captaverant. Apud pagideutas erat vir albus, quem fatuum ducebant, quod solum venerat zavanam adspectum. Sed in eius capite inerat sapientia et robur in bracchio eius. Tela bombardae eius numquam frustra acciderunt atque culter eius ne ursum quidem Horribilem[4] Montium Saxosorum timuit. Eis consilium tribuere volebat contra viros rubros, illi autem eum irriserunt. Itaque omnes interfecti sunt cutesque capitum eorum ad hodiernum diem casas Ogellallarum ornant. Cum fratres albos non desereret, multos viros rubros vicit. Sed tot erant, ut eum deicerent, quamquam

---

[1] palaga – Nugget
[2] θανάσιμον κόνιν – pulvis letalis (deadly dust)
[3] pagideuta, -ae – der Trapper   [4] ursus Horribilis – der Graue Bär

firmus stabat sicut quercus silvae, quae, si bipenni hylastae icta cadit, omnia contundit. Captus in pagos Ogellallarum ductus est. Eum non interfecerunt, quod erat bellator animosus. Atque nonnemo puella gentis nostrae se uxorem cum eo in casam eius ire cupiebat. Matiru, maximus Ogellallarum regulus, ei casam filiae dare volebat, aliter ei mors destinata erat. Ille autem florem pratariae repudiavit, equum reguli rapuit, sibi arma sua furatus est, complures bellatores prostravit effugitque."

„Quamdiu est?"

„Sol ex eo tempore octo hiemes vicit."

„Quid erat nomen eius?"

„Pugnus eius erat sicut ungula ursi. Notum erat eum plaga solius manus in calvam lata multos viros rubros et facies pallidas ad tempus interfecisse. Itaque venatores albi eum Veterem Catabolochira appellabant."

Ca-vo-mienus de uno ex superioribus periculis revera a me subitis narrabat. Vero eum noram et Matirum iuxta eum sedentem, qui me olim comprehenderant. Quamvis narrator verum dixisset, ei tacitus exprobrare debebam eum nimis abundanter de facultatibus meis loqui.

Matiru, qui adhuc siluerat, manum sustulit.

„Vae ei, si iterum in manus virorum rubrorum inciderit! Ad palum alligaretur, et Matiru ei unumquemque lacertum de ossibus develleret. Bellatores Ogellallarum interfecit, optimum reguli equum rapuit amoremque filiae pulcherrimae zavanae repudiavit!"

Si ambo reguli scivissent illum, cui tales minas iaciebant, vix tres palmas post se esse!

„Viri rubri eum numquam iam videbunt", inquit albus, „nam longe trans aquam profectus est in terram, ubi sol urit sicut ignis, ubi solitudo arenosa maior hac zavana est ubique leo rudit."

Apud nonnullos ignes per occasionem mentionem feceram me in Saharam iturum esse. Id profecto feceram. Et tunc mirabilem in modum comperi famam eius rei iam ad Indianos perlatam esse. Mihi constabat melius mihi hic cultro venatorio contigisse, ut vir notus fierem, quam illic in patria stilo.

Matiru perstabat: „Revertetur. Qui animam pratariae bibit, eam sitit, dum Magnus Spiritus vitae eius parcit."

Res ita erat, ut dixerat. Sicut homo montanus, qui in campo versatur, desiderio locorum editorum aegrescit et nauta discedere nequit a mari, ita etiam prataria, quemcumque aliquando complexa est, allicit. Ego revera reverteram.

Tum Ca-vo-mienus digitum ad stellas intendit.

„Frater albus aspiciat caelum! Tempus est eundi ad semitam equi ignivomi. Suntne *manus ferreae*, quas bellatores mei ministro albo equi ademerunt, satis validae ad semitam eius discindendam?"

Haec interrogatio mihi patefecit, quis occisus fuisset. Utique officialis ferriviarius, qui cum instrumentis, quae regulus *manus ferreas* nominaverat, tramitem percurrerat ad regulas inspiciendas.

„Scitne frater albus eas adhibere?"

„Scit. Viri rubri me sequantur! In hora tramen veniet. Sed fratres mei iterum reminiscantur omne aurum et argentum mihi fore!"

Surgens regulus superbe affirmavit: „Matiru numquam mentitur. Aurum tuum est atque omnia alia una cum capitum cutibus facierum pallidarum fortibus Ogellallarum bellatoribus."

„Et vos mihi mulos dabitis ad aurum portandum et viros, qui me in via trans Canadensem fluvium [1] ferente tueantur?"

„Mulos nancisceris, et bellatores Ogellallarum te usque ad fines terrae Aztlaniae [2] ducent. Et si equus ignivomus attulerit multas res, quae Ca-vi-mieno et Matirui placent,

---

[1] Canadensis fluvius – Canadian river
[2] Aztlania – Mexicum

te vel longius usque ad magnam urbem Aztlanum[1] ducent, quo cum filio tendis, ut nobis ante nonnullos dies narrasti."

Tum voce ab illo, qui locutus erat, edita confestim omnes Indiani surrexerunt. Cum viam converterem, haud procul a loco, quo iacueram, auribus strepitum suppressum percepi, quasi aura lenis summos culmos perflaret.

„Marce!"

Quamvis verbum magis susurrassem quam locutus essem, ab aliquot passibus parva statura sodalis mei parumper mediocriter se erexit.

„Carolule!"

Ad eum arrepsi.

Eum interrogavi: „Quid vidisti?"

„Non multum; Indoandras, aeque ac tu."

„Et audisti?"

„Ne unum quidem verbum. Et tu?"

„Permultum. Sed veni! Proficiscuntur, utique ad occidentem versus, nobisque properandum est, ut ad equos nostros perveniamus."

Ego praecurrebam, Iorrocks pone sequebatur. Cum ad ferriviam pervenissemus, aggerem ad alteram partem transcendimus. Ibi substitimus.

Proposui: „I ad equos, Marce, quingentos passus secundum ferriviam equita ibique me opperire! Oculos de rubris non prius deicere velim, quam certior factus ero."

„Nonne ego hanc rem subire possum? Tu adhuc tantum exploravisti, ut omnino nihil facere me puderet."

„Fieri non potest, Marce. Equifer meus tibi parebit; Tonia autem tua fortasse a me abduci nequeat."

„Exempli gratia recte mones, Carolule. Itaque ibo."

Sin-Otus erectus abiit. Vanam operam suscepissemus, si cavissemus, ne pes vestigia relinqueret. Vix e tenebris

[1] Aztlanum – Mexicopolis

vesperi evanuerat, cum a citeriore clivo iacens ultra aggerem Indianos conspexi – alium post alium – avolantes.

Sensim eos citra ita sequebar, ut eos, sicut ego aestimabam, semper adaequarem. Haud procul a loco, ubi malleum inveneram, constiterunt, ut ex eo cognovi, quod aggerem conscendebant. Postquam me post virgulta recepi, post breve tempus auribus ferrum crepans percepi, deinde magnos malleorum pulsus. Ergo instrumentis custodi ferriviario demptis regulas ex fundamentis evellere aggressi erant.

Tum tempus erat, ut locum pugnae instantis relinquerem, et protinus rui. Intra quinque minutas Marcum assecutus eram.

Ex me quaesivit: „Incumbuntne Ogellallae in regulas?"
„Ita est."
„Audivi. Si aurem hac in orbita posueris, unumquemque mallei pulsum exempli gratia audies."
„Rem iam tenes. Nunc perge, Marce! Tramen, quod in dodrante horae veniet, nobis intercipiendum est, priusquam rubri lucem eius viderint. Praeterea necesse est id consistere eos non animadvertere."
„Scito, Carolule, una tecum non ibo!"
„Quippini?"
„Si ambo hunc locum deseruerimus, postea iterum explorando tempus pretiosum nobis perdendum est. Sin ad Indoandras clam rediero ad eos speculandos, te reversum ilico docere potero."
„Recte mones. Et quid de Tonia tua fiet?"
„Eam hic relinquam. Eodem vestigio non recedet, donec revertero. Ergo fac abeas, Carolule! Me hic reperies."

Equo conscenso tam celeriter, quam per tenebras licebat, tramini, cuius adventus in exspectatione erat, obviam vectus sum. Nox paulatim illustrior fiebat. Stellae apparebant et pratariam leniter illustrabant, ut omnia ex longitudine aliquot equorum satis clare cognoscenda essent. Itaque vectatio mea accelerabatur neque ullo modo interpellabatur, quoad ad tria milia passuum Anglicorum emensus eram.

Tum substiti, desilui, equiferum ad paxillum alligavi atque simul priores pedes pedica vinxi. Strepitu, qui tramine oriturus erat, adduci potuisset, ut effugeret.

Deinde in manipulum herbae aridae conquisitum sarmenta imposui insuperque facem fabricavi, cum aliquot graminis fasciculos ramo virgulti defracto destinabam. Ita praeparatus in tegumento in tramite ferriviario strato consedi et tramen opperiebar. Interdum aurem ad regulam admovens in regionem speculabar, unde tramen exspectandum erat.

Vix decem minutas exspectaveram, cum auribus fragorem lenem, qui a secunda in secundam maior fiebat, percepi. Tum e longinquo parvum et lucidum punctum sub stellis paululum supra terram emergens conspexi, quod stella esse nequibat, cum mirum in modum augeretur celeriterque propius accederet. Tramen appropinquabat.

Facem incensam circum caput circumagens tramini occurri. Machinae ductor videns me sibi signum consistendi dantem tramen sustinuit. Complures sibili acuti celeriter alius post alium sonuerunt, frena stridentia se rotis accommodaverunt: strepitus, tonitrus, stridor, fragor aures vexantes, et machina vectoria constitit illo loco, ubi ignis meus ad aggerem ferriviarium ardebat. Machinae ductor se ad me demittens interrogavit: „Eho vir, quid signum tuum significare vult? Velisne fortasse inscendere?"

„Minime, domine. E contrario a te petere velim, ut descendas. Ante nos Indiani sunt, qui regulas convellerunt."

„Quid dicis: Indiani? Edepol! Dicisne verum, vir?"

„Mihi non sunt causae mentiendi."

Tum etiam curator traminis, qui descenderat et advenerat, ex me quaesivit: „Quid vis?"

„Rubripelles ante nos esse dicuntur, domine Fanning", machinarius ei ait.

„Vidistine eos?"

Affirmavi: „Vidi et sermonem eorum captavi. Ogellallae sunt."

„Quibus non sunt saeviores. Quot?"

„Ad sexaginta."

„Malum! Hic hoc anno tertius est impetus in ferriviam factus, quem viri scelerati faciunt. Sed eos pellemus. Iam diu me occasionem nacturum esse poenas ab iis petere cupiebam. Quantum hinc absunt?"

„Tria fere milia passuum."

„Ergo lumen operi, machinarie! Rubris sunt oculi acuti. Audi, domine, tibi magnam gratiam habemus, quod nos monuisti! Esne homo pratariae, sicut a facie tua cognosco?"

„Tali viro consimilis. Sed est etiam mecum aliquis, qui rubros observabit, donec venerimus."

„Id prudenter facis. – Sed, date locum, homines! Res enim non malum est, sed nobis oblectatio haud ingrata fore videtur."

A proximo curru sermo noster auditus erat, atque nuntius celeriter dilatatus est. Universi vectores accurrentes sescentas exclamationes et percontationes in unum confundebant. Traminis curatoris monitu silentium necessarium effectum est.

Ex curatore Fanning quaesivi: „Vehitisne aurum et argentum?"

„Quis id contendit?"

„Indoandres, qui a grassatore albo ducuntur, qui illa aera vult, cum constitutum sit, ut ceterae res una cum omnibus capitum cutibus Indianis obtingant."

„Ah! Unde carnifex scire potest, quid vehamus?"

„Ab officiali ferriviario id comperisse videtur. Quomodo, nescio."

„Iam inveniemus, si vivus in manus nostras inciderit,

quod valde desidero. Sed dic nomen tuum, domine, ut sciamus, quis appellari debeas!"

„Sodali meo est nomen Sin-Otus, atque mihi –"

„Sin-Otusne? En, homo strenuus et fortis, qui in hac re tantum efficiet, quantum decuria aliorum. Et tibi?"

„Ego hic in prataria Vetus Catabolochir appellor."

„Vetus Catabolochir, quem ante aliquot tres menses in ultima Montana plus quam centum *Siuxenses*[1] insectati sunt quique totum spatium *Fluminis Flavae Petrae*[2] a *Montibus Nivalibus*[3] usque ad *Castellum Unionis*[4] nartis intra sex dies emensus est?"

„Certe."

„Domine, cum nonnulla de te audiverim, gaudeo."

Traminis curatorem interrupi: „Mitte id, domine Fanning, et potius consilium cape! Indoandres non ignorant, quando tramen occursurum sit, et de proditione suspicantur, si diutius cunctati erimus."

„Recte mones. Ergo solum disputemus, quae maximi momenti sunt. Ante omnia scire velim, quem locum rubri occupent. Qui hostem aggressurus est, prius apparatum hostium cognoscat necesse est."

Subridebam: „Domine, loqueris sicut magnus imperator. Vellem quidem, sed satis certiorem te facere nequeo. Ut te monerem, mihi non erat exspectandum, dum Indoandres expediti starent. Quaecumque opus sunt, a sodali meo accipiemus. Te rogans, ut consilium caperes, tantum cognoscere volebam, num omnino in animo haberes aggredi."

Enixe respondit: „Profecto aggrediar! Meum est huius gentis animum a desiderio mercium vecturalium nostrarum alienare. Tu et sodalis tuus parum multi contra sexaginta Indoandras estis, ut audere nequeatis –"

---

[1] Siuxenses – Indiani gentis Sioux
[2] Flumen Flavae Petrae – Yellow Stone River
[3] Montes Nivales – Snow Mountains
[4] Castellum Unionis – Fort Union

Eum loquentem interpellavi: „Au, domine! Quid audere possimus, soli scimus. Non tam pendet ex numero quam ex aliis rebus, quae in capite et in pugnis esse debeant. Si in vesperi tenebris carabino Henrici viginti quinque globulos emittere potuero neque id identidem implevero, Indoandres nescient, utrum duo an viginti contra stent. Audite. viri, suntne inter vos, qui arma secum ferant?"

Haec interrogatio quidem supervacanea erat. Certus eram unumquemque ex his hominibus *fustem iaculatorium*[1] secum ferre. Sed traminis curator summam rerum suscepturus esse videbatur, quam rem concedere non poteram. Ad incursionem nocturnam in manum Indianorum administrandam plus opus est, quam officiali ferriviario credere poteram, etiamsi erat vir strenuus et animosus. Undique una voce responsum datum est:

„Ita profecto!"

Traminis curator addidit:

„Inter vectores sedecim sunt operarii ferriviarii, qui egregie cultros et *bombardas*[2] tractare sciunt et viginti *viri militantes*[3] ad *Castellum Scoticum*[4] destinati, qui sclopetis, *pistoliis versatilibus*[5] cultrisque sunt armati. Praeterea nonnulli sunt viri ingenui, qui haud dubie voluptatem luculenter calefaciendi Indianos sibi parabunt. Eho, quis socius erit, homines?"

Ad unum omnes se progredi non nolle dixerunt, et si quis erat, cui quidem esset parum animi, tamen assecutus est, ne ignavus putaretur. Tales homines quidem mihi non magno usui esse poterant. Cum eos manere praestaret, dixi:

„Audite, domini. Fortissimi viri estis, attamen non omnes sequi possunt. Idne intellegatis? Istic nonnullas dominas cerno, quae nullo pacto nobis sine praesidio

---

[1] fusti iaculatorius – Schießprügel
[2] bombarda – Büchse
[3] viri militantes – Milizmen
[4] Fort Scott
[5] pistolium versatile – Revolver

deserendae sunt. Etiamsi vicerimus, quod non dubito, tamen fieri poterit, ut Indoandres fugientes et dissipati hunc locum transeuntes in tramen desertum se coniciant. Itaque nobis aliquot viri animosi relinquendi sunt, qui eas protegant. Qui hoc munus suscipere paratus est, nomen suum profiteatur!"

Revera octo viri ad tramen vita cara sua defendendum parati erant. Erant mariti dominarum commemoratarum et quinque iter facientes, qui mihi pretia ferramentorum, vini, sigarorum seminisque *cannabini*[1] magis scire videbantur quam rectum usum cultri venatorii. Maritis verecundiam vitio dare non poteram, cum imprimis officium suum erga dominas praestare deberent.

„Atque tramen sine officialibus relinqui non debet. Quis remanebit?"

Cum traminis curatorem interrogarem, responsum erat hoc: „Machinarius cum *fornacatore*[2]. Illi summam imperii virorum ingenuorum deferam. Ego tecum ibo et gregi praeero."

Renidens dixi: „Plane ut libet, domine! Iam saepe quidem certe contra Indoandras profectus es?"

Gloriose Fanning negavit: „Mihi opus non est. Illi *Iambarici*[3] adversarios solum ex insidiis subito opprimentes trucidare solent. Si signa in eos recte illata sunt, fugae se mandant. Utcumque, nobis facile erit."

Contra dixi: „Non puto, domine. Sunt enim Ogellallae, saevissimi ex Siuxensibus. quorum duces sunt reguli clari Ca-vo-mienus et Matiru."

„Num dicere vis, ut eos timeam? Puto, cum plus quadraginta viri sumus, rem facillimam esse. Luminare operiri iussi, ne rubri me monitum esse sentirent. Nunc larva rursus detracta conscendes machinam et curabis, ut machinarii ad ipsum locum evulsum vehantur. Ibi de tramine sustento desiliemus ad Erythroandras incessendos,

[1] cannabinus – von Hanf   [2] fornacator – Heizer
[3] Iambarici – radicum fossores (Una ex Comanchium gentibus)

ne unus quidem ex iis superstes sit. Deinde orbitas ferriviarias restituemus, ut commorationem unius fere horae habeamus."

„Mihi concedendum est tibi esse indolem strenui magistri equitum, qui nulla re maiore voluptate afficiatur quam hoste aggrediendo et prosternendo. Sed ad id faciendum aliis condicionibus opus est atque his. Si propositum revera perages, quadraginta viros tuos ad certam mortem mittes. Itaque valde cavebo, ne tali proposito efficiendo intersim."

„Quid? Nonne me vis iuvare?" ira elatus est officialis. „Estne ignaviae? An indignaris te non partes ducis agere posse?"

„Ignaviae? Au! Si vere de me audisti, valde inconsulte haec dicis; nam Vetus Catabolochir facile desiderio pugni in caput tuum caedendi capi possit, ut demonstret se merito ita denominatum esse. Atque de indignatione nihil curare debeo, cui tramen et cutes capitum vestrorum post horam futura sint, utrum vobis an Indianis. Cutis capitis mei autem nemini nisi mihi ipsi est ius, atque aliquod tempus eam conservare conabor. Bonum vesperum, domini!"

Me averti. Sed traminis curator bracchium meum comprehendit.

„Siste, domine! Id fieri non potest. Cum hîc summam imperii teneam, tu mihi obsequi debes. Mihi non in animo est tanto spatio a loco pugnae tramen relinquere, quod omnis clades mihi praestanda est. Stat meum consilium: Tu me duces usque ad locum dictum, neque prius descendemus ex tramine, quam eo pervenerimus. Bonus imperator omnem potestatem respicere debet, etiam cladis accipiendae. Tum currus firmum refugium nobis praebebunt, ex quibus nos defendere poterimus, dum nobis cum tramine proximo ex oriente auxilium venerit. Nonne res ita se habet, viri?"

Omnes assensi sunt Fanningo. Ne unus quidem vir

occiduus inter eos erat, ut consilium officialis eis conveniens esse videretur, quo moverentur. Valde hoc eventu acquiescebat et me admonuit:

„Ergo conscende, domine!"

„Bene! Tu imperas et ego obsequor."

Saltu celeri in dorsum equiferi mei latus sum, quem iam inter sermonem nostrum expediveram.

Officialis vocavit: „Oh, non ita, ἐμὲ φίλε[1], dico in machinam!"

Ridebam: „Atque ego in equum. Opiniones nostrae etiam hac in re contrariae sunt."

„Te descendere iubeo!"

Tum equo ad latus eius impulso me ad eum inclinavi: „Vir, numquam antea cum vero *vago occidentali*[2] congressus esse videris, alioquin asperius tecum loquerer. Amabo te, ipse in machina vectoria consiste!"

Id dicens pectore eius dextra prehenso Fanningum extuli. Valide crura comprimens equifero iuxta machinam vectus sum. Proximo vestigio temporis imperator ferriviarius post *suggrundam*[3] volavit et ego laxatis habenis avectus sum.

Interim tantus siderum nitor erat factus, ut non iam fruticibus a celeriter equitando retardarer. Non plus quam quadrans horae opus erat, ut ad Marcum pervenirem.

Interrogavit: „Quid vero?", cum ad pedes degrediebar. „Opinor te homines tecum afferre velle!"

Ei narravi, cur id non fecissem.

Me laudavit: „Recte fecisti, Carolule, prorsus recte! Talis *siderodromicus*[4] nos quidem contemnit, quod crines nostri exempli gratia non ter in die comi possunt. Propositum quidem peragent, sed mirabuntur, hihihihi!"

Dum hoc modo voce tenui et admodum deminuta ridet, manu significationem capitis deglubendi fecit; tum

---

[1] ἐμὲ φίλε! – my dear!   [2] vagus occidentalis – Westläufer
[3] suggrunda – Wetterschirm   [4] siderodromicus – Railroader

perrexit: „Sed mihi nondum narrasti, quid illic compereris!"

„Ca-vo-mienus et Matiru duces sunt."

„Ah, ergo erit pugna, qua grandis animus fruetur."

„Est albus cum iis, qui tramen aurum vecturum esse eis detulit."

„Id petit et alias res capitumque cutes iis concedit?"

„Ita est."

„Hoc facile intellexi. Certe grassator! Quid nomen?"

„Nescio, neque magni momenti est, cum hoc genus homines cottidie aliud nomen profiteantur. – Circumspexisti?"

„Sane quidem. Indoandres in duas partes discesserunt et ab utroque latere ferriviae constiterunt medii fere inter locum dirutum et equos suos, apud quos rursus duo viri excubias agebant. Sed quidnam faciemus, Carolule? Utrum siderodromicos adiuvabimus an exempli gratia abibimus?"

„Officium nostrum est eis opem ferre, Marce. An fortasse aliter sentis?"

„Prorsus idem sentio ac tu. Recte mones de officio. Praeterea recordare aurium mearum, quarum poenae adhuc omnino non sunt solutae. Toniam meam ranae arboreae oppono, quod cras mane aliquot Indoandres mortui sine auribus ad ferriviam iacebunt. Sed quid nunc faciemus, Carolule?"

„Nos quoque digrediemur et ab utraque aggeris parte inter rubros et equos eorum recumbemus."

„Euge! Sed incido in quandam cogitationem! Qualis tibi videtur *drapetía*[1]*?*"

„Ehem! Bene se habeat, si hostibus superiores simus, ut id agere possimus, ut Indoandras prorsus exigamus. Nunc autem id suadere nolim! Siderodromici inferiores evadent et nos ambo nihil aliud facere poterimus nisi rubros ducere, donec proximum tramen venerit, aut eis

---

[1] drapetía – subita et praeceps fuga equorum; Hispanice: Stampedo

terrorem inopinatum inferre, ut fugiant. Ad utramque rem refert eos discedere posse. Si vero iis equos ademerimus, eos in propinquo tenebimus. Nihilne adhuc cognosti de bona lege servanda, qua dicitur hosti, si opus erit, viam, qua fugiat, muniendam esse?"

„Adhuc solum vias cognovi, quae munitae sunt ad procedendum et vehendum. Tua pace dixerim, Carolule: Si mihi exempli gratia animo fingo, quomodo rubri vultus torturi sint, si conscensuri nullum iam equum invenient, manus mihi pruriunt. Et quod maxime rem continet, nonne eos maxime perterrere possumus, cum equos in eos compellimus?"

„Recte dicis. Sed praestat nos primum eventum rerum experiri."

„Per me! Sed hoc unum utique mihi concedere debes!"

„Quid?"

„Ut ambos custodes tollam. Nonne?"

„Numquam studiosus sum caedis inutilis, sed intellego te hîc recte monere – lugubris est defensio necessaria. Si custodes ceciderint, equi in manus nostras incident. Ergo primo proprias bestias in tuto ponamus, tum pergamus!"

Postquam quoddam spatium in campum vecti sumus, equum ita revinxi, ut ei vix tres passus spatii essent. Marcus idem Toniae fecit. Quamvis alias ei confideret, grex equorum erumpentium, si drapetia sit facta, facile cursum ad bestias nostras dirigere possit eamque sine hac cautione secum rapere.

Tum flexu, quo post tergum Indoandrum pervenimus, revertimus. Nondum etiam lux machinae vectoriae cernebatur. Aut adversarii consilii curatoris surrexerant aut homines a se impetrare non potuerant, ut sine me duce pergerent.

Prope equos bene figuras custodum amborum cognovimus, qui uterque pro se silvam raram circumibant. Alter lente frutici, post quam stabamus, appropinquabat. Eo praetereunte ferrum Marci fulsit et in corde eius defixum est, ut nullam vocem emitteret. Postea idem alteri accidit. Qui pratariam nescit, prava sentit de ardore infestissimo animi, quo duae *phylae*[1] ibi inter se pugnant. In movendo, ne caedem victimae alterius viderem, equus in propinquo oculis meis occurrit, cuius commoda sella Hispanica magnis *stapiis*[2] exornata erat, qualis in America Media et Australi in usu est, neque more Indiano infrenatus erat.

Num equus albi erat? Propius accessi. Ab utroque latere ad sellae marginem hippopêrae longae et angustae destinatae erant, in quas inspexi inque quibus erant nonnullae litterae et duo sacculi. Cum non ilico explorare possem, quaecumque continebant, surripui.

„Quid nunc?" Marcus interrogavit, qui ex securibus bellicis duorum occisorum, quas manu tenebat, alteram mihi tendebat dicens: „Aspice eam! Magno nobis usui esse potest."

Postquam invitationi parui, ei demum respondi:

„Discedemus: ego ad dextram, tu ad sinistram. Sed ecce, prospice!"

„Tramen, profecto, est tramen, quod nunc exempli gratia vapore advehitur! Maneamus, Carolule, ut videamus, quo virga natatura sit[3]."

Ergo nihilominus consilium curatoris retentum erat. Lux acuta ad tegmen camini machinae destinata appropinquabat, sed leniter, lenissime; nam locus cognosci debebat, quo orbitae evulsae erant. Mox strepitum rotarum volventium audiebamus, qui magis magisque clarus fiebat, donec tandem tramen proxime regulas evulsas constitit.

Qua saevitia rubri affici debebant, cum cognoscebant

---

[1] phyle, -es f. – Rasse   [2] stapia – Steigbügel

[3] „Videamus, quo virga natatura sit": locutio pagideutarum, cuius vis: „Videamus, quomodo res successura sit!"

gravissimam praesumptionem victoriae ad irritum cecidisse! Fortasse coniectabant siderodromicos monitos esse. Albis tum satius erat in curribus suis quiescere. Paene sperabam eos ita se gessuros esse, sed deceptus sum; nam fores se aperuerunt, viri exsiluerunt impetumque fecerunt. Dementiam huius rationis extemplo cognoverunt. In progrediendo in radios clarae lucis machinae delati Indoandribus tam boni scopi erant, ut rubri nihil melius sibi desiderare possent. Grando telorum fragorem edidit, etiam altera, tum ululatus latus est, quo dirior cogitari non potest, ut sanguis congelari videretur.

Sclopeta exonerata manibus tenentes Indiani cum impetu accurrerunt, sed solum mortuos et vulneratos invenerunt, cum ceteri albi ilico se rettulissent, ut in interiores currus venirent. Aliquot Indoandres, qui se demiserant, ut occisos cutibus spoliarent, coacti sunt, ut de hac re desisterent, cum ex primo curru globuli in eos mitterentur.

Tum optimum factu fuisset vapore reverso machinam moliri, quod autem non est factum, cum machinarius cum fornacatore fortasse pariter ac alii in aliquem currum fugissent.

„Nunc exempli gratia vera obsidio incipiet", inquit Marcus.

„Non credo. Rubri, cum sciant sibi modo tempus esse usque ad adventum proximi traminis, impetum facere conabuntur, quamquam haud libenter."

„Atque nos? Quae cum ita sint, difficillimum est bonum consilium capere."

„Consilium solum valet, si celeriter initur atque celeriter exsequitur. Optimum telum est ignis. Nobis ad equos festinandum est. Uterque semicirculo equitans unoquoque spatio quinquaginta vel sexaginta equos longo descendet, ut pratariam incendat. Antea autem drapetiam equorum efficiemus, ut hostes a celeriter aggrediendo prohibeamus et privemus potestate fugiendi. Sicut nunc res se habent, nihil melius est factu."

„En, hoc iis est propositum malum", inquit Marcus. „Sed ita currus una comburemus!"

„Minime vero! Nescio quidem, an res, quae facile ignem concipere possint sicut oleum et bitumen, vehant, sed materia curruum satis firma est ad aestum graminis ardentis sustinendum. Porro tibi considerandum est unam modo potestatem Indianis fore ad impediendum, ne torreantur: eis ignis contrarius faciendus est eumque proxime currus facient. Ne dubita! Ego, si eorum loco essem, utcumque orbitam sub curribus capere temptarem!"

„Bene dicis. Valeat propositum tuum! Cogitastine quoque, quantum temporis nobis opus sit ad ignem tardo fomite faciendum? Neque nobis faces facere licet, quod ex iis cognosceremur."

„Bonus zavanivagus contra omnes casus armatus et paratus esse debet. In similes casus satis magnum numerum *flammiferorum* [1] recondidi. En, cape!"

„Euge, Carolule! Nunc autem equorum drapetia effecta ad equos nostros!"

„Ohe, Marce, commodum me stultiorem, quam ignosci possit, fuisse cognosco. Bestiis nostris enim nobis omnino non est opus, cum hic sint satis multae. Hunc proximum *spadicem* [2] sumam!"

„Atque ego russeum equum iuxta stantem. Pergamus, ut laqueos secemus!"

Id fecimus, cum propere ab alio equo ad alium ferremur. Tum virgultis post tergum bestiarum accensis conscendimus. Flammae, cum initio solum nonnulla centimetra sursum lamberent, ab Indoandribus non videbantur, ut propositum aggredientes ignis luce non aperiremur.

Marcus interrogavit: „Ubi inter nos rursus conveniemus?"

[1] (ramentum) flammiferum – Streichholz
[2] spadix, -cis – der Braune

„Illic ad ferriviam rursus congrediemur, non autem ante ardorem, sed inter ignes. Intellextine?"

„Sane quidem. Ergo procede, vetule russe!"

Equi, qui vinculis solvendis iam excitati erant, tum incendium propinquum olfaciebant. Complures iam exsultabant. Proruptio omni inde tempore in exspectatione erat. Ad dextram in pratariam equitans equo admisso flexum radii mille fere passuum Anglicorum feci et, postquam quinquies desilui ad herbam incendendam, rursus prope aggerem eram, cum mihi incidit in mentem nos socordiam malam admisisse. Consilio praesenti enim usi de bestiis nostris non cogitaveramus.

Equo meo statim circum acto recta ad locum, quo eos reliqueramus, vectus sum. Circulus igneus circumiectus tum omnem rem collustrabat. Procul in zavana sonitus ungularum equorum erumpentium audiebatur. In propinquo talis ululatus saevus et terrificus latus est, qualis solum gutturibus Indianis edi potest, et iuxta currus traminis, sub quos Indoandres fugerant, complures flammulae oriebantur. Ergo opinione rubros ignibus contrariis se servare conaturos lapsus non eram. Illic ad sinistram equifer meus cum Tonia longipede stabat, et ab altera parte – profecto inde Marcus advolabat, ut truncus equi eius paene humum tangeret. Apparebat etiam illum ultimo temporis puncto nostram rem omissam recordatum esse.

Sed nonnulli Indiani in bestias nostras, quas etiam iam animadverterant, incurrebant et duo celerrimi solum paucos passus ab iis aberant. Loris sclopetorum artius astrictis in ephippio erectus securim bellicam cepi. Magnis saltibus equus meus procurrit, ut simul cum duobus ad finem pervenerim. Erant duo reguli.

„Recede, Matiru! Equi mei sunt!"

Oculis ad me retortis me cognovit.

„Vetus Catabolochir! Morere, bufo!"

Matiru cultro stricto saltu ad latus equi mei se tulit.

Efferebat manum ad feriendum, cum securi mea bellica ita est ictus, ut concideret. Ca-vo-mienus, qui interea in dorsum equiferi mei insiluerat, equum vinctum esse neglexerat.

„Ca-vo-miene, antea cum proditore albo de me locutus es; nunc ego tecum loquar!"

Ogellalla cognoscens in equo vincto actum esse de se potuisse, rursus delapsus est, ut post virgulta e conspectu se removeret. Securi bellica supra caput rotata rubrum gravi telo ita in calva pennis aquilinis ornata percussi, ut ille quoque corrueret. Tum descendi et carabino Henrici capto oculos ad alios rettuli. Tribus iactibus totidem hostes prostravi. Tum ignis iam tam prope accesserat, ut non iam tempus daretur ad pugnam pergendam. Cum pedicis equiferi mei persectis exsilirem, spadix iam effugerat.

Marcus vocavit: „Ehodum, Carolule, eo per spatium vacuum!"

Hoc ipso temporis puncto aream adeptus ab equo russeo, qui volare non desistebat, in equam suam transilit, a tergo se demittit, ut lora persecet, et porro iuxta me volat ad locum, quo flammae nondum se coniunxerant. Salvi pervecti et post flammas ad sinistram retorti stetimus. Eo ipso loco eramus, ubi tertium ignem excitaveram. Solum igne nigruerat et iam refrigeratum erat. Ante et post nos lacinia pulla, quae iam exusta erat, viam meam antea factam insigniebat. Ab utraque parte autem vastum incendium aestuabat et ardorem differebat, qui omne aeris oxygenium absumebat, ut spiritum ducere paene non possemus.

Hic status angens autem perbrevi melior est factus. Aer eo melior fiebat, quo longius ignis a nobis recedebat et quadrante horae praeterito solum caelum extremum adhuc colorum temperamentis purpureis ardebat. Circum nos autem prataria tam nigra patebat, ut vix tres passus prospicere posses; stellae enim fumo velatae erant.

„Pro Deum, qui aestus infernalis erat!" ait Marcus. „Admirer, nisi tramen damnum acceperit."

„Non credo. Currus enim ad tales eventus accommodati sunt, cum saepius accidat, ut tramina per incendia silvae vel zavanae vehi cogantur."

„Quid nunc faciendum, Carolule? Hostes, cum nos creverint, sibi cavebunt."

„Etiam nunc inter Indoandras et caelum lucidum stantes videmur. Iis a nobis fides est facienda nos discessuros esse. Fortasse nos sodales catervae venatorum ducentes coniectant nos festinaturos nostros iis, qui opprimuntur, subsidio arcessitum. Equis admissis ad septentriones vehemur, tum ad orientem solem nos vertemus et flexu revehemur."

„Haec exempli gratia plane mea est opinio, atque puto rem finem capturam esse, qui nonnullorum rubrorum auribus constabit. Securis bellica tua autem exempli gratia etiam strenue operata est."

Tranquille respondi: „Attamen ii, quos percussi, non mortui sunt!"

„Nonne mortui? Curnam exempli gratia?"

„Eos securi bellica modo sopivi."

„Eosne modo sopivisti? Esne mente captus? Indoandra solum sopis, quamvis tam apte sub securim pervenerit! Ita denuo tibi res cum eo erit."

„Attamen sunt causae rationis meae, ex quibus te unam quidem intellecturum esse puto."

„Non ita, ne unam quidem, Carolule. Conicio eos duos regulos fuisse, et maxime iis parci non debet."

„Quondam captivus eorum fui. Me interficere poterant, sed non fecerunt. Pro clementia mala gratia a me iis reddenda fuit, cum ab iis fugerem, ideoque antea securi solum dimidia vi usus sum."

„Des veniam, oro, Carolule, sed istud exempli gratia horrendum in modum stulte fecisti. Mehercle, si illi homines tibi gratiam haberent! Sed tantum dicent Catabolochiri ne satis quidem roboris in bracchio esse ad calvam viri rubri recte tractandam. Spero autem ignem peccatum tuum correxisse."

Inter hos alternos sermones una per pratariam volabamus. Equa vetustula Marci longa crura tam naviter iactabat, ut equiferi mei gradus aequaret, et profecto paucae minutae praeterierant, cum rursus ad ferriviam pervenimus, atque id quodam loco mille passus ad orientem versus ab eo vestigio, in quo tramen constiterat. Equis nostris ibi pedicis vinctis praeter regulas furtim ad locum incursionis repentinae ibamus.

Aer magno combusti odore imbutus erat et obruta subtili favilla lata planities. Ventus lenis, qui cinerem tollebat, eum adducebat ad membra respiratoria, ut difficile esset stimulum tussiendi inhibere, quo aperiri possemus. Clare unicum oculum machinae cernebamus. A neutro latere aggeris ferriviarii rubri conspici poterant. Propius serpsimus. Acrius spectabam: ecce, quod coniectaveram, factum erat: adhuc ibi iacebant, quo se ab igne receperant, sub curribus ferriviariis. Provenire non audebant, ut opinor, quod hoc modo globulis alborum se obtulissent.

Tum cogitatio animum subiit, quae exsequi difficile quidem, sed efficacissimum fore videbatur.

Hortatus sum sodalem: „Marce, revertere ad equos ne nobis ab Indoandribus tollantur!"

„Au!" ait. „Illi sibi tutum refugium esse satis habent!"

„Ego eos ex eo fugabo."

„Carabinone Henrici?"

„Non ita."

Cum ei propositum meum explicuissem, laetus annuit.

„Bene, Carolule, haec est apta cogitatio, praesertim, cum affirmes te hos apparatus machinae vectoriae cognitos habere. Fac, ut celeriter sursum enitaris, ne te salientem feriant! Ego exempli gratia ad tempus cum equis sub manibus ero. – Hihihihi, tum in eos invehemus sicut bubalus in canes latrantes."

Cum Sin-Otus retrorsus se moveret, ego proxime humum cultrum dentibus tenens, ut re inopinata instante statim ad me defendendum paratus essem, protinus repebam. Ita invisus ad locum veni sub aggere ferriviario situm, in quo machina vectoria stabat. Magnae rotae motoriae et locus meus demissus me prohibebant videre, num etiam sub machina vectoria Indiani iacerent. In acclivitate sursum motus duobus celeribus saltibus sublime in equum ignivomum latus sum.

Magna vox sub me audita est. Postquam manus vectibus admovi, proximo momento tramen retro motum est. Clamor multisonus doloris et necopinati terroris sonuit. Cum triginta fere metra vexissem, vaporem contrarium immisi.

Iuxta me auditum est: „Canis!" et statura cultrum tenens ad sublime ferri temptabat.

Vir albus erat, quem calce in pectus percutiens rursus deieci.

Tum vocare audivi: „Huc, Carolule! Cito! Cito!"

A sinistra parte mea Sin-Otus in Tonia vehens equum meum altera manu loro tenens apparuerat, cum altera manu duos rubros arceret, atque ante me Indoandres illam regionem petebant, ubi equi fuerant. Neque vero bestias ignem contemnentes se loco suo tenuisse sperare poterant.

Substiti, de machina desilui, ad gregem hominum approperavi. Duo Indiani, quibuscum sodali meo negotium erat, Marco acclamante attenti ad me facti in fugam se dederunt. Ego in equiferum meum insilui, atque mox in confertissima fugientium turba eramus. Non tam periculosum erat, quam aliquis conicere possit. Indoandres, qui animadvertentes equos suos perditos esse caeco quodam timore invasi erant, ante nos sicut timida ferarum turba, in quam canes venatoris irruperunt, diffugerunt.

Tum magnam vocem ex Marco audivi.

„Malum! Ille est Fridericus Morganus! Heus, Satana, pereas!"

Illuc oculos convertens ad lumen aestus flagrantis versus in margine campi, qui conspici poterat, Sin-Otum bracchium attollentem cernebam ad ictum validum inferendum, qui autem erravit, quod adversarius caput confestim deiciens in turba fugientium ex oculis evanuit.

Marcus equam ad ingentem saltum dandum stimulavit, quo saltu in medios fugientes pervenit. Diutius *embolium*[1] observare nequibam, cum nonnullae rubripelles mihi obsisterent, quibuscum pugnanti mihi multum laboris consumendum erat, priusquam se rursus averterunt.

Eos secutus non sum. Satis sanguinis fusum erat, et certus eram Indianos hanc rem sibi documento habituros esse, ut rursus reverti eis in mentem non veniret. Ut Marco signum mittendi persequi, quo solum se in discrimen adduceret, darem, summa voce ululatum *canis latrantis*[2] imitatus sum. Deinde ad tramen revectus sum.

Manus comitans, quae descenderat, quaerebat, dum machinarius facit, ut vapor emanet, mortuos et saucios. Curator, qui exsecrans astabat, me conspicatus saevus in me irruit.

„Quid agis, ut in machinam invadas rubrosque nobis depellas, quos tam firmiter in nostra potestate habebamus, ut eos ad unum omnes exstinguere possemus?"

Verba propuli: „Lenis es, lenis es homo! Gaude, quod abierunt; nam facile fieri potuit, ut te haberent neque tu eos. Satis callide rem iam institueras!"

Breviter officialis interrogavit: „Quis pratariam incendit?"

„Ego."

„Insanin'? Atque mihi vim et manum intulisti! Scin' te comprehendere et δικαστηρίω[3] tradere mihi licere?"

---

[1] embolium – das Zwischenspiel
[2] canis latrans – der Kojote
[3] τὸ δικαστήριον – Court of justice, Gerichtshof

„Non, nescio, sed libentissime tibi potestatem Catabolochiris de equo trahendi, in currum includendi, iudicibus tradendi dabo. Cupidus sum comperiendi, quomodo id facturus sis."

Fanningus quodam modo in angustum venisse videbatur.

„Id nolui, domine! Per imprudentiam quidem lapsus es, sed illam tibi condonabo."

„Gratias , domine Fanninge. Eximie suaviter animus afficitur, si ii, qui opibus valent studio laudabili gratiae et misericordiae ardent. – Quidnam tu nunc facies?"

„Quid aliud facere possum nisi regulis refectis iter pergere! An altera incursio nobis exspectanda est?"

„Non puto, domine. Ratio et consilium tuum belli gerendi tam excellenter ficta et effecta sunt, ut rubros pigeat reverti."

„Num me ludibrio habere vis domine? Hoc haudquaquam patiar. Non steterat per me, ut illi tam multi essent et tantopere ad impetum nostrum se paravissent!"

„Antea tibi dixeram Ogellallas armis egregie uti scire. Aspice! Ex sedecim operariis ferriviariis et viginti viris militantibus non minus novem homines ceciderunt. Mihi culpa praestanda non est. Atque si cogitaveris nos duos, sodalem et me, totum gregem in fugam coniecisse, fortasse animo tibi fingere poteris, quid accidisset, si consilio meo neque tuo usus esses."

Fanningus cupiditate obloquendi flagrare coepisse videbatur. Alii autem accesserant, qui mihi assensi sunt, ut demissiore animo dixerit:

„Adhuc hic commorabimini, dum abierimus?"

„Scilicet. Vir vere occiduus numquam opus mancum facit. Opus aggredimini! Accendite aliquot ignes, qui vobis alluceant – satis enim virgultorum reperitur – et ad reditum non probabilem Erythroandrum, si accidat, custodias disponite!"

„Nonne tu hoc negotium subibis, domine?"

„Quod negotium?"

„Custodiam."

„Mihi non est in animo. Satis contuli in te et alii labores mihi exspectandi sunt, cum tu eo iter facias, ubi quieti te dare poteris. Imperatoriae artes te scilicet docebunt, quomodo praesidia tibi optime disponenda sint."

„Sed nobis non tam exercitati oculi acres et aures acutae sunt quam tibi!"

„Eos contende, domine, eos contende! Tum aeque ac ego videbis et audies! Id tibi ilico praestabo. Silentium tenete, homines, et aures convertite ad laevam! Auditisne aliquid?"

Responderunt: „Ita vero. Eques appropinquat. Certo vir ruber est."

„Au! Putatisne Indoandra tanto equi pulsu advehi ad vos opprimendos? Sodalis meus est, atque vobis suadeo, ut eum humaniter salutetis. Sin-Otus iocum in seria vertit!"

Et vero Marcus advectus est et tali vultu de Tonia descendit, quasi totum suffocare vellet genus humanum.

Eum interrogavi: „Audistine signum meum?"

Solum annuit. Tum ad curatorem traminis se convertit.

„Tune es vir, qui tam bonas rationes et consilia bellandi excogitare potest?"

„Sane vero!", Fanningus tam simpliciter affirmavit, ut risu haud facile temperare possem.

„Euge, domine , ergo te laudo; nam vetulae equae meae, Toniae, plus animi aciei est, quam tu umquam habuisti.

Tu ad altiorem gradum pervenire potes. Cave, ne quando te etiam *praesidem*[1] faciant! Mane, Tonia, confestim revertar!"

Probus officialis ferriviarius stupefactus stabat et apparebat eum nescire, quid faceret. Quodsi verbis non defectus esset, ea proferre nequisset. Sin-Otus enim in obscuro

---

[1] praeses, -idis hoc loco: Präsident

noctis ex oculis elapsus erat. Meditabar, quid Marcum meum tam male affecisset, et inveni solum Friedericum Morganum auctorem esse putandum. Utique ille nemo alius erat nisi grassator albus, quem de machina vectoria detruseram. Quo Marcus isset, mecum cogitare poteram. Ego quam primum idem fecissem, sed adhuc nondum huic rei vacaveram. Post aliquot minutas Marcus rediit. Interim consederam et, dum specto, quid ad luminum ignium flagrantium praeparent ad orbitas ferriviarias reficiendas, Marcus iuxta me assedit. Vultus eius non hilarior, sed si fieri potuisset, etiam torvior erat redditus.

Ex eo quaesivi: „Quid igitur?"

Me increpuit: „Quid ‚Quid igitur'?"

„Suntne mortui?"

„Illine mortui? Ridiculum est! Qui fieri potest, quin Indianorum reguli mortui sint, si eorum capita mulsisti sicut muscam, quae scabi cupit! Scin', quid antea curatori dixi?"

„Quid?"

„Toniae plus animi aciei esse quam ei."

„Quid ultra?"

„Tecum ipso cogita! Tonia exempli gratia Ca-vo-mie-num et Matirum securi prorsus neque paene interemisset. – Nunc abierunt."

„Mihi placet!"

„Placetne? Audi, valde dolendum esse puto te tales homines missos fecisse, quamquam capitis cutes eorum iam in manibus habebamus!"

„Cum causas meas tibi attulerim, Marce, omitte igitur convicia! Potius dic, quare hilaritatem amiseris!"

„Age, ita quoque videtur. Scin', in quem inciderim?"

„In Fridericum Morganum."

„Pro Dei fidem! Quis tibi hoc dixit?"

„Nomen enim satis magna voce vocasti, cum virum cognovisses."

„Itane? Ignoro. Conice, quis homo sit!"

Cum vetus venator tam vehementer acerbatus esset, quaedam cogitatio animum meum subiit.

„Num homicida uxoris et filii?"

„Sane quidem – ille ipse!"

„Magnum narras! Neque eum deprehendisti?"

„Scelus mihi elapsum est. Abiit carnifex, evanuit. Oh ira incensus aures evellere possem, si quae mihi adhuc essent!"

„Vidi enim te equo propere eum prosequentem, in medios Indianos!"

„Nihil profeci. Non iam in conspectum meum rediit. Fortasse humi se abiecit, ut eum praeterequitaverim. Sed meus fiet. Mihi reperiendus est. Cum equi effugerint, vestigia sequi possumus."

„Difficile erit. Vestigia alborum et rubrorum quidem optime discerni possunt; eruntne autem semper loca, in quibus vestigium cognosci potest?"

„Recte dicis, Carolule. Sed quid aliud faciam?"

Manu in peram demissa duo marsupia et litteras, quae apud equum viri albi inveneram, prompsi.

Dixi: „Fortasse hic ansam reperiemus."

Cum marsupia aperirem, lumen ignis in propinquo ardentis collustrabat ea, quae in iis erant. Ilico obstupefactus vocem ob rem inopinatam edidi.

„Gemmae, putae gemmae, adamantes! Marce, thesaurum manibus gero!"

Unde gemmae ad hunc grassatorem pervenerant et quomodo cum eo in zavanam feram? Cum certus essem eum haud facile iuste et legitime has divitias peperisse, meum erat verum possessorem reperire.

Comes meus vocavit: „Adamantes? Malum! Erantne in marsupiis, quas illuc ex hippoperis caballi Hispanico more ornati exemisti? Ostende! Tota vita mea exempli gratia numquam antea mihi contigit, ut tam caram micam terrae in manibus tenerem."

Eas ei dedi.

„Sunt Brasilienses", inquam. „Ecce, aspice eos!"

„Ehem, quae tandem mira animalia sunt homines! Solum est lapis, ne verum, bonum quidem metallum, ain'tu, Carolule?"

„*Carboneum*[1], Marce, nil nisi carboneum!"

„Carboneum aut *carbo coctus*[2] propter me! Pro omnibus his rebus vetus ferrum iaculatorium non reddam. Quid de *scoria*[3] facies?"

„Eam possessori legitimo tradam."

„Quis ille est?"

„Nescio, sed comperiam; nam tam grave detrimentum haud quiete accipitur, sed in omnibus diurnis divulgatur."

„Hihihihi! Ergo confestim cras diarium mandare debebimus. Ain' tu, Carolule?"

„Forsitan sit non necesse. Fieri potest, ut hae chartae aliquam rationem reddant."

„Ideo exempli gratia statim inspice!"

In inspiciendo duas optimas mappas Civitatum Foederatarum repperi et epistulam sine involucro his verbis scriptam:

„Patricius Patri carissimo salutem!

Te mihi opus est. Quam celerrime veni, sive Tibi successit, ut gemmis fraudem faceres, sive non. Opibus in omnes partes crescemus. Medio Martio mense in *Montibus Albis*[4] me invenies, atque id eo loco, quo loco *Pegnascus Fluvius*[5] effunditur in *Pecus Flumen*[6]. Cetera coram.

Dabam Galvestonia ..."

Dies ascriptus post ‚Galvestonia' avulsus erat, ut dici nequiret, quando epistula data esset. Certe mihi utilissima erat. Montes Albos locum statutum appellaverat,

---

[1] carboneum – Kohlenstoff
[2] carbo coctus – Koks
[3] scoria – Schlacken
[4] Montes Albi – Sierra Blanca
[5] Pegnascus Fluvius – Rio Peñasco
[6] Pegnascus Fluvius – Rio Peñasco

cum Morganus regulos Indianos mendacio fefellisset se filium in Mexicum convenire velle.

Marco litteras recitavi.

„En!" ait, cum finem legendi fecissem. „Res ita se habet, nam Friderici Morgani puero exempli gratia non aliud est nomen nisi Patricio, et hi ipsi ambo desunt inter decem viros, qui mihi in potestatem redigendi sunt. Sed narra, qui fluvius in Pecus Flumen influens memoratus sit!"

„Pegnascus Fluvius."

„Nostine eum?"

„Paulum."

„Tum tu es homo, quo mihi sit opus. Texiam et Mexicum petentes obiter aliquot passus magis ad dexteram tendere possumus. Ceterum eo tantum tendebam, quod exempli gratia cogitabam me meos viros ibi inventurum esse. Cum autem tam belle nobis dicant, ubi alibi reperiri possint, stultus essem, nisi iis veterem Sin-Otum cum Tonia ostenderem. Comitaberisne me, si cras mane nullum vestigium istius Friderici Morgani reppererimus?"

„Sane. Ego quoque eum habere debeo, quod ab eo certissime comperiam, cuius gemmae sint."

„Ergo has res rursus serva! Bonum erat consilium eas tollendi. – Nunc videamus, quid siderodromici faciant!"

Curator secundum consilium meum custodias disposuerat. Manus, quae praesidio erat, una cum ferriviariis viam ferratam dirutam restituendo occupata erat, cum vectores partim astarent spectantes, partim corporibus occisorum dediti essent vel nos ambos contemplarentur, quorum sermoni se immiscere ausi non erant. Tum demum, cum surrexeramus, nonnulli ad nos aggressi sunt, ut nobis pro interventu nostro gratias agerent. Cum aequiores essent quam curator, interrogaverunt, num dono nobis animum gratum exhibere possent. Rogavi, ut mihi pulverem pyrium, plumbum, tabacum, panem, ramenta flammifera emere liceret, si quid ex his rebus adesset. Statim unusquisque manum in copiam suam demisit, ut largius optata nobis suppeditarentur. Pecuniam, quam praecise repudiabant, hominibus ingerere nequibam.

Ita breve tempus praeteriit, quod erat opus ad regulas resarciendas. Instrumentis rursus reconditis curator ad nos accessit et interrogavit:

„Vultisne una inscendere, domini? Libenter vos tantum spatium mecum veham, quantum vobis placuerit."

Recusabam: „Gratias, domine! Hic manebimus."

„Sicut vultis. Cum de hodierno casu mihi renuntiandum sit, mihi temperare nequibo, quominus mentionem vestri inferam, ut praemium certe consequamini."

„Benigne, sed nobis non ex usu erit, quod non in patria manebimus."

„Exinde altera quaestio: Cui sunt arma capta?"

„Ex lege zavanae omnia victi bona victoris sunt."

„Nos vicimus, ergo Indoandribus demere possumus, quaecumque secum ferunt. Prehendite, viri! Oportet saltem unusquisque monumentum hodiernae pugnae ostender possit!"

Tum Marcus prope ad eum stetit.

„Velisne nobis Indianum ostendere, quem vicisti aut occidisti, domine?"

Fanningus aliqua ex parte attonitus eum, qui locutus erat, aspiciebat.

„Quid tibi vis?"

„Si quem occidisti, sarcinulas eius tollere potes, sin aliter non."

Me converti ad socium: „Marce, eis voluntatem concede, nihil enim harum rerum nobis opus est!"

„Si tu dicis, ita sit; sed capitum cutes, hercle, ne attigeritis!"

Addidi: „Et custodem ferriviarium interfectum, qui illic iacet, vobiscum abducetis. Officium vestrum est!"

Mihi facere debebant, quod optabam. Indiani occisi

armis et aliis rebus spoliati sunt. Tum albi mortui in currum impositi sunt – postquam breviter eos salvere iussimus, tramen profectum est. Quoddam tempus traminis strepitum, qui minor minorque fiebat, audiebamus. Tum demum rursus soli in lata et quieta zavana eramus.

Marcus interrogavit: „Quidnam postea?"

„Dormire."

„Nonne putas Indoandras nunc reversuros esse, cum homines fortes abierunt?"

„Etsi non confestim, at certe postea occisos suos sepelient."

„Praeterea exempli gratia mirer, nisi Fridericus Morganus revertatur, ut saltem equum suum et cum eo gemmas reperire conetur."

„Esse potest, sed verisimile non est. Quis equum ignem fugientem reperire potest? Praeterea scit praeter siderodromicos etiam alios homines adesse, quibus se ostendere non debet, nisi extremum discrimen adire vult."

„Morganus me tam cognovit, quam ego eum, ut ex contrario admirarer, nisi cupiditate globuli iactum vel ictum cultri inferendi arderet!"

„Id nobis experiendum est. Sed hodie saltem tuti sumus. Attamen a ferrivia magnum spatium nos recipiemus, ut certi simus nos non turbari."

„Εἶεν, ergo perge!"

Iorrocks equum insiluit. Ego equiferum conscendi. Tum mille fere passus Anglicos ad septentriones versus vecti equos sustinuimus. Ego equiferum pedica vinxi, Marcus Toniam pasci sinebat. Tum in lodices nos involvimus.

Revera ita fatigatus eram, ut mox obdormirem. Postea aliquando mihi videbar tramen ab oriente in occidentem transvehens audire; sed non satis somno solutus rursus obdormivi.

Cum experrectus e lodice me evolvebam, bene mane

erat. Tamen Marcus iam ante me sedens iucunde unum ex illi sigaris fumabat, quae heri vesperi acceperamus.

„Χαῖρε, Carolule! Revera aliquid interest inter hanc herbam et fumifica tua propria, quae istic sub ephippio conficis. Tu quoque sigarum sume; deinde rem propositam aggrediamur! Ientaculo nobis renuntiandum est, donec aquam invenerimus."

„Utinam mox eam inveniamus! Id optandum sit propter bestias nostras, quibus paulum pabuli est. Ceterum etiam equo vehens sigaro frui possum."

Tum sigaro incenso pedicam equi solvi.

Marcus interrogavit: „Qua via equitabimus?"

„Spira hinc usque ad illum locum, ubi tramen constitit. Tum nullum vestigium nos fugere potest."

„Sed non unâ."

„Non ita; satis spatii tenebimus. Proficiscamur!"

Cinis tenuis graminis incendio absumpti vestigia Ogellallarum fugitivorum clare receperat, quae initio bene animadverti poterant. Sed spiritus et perflatus venti noctu ea prorsus dissipaverant, ut ne minimum quidem cognosci posset. Ita postremo sine ullo effectu pervenimus.

Marcus percontatus est: „Vidistin' aliquid, Carolule?"

„Non ita."

„Neque ego. Malum vento, qui semper tum demum flat, cum exenmpli gratia nequaquam eo opus est! Nisi epistulam invenisses, profecto nesciremus, quid faceremus."

„Ergo age; ad Pecum Flumen!"

„Euge! Antea autem rubris monstrabo, cui hesternam delectationem debeant."

Dum ex equo descendo et in aggere me sterno, SinOtus opus suum aggressus est, in quo versari nequibam, ut brevi post Indoandres occisi, aures praecisas in manibus tenentes, una iacerent.

„Nunc veni!" ait Marcus. „Nobis longum iter usque ad

proximam aquam conficiendum est atque comperire desidero, uter id melius sustenturus sit, equifer tuus an vetula Tonia mea."

„Bestiae tuae paulo minus ferendum est quam meae."

„Εἶεν, Carolule, paulo minus carnis humanae, pro ea autem paulo plus animi aciei. Tute, quod ille Fridericus Morganus mihi evasit, non mea est culpa. Quod tu autem illos duos regulos non satis exstinxisti, tibi exempli gratia tum demum ignoscam, si me in Morganis capiendis adiuveris!"

3. „AQVAM, AQVAM!"

Inter Texiam et Novum Mexicum et agrum Indianum aut, ut res aliter dicam, inter partes prominentes *Ozarchium* montium et montium *Guadelupensium* [1], cinctus collibus, qui cursum superiorem Fluminis Peci, Canadensis et fontes Rubri Fluvii, Brazi et Colorati terminant, tractus amplus et horribilis situs est, qui Sahara Civitatum Foederatarum appellari possit.

Vastae regiones arena sicca et aestuosa plenae et nuda et fervida sedimina mutantur, quae vel maxime exiguis satis et stirpibus parcissimas vivendi necessitates praebere nequeant. Praeceps et repente nox frigida calori diei succedit. Non *dsebel* [2] solo, non *vadi* [3] virenti mortua et aequalia deserta sicut in Sahara intermittuntur. Non taciturnus *bir* [4] umore vitali parvam oasin elicit. Vel *tesqua* [5], quae sunt transitus a montibus silvestribus ad solitudinem vastam, prorsus desunt, ut mors manifesta ubique maxime horribilem speciem praebeat. Rarae stant – nes-

---

[1] Ozarches Montes, Guadelupenses m. – Ozarkgebirge, Sierra Guadelupe
[2] dsebel – Dschebel (=mons)
[3] vadi – vallis
[4] bir – puteus
[5] tesqua, -orum – die Steppe

cis, qua vi effectae et servatae – *secretae personaceae*[1], corio similes, quasi ludibrio oculorum, qui aliquid viride desiderant. Aut interdum invenis feram cactorum speciem, quae vel sparsa vel densa stat aut latas et amplas areas arte convestit, ut ortus eius intellegi non possit. Sed neque personacea neque cactus iucundi et grati sunt aspectu. Fusci sunt colore et aspectu deformes. Tecti sunt spisso pulvere arenae. Vae illi equo, quem eques improvide in talem cactorum oasin flectit. Acutissimis et durissimis spinis pedes eius tantopere vulnerantur, ut numquam iam currere possit. Eques eum relinquere debet, ut certe pereat, nisi eum necet.

Quamquam haec deserta tantum terroris praebent, tamen homo pedem in iis ponere est ausus. Viae per ea ferunt sursum *Fidepolim* et *Castellum Unionis*, ultra usque *Transitum Septentrionum*[2], deorsum in Texiae pratarias et silvas bene irrigatas. Si autem ‚viae' verbum audis, noli animo fingere viarum munitionem, quae in terris cultioribus ita appellatur. Certe venator aut explorator solitarius vel grex hominum audacium vel manus ambigua Indianorum properanter per deserta equitat. Certe rotae lenti agminis boum iunctorum per solitudinem vastam strepunt, sed via non est, ne illae quidem orbitae quadrantem horae distantes, quae in *Ericeto*[3] Luneburgico et in arena Brandenburgensi inveniuntur. Suum quisque equitat aut vehit cursum, quoad solum ei pauca indicia praebet, ex quibus cognoscere potest se directionem optatam tenere. Cum haec autem indicia paulatim etiam acerrimis oculis non iam cerni possint, homines prospexerunt, ut hic cursus palis designaretur, qui quibusdam spatiis intermissis in terra infixi sunt.

Attamen pro magnitudine in his desertis multo plures

---

[1] personacea – Mezquite-Strauch

[2] Fidepolis, Castellum Unionis, Transitus Septentrionum – Santa Fé, Fort Union, Paso del Norte

[3] ericetum – Heide

et horribiliores sunt victimae quam in Sahara Africae et in *Samone*[1] Asiae Altae. Hominum corpora et cadavera bestiarum, ephippiorum partes, reliquiae carrorum aliaeque res horrendae iuxta viam et in via iacent, quae fabulas narrant non auribus audiendas, sed eo melius oculis cernendas. Atque super ea sublime volantes vultures etiam minimum motum in arena cum pertinacia sollicitante sequuntur, quasi scirent sibi praedam certam effugere non posse.

Atque quod nomen his est desertis? Incolae locorum, quae circumiacent, iis varia vocabula imponunt, modo Anglicum, modo Francogallicum, modo Hispanicum. Longe autem propter palos infixos, quibus via notetur, *Planum Palatum*[2] appellatur. –

A fontibus Rubri Fluvii ad Montes Albos duo viri cursum equorum dirigebant, qui immane defessi erant. Bestiae miserae macie tantopere extenuatae erant, ut totae fere ossa et pelles essent, et aspectum hirsutum avis, quae postridie mane mortua in cavea iacebit, habebant et imbecilla et aegre fessa membra continenter pedes offendentes tam lente trahebant, velutsi corruerent. Oculi eorum inertes erant, linguae siccae inter labra fluida prominebant, et sole fervente ex totis corporibus ne una quidem stilla sudoris neque ex dentibus unus flocculus spumae cognosci poterant, ut praeter sanguinem aestu desertorum concretum nihil iam umoris in corporibus eorum inveniretur.

Duo equi Tonia et equifer meus erant; ergo equites vix alii esse poterant nisi brevis Marcus egoque.

Quinque iam dies per Planum Palatum vehebamur, ubi initio raro aliquid aquae inveneramus. Tum autem longe lateque indicium eius non iam erat, ut illud mihi succurrererat, quam utile futurum esset camelos in haec deserta transferre. Verba Uhlandi poetae mihi in mentem inciderunt:

---

[1] Samo, -onis – Schamo   [2] Planum Palatum – Llano Estacado

„En, equi, o quam erant imbecilli,
Rectori paene iam ferendi illi."

Sed verba ultimi versus, etiamsi alias effici potuissent, tum non valebant peragi, cum equites in aequa condicione desperata essent ac bestiae.

Brevis Marcus siccatus in collo equae haerebat velutsi solum quadam opportunitate in equo retentus. Os eius hiabat oculique illum aspectum inertem et inanimum praebebant, ex quo eum prorsus fere hebetem esse cognosci potest. Palpebrae mihi ipsi plumbo oneratae esse videbantur. Fauces tam siccae erant, ut unaquaque voce gulam disici aut discindi putarem, et in venis erat ardor, quasi metallum liquidum inesset. Sentiebam vix horam fore, donec de equo delapsi et siti enecti iaceremus.

„A – quam!" inquit Marcus gemens.

Caput sustuli. Quid responderem? Ita tacere praeferebam. Tum equus meus pedem offendit et substitit. Quamvis maxime operam darem, loco moveri non poterat. Vetula Tonia ilico hoc exemplum secuta est.

Cum dicerem: „Descendamus!", unaquaeque vox dolorem membris meis vocalibus faciebat. Spatium a pulmonibus usque ad labra multis milibus acuum consitum videbatur. Ab equo me demisi, lorum eius cepi, titubans prior incessi. Onere vacuus segniter me secutus est. Marcus, qui caballum post se trahebat, evidenter magis quam ego erat confectus, ut titubans ad singula vestigia corruiturus esset. Ita ad quingentos passus Anglicos proreptaveramus, cum post me magnum gemitum audivi. Cum circumspiciebam, Marcus meus oculis opertis in arena iacebat. Ad eum accessi, iuxta eum consedi, quietus et nihil dicens; nam loquendo condicio nostra mutari nequibat.

Num haec conclusio erat vitae, hic peregrinationum finis? Parentum reminisci volebam, fratrum sororumque domi versantium in Germania longinqua, volebam animum colligere ad precandum – non poteram; nam cerebrum fervebat. Rebus dubiis circumventi eramus. Equifer meus, postquam duobus diebus ante pedem offendit, claudicabat, ut ad iter per Planum faciendum nobis plus temporis opus esset quam propositum. Praeterea hoc die subito cognovi palos viam monstrantes de cursu decedere. Ille dolus igitur adhibitus erat, qui ante nos non nemini vitam abstulerat.

Catervae aurilegulorum, qui in fodinis et aurariis Californiae bona fortuna usi cum fructibus laborum suorum in orientem tendunt, crebro Fidepoli devenire et Transitu Septentrionum transgredi solent. Iis Planum Palatum transeundum est, atque ibidem periculum formidulosum iis imminet.

Homines, quos, cum in fodinis a fortuna deserti sint, probi laboris taedet, homines corrupti, quos oriens evomit, viri omnium turpium morum ad aurilegulos intercipiendos ad marginem Palati se congregant. Cum hi autem plerumque viri validi et duri sint, qui innumeris aerumnis et pugnis animos experti sint, utique periculosum est cum iis inceptare. Itaque praedones, qui ‚palarii'[1] aut Plani vultures appellantur, in cogitationem inciderunt, qua crudelior et foedior cogitari non potest: palos cursum significantes asportant et falsa regione infigunt, ut homines iter facientes, qui locorum ignari sint, neque quicquam suspicentur, in pessimum horrorem desertorum introducantur, et siti confecti in mortem mittantur. Ita viris scelestibus facile est res mortuorum in suum usum convertere, et ossa multorum centenorum hominum in sole urente prorsus deserta exalbescunt, cum cognati domi frustra iis, qui fortunam periclitati sunt, praestolentur neque umquam quicquam de iis audiant.

Adhuc palos confidenter secuti eramus, et hoc die demum sub meridiem animadverteram eos in falsam viam nos ducere. Ex quo tempore a via aberravissemus,

[1] palarii – Stakemen, Pfahlmänner

propter defatigationem cognoscere nequibam, ut iter convertere non satius videretur, praesertim cum status noster unamquamque minutam nobis caram faceret. Marcus nullo pacto progredi poterat, atque ego quoque vix mille passus procedere potuissem, etiamsi omnes nervos maxime contendissem. Certum erat nos adhuc viventes iam in sepulcro esse, nisi opportunitas subventura esset. Et hoc mox fieri debebat.

Tum sublime super nobis clamor stridens et raucus sonuit. Attollens oculos conspexi vulturem, qui brevi ante, ut apparebat, atque id in proximo, a terra in altum se levaverat. Gyrum supra nos per aëra duxit, quasi nos iam praedam certam, quae ei eripi nequiret, duceret. Suspicandum erat victimam desertorum aut virorum palariorum haud longe a nobis abesse, et circumspexi, num fortasse indicium eius animadversurus essem.

Quamquam solis et febris ardor sanguinem in venas oculorum diffundebat, ut dolerent et iam defecturi essent, tamen a mille fere passibus aliquot puncta speculatus sum, quae neque lapides neque edita terrae esse poterant.

Carabino capto propius ire studebam.

Nondum dimidium spatium emensus eram, cum tres canes latrantes conspexi et paulo longius ab iis nonnullos vultures. Bestiae corpus circumsedebant, quod non satis perspicue cognoscere poteram. Videbatur bestia aut homo esse, utique animal nondum prorsus exanime, cum alias bestiae voraces iam pridem corpus mortuum inter se partitae essent. Nihilominus canes latrantes mihi aliquid spei iniecerunt, cum hae bestiae, quae sine aqua diu vivere nequeunt, haud longe spatia inculta desertorum intrare audeant. Ceterum mihi resciscendum erat, cuius generis corpus esset, quod circumstabant, et iam pedem laturus eram ad longius progrediendum, cum mihi venit in mentem aliquid, quo adductus celeriter carabinum applicatum tenebam.

Prope erat, ut siti exstingueremur, neque aqua reperiebatur. Nonne autem sanguis harum bestiarum saltem quodam modo nos reficere poterat? Cum sclopetum collinearem, et imbecillitas et febris mea effecerunt, ut os carabini aliquot centimetra nutaret. Itaque consedi et bracchio genu fulto certum globulum mittere potui.

Ligulam pressi atque tum iterum: – duo canes latrantes in arena volutabantur. Hoc aspectu impulsus omnem infirmitatem oblitus sum et cursu effuso accurri. Lupus per caput ictus erat, alter autem iactus tam malus fuerat, ut me eius per omnem vitam puderet, nisi tam imbecillus fuissem. Glande pedes priores alterius bestiae exsilientis elisi erant, ut ululans in arena volutabatur.

Ilico cultro stricto priori lupo colli venam aperui et labris incisioni accomodatis sanguinem suxi, quasi esset nectar Olympicum.. Tum poculo coriaceo de zona dempto et impleto accessi ad virum, qui in mortui modum in propinquo iacebat. Nigrita erat. Et vix oculos in vultum eius, qui nunc non niger, sed pullus erat, conieceram, cum casu inopinato oppressus poculum paene amisi.

„Caesar!"

Nigrita me vocante palpebras paulum aperuit.

Gemuit: „Aquam!"

Iuxta eum genibus nixus partem corporis eius allevavi et vas ad os eius admovi.

„Bibe!"

Labra quidem aperuit, sed faucibus exsiccatis vix quicquam absorbere poterat. Et longum erat, dum liquorem foedum in os eius inieceram. Tum rursus delapsus est.

Deinde Marco a me prospiciendum erat. Considerate primum sanguinem canis latrantis ictu exanimati sumpseram, quod hic prius concreturus erat, quam ille alterius, qui tantummodo exteriorem plagam acceperat.

Ad alteram bestiam accessi, quam, quamvis rabiosis morsibus me peteret, cervicibus comprehendi et usque ad Sin-Otum traxi. Ibi eam humi depressi, ut se movere nequiret, et ei confectae venam aperui.

„Marce, en, bibe!"

Socius prorsus hebes humi iacuerat; tum autem se erexit.

„Bibere? Oh!"

Poculum festinanter arreptum uno impetu epotavit. Vas ei ex manu sumptum denuo implevi. Marcus id iterum epotavit.

„Sanguis, foed-! Ah, brr! – Attamen melior est quam conici potest!"

Postquam paucas guttas, quae adhuc aderant, sorbillavi, exsilui; nam canis latrans tertius reversus, quamquam nigrita aderat, socium suum prius necatum sibi agendum sumpserat. Carabino rursus sublato propius admotus eum deieci. Cuius sanguine nigritam eo adduxi, ut rursus ad sanitatem reverteretur et artubus uti posset.

Viatori saepe sunt occursus, qui utique mirifici putandi sint, et tam mirabilis erat hic congressus cum nigrita, qui mihi bene erat notus. Domi domini eius, gemmarii Marshal Ludovicivillani, hospitio complurium dierum usus eram et illo tempore virum nigrum fidum et semper laetum adamaveram. Duo filii gemmarii mecum excursionem venatoriam in montes *Cumbrienses*[1] fecerant et deinde me ad Mississipium comitati erant. Uterque amabilis iuvenis fuerat, quorum societas mihi grata erat. Quonam modo autem Caesar huc in Planum Palatum venerat?

Eum interrogavi: „Habesne te nunc melius, Caesar? Melius, valde melius, oh prorsus melius!"

Postquam surrexit, tum demum me cognoscere videbatur. „Massa, itane? Massa Carolulus est, prorsus multum magnus venator! Oh, Caesar nigrita laetus esse se convenire Massam; nam Massa Carolulus servaturus esse Mas-

---

[1] m. Cumbrienses – Cumberlandberge (Tennesiae)

sam Bernhardum, qui alias mortuus fore, prorsus multum mortuus."

„Bernhardus? Ubi est?"

„Oh, ubi esse Massa Bernhardus?" Circumspiciens meridiem monstravit. „Massa Bernhardus ibi esse! Non ita, ibi – aut istic – aut illic!" inquit circum se ipsum se convertens et monstrabat meridiem, occidentem, septentriones, orientem. Caesarulus ipse dicere nequibat, ubi esset dominus iuvenis eius.

„Quid Bernhardus hic in Plano Palato facit"

„Quid facere? Caesar nescire; nam Caesar non videre Massam Bernhardum, qui abisse cum omnibus aliis Massis."

„Qui sunt homines, quibuscum iter facit?"

„Homines esse venatores, esse mercatores, esse – oh, Caesar non omnia scire!"

„Quo tendebat?"

„Ad Pecum Flumen, tum Franciscopolim ad iuvenem Massam Allanum."

„Ergo Allanus Franciscopoli est?"

„Massa Allanus ibi esse, emere magnum multum aurum pro Massa Marshal. Sed Massae Marshal non iam opus esse auro, quod Massa Marshal esse mortuus."

Obstupefactus interrogavi: „Estne mortuus Dominus Marshal?" Nam gemmarius tum adhuc viridi aetate fuerat.

„Ita, sed non morbo mortuus, sed mortuus caede."

Horrore perfusus vocavi: „Estne interfectus? A quo?"

„Sicarius noctu venire, percutere cultrum in pectus Massae Marshal et auferre omnes lapillos, gemmas, aurum, quae esse Massae Marshal. Quis esse sicarius et quo sicarius ire, nescire *praetor*[1], neque consilium iudicum, id solum scire *indagator*[2] et Massa Bernhardus atque etiam Caesar."

„Quando hoc accidit?"

„Hoc erat accidisse ante multos dies, ante multas sep-

---

[1] praetor – Sheriff   [2] indagator – Detektiv

timan. Massa Bernhardus scribere Massae Allano in Californiam versanti, sed non accipere responsum atque ideo nunc homicida capto tendere in Californ Massam Allanum quaesitum."

Hic quidem horribilis erat nuntius, quem acceperam. *Caede praedatoria*[1] salus bonae familiae deleta, patri vita ablata ambobusque filiis detrimenta gravia illata erant. Gemmae pretiosissimae eorum perditae erant, quamquam, puto, non omnes neque omne aurum, sicut nigrita damnum verbis excusabiliter auxerat. Sine voluntate mihi adamantes recordandi erant, quos Friderico Morgano surreptos adhuc mecum portabam. Sed quid auctorem rapinarum factarum Ludovicivilla in pratariam abegerat?

Deinde interrogavi: „Qua via iter fecistis?"

„Ludovicopoli ad Castellum Scoticum, tum trans multum aquae et montis, Massa. Caesar esse vectus, equitavisse, cucurrisse usque in magna et horribilia deserta Palata, ubi nemo iam invenisse aquam. Tum equus et Caesar defatigari; tum valde sitire sicut Mississipius Flumen equus et Caesar; tum Caesar decidere de equo, equus aufugere et Caesar relinqui. Nunc in maximis valde angustiis esse Caesar et magis magisque siti mori, dum venire Massa Carolulus et Caesari dare sanguinem in os. Oh, Massa servaturus esse Massam Bernhardum, et Caesar carum habere Massam Carolum tam magnum, tam multum ut totum mundum in tota terra!"

Hoc quidem erat optatum, quod me nunc impetraturum esse vix sperare possem. Unde fieret, ut nigrita mihi confideret, dicere nequibam neque exspectationem eius fortasse explere poteram. Tamen interrogare pergebam:

„Quantus erat grex vester?"
„Valde magnus creber, Massa: novem viri et Caesar."
„Quo primum tendebatis?"

---

[1] caedes praedatoria – Raubmord

„Id Caesar nescire. Caesar semper pone sequi neque audire, quid multi Massae dicere."

„Tibi est culter et ensis. Eratisne omnes armati?"

„Ita, multa *focilia* [1] et bombardae et cultri et pistolia et revolvuli nobis erant."

„Quis erat dux vester?"

„Vir, qui appellari Villiamus."

„Denuo diligenter reminiscere, quo equitaverint, cum de equo decidisses!"

„Non iam scio. Eo, huc, illuc."

„Quando fuit? Quo diei tempore?"

„Paulo post esse vesper et – ah, oh, nunc Caesar scire: Massa Bernhardus recta in solem equitare, cum Caesar decidere de equo."

„Bene! Iam rursus ire potes?"

„Caesar rursus currere posse sicut cervus. Sanguis bona esse medicina pro sitiente."

Revera potio mira me ita refecerat, ut omnis febris de artubus meis decessisset, et iuxta me tum Marculus stabat, qui eandem mutationem felicem sentiebat. Accesserat auscultatum et multo meliore habitu erat corporis et animi quam vix quinque minutis ante.

Comitatus, cui Bernhardus Marshal interfuerat, aeque enectus ac nos fuisse videbatur, sin minus iuvenis probus fidum famulum suum sine dubio non deseruisset. Fortasse sitis et febris tanta tormina fecerant, ut non iam cogitata et sensa regere potuisset. Novissimis Caesaris verbis adductus opinabar Bernhardum Marshal aeque ac nos cursum ad occidentem direxisse. Sed quomodo eum assequi, quomodo ei opem ferre poteramus, qui ipsi hoc auxilio tantopere egeremus neque equis nostris uti valeremus.

Quamvis diu mente agitarem, consilium salubre invenire nequibam. Comitatus autem haud procul abesse poterat, etsi in circuitu nullum eius vestigium cerni poterat.

---

[1] focile, -is n. – die Flinte

Me converti ad Marcum:

„Hic mane apud equos! Fortasse tantum respirabunt, ut postea etiam mille passus procedere possint. Si duabus horis nondum revertero, vestigium meum sequeris!"

„Εἶεν, Carolule: non longissime procedes; nam hic parvus haustus suci canis latrantis exempli gratia nequaquam diu sufficere potest."

Solum examinans inveni vestigia Caesaris a loco, ubi iacuerat, in septentriones ferentia, quae persequens decem fere minutis ad locum perveni, ubi vestigia decem equorum ab oriente ad occidentem ducebant. Eo loco nigrita lassus de equo deciderat, ut non animadversum esse videretur. Fortasse aliquantum spatium post catervam remanserat. Vestigia longius sequens videbam bestiam eius post alios isse; sed equi universi valde fessi fuisse videbantur; nam omnes interdum pedes offenderant et incessus eorum tam lentus fuerat, ut unoquoque gradu ungulae arenam leviter stringerent.

Ita vestigia bene insigniebantur, ut sine negotio celeriter eos sectari possem. Dico ‚celeriter' et revera celeriter processi, quamvis nondum hodie existimare valeam, utrum atrox potus an sollicitudo Bernhardi Marshal mihi tam repente has vires inexspectatas tribuerit.

Ita mille fere passus progressus nonnullos frutices cactorum singulos stantes crevi, qui tam prorsus exaruerant, ut paene luridi essent redditi. Protinus singula fruticeta eorum erant, quae paulatim crebriora fiebant, dum tandem tractum infinitum et clausum efficiebant, qui late patebat ultra finientis marginem.

Vestigium commemoratum circum stirpes periculosas ducebat. Eas considerans subito in eam cogitationem veni, quae ilico mihi novas vires tribuit.

Si in fervidis locis demissis Floridae paeninsulae aestus tantus factus est, ut homines bestiaeque siti et fame conficiantur, et tamen terra manet sicut, plumbum liquidum et caelum sicut aes ardens', neque nubes minima videri potest, ibi homines arundinem et omnia virgulta arida incendunt, et ecce pluvia adest. Qui leges, vires, res naturae mediocriter perspectas habeat, certe eventum explicare potest, ut non res miras et artem magicam credat.

Id hoc tempore recordabar, praesertim cum iam ipse harum rerum scientia usus essem, et vix recordatus iam genibus nixus eram apud stirpes, ut cultro necessarias fibras igniarias diffinderem. Aliquot minutis post ignis hilarus exarsit, qui primum lente et postea citius citiusque serpebat, dum tandem ante vastum incendium stabam, quod oculis terminandum non erat.

Iam complura incendia prataria videram, sed nullum cum tanto crepitu trans solum diffusum erat sicut hic cactorum ignis. Singulae stirpes fragorem edentes sicut coniectus bombardae displodebant, ut sonaret, quasi totum exercitus corpus dissolutum esset ad certamina singularia conserenda.

Flammae sublime ferebantur, super iis fluitabat et tremebat ingens vis halituum ferventium cactorum assulis pervolatorum et transverberatorum, quae aestu sicut sagittae alte tollebantur. Solum insigniter sub pedibus meis tremebat atque in aëre notabiliter sonitus fuscus edebatur sicut tumultus pugnae.

Hoc optmum erat auxilium, quod – tum quidem – Bernhardo Marshal et suis ferre poteram. Iter retro verti, securus, utrum vestigia eorum postea rursus inventurus essem necne. Spe ita confirmatus sum, ut ad revertendum quadrantem fere horae consumpsissem. Sed totam viam emetiri opus non erat; nam medio iam itinere Marcus cum Caesare et ambobus equis, qui rursus paulum porro reptare poterant, obvios habebam.

„Bombax, Carolule, quidnam tandem ante nos accidit?" Sin-Otus interrogavit. „Primum putavi nobis terrae motum esse. Nunc autem exempli gratia existimo hanc arenam diabolicam vero igni comprehensam esse."

„Non arena, Marce, sed cacti, qui illic creberrimi stant, ignem comprehenderunt."

„Quomodo ignem concipiunt? Non enim te eos accendisse puto."

„Cur non?"

„Profecto, iste fuit! Sed dic, Carolule, quorsum haec?"

„Ut pluvia caderet."

„Pluvia? Tua pace dixerim, Carolule, puto te exempli gratia paulum insanire!"

„Nonne scis non paucas gentes rudes insanientes acutissimos ducere?"

„Non spero te contenturum esse te aliquid callidum suscepisse! Aestus enim altero tanto auctus est quam antea."

„Cum aestus auctus sit, vis electrica exorietur."

„Plane abhorreo exempli gratia a tua vi electrica. Eam comedere non possum, eam bibere non possum, omnino haud scio, quid sit."

„Mox eam audies; brevi maximus caeli fragor erit, qui fortasse etiam paulum tonitrus secum feret."

„Desine plura! Miser Carolule, sane prorsus insanis!"

Dum ille sollicitus me aspicit, ut cognoscerem eum non iocari, sursum monstrabam.

„Viden' halitus illic se iam conglobantes?"

„Papae, Carolule, verum dicis! Denique non tam prorsus deliras, quam putavi!"

Perrexi: „Nubem efficient, quae vehementer erumpet."

Clamavit: „Carolule, si revera res ita se habet, ego sum asinus et tu es homo prudentissimus in Civitatibus Foederatis atque etiam aliquantum ultra."

„Tam magnifice prudens non sum, Marce. Hanc rationem iam prius in Plano adhibui et hodie iteravi, quod paulum pluviae nobis nociturum non esse existimo. Ecce, nubes iam adest! Cum primum cacti flammis consumpti erunt, incipiet. Et si credere non vis, solum aspice

Toniam tuam, quomodo caudam truncam rotet et nares inflet! Etiam equifer meus pluviam iam olfacit, quae nequaquam multo longius diffundetur quam supra aream combustam. Pergite, ut nos vero contingat!"

Processimus, sed tum etiam bestias conscendere potuissemus; nam bestiae nostrae erant tam alacres, quam vires earum maxime permittebant, ut procurrerent et prorumperent. Naturali sensu odorabantur refectionem desideratam.

Praedictio mea evasit. Semihora post nubecula ita se expanderat, ut totum caelum supra nos usque ad finientem in circuitu nigerrimo esset colore. Tum imber prorupit, non paulatim sicut in regionibus temperatis, sed repente, quasi nubes essent vasa solida, quae perversa essent. Nobis pugni graves umeros pulsare videbantur et unius minutae spatio tam prorsus madefacti eramus, quasi vestibus induti flumen nando transiecissemus. Ambo equi primo consistebant et aquas effusas gaudio frementes patiebantur. Deinde autem Tonia atque etiam equifer meus claudus variis caprorum modis exsultabant, et paulo post eos rursus omnes vires recollegisse animadvertimus. Ipsi mirum in modum bene nos habebamus, operimenta aperta tenebamus, ut umorem pretiosum colligeremus et, quem non bibimus, in utres nostros funderemus.

Hilarissime Caesar, nigrita, se gerebat. Cernuabat et caput volvebatur et os mire quam distorquebat.

„Massa, Massa, oh, oh, aqua, pulchra aqua, bona aqua, multa aqua! Caesar esse sanus, Caesar esse validus, Caesar rursus currere, vehi, equitare usque in Californiam! Massa Bernus quoque aquam habebit?"

„Verisimile est; nam non puto eum longe ultra cactorum regionem pervenisse. Sed fac bibas; confestim pluere desinet!"

Caesar petasum cum lato margine, qui ei de manu exciderat, inferiorem partem sursum tenens a terra sustulit, labra turgida diduxit, ut vorago oreretur ab altera aure ad alteram pertinens, caput vehementer reclinavit potionemque refrigeratorium inter dentes hiantes fudit.

„Oh,ah, bene, Massa! Caesar magno multo amplius poturus esse!" Cum petasum autem levaret, spe deiectus est. „Ah, pluvia deficere; aqua non iam fundi!"

Revera post quendam ultimum tonitrum pluvia pariter repente desiit ac orta erat; sed hac nobis non iam opus erat; nam sitis nostra expleta erat et praeterea cullei nostri redundabant.

Hortatus sum: „Nunc paulum comedamus, deinde celeriter procedamus, ut Marshalum assequamur."

Cibus, qui in frusto bubalinae siccatae consistebat, paucis minutis sumptus erat. Tum equis conscensis provehebamur, cum Caesar cursorem tam bonum se praestaret, ut facile cursum nostrum aequaret. Bestia mea mirum in modum se refecerat et clauditas eius quoque levata erat, ut gradu Toniam aequaret, qua re praecipue gaudebam.

Sane quidem vestigia Marshali sociorumque pluvia prorsus confusa erant, sed quoniam viam eorum noram, haud ita multo post *cucurbitam lagoenariam*[1] humi iacentem crevi, quae a quodam ex sociis eius abiecta erat.

Cactorum tractus longe ab oriente ad occidentem porrectus esse videbatur; nam niger campus combustus finem non habebat. Quae res mihi grata erat, cum ex ea concludere possem etiam illos, quos petebamus, in pluviam incidisse. Tandem autem loca combusta desierunt, et continuo procul obscurum globum hominum bestiarumque conspexi. Telescopio in manus sumpto novem viros decemque equos cognovi. Octo homines natibus incoxabant, cum nonus in equo sedens modo manum reliquisset, ut equo citato ad nos tenderet. Tum autem eques nos animadvertere videbatur, ut bestiam refrenaret. Eum acrius considerans Bernhardum Marshal cognovi.

[1] cucurbita lagoenaria – der Flaschenkürbis

Tum rerum coniunctionem conieci. Marshal in tali statu dissolutionis et contemptionis fuerat, ut aeque ac alii servum suum e conspectu elabentem non animadvertisset. Pluvia recreante et vitali rursus in possessionem impetus animi venerat neque quicquam antiquius habuerat, quam ut Caesarem quaereret et ad coetum reduceret. Quod etiam significabat equus secundus, quem loro secum ducebat. Quod nemo ex aliis se ei aggregaverat, non animum ad benevolentiam erga eos conciliare poterat. Atque pignore certarem eos omnes *Iancheos*[1] esse, qui vitam ‚*nigrittae*'[2], si ultro non erat servus eorum ipsorum, non nauci habebant.

Postquam Marshal parvam catervam nostram oculis lustrans aliquot verbis revocavit, ilico omnes in equis sedebant et arma praesto habebant.

Nigritae imperavi: „I prae, Caesar, nos commenda!"

Caesar cursum continuum coepit et nos eum bono gradu sequebamur. Servo a Marshalo cognito suspicio omnis abierat. Caterva, quae rursus descenderat, nos pacata exspectabat. Cum Caesarem parvum spatium antecedere sivissemus, auribus percepimus, quid gemmario succlamaret.

„Noli sclopetare, Massa, noli fodere! Valde boni pulchri viri venire. Massa Carolulus esse, qui manu percussos interimere tantum Indoandras et fures, sed sinere vivere homines nobiles et nigritas!"

Dominus eius, postquam stupefactus exclamavit: „Carolule! Itane vero?", parumper me acriter contemplatus est.

In patria eius urbaniore habitu usus eram, quam in zavana fieri potest. Facies cum parva barbula post multos menses non statim reagnoscitur, si efferatâ barbâ promissâ occultata est. Cum Marshal ultro me praesenti synthesi indutum nondum vidisset, me ab eo e longinquo non cognosci non offensus sum. Tum usque ad spatium

[1] Iancheus – der Yankee   [2] ‚nigritta' – ‚Nigger'

decem fere equorum ei appropinquaveram, cum Caesarem recta ad se rettulisse animadvertit. Temporis puncto apud me erat mihique manum ex equo porrexit.

„Carolule! Tune revera es? Tendebas, censeo, ad *Castellum Bentonicum*[1] et ad Montes Nivales? Quid ergo ad meridiem descendis?"

„Illic fui, Bernharde: Cum autem ibi nimium frigus mihi esse videretur, aliquantulum descendi. Praeterea salutem accipe hoc in Palato! Velisne me ostentare sociis tuis?"

„Libenter! Carolule, tibi dico, mille dollaria mihi non tam cara sunt quam praesentia tua. Descende ex equo et propius accede!"

Bernhardus Marshal, postquam hominibus nomen meum civile dixit mihique nomina eorum, innumerabilia rogando aures meas obtudit, ad quae ei quam optime respondi. Alii omnes erant Ianchei, quinque emptores Societatis Pellariae Montanae egregie instructi et tres personae, quae armis ita ornatae erant, ut viri occidui esse nequirent. Utique mercatores erant, quos Caesar memoraverat. Ego eos citius *homines temerarios* [2] ducebam, qui in fines occidentales venissent, ut aliquo probo aut improbo modo fortunam temptarent. Maximus natu ex emptoribus, qui nomine Williams ad me adductus erat, dux catervae erat et mihi modicus ‚*procyon lotor*' [3] esse videbatur, sicut in occidente verbis significatur. Cum ad primas Bernhardi interrogationes respondissem, ad me se convertit. Brevem Marcum puto animum eius non nimis movere.

„Iam fere scimus, quis sis undeque venias. Nunc certiores quoque nos fac, quo tendas!"

„Fortasse Transitum Septentrionum, fortasse ad alium locum, domine, prout laborem subibimus."

---

[1] Castellum Bentonicum – Fort Benton
[2] homo temerarius – Abenteurer
[3] procyon lotor – Waschbär

„Et quod est negotium tuum?"

„Paulum mundum invisere."

„Ah, haec est opera, quae otii molestiam non affert, etiamsi quis contendere non debet. Ergo credendum sit te bene nummatum esse, quin etiam divitem. Id ex armis tuis micantibus intellegi potest."

Cum hoc opinabatur, errabat quidem; nam mihi solum haec erant arma. Ceterum percontatio mihi non placebat atque etiam vultus, quo id diceret, et vox partim mordax, partim insidiosa, qua loqueretur. Vir, qui valde incautus erat, quamvis cultus et habitus eius ornati essent, mihi fidem non fecit. Cum constituissem eum mihi acriter observandum esse, neque affirmans neque negans respondi.

„Utrum aliquis sit pauper an opulentus, in Palato nihil sane interest, ut dicere velim."

„Recte mones, domine. Ante semihoram in eo erat, ut siti conficeremur, neque omni mundi auro haustum aquae emere potuissemus. Modo miraculum verum nos servavit, miraculum dico, quod in hoc Plano Palato numquam antea accidit."

„Quid dicis his verbis?"

„Scilicet pluviam. An fortasse ex regione venis, in qua vos tangere nequiret?"

„Tetigit nos; nos enim eam effecimus."

„Vos eam effecistis? Quid tibi vis, domine?"

„Dicere nos pariter ac vos paene confectos fuisse et cognitum habuisse salutem nos reperire solum posse, si efficeremus, ut nubes, fulmina, tonitrus coorirentur."

„Audi, domine Blatero, nolim sperare te nos homines ducere, quibus ursus pro *caprimulgo*[1] praeberi possit; aliter brevi cum cute tua male agatur! Sine dubio illic in Uta ad magnum Lacum Salsum fuisti, ut sis unus ex ‚Sanctis Novissimorum Dierum', qui etiam talia miracula sicut tu faciunt."

---

[1] caprimulgus – Ziegenmelker , Whippoorwil

„Ibi quidem aliquando fui, attamen multum abest, ut sim Mormo. Ceterum verum est, quod dixi. – Sed nunc ad propositum! Concedetisne nobis ambobus, ut nos ad vos applicemus?"

„Cur non? Imprimis, cum familiaris sis domino Marshal. Quinam fit, ut vos duos in Planum Palatum committatis?"

Suspicionem meam secutus sum, ut temerarium et imperitum me simularem. Interrogavi: „Quid audendum est? Via metata est. Ergo intras et prospere exis."

„Ἀγαθῇ τύχῃ! (Bene vertat!) Quam celeriter rem conficis! Audistine tandem nihil adhuc de palariis?"

„Qui sunt hi homines?"

„Ita est! Nolo loqui de iis; nam omen adversum cieri non debet. Sed hoc audi: Qui bini in Palatum se committunt, homines esse debent sicut Vetus Pyrobolochir vel Vetus Catabolochir vel Sin-Otus, ille *Indianicida*[1]. Nonne de his hominibus audisti?"

„Immo vero, sed puto etiam alios plane viros esse. Quamdiu tandem equitabimus, dum Palatum reliquerimus?"

„Duos dies."

„Nonne in recta via sumus?"

„Cur non in ea simul?"

„Quod pali mihi subito in regionem inter meridiem et orientem neque inter meridiem et occidentem spectantem ducere videntur?"

„Id tibi fortasse videtur, non autem veteri et versato peregrinatori, qui ego sum. Novi Palatum sicut globorum sacculum meum."

Suspicio mea maior est facta. Si Villiamus reapse peritus erat, scire debebat se a via aberravisse. Constitui eum paulo magis adire.

„Qui fit, ut Societas Pellaria Montana te tam penitus in meridiem mittat? In septentrionibus plures pelles quam hic esse puto."

[1] Indianicīda, -ae – Indianertöter

„Quam sapiens et prudens es! Pellis pellis est et cutis cutis est. Ut omittam, quod *ursi horribiles* et *Americani*, procyones lotores, *didelphines* [1] aliaque animalia pellita hic quoque frequentia sunt, in loca meridiana imus ad nonnulla milia pellium bubalorum autumno migrantium petenda."

„Ah teneo! Credebam te eas supra in nemoribus et in illorum circuitu multo facilius petere posse. Ceterum ut pellium emptor condicione optima es, quod nullus Indianus tibi pertimescendus est. Mihi narraverunt Societatem Pellariam Montanam emptoribus suis simul tabellariis et equitibus citatis uti, et tales litterae optimum amuletum esse dicuntur contra hostilia Indianorum. Itane vero?"

„Sane vero. Tantum abest, ut rubrorum hostilia timeamus, ut praesidio eorum confidamus."

„Ergo tu quoque talibus litteris ornatus es?"

„Certe quidem. Signo solum exhibito unusquisque Indianus me tuebitur."

„Curiosum me reddis, domine. Praebe, amabo te, tale signum spectandum!"

Sensi Villiamum in angustias venire, quas autem vultu minaci abdere studebat.

Excanduit: „Audistine iam aliquid de *litterarum operto* [2]? Tantum Indoandribus sigillum ostendere mihi licet."

Respondi: „Non petivi, ut cognoscerem, quae continerent litterae. Praeterea causam retractandi non intellego. Numquam ergo in locum venire videris, quo te viro albo probare debeas!"

„In tali re bombarda mea sufficit. Hoc teneas!"

Deinde vultum indui, quasi essem timefactus, et tacebam, cum in angustiis esse bene simulabam. Marculus non mihi – id enim eum prodere potuisset – sed Toniae versutus nictabat. Ego autem me converti ad Marshalum.

„Caesar mihi dixit, quo tenderetis, Bernharde, et qua

[1] didelphis, -inis – Opossum
[2] litterarum opertum – Briefgeheimnis

de causa iter faceretis. Hanc rem mihi postea diligentius narrabis! Nunc primo breviter te interrogo: Utrum hodie pergetis an hic sternemini?"

„Convenit, ut maneremus."

„Ergo stratum detraham."

Deinde surrexi, equifero stratum et frenum detraxi, aliquot *maidis*[1] pugillos ei suppeditavi. Marcus idem fecit equae suae. Cavebamus, ne inter nos colloqueremur. Non enim necesse erat, cum inter nos utique bene consentiremus. Duo venatores, qui aliquamdiu una fuerunt, cogitationes ex alterius oculis perspiciunt. Neque cum Marshalo ullum verbum absconditum et submissum locutus sum. Ita reliqua diei pars nobis levia loquentibus praeteriit et vesper appetivit.

Villiamum admonui: „Custodes dispone, domine. Fatigati dormire cupimus."

Cum id faceret, animadverti eum consulto numquam binos custodes componere eligentem alterum ex suis et alterum ex nostris. Quae res sollicitudinem mihi attulit. Insusurravi Marshalo: „Medios inter eos dormi, ne clam inter se colloqui possint!" Qui me post hoc arcanum praeceptum admiratus quidem aspexit, sed tamen id secutus est.

Equi strati erant, quod pabulum edendum iis non erat datum. Cum alii in orbem procumberent, ego decubui iuxta equiferum meum, cuius corpore cervicali utebar, ad quae aliis ephippia erant. Habebam, cur me reciperem. Marco nutu meo opus non erat. Me intellegens locum suum ita inter alienos elegit, ut tantum in statione inter se loqui quirent.

Stellae lucere coeperunt, sed – fortasse propter pluviam – halitus proprius inter eas et terram pendebat, ut lux earum non tam clara sicut aliis vesperis penetrare posset.

Duo ex mercatoribus primas agebant vigilias, quae sine ullo casu praeterierunt. Villiamus sibi et minimo natu ex

---

[1] mays, ·idis – Mais

hominibus suis, qui in se ostendendo Mercroft(ius) appellatus erat, secundas vigilias elegerat. Cum eorum partes erant, nondum obdormiverant. Surrexerunt atque uterque suum emetiebatur semicirculum. Accurate duo loca, in quae semper convenire solebant, memoria complexus sum. Alter locus prope equum situs erat, qui nigritae erat, quae res mihi opportunitas esse videbatur, cum putandum non esset nigritae bonum equum pratarium commissum esse, cuius acutae nares caveri deberent.

Videre nequibam, num duo viri inter se colloquerentur, cum inter se congrediebantur. Sed sonus graduum eorum mihi significare videbatur eos, priusquam retro iter verterent, semper paulum cunctari. Commorando in zavana sensus meus aurium acutus redditus erat; atque nisi animus me fefellerat, negotia mihi erant cum duobus hominibus insignite nequam.

Flexu caute repsi ad equum Caesaris, qui caballus placidus et mansuetus esse videbatur; nam neque leniter fremendo neque vel minime movendo me appropinquare significavit, ut tam arte ad corpus eius me applicare possem, ut mihi non esset verendum, ne invenirer.

Modo ab altera parte Villiamus, Mercroftius ab altera veniebant. Priusquam rursus se converterent clare auribus percepi verba:

„Ego istum, tu nigritam!"

Villiamus haec verba dixerat. Cum redirent, audivi:

„Sed etiam illos!"

Verisimile erat Mercroftium illo occursus loco contrario de Marco et me interrogavisse.

Cum rursus mihi appropinquarent audiebatur:

„Au! Alter brevis est, alter – eo enim dormiente fiet!"

‚Brevi' utique Marcus et ‚altero' ego significati sunt.

Manifestum erat: nos occisuri erant. Cur, dicere non poteram. Iis rursus appropinquantibus clare responsum audivi:

„Omnes tres!"

Fortasse illic quaestio posita erat, utrum illi tres mercatores socii fortunae nostrae futuri essent necne. Hi quinque pellium emptores in nos igitur invadere cogitabant, quinque contra septem. Exitus facilis erat coniectatu: nos occidissent, ut ne cutem quidem ipsi sibi vulneravissent, nisi mihi succurrisset me eorum sermonem aucupari. Nunc duo latrones rursus inter se congressi sunt.

„Ne ulla minuta prius – nec plura!" inquit Villiamus.

Sermo bellus igitur ad finem adductus erat, atque ego facile mecum cogitare poteram ultima verba pertinere ad temporis vestigium, quo in eo erat, ut facinus fieret. Dum dormiunt – id exceperam. Quando autem id futurum erat? Hodie an cras? Certus eram tutiorem rationem me secuturum esse, si eos ‚hodie' exspectarem, et cum ambo sceliones maxime quadrantem horae ambulare deberent, tempus erat maximum, ut praevenirentur.

Me paravi ad saliendum. Rursus occurrerunt; et vix Villiamus me praeterierat, cum post eum sublime sublatus laevam cervici eius circumdedi, ut vocem emittere nequiret, et pugnum dexterum ei ita in tempus impegi, ut quietus iuxta me deflueret.

Tum pro eo viam pergens loco adverso sito cum Mercroftio congressus sum, qui nihil opinans me Villiamum ducebat. Ilico eius fauces contorsi eumque prostravi. Sciebam fore, ut ambo minimum decem minutas animis relictis iacerent. Itaque deinde celeriter ad manum dormientium ii. Duo soli vigilabant, Marcus scilicet et Bernhardus, cui praecepto meo talis sollicitudo allata erat, ut somnum capere non potuisset.

A coxa *capulum*[1] solvi – Marcus ilico idem fecit.

Susurravi: „Solos tres emptores", tam magna voce clamavi: „Eho, surgite, viri!"

Puncto temporis omnes prosiluerunt, vel Caesar nigrita, sed aeque celeriter etiam laquei capulorum nostrorum

---

[1] capulum – der (das) Lasso

circumdabant bracchia et partes corporum superiores duorum pellium emptorum – fuit alter impetus, et lora tam arte constricta erant, ut a captivis solvi nequirent. Bernhardus Marshal magis praesagiens quam intellegens in tertium se incubuerat eumque tenebat, dum virum constrinxeram. Haec tam cito erant facta, ut omnia iam transegissemus, cum unus ex tribus mercatoribus se excitavit ad bombardam capiendam.

„Ista proditio est! Ad arma!"

Marcus cachinnum edidit.

„Siphonem tuum missum fac, mi puer! Et tibi et aliis *capsulae incendiariae*[1] defuerint, hihihihi!"

Cautus homo brevis me speculante ex tribus sclopetis capsulas incendiarias exemerat, quae res ostendebat, quam acriter me nullo verbo inter nos facto comprehenderet.

Eos consolatus sum dicens: „Illi viri nos et vos occidere volebant; itaque eos ad tempus compressimus."

Quamvis tenebrae essent, terror cognosci poterat, quem verba mea iis incutiebant, atque Caesar quoque propere accessit.

„Massa, ii etiam Caesarem occidere velle?"

„Etiam te!"

„Tum ii mori. Caesar eos in Palato suspendere multum sublimes e palo!"

Captivi ne unam quidem vocem emiserunt; fortasse auxilio custodum confidebant.

Nigritae imperavi: „Caesar, illic Villiamus iacet, illic alter. Apporta eos!"

Me interrogavit: „Iam mortui illi?"

„Non, sed animo relicti."

„Bene, ego eos apportare!"

Vir niger immani corpore alterum post alterum umeris latis attractos ad terram dedit. Ilico constricti sunt. Tum demum nobis occasio erat loquendi et tres mercatores

[1] *capsula incendiaria* – Zündhütchen

certiores feci, quid auscultavissemus et fecissemus. Magno furore inflammati confestim mortem occupatorum flagitaverunt. Iis oblocutus sum.

Dixi: „Etiam zavana suum habet ius suasque leges. Si armati contra nos starent, ut salus nostra ex atomo penderet, nobis liceret eos globulis deicere. Ut res autem nunc se habent, nobis caedem facere non licet, sed consilium iudicum instituendum est."

„Oh, ah, consilium iudicum", ait nigrita tali casu delectatus, „et tum Caesar omnes totos quinque suspendere!"

„Nunc non ita! Nox est; nobis non est ignis et exspectandum, dum diluxerit. Septem sumus viri, ut quinque viris ergo occasio sit placide dormiendi, cum duo semper vigilent. Ita captivi nobis firmi erunt, dum sol ortus erit."

Aegre opinio mea vicit, tandem autem effeci, ut quinque rursus quieti se traderent, cum ego cum uno ex mercatoribus munus vigiliarum obirem. Nobis post horam revocatis Marcus solus ultimas vigilias agebat, cum hoc tempore illucesceret et duo oculi satis essent ad securitatem necessariam praestandam.

4. ‚VVLTVRES' PLANI PALATI.

*N*octu nemo ex captivis vocem miserat; sed cum surgeremus, animadverti Villiamum et Mercroftium iam pridem resipivisse. Tum primum ientaculum sumpsimus. Pabulo graneo equis dato ad actionem forensem aggressi sumus. Marcus me ostendit.

„Hic praetor noster est. Nunc exempli gratio initium actionis faciet."

„Non faciam, Marce, actioni non praesidebo. Id tu facies!"

„Egone, hui, quid ais, Marcus Iorrocks sit praetor? Qui libros scribat, aptior est!"

„Ego non sum civis Civitatum Foederatarum neque tam diu in zavana versatus sum, quam tu. Si tu non vis, Caesar hoc munus subire debet!"

„Caesarne? Vir niger sit praetor? Id stultissimum esset facinus, quod hac in arenaria facere possemus. Itaque, nisi fallor, a me tibi assentiendum est, si quid aliud exempli gratia nequaquam vis!"

Se composuit et vultum adduxit, quo plane cognosci posset hoc in iudicio zavanae aequam diligentiam et iustitiam fore sicut in iudicio comitatus humani.

„Considite in orbem, domini; vos omnes *scabini*[1] eritis! Solus Caesar, nigrita, stabit; nam *apparitor*[2] erit!"

Caesar balteo acinacis stricto faciei suae quam plurimum dignitatis tribuere studebat.

„Apparitor, exime captivos ex vinculis; nam sumus in terra libera, in qua etiam homicidae cum membris liberis se sistunt!"

Cum nigrita opponere esset ausus: „Sed si se proripere omnes quinque, – ", Sin-Otus acerbius in eum invectus est: „Parebis! Ex his viris nemo effugiet, quod iis arma dempsimus, ut globulis nostris, priusquam exempli gratia decem gradus fecissent, iam percussi essent."

Loris solutis captivi se erexerunt, etiam tum taciti, cum unusquisque nostrum bombardam praesto haberet, ut fuga ergo pertimescenda non esset.

Marcus exorsus est: „Tibi nomen indis Villiamo. Estne hoc nomen tuum verum?"

Alter vultum torvum prae se ferebat.

„Revera oporteret me tibi omnino non respondere. Ipsi legum transgressores estis. Ipsi nos oppressistis et in ius zavanae vocari debetis."

„Fac, quod vis, amicule. Tibi libera est voluntas. Sed silentium confessionem haberi tibi dico. Ergo – esne reapse emptor Societatis Pellariae Montanae?"

„Sum."

---

[1] scabinus – der Schöffe   [2] apparitor – Constabel

„Firma! Ubi tuae sunt litterae?"

„Mihi non sunt."

„Bene, hoc satis est ad te cognoscendum. Etiam dices, quid heri vesperi in vigilando cum Mercroftio, sodali tuo, locutus sis et constitueris?"

„Nihil! Ne ullum verbum dictum est."

„Hic dominus probus sermonem vestrum aucupatus omnia clare audivit. Vos non estis viri occidui; nam verus zavanivagus rem callidius fecisset."

„Nonne nos viri occidui sumus? Edepol, auferte nugas vestras; tum vobis probabimus nos neminem vestrum timere! Quinam vos estis? Furciferi, qui alios in somno opprimant ad eos caedendos et spoliandos!"

Sin-Otus fremuit: „Noli sine causa agitari! Tibi dicam, qui sint furciferi, qui vitam et necem destinant: Iste vir sermone vestro captato solo pugno vos prostravit, atque id tam pure factum est, ut nemo homo animadverteret, ne vos ipsi quidem. Et venator, cui hic bonus est pugnus, Vetus Catabolochir nominatur. – Nunc me aspice! Nonne licet homini, cui Navai olim aures dempserunt, Sin-Oto appellari? Nos igitur illi sumus duo, qui soli in Planum Palatum se committunt. Atque verum quoque est nos heri effecisse, ut plueret: Quisnam alius id efficere potuisset? An umquam auditum est in Palato ultro pluisse?"

Apparebat nomina nostra animos quinque virorum non confirmare. Villiamus, qui primus loqui coepit, condicionem secum considerans fortasse ipsis nominibus nostris in eam cogitationem adductus est, ut vis sibi a nobis non esset timenda.

„Si revera illi estis, quos esse dicitis, iustitia nobis exspectanda est", inquit. „Vobis verum dicam. Prius aliud mihi erat nomen ac Villiamus, sed hoc non est delictum; nam vere vobis quoque alia sunt nomina ac Vetus Catabolochir et Sin-Otus. Unicuique licet nomen sibi dare, quod vult."

„Εἶεν, sed propter nomen nequaquam accusatus es!"

„Et capitis nos arguere non potestis; nam neque caedem fecimus neque facere agitavimus. Re ipsa heri vesperi inter nos locuti sumus et caedem memoravimus, sed – num nomina vestra appellavimus?"

Marcus noster diu terram intuens postremo morosius dixit:

„Non ita, id sane quidem non fecistis, sed ex verbis vestris omnia clare concludi poterant."

„Sed conclusio non est argumentum, non est factum. Iudicium in zavana faciendum res est quidem laudabilis, sed etiam tale iudicium consilium solum secundum facta neque secundum suspiciones iudicare licet. Sin-Otus et Vetus Catabolochir, quos benigne apud nos excepimus, grato animo per iniuriam nos interfecturi sunt. Quam rem omnes venatores a Magno Mari usque ad Mississipium, a Sinu Mexicano usque ad Servorum Flumen versantes comperient, ut omnes dicant illos claros viros occiduos praedones et sicarios esse factos."

Mihi ipsi confessus sum hominem illum sceleratum excellenter pro se dicere, qua re Marcus tam improviso oppressus sit, ut prosiliret.

„Malum, id nemo dicet, quod vos non damnabimus. Vos liberi estis, quantum ego dico. Quid vobis aliis videtur?"

Tres mercatores, quibus a primo non valde persuasum erat de eorum culpa, annuerunt dicentes: „Liberi sunt. Innocentes sunt!"

„Neque ego secundum ea, quae scio, ulla crimina eis inferre possum", ait Bernhardus. „Quales sint quaeque eis sint nomina, nostra non interest et ad accusandum nobis tantummodo sunt suspiciones neque ullo modo argumenta."

Caesar, nigrita, vultum stupefactum prae se ferebat, cum spe se reos suspendere posse deiectus esset. Quod ad me attinet, huius rerum mutationis me non paenitebat, quin etiam eam propositam habebam. Qua de causa non modo heri suaseram, ut iudicium proferretur, sed etiam hodie Marcum nostrum actioni praefeceram. Venator erat egregia calliditate praeditus; sed non talis erat, qui *interrogatione contradictoria*[1] culpam homicidae argueret. In prataria semper in vitae periculo versaris. Quid igitur erat, cur vitae quinque hominum exstinguerentur, cum ne minimum quidem facinus inimicum exstaret? Tum enim oporteret unumquemque hominem propter solas inimicitias interfici. Mea non tam intererat hos viros occidi quam nos in tuto esse. Rationes ad eam rem idoneae facile ineundae erant. Tamen paulum animum Marci pungere volebam, quod ei aliquid extortum erat, quod nos clementiâ et gratiâ adductos permittere praestitisset. Itaque, cum se ad me converteret interrogans, quid ego de iudicio dicerem, respondi:

„Scisne etiam, quae sit virtus Toniae tuae?"

„Quae?"

„Quod ingenio valet."

„Mehercle, recordor, etiam tibi bona memoria talium rerum esse videtur. Num mea culpa est, quod venator neque iuris consultus sum? Tu fortasse ex his hominibus aliquid elicuisses. Cur tu non praetoris munere functus es? Nunc liberi sunt, et quod semel dictum est, ratum habendum est."

„Profecto, nam mea sententia nihil iam mutare posset. Liberi sunt, ab accusatione enim caedis temptatae, sed nondum ab aliis rebus. – Domine Villiame, si nunc te interrogavero, ex responso tuo pendebit, quid vobis accidat. In qua regione quam celerrime ad Flumen Pecum veniemus?"

„Directâ in occidentem."

Verba eius congruebant cum usu meo.

„Quo tempore?"

„Post duos dies."

„Vos palarios duco, quamquam heri nos de iis monui-

[1] interrogatio contradictoria – Kreuzverhör

sti et quamquam cum manu vestra, sane quidem postquam satis debilitata est, iter conservasse videmini. Duos dies captivi nostri eritis. Si tum flumen nondum assecuti erimus, supplicio afficiemini. Egomet ipse tum iudicium de vobis faciam. Nunc quaedam vobis explorata sunt. – Eos in equis alligate, et tum pergite!"

„Oh, ah, id esse bonum!" ait Caesar. „Nisi venire ad flumen, Caesar eos suspendere ex arbore!"

Iam post horae quadrantem in via eramus, captivi in equis alligati medii. Caesar officium apparitoris deponere nolle videbatur. Non discedens palarios acerrime custodiebat. Cum Marcus novissimis praeesset, ego cum Bernhardo Marshal praegrediebar.

De hesterni diei re, quae eum valde commovebat, colloquebamur, sed fusius de ea dicere nolebam. Tandem declinans de simulatis pellium emptoribus dixit:

„Itane res se habet, ut Sin-Otus contendit vos pluviam effecisse?"

„Ita se habet."

„Cogitatione prehendere non possum, quamvis sciam te non mentiri."

„Feci pluviam, ut nos et vos servarem."

Tum ei rem simplicem, qua tempestatis effectores et *incantatores*[1] gentium silvestrium apud suos ingentem auctoritatem sibi comparant, explicavi.

„Tibi igitur nos omnes vitam debemus", Marshal professus est. „Siti confecti essemus illo loco, quo nos invenisti."

Responsum meum erat: „Non siti confecti, sed interfecti. Captivos sclopeto deicerem, nisi sanguinem humanum haurire vererer. Suspectissimus mihi iste est Mercroftius, cuius faciem similem iam rebus non gratis mihi videor vidisse. – Sed nunc subtilius de patre tuo interfecto et spoliato narra!"

„Singula non sunt. Allano ad aurum emendum Francis-

---

[1] incantator – der Medizinmann

copolim profecto cum Caesare et *domiseda*[1] tantum quattuor eramus, cum operarii et ministri, ut scis, foris habitarent. Corpus patris, qui vesperi semper in publicum prodibat, ut certe recordaberis, quodam mane in androne praecluso invenimus, cum officina et taberna aperta atque omnia, quae alicuius pretii erant, rapta essent. Clavem, quam pater semper secum ferebat quaque omnes ianuas aperire poterat, ei necato dempserant, ut rapinae sine ullo labore fieri possent."

„Nonne suspicionem habebas?" sciscitatus sum.

„Suspicio mea cecidit in duos ministros", inquit Bernhardus Marshal, „nam unus ex iis de clavibus scire poterat. Hac re ad *biocolytas*[2] delata investigatio irrita erat, ut indagatori mandarem, ut rei insistere pergeret, imprimis autem duos ministros observaret. Eos mittere debui, quod a negotio desistere et in Californiam vehi volebam, ut fratrem quaererem, a quo diutius nuntius non pervenerat. Inter gemmas raptas magnus numerus fuerat cimeliorum, quae nobis servanda mandata erant. Cum hae res mihi resarciendae essent, vix satis nummatus eram ad sumptus itineris tolerandos et indagatorem absolvendum."

„Atque indagator?" interrogavi. Invenitque vestigium manifestum?"

Responsum erat: „Invenit. Brevi exploravit alterum ministrum, cui nomen Holfert, multum usum esse cum viro et eo adhuc uti, qui male audiebat, quodam Friderico Morgan. Ambo quodam die subito *Ludovicivilla*[3] discesserant. Opportune mater familias Holfertii sermonem illorum duorum captavit, ex quo effici poterat, ut medio Martio mense filium Morgani ad Flumen Pegnascum convenire vellent. Etiam de gemmis dictum est. Cum indagator me de hac re certiorem fecisset, penitus perspexi Morganum et Holfertium auctores fuisse facinoris. Statim

---

[1] domiseda – Wirtschafterin   [2] biocolyta – Polizist
[3] Ludovicivilla – Louisville

cum Caesare in viam me dedi, ut eos ad Flumen Pegnascum sequerer. Si mihi contigerit, ut eos capiam iisque praedam demam, cum maxime Franciscopolim ibo fratrem meum quaesitum."

Paene Bernhardum meum palam irriseram. Fingas: Bernhardus et Caesar Morganum insequuntur! – Sed animum meum coercens solum dixi:

„Quidnam diceres, si efficere valerem, ut magnam partem rei familiaris tuae recuperares?"

Verba mea reiciens: „Noli male iocari, Carolule!" inquit. „In prataria eras, cum facinus commissum est. Quomodo facere potueris, quod maxime affines efficere nequibant?"

„Bernharde, asper sum homo, sed bene homini, qui a felici pueritia in seriam aetatem mediam fidem suam puerilem servavit! Est oculus, qui omnia custodiat, et manus, quae etiam pessima consilia nobis in bona vertat. Et huic oculo et huic manui Ludovicivilla et zavana proxime sitae sunt. Ecce!"

Cum sacculos promptos ei darem, Marshal eos febricanti cum concitatione accepit et, cum eos aperiret, eius manus trementes videbam. Vix oculos in eos coniecerat, cum vocem laeti stuporis edidit.

„Domine, Deus meus, nostros adamantes. Profecto, revera sunt nostri! Quomodo fit –"

Ei interlocutus sum: „Sile! Animum tuum comprime, mi amice! Necesse non est istos pone sequentes scire, de qua re sermocinemur. Si tui sunt lapilli, quod mihi iam persuasissimum est, tene eos. Atque ut ne forte memet ipsum furem ducas, tibi narrabo, quomodo in manus meas venerint."

„Carolule, quidnam cogitas! Qui putare potes – "

„Cave, cave! Clamas enim quasi illic in Australia audiendum sit, de qua re hic inter nos agamus!"

Bernhardus meus videlicet laetitia exsultabat. Una cum eo toto pectore de fortuna secunda eius gaudebam, et solum dolebam, quod ei cum lapillis non item patrem reddere poteram.

Me rogavit: „Narra, Carolule, cupio audire, quomodo lapilli nostri in manus tuas inciderint."

Pergebam: „Etiam auctorem furti paene comprehenderam. Tam prope erat, ut eum pede de machina vectoria, in qua stabam, detruderem, et Marcus eum persecutus est, at enim frustra. Sed speramus eum rursus in potestatem nostram venturum, idque mox, si potest, illic ad Pegnascum fluvium. Indagator tuus tibi verum dixit. Morganus reapse eo se convertit, utique novae fallaciae causa, quam insuper investigaturi esse videmur."

„Narra, Carolule, narra!"

Impetu ferriviario, quem Ogellallae fecerant, singillatim exposito Marshalo epistulam recitavi, quam Patricius ad Fridericum Morganum dederat. Postquam attente audivit, in fine dixit:

„Eum capiemus, Carolule, eum capiemus. Tum comperiemus, quo cetera ablata sint!"

Monui: „Ne rursus clamare coeperis, Bernharde! Aliquot longitudines equinas quidem praevehimur, sed in occidente etiam res simplicissima circumspectius facienda est."

„Et tu reapse mihi lapillos permittes, sine ulla condicione, sine ulla postulatione?"

„Profecto, tui enim sunt!"

„Carolule, tu es – minime vero"; – manu sacculo inserta unum ex maioribus lapillis prompsit – , „morem mihi gerens istud *mnemosynum*[1] accipe!"

„Au! Cavebo. Bernharde! Non habes, quod dones; nam hi lapilli non solum tui sunt, sed etiam fratris tui."

„Allanus probabit, quod fecero!"

„Fortasse quidem, id mihi persuasum est. Sed respice te pluribus lapillis quam his privatum esse! Retine igitur adamantem et, si quando discedes, aliquid aliud mihi da,

[1] mnemosynum – Andenken, Souvenir

quod tibi impensae non est mihique tamen mnemosynum carissimum! Nunc autem in hanc regionem equo provehere, ego Marcum opperiar!"

Ita eum cum prospero eventu reliqui et constiti, ut catervam praetermitterem, dum Sin-Otus iuxta me esset.

„Quaenam tam mira istic in fronte tibi dicenda erant, Carolule?" me interrogavit. „Bracchiis enim aëra verberasti, ut exempli gratia equo saltare velle videreris."

Occurri: „Scin', quis interfector patris Bernhardi sit?"

„Quid autem? Num rescivisti?"

„Rescivi!"

„Εὖ ἔχον! Homo es, cui omnia prospere cedant. Cum alius per multos annos frustra aliquid petat et venetur, tu in somnis manus alicui rei afferens eam prehendisti. Quid vero, quis est? Spero te rationem non fefellisse."

„Fridericus Morganus."

„Fridericus Morganus – ille? Carolule, omnia tibi libenter credam, sed hoc non. Morganus homo improbus inter viros occiduos est, sed in orientem non pervenit."

„Prorsus sicut vis. Lapilli autem omnes Marshali sunt. Eos ei iam reddidi."

„Hui, si id fecisti, vero prorsus id tibi persuasum esse debet. Laetabitur, miserum caput. Nunc plus habeo, cur Friderico Morgano nonnulla secreto dicam. Spero me incisuram eius mox facturum esse."

„Si eum invenerimus et rationem ab eo petiverimus, quid tum?"

„Quid tum? Hem, solum propter eum in meridiem provectus sum eumque secutus essem usque in Mexicum et Brasiliam et in Terram Ignium. Si vero eum hic invenero, nihil mea intererit, quo postea vecturus sim. Fortasse exempli gratia in veterem Californiam vehi me iuvabit, ubi tam mirifici casus esse dicuntur."

„Si res ita se habebit, una manebimus. Cum nonnullos menses vacem, Bernhardum nostrum viam longinquam et periculosam solum facere nolim."

„Euge, ergo consentimus. Tantum cura, ut evadamus feliciter ex hac arena, et ab hac societate discedamus, quae mihi minus minusque placet, praesertim cum vultus illius Mercroftii mihi prorsus ingrati sint. Verbero est, quem iam vidisse puto, cum aliquod flagitium alicubi agebatur."

„Idem mihi videtur ac tibi. Fortasse rursus reminiscar, ubi eum obvium habuerim."

Vectatione sine dilatione usque ad vesperum perrecta constitimus et equis pastis nonnulla frusta carnis siccatae gustavimus et cubitum iimus. Vigiles prospiciebant, ne captivi, qui in noctem vincti erant, se liberarent. Prima luce rursus provecti meridie solum fertilius fieri animadvertimus.

Cacti, quos videbamus, sucosiores erant, atque rarae in conspectum veniebant festucae et fasciculi herbae buxeae, quam equi cupide depascebantur. Paulatim festucae et fasciculi condensabantur, deserta campus herbidus fiebant, ut nobis descendendum esset, ut bestiis satisfaceremus. Iusto bulimo impulsi recenti viridi diu desiderato se reficiebant. Cum iis sane nimium praebere non deberemus, eos ad paxillos alligavimus, ut tantum usque eo pasci possent, quo capula pertinebant. Tum certi eramus nos mox aquam inventuros, ut reliqua copia largius uteremur.

Quantopere gaudebamus, quod terribilia deserta tandem post nos habebamus! Villiamus ad me accessit.

„Domine, nuncne me verum dixisse credis?"

„Credo."

„Ergo nobis equos armaque reddite et nos e custodia emittite! Cum vobis nihil iniuriae intulerimus, optimo iure id postulamus."

„Forsitan. Sed cum non solus de vobis iudicare possim, antea alios interrogabo."

Nos congregavimus ad consilium habendum, cui prudenter praefatus sum.

„Domini, cum deserta post nos et solum ferax ante nos sint, quaestio oritur, num una manere possimus."

Primo me converti ad mercatores: „Quo vos ire cogitatis?"

Responsum fuit: „Transitum Septentrionum."

„Nos quattuor Fidepolim evehemur, ut viae nostrae hinc diversae secentur. – Antea nobis iudicandum est, quid de his quinque viris faciamus."

Haec quaestio gravis brevi colloquio habito ita persoluta est, ut captivi liberandi essent, atque id quidem non cras demum, sed iam hodie, quae res a consilio meo non erat aliena. Fortunis suis igitur receptis in viam se dederunt. Interrogatus, quo se verterent, Villiamus respondit se lapsum Peci Fluminis usque ad *Flumen Magnum*[1] secuturos esse, ut ibi bubalos venarentur. Vix semihoram abierant, cum mercatores quoque profecti sunt, ut mox iam utraque turma e conspectu abisset.

Ex eo tempore taciti persederamus, cum Marcus silentium rupit.

Me interrogavit: „Quid tibi videtur, Carolule?"

„Eos non profecturos esse ad Flumen Magnum, sed itineri nostro offecturos esse."

„Euge, ego in eadem sum sententia. Ceterum scitum erat, quod eos docuisti nos illuc escendere velle. Nunc quaeritur, utrum exempli gratia remaneamus an ilico equis provehamur."

„Ego decerno nobis remanendum esse. Viros sequi nondum possumus, cum id suspicantes animos attendant. Et cum fortasse labores nos maneant, quibus equi nostri impares sint, satius est nos bestias usque crastinum diem quiescere et pasci sinere."

Marshal interrogavit: „Si vero illi homines hodie reverterint nosque oppresserint?"

„Tum demum esset, quod eos ita tractaremus, ut promerentur", inquam. „Ceterum equo avehar speculatum.

[1] Flumen Magnum – Rio Grande

Bernhardus equum mihi commodabit, ut equifero meo, quippe qui claudicet, paulum parcam. Vos hic manebitis, dum revertero, quod fortasse vesperi demum erit."

Cum his equum conscendi et nulla Marci interpellatione retentus vestigia virorum suspectorum sequebar. In interiora regionis inter meridiem et occasum spectantis ferebant, cum vestigium trium mercatorum magis porrectum esset ad meridiem.

Equo citato simulatos secutus sum pellium emptores, qui lento gradu discesserant, qui autem postea celerius processisse visi sunt, cum circiter semihora esset, quoad eos conspexi. Cum scirem iis telescopium non esse, eos sequebar, ut eos semper per vitrum adspicerem.

Tempore interiecto praeter opinionem unus a ceteris digressus viam in ipsum occidentem vertit, ubi procul tractus virgultorum conspexi, qui ut paeninsulae in pratariam incurrebant. Etiam rivos aliosque aquarum cursus ibi esse colligendum erat. Quid faciendum? Quem sequerer? Illos quattuor an istum unum? Animus praesagivit illum singulum consilium ad nos pertinens inisse. Quo alii irent, mea non intererat, cum continenter a loco, quo consederamus, discederent. Sed quid illi uni esset in animo, mihi scitu dignum esse videbatur, ut vestigia eius premerem.

Post dodrantem fere horae eum inter virgulta e conspectu elabentem vidi. Tum bestia mea laxatis habenis admissa flexu equitavi, ne me illi, quem persequebar, aperirem, si eadem via reverteretur. Prope a loco, ubi in frutices penetraverat, ego quoque eos attigi, sed insuper haud mediocre spatium in frutices intravi, dum parvam inveni aream apertam et in circuitu fruticibus circumdatam, quae gramine praecipue vivo vestita erat. Laetus animadverti hoc loco fontem liquidum scatentem. Descendi et Bernhardi equum ita alligavi, ut potare et pasci posset. Postquam ipse de aqua dulci et frigida bibi, iter eo movi, quo me vestigium equitis offendere necesse erat.

Obstupefactus mox crevi complures equites ibi vectos esse, immo vero callem veram ibi exstare, qua eos assidue uti manifestum erat. Bene cavebam, ne eam ingrederer, cum custodiis munita esse posset, ut in omni temporis puncto glans mihi esset exspectanda. Sed semper recta callis regione clam per frutices ibam, dum tempore interiecto magnus fremitus me monuit.

Modo circum fruticem me flectebam ad videndum, ubi equus staret, qui oculos in se converterat, cum velocissime caput retraxi; ante me enim vir iacebat, qui caput ita intra ramos abdiderat, ut callem bene observare posset, cum ipse inde conspici nequiret. Ille utique erat custos, quem ibi fore exspectaveram, et ex eo, quod aderat, verum globum in propinquo adesse colligi poterat.

Homo me neque viderat neque audierat. Aliquot gradus clam regressus sum, ut custodem circumirem, quod mihi tam bene contigit, ut post quinque minutas totum locum exploravissem. Callis ferebat ad magnam et latam silvam rariorem, quae media vestita erat densis et rotundis virgultis *lupo agresti*[1] ita implexis, ut per ea perspici nequiret. Ex his virgultis fremitus perlatus erat. Secundum marginem silvae rarioris serpens visum, num ostium in fruticibus esset, tale speculari non poteram. Id tectum esse videbatur; nam modo vox humana, deinde altera missae sunt, quibus viros adesse significatum est.

Num serpendo accedere auderem? Quamquam periculosum erat, tamen id facere constitui. Nonnullos saltus veloces edens per circulum areae me conieci, atque id tali loco, ubi a custode animadverti non poteram, quod virgulta inter eum et me porrigebantur. Quoad ire poteram, ut non viderer, frutices tam densi erant, ut perspicere nequirem. Solus locus erat infra humi, iuxta radices, quo aliquo modo fieri posset, ut in ipso solo iacens me immitterem. Postquam id lente quidem profeci, attamen effeci, animadverti virgulta prius sine dubio continentia

[1] lupus agrestis – wilder Hopfen

collucata esse, ut in medio esset spatium apertum viginti fere metra dimetiens, area collucata [1], quae densis frondibus ab externis prorsus seiuncta erat. Ab altera parte non pauciores quam duodeviginti equos conspexi, qui una alligati erant. Proxime a latibulo meo septendecim viri humi iacebant aut sedebant et in reliqua area verae strues rerum diversarum erant pellibus bubalinis contectae. Receptaculum latronum esse mihi videbatur, in quod omnia congestaverant, quae oppressis dempta erant.

Modo unus ex viris ceteros alloquebatur. Villiamus erat, quem equitem agnovi, qui a ceteris quattuor viris, quos insectati eramus, discesserat. Omnia bene exaudiebam.

„Alterum verba nostra captasse suspicandum est; nam subito pugno in caput ictus sum, ut torpidus prociderim – "

Severe aliquis locupletioribus indutus vestimentis Mexicanis quaesivit: „Captata sunt verba tua? Caudex es, qui nobis non iam utilis est. Qui fieri potest, ut aliquis verba tua aucupetur, atque id in Palato, in quo auscultatori clandestino latibulum non praebetur!"

„Noli indignari, *capitanee* [2]", ait Villiamus. „Si scires, quis sit, concederes temet ipsum non tutum esse ab eo."

„Egone? Globulum tuo capiti iniciam? Neque solum verba tua captavit, sed etiam pugno te afflixit, sicut puerum, sicut mulierem!"

Frontis venae Villiami turgescebant.

„Scis, capitanee, me mulierem non esse. Qui me afflixit, te quoque uno ictu prosterneret."

Capitaneus in clarum risum effusus est. Tum segni gestu: „Perge narrare!"

„Etiam Patricius, qui ad tempus nomen Mercroftium sibi tribuerat, ab eo deiectus est."

„Patriciusne? Cum capitone suo taurino? Quid porro?"

[1] collucare – lichten
[2] capitaneus – Capitano, Captain

Villiamus rem narravit usque ad id tempus, quo captivos e custodia emiseramus.

Dux ira elatus est: „Malum, carnifex, sclopeto te occidam sicut canem. Iste stipes una cum quattuor ex fortissimis viris meis a duobus furciferis prosternitur et comprehenditur, sicut puer, cui sucus et sanguis desunt quique nondum e matris complexu se eripuit!"

„Pro Dei fidem, capitanee", Villiamus fremuit, „scin', qui illi duo fuerint, alter, qui Carolulus nominabatur, et alter, qui primis horis nomen Marcum Iorrocks sibi indebat? Si nunc ingrederentur, hi soli duo, bombardas manibus tenentes et cultros laxe in cingulis gerentes, certe aliquot nostrum nescirent, utrum se defenderent an potius se dederent. Erant enim Vetus Catabolochir et parvus Sin-Otus!"

Dux iracundia exarsit.

„Mendax! Tantum velamentum ignaviae quaeris!"

„Capitanee, percute me! Scis me nihil muttire!"

„Verumne dicis?"

„Dico."

„Si res ita se habet, per omnes Sanctos, ambos mori oportet, atque etiam Iancheus nigritaque; nam illi duo venatores non quiescent, dum nos reppererint et perdiderint."

„Nobis vim non afferent; nam se ilico Fidepolim equitare dixerunt."

„Opprime os! Iis sescenties stultiores es, attamen iis non diceres, quo revera iturus esses. Mores illorum silvivagorum septentrionalium melius novi. Si vestigia nostra quaerere cogitant, ea reperient, etiamsi per aëra vehi possemus. Quin etiam non certi sumus quemquam eorum nunc iam his in fruticibus non esse, ut omnia audiret, quae dicamus."

Haec verba a me non aliena putabam. Forte fortuna autem ille, qui loquebatur, perrexit:

„Revera, mores eorum non ignoro; nam integrum

annum una fui cum Florimontio claro, quem modo *Stibosphrantam*[1] appellabant, cum apud Indios ei nomen erat As-co-la. Apud eum omnia furta eorum et, quae sunt iis propria, didici. Vobis dico hos homines non Fidepolim ituros neque cubile suum hodie relicturos esse. Se etiam cras vestigia vestra reperturos esse sciunt equosque suos ante omnia quiescere debere, ut cras membris refectis et acri mentis vi vos insequantur et, quamquam eos certe feriemus, plus dimidium nostrum prosternent. Auditu compertum habeo illi Veteri Catabolochiri sclopetum esse, quo integram septimanam glandes conici possint, ut non onerari debeat. Diabolo, qui id ei fecit, pro eo animam oppigneravit. Itaque adhuc hodie vesperi nobis opprimendi sunt, dum dormiunt. Cum soli quattuor sint personae, maxime unum virum custodem ponent. Nostine locum, in quo consederunt?"

„Novi", inquit Villiamus.

„Ergo vos comparate! Ipsa media nocte nos ibi esse opus est, sed sine equis. Postquam furtim arrepsimus, impetum in eos faciemus, ut se defendere omnino non cogitare possint."

Si capitaneus noster nos tam bene cognitos habuisset, quam putabat, etiam prorsus alias rationes inisset. Nihilominus nos pluris fere faciebat, quae res sane facillima erat intellectu. In prataria saepe invenis aeque ac in locis terrarum cultiorum illam cupiditatem res augendi, quae e cloaca arcem faciat, ut dici solet. Si qui venator semel vel bis bene hostes sustinuit praetereaque scit aciei acumen illustrare, a cubili ad cubile narratur. Ubique aliquid additur, ut postremo sit vir fortissimus paene divinus, cuius nomen eandem fere vim habet atque arma eius.

Dux interrogare perrexit: „Ubi Patricius cum aliis est?" Responsum erat: „Ad Flumen Pegnascum, ut ibi exspectet patrem, sicut tibi enim nuntiavit. In hac re tres merca-

---

[1] stibosphrantes, -ae (στίβος – ὀσφραίνομαι) – Track-Smeller (Fährtenriecher)

tores aggredietur, qui arma insignia et multam pecuniam secum ferunt. Fortasse iam eos perfecit; nam tempus cum iis terere nolebat."

„Ergone praedam mihi mittet?"

„Per duos viros; tertium secum feret."

„Bene. Omnia nobis usui erunt, etiam arma. Optima autem sclopeta a duobus venatoribus accipiemus. Mihi narraverunt Sin-Oto bombardam esse, qua mille et ducentos passus globuli mitti possint."

Hoc momento temporis procul latratus sonuit *cynomyidis*[1].. Hoc quidem erat signum.

„Antonius cum palis venit, quos pro Palato afferre iussus est", inquit capitaneus. „Eos non foris deponat, sed intro veniat! Cum venatores prope sint, nobis duplex cautio adhibenda est."

Haec verba mihi prorsus fidem fecerunt me commercium habere cum grege palariorum. Res sub pellibus reconditae sine dubio collatae erant rapinis, quae dominis pristinis vitam abstulerant.

Cum contra me ipsum paries fruticum se aperuerat, qui hoc loco solum ex *herbis serpentibus*[2], quae dependebant, constabat et facile tolli vel removeri poterat, tres equites in orbem equitaverunt, quorum equi aliquot perticas ferebant, quae loris ab utraque ephippiorum parte destinatae erant. Viri advenientes animos congregatorum ita in se converterunt, ut furtim me recipere possem, quod autem non feci, quin indicium praesentiae meae mecum ferrem. Dux enim cingulum cum cultro et duobus pistoliis duplicibus orichalco circumclasis post se posuerat, ut alterum pistolium bracchio porrecto prehendere possem. Illo ad me arrepto lente retrorsum repsi, cum diligenter post me omnia vestigia delerem, quod etiam foris ante fruticum parietem feci. Tum rursus orbem arborum rariorum transilui in virgulta. Ibi retror-

---

[1] cynomyis, -idis – Präriehund
[2] herbae serpentes – Schlingpflanzen

sum repens manuum et pedum digitis me removi, ut vestigia mea rursus delerem, dum erectus incedere et reverti ad equum Marshali audere possem, quem resolutum conscendi. Deinde tanto ambitu flexus sum, ut certus essem me adfuisse palarios non animadversuros esse.

Cum ad socios adveniebam, iam advesperascebat, et cognovi ex vultibus eos mihi timuisse et acerrime reditum meum exspectavisse.

„Ibi esse Massa Carolulus!" Caesar clamavit voce, qua haud parva voluntas in me propensa cognosci posset. „Oh, timere Caesar et nos omnes timere Massae Carolulo!"

Alii, qui minus vehementes erant, me prius descendere et considere siverunt, quam Marcus percontationem coepit.

„Quid vero?"

„Mercatores interituri sunt!"

„Aliquid tale fore putavi! Illi, qui se pellium emptores esse simulant, revera autem palarii sunt, iter suum flexerunt, ut noctu inciderent super hostias suas, nisi iam luce palam fecerunt."

„Conice, quis iste sit Mercroftius!"

„Iam saepius tibi dixi me cum urso luctari malle quam conicere de aliqua re, quae ilico mihi dici possit."

„Mercroftius erat nomen falsum, et – "

„Neque eram tam stultus, ut id rectum esse crederem!"

Enuntiatum interruptum persequebar: „– et verum nomen viri est Patricius Morganus!"

Marcus, cum vultu primum, postquam eum noveram, consternatus esset, exclamavit: „Pa-tri-ci-us – Mor-ga-nus! Patricius Morganus! Quid ais tu? Oh, Marce Iorrocks, *vetule procyon* [1], qui es asinus! Hoc scelus iam in tuas manus pervenit, praetor es in actione adversus eum constituta eumque rursus dimittis! – Carolule, satin' scis eum esse?"

[1] vetule procyon – ‚altes Coon' (Racoon – Waschbär)

„Penitus, et nunc cognosco, quare mihi notus esse visus sit. Patris similis est."

„Teneo, nunc optime intellego! Ego quoque statim putavi me eum vidisse. Attamen eum non cognovi, quod etiam tum temporis peradulescentulus erat. – Ubi est? Neque vero spero eum nobis elapsurum esse!"

„Mercatoribus trucidatis cum uno comite ad Fluvium Pegnascum ibit ibi patrem conventum."

„Ergo exsurgite, homines, pergite! Nobis sequendus est!"

„Sta, Marce! Nunc vesper imminet, ut vestigium eius videre non iam possimus. Praeterea nos praeparare debemus ad hospites honorabiles salutandos."

„Hospitesne? Quis veniet?"

„Ille Patricius socius est gregis palariorum, qui illic latibulum suum habent. Dux eorum est Mexicanus, qui capitaneus vocatur et apud veterem Florimontium nequaquam male exercitatus est. Latronum sermonem aucupatus sum, cum Villiamus periculum nostrum narrabat. Media nocte impetum in nos facere cogitant."

„Statuunt igitur nos hic mansuros esse?"

„Sane quidem."

„Bene, iis morem geramus; nam nunc praesertim hic manebimus ad vespertinam salutationem iis reddendam! Quot capita sunt?"

„Viginti unum."

„Nimium multi sunt pro nobis quattuor! Quid tibi videtur, Carolule? Igni accenso iaccas ita circumponemus, ut indusia pro iis, qui ea gestant, habeant. Ipsi autem paulo remotius consistemus, ut adversarii inter nos et flammas perveniant. Hoc modo certe globulis eos petere possimus."

Bernhardus Marshal assensus est: „Propositum bonum est atque etiam unicum, quod in nostro loco peragi potest."

„Bene! Materiam statim quaeramus ad ignem faciendum, priusquam iam plena nox erit!" Marcus surgens ursit.

Oblocutus sum: „Noli surgere! Reapse putas nos hoc modo cum viginti uno viris congredi posse?"

„Quippini? Actutum, si primos globulos miserimus, aufugient, quod scire nequeunt, quis post se sit."

„Atque si ille capitaneus satis sit prudens, ut totam rerum condicionem suspicetur? Tum valde laborabimus et, quamquam restiterimus, exstinguemur."

„Ad talia venatorem exempli gratia semper paratum esse opus est!"

„Tum tibi duo Morgani, si res postulabit, e manibus dimittendi erunt!"

„En, rem tenes! Num cogitare videris, ut nos clam subducamus, ut non hos sicarios rapaces impediamus, quominus scelera pergant committere? Qua in re autem Deo et omnibus viris probis, qui per Palatum iter faciunt, nos purgare nequimus."

„Neutiquam. Mihi aliud est consilium, quod mihi melius esse videtur."

„Cedo!"

„Dum nos hic quaerunt, latibulum aggrediemur et equis et horreis eorum potiemur."

„Bene vertat; recte dicis! Sed dicis: equis eorum – num nos pedibus aggredi cogitant?"

„Ita est. Inde conici potest eos latibulum suum duabus horis ante mediam noctem relicturos esse, quod iis tam magnum iter huc eundum est."

„Memoriaene hoc bene mandasti?"

„Scilicet. Iis hic praestolantes vitae periculum adibimus. Sin autem cibaria, telorum vim, equos iis surripuerimus, iis copia non erit, diu saltem, ut in negotio suo perseverent. Id est: Eos comprimemus, ut vix nobis ictus sit mittendus."

„Sed certe vigilias disponent!"

„Locum novi, ubi custos positus sit."

„Nos persequentur!"

„Id etiam facient, si iis praestolantes tamen fugere debebimus."

„Age vero, ut recte dicas: Quando proficiscemur?"

„Iam post quadrantem horae id fieri poterit. Tum caelum tenebris obductum erit."

„Oh, hoc fieri res pulchra!" inquit nigrita. „Caesar una equitare et demere omnes res, quae iacent apud latrones. Id praestare quam hic manere et palarios sclopeto occidere Caesarem!"

Mox tantae tenebrae obortae sunt, ut vix decem passus videre possemus. In equos conscendimus. Praevehebar aliique me sequebantur, Indianorum more, alius post alium. Consilio non recta via cursum direxi ad latibulum, sed quam maximum feci flexum, qui nos ferebat ad locum marginis fruticeti, qui ad mille passus Anglicos a latibulo aberat. Ibi equis pedicis vinctis ad latibulum pedibus processimus. Quamquam neque Marshal neque nigrita magna erant agilitate in arrependo, tamen non conspecti ad marginem silvae rarioris pervenimus exadversum ipsum tramitem situm, in cuius fruticum margine antea vigilia iacuerat. Ex luce clara super latibulo fulgente illic ignem ardere cognosci poterat. Circum nos autem tantae erant tenebrae, ut securus et erectus silvam rariorem transgredi possem. Locum repperi, quo sermonem palariorum aucupatus eram, atque etiam tum, vel priusquam me inclinavi, ab interiore parte vocem ducis audivi. Cum celeriter radices penetraveram, vidi totum gregem media in area stantem, bene armatum et paratum ad proficiscendum. Capitaneus adhuc loquebatur.

„Si minimum vestigium invenissemus, putarem unum ex venatoribus adfuisse et sermonem nostrum aucupatum esse. Quo pistolium pervenit? Fortasse hodie mane in equitando amisi neque quicquam animadverti, cum zonam deponerem. Ergo, Hoblyne, tune revera omnes una sedentes vidisti?"

„Omnes quattuor. Tres erant albi, unus niger, equi eorum proxime pascebantur. Uni ex bestiis non erat cauda et speciem praebebat capri cornibus carentis."

„Illa vetus est equa Sin-Oti, quae aeque est clara ac ipse. Num te animadverterunt?"

„Non ita. Cum Villiamo tam prope equo ad eos advectus sum, quam sine periculo fieri poterat. Deinde humi propius arrepsi, dum omnia evidenter oculis oblustrarem."

Discipulus vetuli Florimontii ergo revera tam callidus et cautus fuerat, ut duos speculatores contra nos emisisset. Opportune nobis acciderat, quod venerant, cum rursus apud amicos sederam.

Capitaneus allocutionem conclusit: „Tu, Villiame, fessus es, hic remanebis, et tu, Hoblyne, in statione eris iuxta semitam! Vos alii autem pergite!"

Ad ignis lumen conspexi introitum aperiri. Undeviginti viri latibulum reliquerunt et soli ambo, qui commemorati erant, remanserunt. Nondum omnes in semitam e conspectu evolaverant, cum rursus iuxta Marcum steti.

„Quid ais, Carolule? Mihi proficisci videntur!"

„Reapse. Duo manere sunt iussi, alter vigil istic ad semitam et Villiamus intra in latibulo. Villiamus armatus non est, vigil autem sclopetum manu tenet. Nihildum nobis nunc aggrediendum est; nam potest, ut aliquid obliti revertantur. Sed nos paremus! Veni, Marce! Vos ambo hic manebitis, dum vos vocaverimus aut arcessiverimus!"

Cum usque ad semitam arrepsissemus, nobis ad decem minutas exspectandum erat, dum vigil exibat. Securus ultro citroque in area nuda commeabat, ut mihi persuasum erat eum ne minimum quidem timorem de incolumitate sua gerere. Cum ita quadrans fere horae omnino praeterierat, Hoblynus appropinquavit. Tum non iam verendum erat, ne quis reverteretur, ut non diutius cunctari deberemus.

Ego me hic et Marcus se illic arte in fruticem pressimus. Id temporis, cum vigil inter nos praeteribat, Marcus iam fauces eius invaserat. Satis magnum pannum de thorace eius textili avulsum contorquens *oppilaginem*[1] effeci, quam Hoblyno inter dentes ingessi. Tum vir, postquam laqueo missili proprio, quem lateri accomodaverat, manus et pedes eius vincti sunt, ad truncum alligatus est.

„Nunc perge!"

Cum ad introitum aggressi eramus, lupi agrestis pampinum paulum submovi. Villiamus igni assidens carnem super eum assabat mihique tergum obvertebat. Ad eum accessi, ut id non animadverteret.

„Carnem sublimius tolle, domine Villiame, ne comburatur!" inquam.

Palarius, cum me capite retorto cognosceret, terrore percussus torpidus et immotus non se movit.

Perrexi: „Bonum vesperum! Paene salutare oblitus sum et in homines ingenuos tuae farinae quam urbanissimus aliquis esse debet."

Oculos diductos in me defigens balbutivit: „Ve-Ve-Vetus Ca-Catabolochir! Quid hic vis?"

„Capitaneo istud pistolium, quod hodie mecum tuli, cum tu ei periculum tuum narrabas, referre velim."

Villiamus alterum crus attraxit, quasi se praeparare vellet ad prosiliendum, et circumspexit, num bombarda potiri posset. Sed modo culter venatorius iuxta eum iacebat.

Eum monui: „Facile reside, domine Palari; nam si minime te moveris, tibi causa mortis erit. Primo pistolium capitanei tui oneratum est et tum solum ad introitum tibi spectandum est, ut ibi etiam plures globulos esse videas."

Se amplius convertens Marcum conspexit sclopetum in se dirigentem.

Crepuit: „Malum – perii!"

---

[1] oppilago, -inis f. – Knebel

„Fortasse nondum, si tranquille morem gesseris. – Bernharde, Caesar, adeste!"

Haec magna vox effecit, ut ambo ad fores stantes in introitu conspicerentur.

„Ibi ex ephippiis laquei missiles pendent, Caesar. Uno sumpto hunc virum constringe!"

Villiamus ira elatus clamavit: „Quod abominor! Vivum me non iterum comprehendetis!"

Dum haec dicit, palarius suum ipsius cultrum venatorium in corde suo defixit, ut collaberetur.

„Deus animae eius propitius sit!" inquam conturbatus.

Marcus autem quiescebat.

„Iste furcifer fortasse caede plus centum hominum se astrinxit", pressus ait. „Numquam cultri ictus convenientior erat."

Rettuli: „Se ipse damnavit: Felices nos, quod nobis non erat faciendum!"

Tum Caesarem foras misi, ut Hoblynum afferret. Brevi captivus ante nos humi iacebat. Oppilagine amota vir profundum spiritum duxit. Formidine perterritus oculos in corpus mortuum satellitis coniecerat.

Minatus sum: „Peribis sicut iste, si recusaveris nos edocere."

Anxius pollicitus est: „Omnia dicam."

„Ergo, ubi aurum est reconditum?"

„Illic, sub farinae saccis defossum est."

Pellibus remotis ad copias scrutandas accessimus. Erat vera abundantia omnium rerum, quae aliquando per Palatum perlata erant: arma omnium specierum et generum, pulvis pyrius, plumbum, *emboli* [1], laquei missiles, hippoperae, sacculi, opertoria, integrae *syntheses* [2] viaticae et venaticae, panni et alia texta, coralliorum torques adulterinae et res pretiosae et *serta* [3] margaritarum, quae Indianabus placeant, omne genus merces leviores et instru-

[1] embolus, -i m. – die Patrone   [2] synthesis, -eos – Anzug
[3] serta – die Schnur

menta, copia pyxidum et *pemmicanum* [1], magna alia penora, atque haec omnia haud dubie correpta erant.

Caesar saccos iactabat, quasi essent leves sacculi tabacarii, cum Marshal inter instrumenta dolabram et palam quaereret. Fodiendo scrutati brevi tempore interiecto tanta *baluce* [2] et *palacurna* [3] potiti eramus, quanta equus onerari posset.

Horrebam mecum considerans, quot miseris *aurilegulis* [4] mors subeunda fuisset, ut haec auri copia conferretur, quod iusto iure θανάσιμος κόνις vocatur.

Chrysoryctae [5] revertentes paulum eius secum in patriam ferunt et reditum laborum suorum plerumque cum pecunia chartacea et *attributionibus* [6] permutant. Quo tales chartae, quas viri occîsi certe secum duxerant, pervenerant?

Hoblynum rogavi: „Ubi est pecunia et ubi sunt chartae, quas expilatis dempsistis?"

„In latibulo longe remoto. Capitaneus res pretiosas hic recondere noluit, quod erant socii, qui non essent certi."

„Ergo ille unus solus hoc latibulum cognitum habet?"
„Ille solus et locumtenens."
„Quis locumtenens vester est?"
„Patricius Morganus."

Subiit animum meum quaedam cogitatio. Ille homo patri scripserat: Opibus in omnes partes crescemus. Num ei in animo erat socios prodere?

Pergebam quaerere: „Scisne, ubi verisimiliter sit hoc latibulum?"

Haud certe scio, sed capitaneus locumtenenti confidere non videtur. Patricius Morganus cum quodam viro hodie ad Fluvium Pegnascum provectus est. Et cras una

---

[1] pemmicanum – caro siccata et trita, quae adipe subacta est.
[2] balux – Goldstaub　　　[3] palacurna – Goldklumpen
[4] aurilegulus – Goldgräber
[5] Chrysorycta (χρυσορύκτης) – Digger
[6] attributio – Geldanweisung

cum duobus viris eum sequi iussus eram, ut eum observaremus."

„Aha! Capitaneus locum commemoravit, quem tibi plane descripsit."

Palarius perturbatus tacebat.

„Responde! Si tacueris, peribis. Sin autem verum dixeris, veniam invenies, quamquam omnes suspendio digni estis."

Hoblynus confessus est: „Recte coniecisti, domine!"

„Qui est locus?"

„Hinc eo ilico venire iussus sum, ut locumtenentem sclopeto conficiam, si ad eum appropinquaverit. Est parva vallis, quam bene novi, quod semel ibi fui. Vobis autem descriptio eius non proderit; nam tamen eam non inveniretis."

Utrum capitaneus solum vallem notavit an quidam locus aperte tibi dictus est?"

„Cavebit, ne mihi hunc locum prodat. Mihi imperavit, ut me abderem et locumtenentem globulo prosternerem, si vallem intraret."

Iudicavi: „Age! Vitae tuae parcam, sed solum ea condicione, ut nos in istam vallem inducas."

„Faciam."

„Sed tene actum fore de te, si nos decipere temptaveris! Captivus nobiscum equitabis."

„Εἶεν", ait Marcus, „ergo investigationes nostrae hic ad finem adductae sunt. Quid postea?"

„Aurum nobiscum feremus et quaecumque aliarum rerum nobis opus sunt: arma, res, quae necessariae sunt ad sclopetandum, tabacum cibariaque, etiam nonnullas res minutas Indianis dono dandas, si eos conveniamus. Aggredimini ad eligendum! Ego interim equos considerabo."

Quattuor inveni robustos *tolutarios*[1] Michiganianos, qui oneribus portandis apti erant. Praeterea tres equiferi,

---

[1] tolutarius – Traber (Pferd)

qui meliores erant quam bestiae, quibus Bernhardus et Caesar insidebant, digni erant, qui nobiscum ducerentur, ut duo commutari possent, cum tertium Hoblyno destinarem.

Etiam clitellae in rerum apparatu erant, quas muli gerere solent quasque unicuique tolutario singulas imposui. Tum omnia, quae nostra facere cogitabamus, in stratis involvimus, ut octo fasces effectae sint. Ex reliquis rebus magnum acervum construximus, sub quo pulverem pyrium, quem nobiscum ferre nequibamus, et omnes res, quae facile incenduntur, collocavimus.

Marcus interrogavit: „Quid de ceteris equis faciamus?"

„Caesar eos solutos in pratariam expellet; imprudentis quidem est, sed eos necare me piget. Tu agmen abduc, idque ad occidentem secundum fruticum marginem! Ego remanebo, ut struem incendam!"

Marshal me rogavit: „Quare id non statim fieri potest?"

„Ignis procul conspici potest. Palarii, nisi nos in cubili nostro reppererint, celerrime revertentur, ut nos, quamquam tenebrae sunt, deprehendere possint. Ergo praestat me vos, si satis longe avecti eritis, celeriter equo secuturum esse."

Marcus imperavit: „Euge, recte dicis, Carolule; pergite igitur, pueri!"

Unum ex *clitellariis*[1] loro ducens praecedebat, alii tres sequebantur Marshalo cum Caesare et Hoblyno, qui in bestia sua ligatus erat, parvum agmen claudentibus. Dum ego equum inhibens exspecto, quoad gradus sodalium non iam audiuntur, plus quadrans horae praeteriit, ut mihi haud diutius cunctandum esset, cum aliter palarii revertentes mihi supervenire potuissent. Itaque in latibulum rursus intravi ad acervum inflammandum.

Ex strato discisso quasi *funiculum igniferum*[2] feceramus, qui mihi spatium daret ad satis longe discedendum, priusquam pulvis pyrius in aërem iactaretur. Acerrima

---

[1] clitellarius – Packpferd   [2] funiculus ignifer – Lunte

enim *exoneratio* [1] erat exspectanda, cum magnam quoque copiam embolorum addidissemus. Strato igitur incenso et equi loro prehenso viam ingressus sum in pratariam ducentem. Cum ante extremos frutices in equum me subieceram, in μυχῶ [2] crepitus et fragor orti sunt. Ignis stratum, in quo emboli involuti erant, corripuerat. Calcaribus equo subditis, ut in tenebris celerrime potui, avectus sum, ut ex lucis clarae ambitu, quam flammae flagrantes latibuli ardentis mittebant, evaderem. Ignis tota bona correpta palariorum absumpsit.

5. APACHIVM SPECVLATOR VENIT

In civitatis Novomexicanae parte in ortum solis et meridiem spectante, quae longe pertinet in Texiam, Montes Albi [3] assurgunt, quorum iugum per Montes Guadalupenses porrigitur in meridiem. Hi montes sunt regio incultorum dorsorum confuse in omnes partes discurrentium, quae modo ingentia propugnacula nuda efficiunt et hic altis praerupte fere et directe demissis *charadris* [4], illic convallibus leniter declivibus alia ab aliis dividuntur quaeque ab origine a rebus extra sitis separata esse videntur. Attamen ventus florum pollen et semina trans pinnas et cacumina fert, ut stirpes oriri possint. Tamen ursus fuscus et ursus horribilis enituntur in saxa, ut postea in solitudinem inviam descendant. Tamen bison vagans nonnullos invenit transitus, per quos greges milium bestiarum temporibus autumni et veris migrantes ruunt. Tamen hic modo albae, modo cyprinae formae apparent, quae sunt tam ferae ut ipsa regio, et si rursus se receperunt et ex oculis elapsae sunt, nemo scit, quid acciderit. Immensa

---

[1] exoneratio – Entladung (Munition)
[2] μυχός – Hidespot (Winkel) [3] Montes Albi – Sierra Blanca
[4] charadra (χαράδρα) – Cañon

saxa praerupta muta sunt, silva incaedua silet, neque ullus homo adhuc bestiarum linguam intellegit.

Illuc sursum escendit venator audax solum sibi confisus et bombardae. Illuc sursum escendit profugus discordans cum hominibus bene moratis. Illuc sursum furtim escendit Indianus, qui toti orbi bellum indicit, quod totus orbis eum excisurus est. Ibi modo *mitella pellicea* [1] pagideutae, modo causia Mexicani, modo crines rubri inter ramos apparent. Quid iis in animo est? Qua re sursum in hunc secessum summorum montium aguntur? Unum solum responsum dari potest: Inimicitiis cum hominibus et bestiis, *certamine salutis* [2], quam non semper hoc certamen mereri dici potest.

Infra in planitie *saltus venatorii* [3] et fines Apachium et Comanchium inter se contingunt. Ibi res geruntur praeclarae, de quibus rerum memoria nihil refert. His gentibus fortissimis congredientibus haud pauci viri singuli et haud paucae catervae dissipatae sursum in montes aguntur, quibus continuo cum morte et viribus luctandum est, quae vinci nequire videantur.

Flumen Pecus a *Trucha Vertice* [4] in *Mauri Montibus* [5] sito profluens primo cursum tenet inter solis ortum et meridiem spectantem, tum praeter *Montes Albos* [6] directe ad meridiem se vertit. Prope finem meridianum montium iugi magno gyro ad dexteram et sinistram collibus cincto flectitur ad occasum, qui colles ab utraque ripa tam longe recedunt, ut citra et ultra pratariae lacinia modo angustior, modo latior sit luxuriante herba viridi vestita, quae in silvam incaeduam a cacuminibus usque ad radices montium se demittentem abit.

Haec sunt loca periculosa. Montes longe porriguntur, ut raro terrae hiatus, fauces sint in latus ferentes, quique

---

[1] mitella pellicea – Pelzmütze
[2] certamen salutis – Kampf ums Dasein
[3] saltus venatorii – Jagdgründe [4] Truchas Vertex – Truchas Peak
[5] Mauri Montes – Sierra Moro [6] Montes Albi – Sierra Blanca

hic hosti occurrerit, de via decedere non poterit, nisi equum deserere paratus erit, sine quo fortasse revera actum erit de eo.

Cum in fluvii vallem mihi iam notam pervenissemus, a qua paulo magis ad septentriones versus pagus Vinnetus situs erat, eo perquam libenter devertissem,ut de amico sciscitarem vel etiam fortasse eum offenderem. Sed tales cogitationes mihi reiciendae erant, cum primum Marcum Iorrocks et Bernhardum Marshal adiuvari oporteret.

Hoblynus tum liber in medio grege prope Caesarem equitabat, cum Marcus equo praegrederetur egoque cum Bernhardo, qui strenuum equitem se praestabat, sequerer.

Flumine Peco prima luce tranato in ripa occidentali equitationem perrexeramus. Nunc, die antemeridiano, sol modo cacumina montium ultra flumen sitorum contigerat. Cum post noctem gelidam mane tam umidum et frigidum esset, ut umeri adhuc opertoriis velati essent, radii eius nos grate fovebant.

Marshal ex me quaesivit: „Nobisne etiam magnum spatium emetiendum est usque ad Flumen Pegnascum?"

„Ad eum etiam hodie perveniremus, nisi Hoblyno auctore nobis antea de via deflectendum esset."

„Nonne praestaret nobis primum ad Pegnascum ire, quod eo Fridericum Morganum conveniemus."

„Etiam si ita esset, non recta Pegnascus nobis petendus esset, cum Morganus nos tum animadverteret. Eum adesse certum est, quod hodie dies est 14. mensis Martii. Ceterum Patricium in vallem equitasse sentio, ergo pater quoque ibi inveniri posse videtur."

Hoc tempore Marcus Iorrocks primus equitans exclamavit: „Cavete! Illic ad silvae marginem ramus adhuc viridis iacet, qui brevi tempore ante defractus esse videtur. Ergo paulo ante aliquis adfuit."

Propius vecti descendimus. Marcus ramum sublatum et inspectum mihi porrexit.

„Specta, quaeso, exempli gratia hanc rem, Carolule!"

„Hm, mea opinione hic ramus vixdum ante horam defractus est."

„Mihi quoque videtur. Videsne haec vestigia?"

Me humum demisi.

„Albus! Probabiliter Patricius aut pater eius. Longius procedere non possumus, Marce!"

„Recte mones. Oportet nebulonem non animadvertere aliquem eum insequi. Sed si hic ex equo descendit, aliquid in animo habuisse videtur. Ibi equum reliquit, qui ungulis terram rasit, et hic vestigia in silvam ferunt. Videamus!"

Tres alios remorantes et vestigium sequentes in silvam penetravimus. Ita nobis quoddam spatium eundum erat, dum Marcus, qui praegrediebatur, substitit. Ante eum solum contritum erat et muscus relaxatus. Sub eo fossum esse tumque eum rursus priore loco positum esse videbatur. Me demisi et muscum amovi.

Marcus vocavit: „Ecce ligo!"

Affirmavi: „Recte dicis. Hoc loco ligo iacuit."

Sub musco in molli et putri solo simulacrum ligonis hoc loco occultati cognosci poterat.

„Illum Patricius petivit. Sed quis eum huc abdiderat?" Marcus interrogavit.

„Ad hanc quaestionem facile responderi potest", ei inquam. „Cum capitaneus et locumtenens thesauro infosso vallem reliquissent, post aliquantum temporis hoc instrumentum iis oneri fuit, ut hîc eo se liberaverint. Reapse igitur solus Patricius hic fuisse potest, cum capitaneus post nos sit neque Fridericus Morganus hunc locum noverit. Utique extra silvam notam inveniemus, quam capitaneus et locumtenens arboribus in margine stantibus inciderant, si redirent, quoniam ligone in thesauro conservando denuo utentur."

Musco rursus super latibulo posito redii, ut arbores extra sitas inspicerem. Revera! Ex duabus illis enim, quae a dextra et sinistra vestigii stabant, indicia trium incisurarum, quae aliae super alias incisae erant, cognosci poterant praetereaque tres rami infimi utriusque arboris defracti erant.

Sin-Otus ex me quaesivit: „Quid igitur ex his omnibus colligitur, Carolule? Potesne animo concipere?"

„Proinde ac tu et quilibet alius; hoc enim facile conici potest: Patricio revera in animo est in vallem inire."

„Rem tenes. Nos eum antecedere opus est, et quaeritur igitur, utrum recta via illuc iturus an prius patrem quaesiturus sit."

„Id statim comperiemus."

Me ad Hoblynum converti:

„Estne nobis etiam nunc longum spatium usque eo, ubi semita vestra in vallem Peci Fluminis devertitur?"

„Summum duae sunt horae, nisi animus me fallit."

„Ita usque eo equitabimus. Patricius, si hanc viam ingressus erit, confestim ad latibulum ibit, sin autem praesentem cursum tenuerit, antea patrem arcesset. Ad id, quod fecerit, nos accommodabimus. Ceterum, cum Patricius vix una hora ante nos esse possit, paulum quiescere utile est. Quadam de causa enim fortasse constitit, ut fieri possit, ut directe in conspectum eius veniamus."

„Euge, Carolule", Sin-Otus annuit. „Ergo hic manebimus! Sed non tam temerarii simus sicut ille neque equos in aperto relinquamus. Iis inter arbores ductis paulum esculentorum expromite ex peris; nam ego exempli gratia a solis ortu adhuc nullum frustum dentibus molui!"

Propositum eius sequentes in musco molli consedimus. Nobis vix sedentibus Hoblynus voce suppressa edita secundo flumine manu inter arbores in apertum ostendit.

„Illuc trans Pecum spectate, domini! Puto in summo colle aliquid micans conspexisse hastae cuspidis chalybeiae simile."

„Esse non potest!" inquit Sin-Otus. „Qui fieri potest, ut tanto spatio interiecto hastae cuspis cernatur?"

Opposui: „Attamen, Marce, si oculus casu in illum locum conicitur, ubi est, revera fieri potest. Sed tales hastas soli Indoandres gerere solent, ut coniciendum sit – reapse, nunc ego quoque aliquid micans video, modo in summo et modo paulo inferius. Audite, homines, illi soli Indiani esse possunt et bona fortuna usi sumus, quod in eam cogitationem venimus nos hic delitescere! Si longius provecti essemus, utique nos animadvertissent, cum sol ex adverso positus sit."

Telescopium promptum converti in fauces. Quod cognovi, tale erat, ut sollicitarer.

„En, Marce, diligentius contuere equites! Minimum centum quinquaginta sunt."

Telescopium, postquam ad oculos movit, Bernhardo dedit.

„Contemplare rubripelles, domine Marshal! Num tibi iam res fuit cum Comanchibus?"

„Nondum. Suntne igitur Comanches?"

„Sunt. Quod attinet ad tractum, etiam Apaches esse possent, sed iis alius capillorum habitus est quam illis hominibus descendentibus. Cognoscisne colores rubros et caeruleos, quibus facies fucaverunt? Hoc est signum certum eos in semita bellica esse. Itaque hastarum cuspides exacuendo tam nitentes reddiderunt et in unaquaque pharetra nonnullae sunt sagittae, a quibus exempli gratia abhorreo. Quid tibi videtur, Carolule, si hic praeterirent?"

„Utique nos animadverterent."

„Utinam exire possem, ut ramum amoverem et vestigia nostra deleremus. Sed hoc non iam fieri potest."

„Nihil proficeremus, Marce: nam superius vestigium nostrum invenirent et certe hucusque persequerentur."

„Scio. Sed tum tempus nancisceremur ad hinc erumpendum et nos abripiendos, priusquam revertissent."

„Verissime. Ungularum vestigia in hoc extremo margine sunt. Fortasse id ita facere possumus, ut non exeamus."

Post me siccata et tenuis arbuscula pinus posita erat, qua praecisa ramum aucupatus sum. Tum loco, quo *folia pinnata*[1] iacebant, quaesito aliquot pugillis eorum vestigium conspersi, quod quidem erat tam tenue, ut tantum oculo Indiano acuto animadverti posset.

„Videamus, num prosit, Carolule", inquit Sin-Otus.

„Me ita non falleres."

„Quid ita?"

„Num *acer*[2] folia capillata fert?"

Sane quidem super ipsis ungularum vestigiis acer pendebat, sed res tum non iam mutari poterat. Ceterum tum Indoandres animos nostros in se converterunt, qui modo inferiorem faucium partem assecuti substiterant nonnullosque bellatores speculatum mittebant.

Laetus Marcus exclamavit: „Mehercule, huc non venient!"

Bernhardus interrogavit: „Unde id colligis?"

„Ei explica, Carolule, quoniam ei magister consulis!"

Docui Bernhardum: „Facillime. Cum ex tribus viris speculantibus duo praeter locum editum secundo flumine equitent unusque ad aquam, transire igitur cogitant, sed non adverso flumine venient, cum, si res ita se haberet, non descenderent ad loca exploranda, sed ascenderent. Illi duo scrutari iussi sunt, num vestigia exstarent, ergo num loca tuta essent, cum tertius explorare debeat, num Pecus ibi pernatando sit idoneus."

Paulo post omnes tres ad opperientes reverterunt. Idonea referre videbantur; nam grex recta ad aquam profectus est. Cum eos tum oculis non munitis numerare possemus, apparebat me eos potius minores quam plures iudicasse. Omnes robusti iuvenes erant, qui duarum gentium vel pagorum esse putandi erant, cum duo reguli equis praeveherentur.

Bernhardus quaesivit: „Suntne illi duo pennas aquilinas gerentes reguli?"

---

[1] folia pinnata n. – Kiefernnadeln   [2] acer, áceris n. – Ahorn

„Sunt."

„Audivi duces semper equis albis vehi."

„Equisne albis? Hihihihi!" inquit Marcus hilarulus renidens.

„Id falso doctus es Bernharde", inquam. „Ultra in vetere patria interdum fit, ut imperator gratissimo equo albo vehatur, hic autem non. Indianus claros colores equi omnino non amat, et quodsi in venando equo albo uti nequit, quod candore bestiae ferae fugantur, eo minus tali in expeditione uti potest. Tantum tempore hiberno, quo color albus in nive est ad simulationem, interdum fit, ut in singula re gerenda aliquis equum album conscendat. Tum eques quoque *sindonem*[1] albam superinduit. Ipse id quondam illic ad *Viridarium Septentrionale*[2] prospere conatus sum."

Equi rubrorum, qui interea universi in aquam descenderant, quamquam Peci Fluminis libramentum hoc loco magnum erat, tam strenue sustinuerunt, ut, cum in terram egrediebantur, pauca metra fluctibus delati essent. Tum circumiectu rursus explorato agmen flumine secundo iter ingressum est.

Tum suspiria relevationis ducere poteramus; nam in periculo haud parvo versati eramus. Marcus collum equae mulcebat.

„Quid tibi videtur, vetula Tonia, si rubri nos hodie detruncavissent, mihi aures tibique caudam? – Recte sane! Id iam prius accidit!" subridens verbis suis interruptis se vertit ad me. „Sed Carolule, quid exempli gratia de Patricio fiet? Nam vestigium eius certe invenient!"

Hoblynus responsum reddidit: „Vim ei non afferent."

„Nonne? Quare?"

„Quod eum norunt. Comanches sunt pagi Racurrorum, quibuscum ille et capitaneus calamum pacis fumaverunt, quod multa praedae nostrae iis vendidimus."

---

[1] sindon, -onis f. – Kattun

[2] Viridarium Septentrionale – North Park

„Ea res est gravis; nam ita facile fieri potest, ut causam suam cum iis adversus nos faciat."

„Id quoque nobis exspectandum est, Marce"; consolans inquam. „Patricius cavebit, ne rubros secum in vallem ducat! Dumtaxat comitatis causa aliquot horas apud eos manebit, ut cum regulis calamum pacis fumet. Deinde rursus in potestate sua erit"

Postquam astiti ad silvae marginem, caput per ramos promovi ad Indianos oculis persequendos. Illi autem iam post proximum fluminis et montium anfractum e conspectu evolaverant. Priusquam me rettuli, fortuito oculos etiam converti in adversum flumen et – celeriter caput post ramos retraxi. Marcus, qui hunc motum velocem et paene vehementem animadverterat, interrogavit:

„Quid rei est? Etiamne supra Indoandres veniunt?"

„Venire videntur. Saltem illic ad faucium superiorem exitum unus stat."

Sin-Otus telescopium, quod adhuc iuxta eum positum erat, oculis admovit.

„Babae, recte mones! Sed unus solus est, nisi forte alii post eum sunt." Adhuc prospiciens caput subito sustulit. „Sed quid conspicio! Ille exempli gratia est Apaches!"

„Apaches?"

„Ita. Capillum effusum gestat. Ad multum tergi defluit. Nunc equo advehitur ad aquam."

„Da mihi tubum!"

Marcus mihi porrexit, enimvero nihil iam videre poteram, cum vir iam in aqua esset et parte editiore citerioris ripae contegeretur.

Sin-Otus interrogavit: „Scin', quomodo res se habeat, Carolule? Apaches, quorum speculator antecessit, ut Comanches semper observet, eos nihil suspicantes persequuntur. Incredibiliter bene id facit; nam non in vestigiis eorum institit, sed supra eos in proximis faucibus montes superavit. Recedite, nam rubris acres sunt oculi! Apaches certe hic praetervehetur, ideo equis nares comprimite!

Indiano in propinquo apparente fremere consuerunt. Tonia mea sane quidem paulo callidior est. Sed nunc silete!"

Apachem venientem videre nequibamus, cum in superiore anfractus vallis parte essemus. Sed vix quinque minutae ab ultimis verbis praeterierant, cum pulsum equi percepimus.

Cum alii se recepissent, ego in silvae margine post fruticem densiorem iacebam. Speculator lente humum oculis lustrans veniebat. Utrum fortasse aliquot festucas protritas creverat an aliud vestigium? Suspicandum erat; nam tum ex adverso mihi consistens oculos vertit in *folia capillata* [1], quae antea eieceram. Subito securim bellicam pugno tenens in solo stabat, quod suspicio ei orta erat. Ego autem aeque celeriter, ac ruber ex equo desiluerat, per virgulta penetrans ei occurri. Cum lacertum nervosum extolleret ad ictum saevum inferendum, exclamavi:

„Vinnetu! Num magnus regulus Apachium fratrem occidere cogitat?"

Dum bracchium demittit, oculi obscuri eius clare exarserunt.

„*Carlille*[2]*!*"

Hoc solum verbum exclamavit, sed in hac voce erat gaudium, quod Indianus superbus alias potius reprimit, quam verbis prodit. Tum bracchiis collo meo implicatis artius me amplexus est.

Quamquam valde gaudebam, tum nobis non vacabat, quae sentiebamus, prae nobis ferre.

Interrogavi: „Quid frater ruber hoc loco Peci agit?"

Vinnetu securim bellicam in zonam condidit.

„Comanches cubilia reliquerunt, ut Apachibus molesti essent. Magnus autem Spiritus dicit Vinnetum eos victurum esse. – Et quid frater albus in hac valle agit? Nonne ante multos menses dixit se rursus trans magnam aquam ad viguamium patris et sororum commigraturum esse?"

---

[1] folia capillata – Fichtennadeln [2] Carlillus – Scharlih

„Viguamium patris vidi, sed cum Spiritus zavanae in luce diurna et in nocturno somno me revocaret, vocem eius secutus sum."

„Frater albus recte egit. Animus pratariae, qui magnus et latus est, vitam et mortem comprehendit, quique vitae pulsum eius sensit, abire quidem potest, sed identidem revertitur. Howgh!"

Regulus, cum equum loro ducens mecum arbores subisset, comites meos demum conspexit. Quamquam de iis nullo verbo commemoraveram, ne minimum quidem miratus est, quod aderant; immo simulabat se eos nequaquam crevisse. Fumisugio et perula tabacaria sumptis cum dignitate consedit.

„Vinnetu longe in septentrionibus fuit ad sacram argillam calami pacis effodiendam", inquit, „et Vetus Catabolochir primus erit, quocum ex eo fumificabit."

„Etiam alii cum fratre rubro fumificabunt", inquam.

„Audivitne iam magnus Apachium regulus de Sin-Oto, illo venatore forti et prudenti?"

„Apaches eum novit, sed eum nondum vidit. Sin-Otus astutus est ut serpens, callidus ut vulpes, fortis ut *iaguarus*₁. Sanguinem virorum rubrorum bibit et incidit in manubrio bombardae suae mortem eorum. Sed solos malos occîdit. Ibi equus eius stat. Cur non accedit ad Vinnetum, ut ex calamo pacis cum eo fumificet?"

Marcus surrexit et accessit. Ex facie eius conici poterat eum sibi conscium esse se nunc obvium esse illi viro, qui maximus, fortissimus, iustissimus bellator omnium zavanarum erat cognitus.

„Frater meus ruber recte dixit. Solos malos occîdo, sed bonis auxilio sum", confirmavit. Bernhardum quoque nutu advocavi.

„Regulus Apachium etiam oculis hunc lustret bellatorem. Ei, qui erat vir locuples, homicidae albi patrem interfecerunt et adamantes dollariaque abstulerunt. Sicarius hic ad Pecum Flumen versans manu eius interibit."

„Vinnetu, qui frater eius est, eum adiuvabit ad patris interfectorem deprehendendum. Howgh!"

Haec vox apud Vinnetum semper erat asservatio, quam sanctam habebat. Ergo adiutorem pro Bernhardo conciliaveram, quo meliorem petere nequibamus. Apaches fumisugium interim fartum accendit. Fumo, quem primum sursum ad caelum, tum deorsum ad terram flaverat, in quattuor caeli regiones edito calamum pacis mihi porrexit, quem, postquam idem feci, Marco tradidi. Marshal, cum ritum absolvisset, fumisugium Vinnetui reddidit. Tum Marcus ex Apache quaesivit:

„Multine bellatores fratri rubro sunt in propinquo?"

„Uff!"

Haec vox apud Vinnetum semper erat exlamatio admirationis.

Marcus, cum mores Apachis nondum nosset, putavit, postquam unam vocem responsum tulit, se non recte intellectum esse, ut percontationem repeteret:

„Interrogavi, num bellatores fratris rubri prope essent?"

„Uff! Dicat mihi frater albus, quot ursi esse debeant ad mille formicas pedibus obterendas!"

„Unus solus."

„Et quot crocodili ad centum bufones devorandos?"

„Unus solus."

„Et quot Apachium reguli ad hos Comanches frangendos? Si Vinnetu securim bellicam effodit, viros suos non secum ducit, sed solus it. Non singulum pagum, cuius regulus est, novit, sed summus regulus omnium Apchium est. Si manum huc vel illuc tetendit, sescenti bellatores advolant ad mandata eius exsequenda. Multas habet linguas, quae ei narrent, quid Comanchium bellatores agant, et satis validus est, ut hostes sine labore arceat."

Tum ad me se convertit.

„Vir pugno loquitor! Sed frater Carlillus mihi dicat, quid una cum his viris, quos secum ducit, acturus sit!"

Ei breviter, sed exacte rettuli de rebus, quibus adducti ad Pecum Flumen veneramus. Postquam diligenter nos attendit, paulum terram intuebatur. Ultimo fumo ex fumisugio flato surrexit et calamum collo rursus circumdedit.

„Fratres albi me sequantur!"

Apaches equum prehensum eduxit et in eum insiluit. Me a latere eius non discedente incitatis equis vehi pergebamus. Vinnetu fulvo caballo ossuoso, quem iam inde a priore tempore noram, vehebatur, bestia, qua in explorando utebatur, cum Iltsi equo suo mari parcere volebat. Hic equus speciem praebebat caballi carrucarii delassati, ut tantum vir peritus ut Vinnetu eo vehi animum inducere posset. Egregie habenis effusis, tolutim quiete, prolixe et assidue gradatim se movebat et erat incorrupta pulmonum sanitate. In prudentia neutiquam Marci equae cedebat et acribus ungulis adamantinis non semel periculosum canem latrantem vel etiam *pumam*[1] fugaverat.

Cum ad Comanchium vestigia pervenissemus, cognovimus catervam se perquam tutam esse putavisse; nam nullo modo nixi erant, ut vestigiis aliam speciem induerent. Ita in unaquaque flexione consistentes, ut viam, quae ante pedes erat, oculis perlustraremus, horae fere spatium vecti sumus. Modo rursus ad quendam silvae angulum veneramus, quem iam circumequitaturi erant, cum Apaches subito equum recepit.

Dexteram protinus intendit, cum pugno sinistro signum silendi et cavendi daret. Quamquam caput protendi et contendi oculos, nihil animadverti.

Vinnetu bombarda de ephippii capulo suspensa cultro stricto tacens inter arbores ex oculis elapsus est.

Marcus interrogavit: „Quidnam sit, Carolule?"

„Nescio. Cum aliquid suspectum animadverterit, iit ad rem cognoscendam. Eum verba facere necesse non erat, quod hoc ex ratione eius colligi poterat. Nobis post angulum exspectandum est, dum reverterit vel signum dederit."

---

[1] puma, -ae – der Puma

Caesar parvum colloquium interrupit: „Massa, oh, ah, audissene Massa?"

„Quid?"

„Clamavisse bestia!"

„Ubi?"

„Ibi, post angulum!"

Alios interroganti vultu conspexi, sed nemo quicquam audiverat, attamen nigrita fortasse recte monuerat.

Deinde sonuit – et tunc nos omnes audiebamus – vox *polyglotti* [1]. Unusquisque alius hos sonos revera vocem huius aviculae putavisset, ego autem sciebam eos ex ore Apachis venire, cum hanc vocem etiam in prioribus itineribus saepe pro signo habuissemus.

„Hicine polyglottus?" inquit Marcus. „Scire velim, ubi haec species avium non inveniatur!"

Eum docui: „Hanc avium speciem hodie primum vidisti et audisti. Vinnetu est, qui nos vocat. Pergite! Ibi stat ad silvae marginem!"

Equum Apachis loro capto ducebam aliique sequebantur. Vinnetu, qui aliquot centenos passus longe a nobis in silvae margine stabat, in dumeto evanuit, simulatque nos voci suae morem gerere animadvertit. Cum illuc advenissem, ex equo descendi et arbores subii, ubi Apaches exspectabat, cuius ad pedes stratus erat iuvenis, qui sua ipsius zona ligatus erat, oculos anxie in Vinnetum converterat, parva voce gemebat.

„Mulier!"

Hoc solo verbo dicto contemptim aversatus est. Captivus albus erat. Me conspicatus frontem explicavit. Cum eius phyles essem, fortasse aliquid spei concepit, quae insuper Marco quoque accedente aucta est.

Marcus vocavit: „Albus! Quare frater ruber eum inimici loco habet?"

Vinnetu breviter respondit: „Ei malus est oculus!"

Post nos nunc magna vox missa est, et conversus vide-

---

[1] polyglottus – Spottvogel

bam Marshalum captivum miro vultu contemplantem.

„Holferti! Pro Dei fidem, qui huc venisti?"

Iuvenis appellatus balbutivit: „Marshale! Domine Marshale!" Erat igitur Holfertius, pristinus Marshalorum minister, Morgani gerulifigulus.

Tum captivum allocutus sum:

„Domine Holferti, longum est tempus, ex quo te quaesivimus. Mihi dicere vis, ubi sit amicus tuus, qui sibi nomen tribuit Friderici Morgani?"

Territus est.

Interrogavit: „Esne indagator, domine?"

„Quis et quid sim, comperies, sed tibi dicere velim me non ut iudicem te tractaturum esse. Adducor, ut credam te corruptum esse. Ergo responde! Ubi Morganus est?"

„Solve me, domine, tum omnia dicam!"

„Te solvere extra quaestionem est, sed vincula tua paulum laxabimus. Caesar, vincula laxiora fac!"

Nigrita prodiit et se demisit.

Obstupefactus Holfertius exclamavit: „Caesar, tu quoque?"

„Caesar etiam adesse, ναί! Oh, ubi esse Massa Bernus, ibi etiam semper esse Caesar nigrita."

Niger Holfertio zonam laxavit, ut captivus rectus sedere posset. Interrogare pergebam.

„Ergo tertium: Ubi Morganus est?"

„Ad Pegnascum Flumen."

„Quamdiu una cum eo fuisti?"

Vir silebat. Pistolium versatile promptum in eum direxi.

„Aspice hanc reculam, domine Holferti! Non ignoro, quicum mihi sit res, nihilominus cupio te mihi plura referre de ero tuo interfecto et de bonis eius sublatis. Si non rettuleris aut falsum dixeris, glande percutieris. In occidente non cunctantur *sicarium praedatorium*[1] interficere, vel minus quam illic in orientis civitatibus!"

---

[1] sicarius praedatorius – Raubmörder

Angore confectus vir asseveravit: „Non sum homicida!"

„Tibi iam dixi me haud ignorare, quanti te aestimarem. Nunc solum refert, utrum te hominem obstinati an paenitentis animi habere debeamus. Itaque: Norasne iam antea Morganum?"

„Propinquus meus est."

„Tene Ludovicivillae [1] visitavit?"

„Visitavit."

„Perge! Abhorreo a multum interrogando, cum sic quoque loqui possis. Reminiscere pistolium versatile!"

„Si dominus Marshal discesserit, omnia dicam!"

Mihi animi motus hominis scelesti ex insperato deprehensi respiciendus erat.

„Fiat, quod vis."

Ita Bernhardo annui, qui quidem abiit, sed in gyrum reversus a tergo captivi post arborem constitit. Vellem hoc tempore in mentem eius introspicere potuissem.

„Quid vero?"

„Fridericus Morganus, qui frequenter ad me ventitabat, mihi persuasit, ut secum alea luderem."

„Ventitabatne in habitationem tuam?"

„Ita, numquam venit in tabernam. Magno lucro facto cupidissime ludere pergebam. Tum plus plusque amisi, dum Friderico aliquot milia dollariorum debebam. Cum debita persolvere nequirem, mihi denuntiationem minitatus est; ei enim *syngraphas*[2], nomine eri adulterine signatas dederam. Tum tantummodo servare me potui, cum ei dixi, ubi esset clavis tabernae."

„Sciebas, quid Morganus ibi vellet?"

„Sciebam. Praedam partiti Mexicum petere cogitabamus."

„Dixistine ei erum tuum semper clavem principalem secum ferre?"

---

[1] Ludovicivilla – Louisville
[2] syngrapha, -ae f. – der Wechsel (argentaria)

„Dixi. Sed non putavi Fridericum erum occīsurum esse.

Se eum modo sopiturum esse dixit. Domino Marshalo insidiabamur, sed Fridericus non modo eum non prostravit, sed eum transfixit. Tum ostio patefacto mortuum in androne deposuimus. Quae inveneramus, statim in re praesenti divisimus"

„Morganusne adamantes abstulit et tu accepisti reliqua?"

„Ita est. Cum rei peritus essem, haud aegre partem meam, sane quidem cum damno, pecunia permutavi –"

„Et nunc – ah conicio! Hancine pecuniam Fridericus Morganus nunc tibi dempsit?"

„Ita est."

„Erasne revera satis stultus, ut putares hominem tam nequam probe tecum acturum esse? Nempe facile intellegere poteras eum te modo in regionem incultam pellicere, ut impune tota praeda potiretur! Quonam modo pecuniam tibi dempsit?"

„Morganus heri vesperi excubabat. Arte dormiebam, cum tactionem percipiens somno excitatus sum. Furcifer, qui mihi iam arma et epistularum thecam dempserat, mihi cultrum in pectus infixurus erat. Angor vires mihi suppeditavit. Eo ad latus truso cursu me proripui. Me persecutus est, sed quod tenebrae erant, mihi contigit, ut effugerem. Tota nocte cucurri, cum intellegerem eum vestigia mea persecuturum esse, simulatque dies appetivisset. Paulo ante demum me hic occultare ausus sum, ut paulisper dormirem. Sed facere nequivi, quod Indiani praetervecti sunt. Itaque ilico rursus abire volebam. Sed tum hunc rubrum conspicatus rursus in occultum me abdidi. Attamen me repperit!"

Fortasse maxime, quod vir valde erat lassus, effectum est,ut omnia professus sit; ex vocis eius sono haud multum paenitentae et animi concitationis cognosci poterat.

Me converti ad Bernhardum, qui interea rursus prodierat.

„Hic vir tuus est. Quid de eo facies?"

In animo Marshali, qui silebat, dolor cum misericordia rixari videbatur. Tum nonnullis quaestionibus Holfertio propositis postremo dixit:

„Carnifex noxius est mortis patris et secundum leges zavanae ipse mortem meruit. Sed ego in hac causa accusator sum, a parte laesa, ut iudicis partes penes me non sint."

„Neque necesse est, domine Marshal", tum Marcus ait. „Nos exempli gratia etiam adsumus. Ego mortem postulo. Eum globulo prosternite! Talis colluvies tolli debet."

Vinnetu iudicium Sin-Oti confirmans dixit: „Ego quoque mortem eius postulo. Sed crepitus iactus longe ad aures accidit, ut nos aperire possit. Hic satis multae arbores stant. Nigrita proditorem ex proximo ramo robusto suspendat! Quid Veteri Catabolochiri fratri videtur?"

Iudicio, quod nimis durum habebam, obloqui volebam. Sed mihi non contigit, ut mentis cogitata enuntiarem; nam accidit aliquid, quod nemo nostrum exspectavisset. Nos omnes animum ad extremum non ad captivum intenderamus. Quomodo effecerit, ut vincula tam celeriter destringeret, nescio. Probabiliter Caesar in zona laxanda incautus fuit. Antequam os ad interpellandum aperui, Holfertius tantis impetibus, quos a corpore eius affecto non exspectavissem, praeter nos inter extremas silvae arbores in aperta transcurrit illuc, ubi equi stabant.

Quamquam ilico eum insequebamur, eum equo Marshali citato ad Pecum Flumen currentem videbamus, cuius ripa hoc loco ducentos fere passus aberat.

Sin-Otus iratus dixit: „Perii! En, furcifer exempli gratia equo avehitur, ut non ‚Vale!' dixerit. Strenui este! Nobis exsectandus est."

Ad equiferum meum festinavi, in ephippium insilui bestiaeque calcaria subdidi, cum Holfertius modo ad ripam pervenerat. Equus eius impetum sumebat ad saliendum, cum post me bombarda argentea Vinnetus fragorem edidit. Tum fugiens per medium caput glande percussus habenis ex manibus emissis praeceps in fluctus datus est, qui statim eum operuerunt. Equus, qui enixe gyro ad ripam citeriorem redierat, ab equite nudus magna voce hinniens ad nos tolutim accurrit.

Vinnetu fistulam exoneratam tranquille denuo oneravit.

„Animus zavanae iustus est; viro albo moriendum erat. At vero nunc iactus auditus est, quem evitare Apaches maluisset. Sed carnifici nequaquam vivo effugere licuit, quod nos prodidisset. Magnus Spiritus mortem eius voluit."

Tum Apaches equo conscenso nos non circumspiciens avectus est.

Silentes et austeri sequebamur. Postquam tacite factum Vinnetus inspexi, ei assentiri debui.

Comanchium vestigia etiam porro bene conspicui erant. Eos expeditionem suscipere facierum fucus patefecit. Sed locus, quo tendebant, longe abesse videbatur, cum aliter cautiores fuissent. Vinnetu autem, qui utique consilia eorum norat, taciturnior erat, quam ut sine causa necessaria de eo referret. Modo ad latus eius iturus eram, cum ante nos unus – duo – tres iactus fragorem ediderunt.

Statim substitimus. Vinnetu, postquam manu significavit, ut recederemus, usque ad proximam flexionem equitavit. Cum de equo descendisset, cito in virgulta prolapsus est, ex quibus paulo post revertit, ut manu nos advocaret.

„Comanches duaeque facies pallidae!"

His dictis rursus in virgulta serpsit et nos tres secuti sumus, cum Caesar apud Hoblynum et equos remaneret.

Ante nos vallis Peci dilatata est, ut lata fieret convallis, ubi nobis adspectus inopinatus praebebatur. Reguli

Comanchium, qui proxime dextram fluvii ripam ad scapos hastarum in terram infixarum clipeos applicaverant, humi sedentes una cum duobus albis, qui ab utraque parte eorum consederant, ex pacis calamis fumificabant. Bestiae horum quattuor virorum in propinquo pascebantur. Ante eos res bellica et ferox, attamen placida gerebatur: Comanches ludum militarem faciebant, in quo totam perfectionem suam in equitando et armis utendis probabant. Cum spatium nimis longum erat ad lineamenta eorum cognoscenda, telescopium sumpsi. Subito obstupui:

„Eho, quis ille est! Marce perspice!"

Sin-Otus tubum sumptum direxit.

„Edepol, ille est Fridericus Morganus una cum filio! Ergo iam hîc congressi in Indoandras inciderunt."

„Planissime. Patricius semper paulo ante nos erat et Fridericus Morganus a Pegnasco hunc Holfertium secutus est. Ita inter se congressi sunt. Indoandribus se occultare necesse non habent, ut tu quoque audisti."

„Ita fuerit. Iniucunda rerum conversio!"

„Quid ita?"

„Quomodo ambos ex Indoandribus extrahere poterimus?"

„Spero albos et rubros una mansuros non esse. Nequaquam consilium erit duorum furum, ut Indianos certiores faciant de thesauro, quam fossuri sunt."

„Ergo optimum est nos hic exspectare ad eos observandos."

„Tuti hic esse videmur, cum unum ex rubris rediturum esse non sit coniciendum."

Marshal interrogavit: „Nonne Morganus veniet, quippe cui Holfertium persequi in animo sit?"

Collegi: „Fridericus Morganus, quem filius et Comanches certiorem facient se Holfertio non occurrisse, eum aliam viam ingressum esse existimabit. Equos in occultum trahamus!"

Cum Vinnetu annueret, recessi, ut id conficerem. Equi clitellarii exonerati, quod plurium horarum mansio exspectanda erat, cum aliis bestiis in interiora silvae ducti sunt.

Hoblynus, cum convallem conspiceret, bracchium tetendit.

„Domine, illic ad dextram fauces, per quas ire debemus, sursum ferunt."

„Illic? Dolendum est!"

Marcus interrogavit: „Quare, Carolule?"

„Quod illuc pervenire nequimus ad ambos praeveniendos. Saltem facile intellegere potes eos Comanchibus deductis viae se commissuros esse."

Hoblynus interpellavit: „Noli laborare, domine! Hanc viam soli capitaneus egoque noverunt. Locumtenens autem alia utitur, quae multo infra praeter Pegnasci alveum sursum ducit."

„Tum fiat, et aequi et securi hos homines spectare possumus!"

Comanches, qui in duas partes digressi inter se pugnare videbantur, modo conferti, modo soluti certaminibus singularibus, et perseverantiam et pernicitatem probabant, quibus spectatores Europaei obstupefacti essent. Iis non erant ephippia et habenae. Stratum aut pellem aut storiam in dorso bestiae deligant. Ab utraque parte huius pellis latum et firmissimum lorum destinatum est, quod cervicibus equi impositum usui est ad bracchia inserenda, si eques ad alterum vel alterum latus se iactaturus est, dum altero pede in equi dorso haeret. Hic mirus equi sternendi modus et magnus usus perficiunt, ut equites bestia pro scuto utantur, eam inter se et adversarium ponere possint, attamen satis mobiles sint ad sagittas trans equi dorsum vel sub collo eius mittendas vel, si sclopeto instructi sint, glandem iactandam. Bellatores rubri mirum in modum agiliter id faciunt, ut, prout res postulat, modo ad dextrum, modo ad laevum latus se iactent, atque id tanta facilitate et velocitate, quae desultori honori esset. Atque equi eorum tam tuto et certe ingrediuntur, ut raro globulus vel sagitta a destinato aberret. Lorum, in quo bracchium prope umerum pendet, iubae bestiae in summo dorso destinatum est, ut etiamsi pulvinus sellae resolutus erit, hoc statumen firmum sit. Si eques agilis tendiculam bene destinavit, ad artificia facienda omnino neque strato neque sella opus est, cum pedes *calceis laxis*[1] calceati calcibus firme et solide etiam in nudo equi dorso haereant. Cum plane animos attenderamus ad Comanchium certamen, quod simile erat *‚fantasíae'*[2] Arabicae, semel oculos per virgulta rettuli ad regionem, unde veneramus – forte fortuna; nam modo ipso tempore praeter silvae marginem duos equites vidi devehentes, qui vestigium Comanchium diligenter observabant.

„Cavete, viri, illinc homines veniunt!"

Omnes respexerunt.

Hoblynus commotus dixit: „Capitaneus una cum Conchez!"

„Profecto, ille est! Celeriter vestigia delentes pergite in silvam!" urgenter inquam.

Intra duas minutas id erat factum. Soli Vinnetu et ego remanebamus loco paulo anteriore, unde appropinquantes, ut ab iis non animadverteremur, observare poteramus.

Iam proxime erant, et sane flexionem circumequitavissent, nisi hoc ipso tempore Comanches clamorem pugnae sustulissent ululatus ferarum similem. Ambo equites stupentes descenderunt et caute oculis circum angulum versis equos in locum duxerunt, ubi nostri fuerant. Nos ad socios recessimus. In tergo eorum, qui adveniebant, duo acera alterum arte iuxta alterum stabant. Mihi contigit, ut usque ad eos serperem ad captandum sermonem duorum hominum submissim loquentium, qui consederant.

---

[1] calcei laxi – Mokassins (etiam: mocassinus)
[2] fantasía – ludi equestres

„Comanches sunt", ait capitaneus. „Nihil igitur nobis ab iis est periculi. Tantum nobis antea inveniendum est, qui ambo albi sint."

„Nimium distant, ut cognosci nequeant."

„Ex vestibus forsitan aestimari possint. Priorem non novi et alter a regulis occultatur."

„Capitanee, aspice inter quattuor equos spadicem! Ei est cauda amputata, quae in zavana et in montibus raro inveniatur. Quid tibi videtur?"

„Malum, ille est equus russeus locumtenentis!"

„Idem mihi videtur. Ergo albus alter non alius sit ac ille."

„Rem tenes! Nunc pronus se movet. Videsne illum cingulum varium? Ille est. Quid faciendum?"

„Sed utinam scirem, quid tandem tibi esset in animo! Tum fortasse de re loqui possemus."

„Nunc autem necesse est me aperte tecum loqui. Optimas enim res ex thesauris nostris in hac regione infodi, quod eas in μυχῷ [1] condere nolui, cum nonnulli nostrum sint, quibus confidere nequeam. Locum, ubi res iacent, praeter me nemo scit nisi locumtenens. Tantum abest, ut patrem, quem exspectabat, arcessiverit in cubile nostrum, ut eum vocaverit huc ad Pecus Flumen. Quare suspicio mea mota est, cumque post vectionem proximam, quam fecit per Palatum [2], recta huc ierit, ut me antea non conveniret, eum in animo habere nos thesauro privare mihi persuasum erat. In Indoandras Patricius fortuito incidit. Quaeritur autem, utrum ilico ad eos eamus, ut eum puniamus, an eum sequamur ad deprehendum eum in manifesto facinore."

„Profecto consilium secundum melius est. Si eum illic infra convenerimus, fieri non poterit, ut mala proposita eius firmemus. Haud dubie dicet se solum venisse ad patrem arcessendum. Atque quis scit, quae aliae viae ei tum pateant, ut id, quod petit, assequatur. Nos duo

[1] μυχῷ – Hide-spot   [2] (Planum) Palatum – (Llano) Estacado

sumus sicut ille cum Patre suo, et Indoandribus confidere non potes."

Conchez manifesto id egit, ut capitaneum suum a priore consilio avocaret. Apparuit eius multum interesse latibulum cognoscere.

„Recte dicis", inquit annuens capitaneus. „Racurri, qui expeditionem suscipiunt, hic breve tempus morabuntur. Deinde Patricius certe statim proficiscetur. Ei adhuc aliquantum itineris equitandum est, priusquam in latus flectere possit. Mihi autem nota est via brevior, qua ante eum illuc perveniemus. Certe nihil accipiet, si – si thesaurus nunc etiam exstat."

„Etiam exstat? Quisnam eum auferret, cum soli vos duo latibulum noveritis?"

„Hem, Sin-Otus et Vetus Catabolochir, quibus proximum et magnum detrimentum debemus."

„Quonam modo putas illos ambos rem arcanam invenisse?"

„Simplicissimo modo. Hoblynum locumtenenti submissurus tam temerarius eram, ut ei iam indicium aptum dederim. Ne vestigium quidem eius reliquum est, ut infixum animo meo haereat eum in venatorum manus incidisse et causam suam cum iis communicavisse, ut salvus evadat."

„Hem, fortasse igitur optimum est, ut –"

„Iam dic, ut – ?"

„ – ut nos ad Comanches conferamus."

„Atque rem arcanam iis enuntiemus, ut nobis thesaurum auferant? Non ita. Ceterum nobis spatium est rei deliberandae; nam rubros saccos alimentarios promentes video. Nos quoque paulum cibi sumamus. Affer carnem!"

Cum fieri non posset, quin Conchez surgens, ut ad equos iret, me videret, quam celerrime retrorsum repsi, ut reapse vix secunda prius oculos eius vitarem.

Comitibus finem auscultandi tradidi.

Marcus interrogavit: „Nihilne exempli gratia de tribus

pellium emptoribus simulatis dixerunt, qui una cum locumtenente equis vecti mercatores secuti sunt. At saltem unus ex iis cum Patricio fuerit."

„Nihil. Forsitan hunc unum trucidaverit, ut ei libera esset agendi potestas. Quid autem istis ambobus faciamus?"

„Sedate eos ire sinamus, Carolule."

Vinnetu renuit.

„Fratres mei sibi unicam capitis cutem esse amittendam considerent!"

„Quis eam nobis auferat?" occurrit Marcus.

„Bellatores Racurrorum."

„Eis non continget. Denique mox discedent; nam in semita belli sunt."

„Quamquam frater meus venator prudens et bellator fortis est, tamen Comanchium vias non novit. Viri rubri, priusquam ad Apachium viguamia repserint, in montes ad sepulchrum reguli Tsu-ga-chati[1] ibunt, quod quotannis facere solent illo die, quo a Vinnetu est interfectus."

Tum subito manifestum erat, quare Vinnetu hanc catervam Comanchium insequeretur.

„Id nihilominus nostra non interest", ait Marcus. „Si in tali sunt via, omnino non laborabunt de nobis et palariis."

Assensus sum: „Neque ego praeter necessitatem me sanguine contaminare velim."

„Fratres albi faciant, quod iis videtur", inquit Apaches. „Quod inimico, qui est latro et homicida, pepercerint, suum ipsorum sanguinem dabunt. Apaches dixit. Howgh!"

Dolebam, quod ei a me obloquendum erat, cum hoc die iam sanguis hominis perfusus esset, et animus abhorrebat a telo etiam in homicidam coniciendo, nisi tale opus erat ad semet ipsum legitime defendendum.

Adhuc in his cogitationibus defixus eram, cum a Comanchium cubilibus editae sunt voces, quae indicium

---

[1] Tsu-ga-chati – ‚fumus obscurus'

rei improvisae erant. Animadvertimus etiam capitaneum cum comite animum attendere. Ita gyro ad silvae marginem me admovi, ut causam explorarem.

Cum ad locum pervenissem, a quo prospectus bonus mihi praebebatur, Comanches videbam confertos ad fluvii ripam stantes et considerantes rem, quam cognoscere nequibam quaeque post aliquid temporis rursus in Pecum detrusa est. Deinde bellatores universi duos regulos et ambos albos circumsistentes coronam effecerunt. Subito omnes equis conscensis ire pergebant. Tum ad comites reverti.

Bernhardus interrogavit: „Quid accidit?"

„Aliquid in flumine invenerunt, fortasse corpus Holfertii fuit."

Vinnetu aures arrexit, quoniam, si recte dixeram, praesentia nostra patefacta erat!

„Putatne frater albus virum mortuum intra hoc tempus breve tantum spatium fluctuari posse?"

„Fieri possit. Cum Pecus hic sit altus et rapidus atque ripae sint lêves, haud facile aliquid adhaerescere potest."

Cum Vinnetu nullum verbum dicens surgeret et sursum ad laevum latus discederet, sciebam, quid in animo haberet. Postquam silva tegente tam longe fluvio adverso iit, ut non iam videri posset, se intulit in aquam, ut cognosceret, quam rem Comanches admirati essent. Quamquam Apache virum nandi peritiorem non noram, tamen mihi apparebat hoc inceptum haud sine periculo esse. Primum fieri potuit, ut capitaneus una cum Conchez proficisceretur et aequa curiositate adductus ad flumen accederet. Tum suspicione orta – quod verisimile erat – Comanches aliquem adesse, qui huic cadaveri recenti ictum letalem intulerat, concludere necesse erat. Si res ita se habebat, suspicandum erat profectionem solum esse machinationem atque eos redituros esse, ut certiores fierent. In expeditione lex est certa, ut arx inexpugnata aut saltem circumventa non relinquatur. Aeque periculosum est in occidente fero non satis bene scire, quem quis post se habeat.

Spatium, quod Vinnetui primum secundo flumine et deinde rursus adverso flumine tranatandum erat, ad quingentos passus longum erat. Illi, ut erat natator bonus, decem minutis viae pedestris adnumeratis maximum semihora erat ad id emetiendum. Nondum autem quadrantem horae aberat, cum capitaneus cum comite est profectus.

Quod exspectaveram, accidit: Equis vecti usque ad Comanchium stationem ad flumen se verterunt. Tum mihi Vinnetu, qui certe illo loco, quo in aquam descenderat, et vestes et arma posuerat atque tantummodo cultrum secum ferebat, ita tuendus erat, ut non viderer. Carabinum Henrici sumpsi.

„Hic remanete!"

Cum hoc dicerem, latibulo nostro relicto, ut celerrime in silva poteram, intra marginem eius deorsum properavi eo, unde locus, ubi res memorata rursus in aquam iacta erat, apertus ante carabinum meum situs erat. Nondum autem illum locum ceperam. cum capitaneus sclopeto sublato glandem in aquam misit. Sciebam eum non icisse, cum pernicitatem Vinnetus urinantis nossem. Neque quinque minutis post eum alte se tollentem vidi ut piscis, in ripam evadentem, in capitaneum irruentem. Cum Conchez carabinum caperet, cum rapidissimo corporis motu a capitaneo se avertit, se traiecit ad Conchez et tum, cum ictum missurus erat, fistulam carabini sublime pepulit, ut glans sublime ferretur. Vinnetu ei sclopetum eripuit, fistulam eius comprehendit, ut id pro clava uteretur, peropportune ingentem saltum in obliquum fecit; nam capitaneus iam dextram sustulerat, ut eum a tergo manubrio percuteret.

Vinnetu in ambos se versuros erat, cum ab imo magnus ululatus auditus est: Comanches non nimis longe avecti erant, ut iactu audito laxatis habenis reverterentur.

Vix Vinnetu eos animadverterat, cum bombardam, quae forte fortuna *unifistulata*[1] erat, e manu capitanei pepulit, carabinum longe in aquam traiecit, flumine adverso saltus illis pantherae agitatae similes sumpsit.

Sciebam eum hoc modo integras decem minutas cum cursore celerrimo currendo certare posse. Me hos saltus docuerat, quos faciens non curris, sed magnis impetibus te per sublime coniciens momentum semper in solum alterum transfers crus, quod quasi est *elastro*[2], et cum fatigatum est et contremiscere coepit, in alterum id transfers. Certum erat Vinnetum, cui ne decem quidem minutis opus erat, ut ad vestes suas perveniret, tam prudentem esse, ut quoddam spatium aufugere pergeret, priusquam per silvam tegentem ad nos reverteretur.

Quam celerrime ad latibulum nostrum rui.

„Cito surgite! Nobis fugiendum est!"

„Mehercle! Quo exempli gratia?" inquit Marcus. „Illinc Comanches veniunt. Ambo albi etiam cum iis sunt!"

„Fortuna nobis favet! Nos praetervolabunt et illic acquiescent in vestigio Vinnetus reperiendo! Celeriter equos ad silvae marginem! Cum rubri praetervecti erunt, volate secundum flumen, atque id in eorum vestigio, ne postea vestrum discernere possint. Ego hic manebo ad receptum tegendum et Apachem opperiendum!"

Marcus interrogavit: „Tune solus?"

Obliquis oculis Hoblynum aspiciens, cui profecto nondum confidi poterat, ei rettuli: „Ego solus. Alios, qui non satis sint periti, tibi trado."

„Εἶεν, ergo pergite; praetervecti enim sunt!"

Revera modo ultimus Comanches nos equo praetervectus est, ut angulus silvestris inter nos et eos esset neque nos ab iis cerni possemus. Cum Marcus cum aliis abequitaret, ego vestigia nostra delevi, ut optime facere poteram. Modo id perfeceram, cum aliquid in fruticeto

---

[1] unifistulatus – mit einem Lauf
[2] elastrum (ἔλαστρον) – (Sprung)Feder

sub arboribus strepitum edidit: Vinnetu ante me stabat.

„Uff! Comanches vestigium Apachis quaerunt. Ubi comites fratris albi sunt?"

„Equis praegressi sunt."

„Cogitationes fratris semper prudentes sunt. Facies pallidae haud diu nos maneant!"

Vestibus quam ocissime indutis, quas adhuc manibus gesserat, equum in apertum traxit. Ex valle suspiciens cognovi nos adhuc a Comanchibus tutos esse, ut spatium mihi sumerem ad quaerendum.

„Quid frater ruber in Peco repperit?"

„Corpus faciei pallidae. Vinnetu hodie bis egit ut puer, qui cogitare nequeat. Sed res, quae ex eo evenerint, suscipiet et fratres albi ei ignoscent!"

Hoc Apaches superbus nulli alii nisi mihi soli confessus esset. Responso solutus sum, cum in spadice suo iam ut procella avolavit, ut equifero meo velociter mihi sequendum esset.

6. IN ‚TRVCES ET CRVENTOS SALTVS' INTVEAMVR!

Ubi iter nostrum dextrorsum in montes ferebat, ergo a Comanchium vestigio declinabatur, nostri constiterant. Marcus descenderat, ut ceteris iuvantibus ungulas equorum circumvolveret. Ad id efficiendum nonnulla operimenta ex mycho palariorum allata consecanda erant. Tum profecti sumus in fauces. Vinnetu pedibus pone sequebatur ad vestigia delenda, quae fortasse fierent. Cum primum faucium anfractum post nos habebamus, constiti.

„Bernharde, equum meum loro duc, dum subsecutus ero!"

Marcus interrogavit: „Quid facies, Carolule?"

„Remanebo ad exspectandum, quid rubri suscepturi sint."

„Eἶεν, res bene se habet. Ita comperiemus, num deprehenderint furta nostra."

Comites equis vehi pergebant, dum ego in virgulta repto. Nondum diu ibi iacueram, cum equorum pulsum crevi. Comanches revertebantur, sed solum dimidia catervae pars erat. Ubi alii erant? Etiam duos Morganos videbam. Capitaneus et Conchez deerant. Indoandres oculis in humum conversis lentissime equis advehebantur. Ubi descenderamus ad ungulas circumvolvendas, equos sustinuerunt. Alter regulus, qui cum iis erat, postquam subito ex equo desiluit, se demisit, aliquid abiectum, quod cognoscere nequirem, sustulit, id exhibuit. Solum diligenter inspectum est. Consilio habito ambo albi et regulus pedibus in fauces invasum a caterva discesserunt.

Acribus oculis etiam res prima specie minutas inspicientes appropinquabant. Angustiae dubiae mihi erant. Sed propter nostram cautionem adhibitam ne minimum quidem indicium nos adesse invenerunt. Cum praeterirent, rem commemoratam in manu reguli conspicatus sum, filum laneum, quod unus ex nobis in operimentis dissecandis socorditer proiecerat. Nostra omnium vita igitur ad verbum ipsum tenui filo pendebat.

Aliquantum spatii in fauces ingressi reverterunt. Probabiliter iis persuasum erat ibi nullum hominem equitasse aut isse, ut se tacere non iam necesse esse putarent.

Fridericum Morganum audiebam dicentem: „Hic nemo fuit. Equorum vestigia nostra ipsorum fuisse videntur."

Filius eius interrogavit: „Sed quis rubripellis fuit, et qui fuerunt ambo albi, quos nondum invenimus?"

„Mox comperiemus; nam fieri non potest, ut nos effugiant. Cum ruber nudus esset, cognosci non poterat, cuius esset gentis."

„Utilitates haud contemnendas nobis praebuit, si mortuus, de quo rettulisti, revera ille Holfertius fuerit."

„Fuit. Sed quomodo Indianus ad locum, ubi consederamus, pervenit? Ibine iam antea erat aut postea eo pervenit? Puto – "

Plura audire nequibam; nam iam me praeterierant. Sed ex eo, quod exceperam, nos ad tempus in tuto futuros esse et capitaneum se Comanchibus non ostendere maluisse mihi concludendum erat. Id profecto propterea fecit, quod tantum hoc modo fieri potuit, ut locumtenentem in ipso facinore deprehenderet. Quamquam maxime dubium esse videbatur, an non capitaneo et Conchezio contingeret, ut oculos acres Comanchium diu effugerent.

Iam tres exploratores manipulum suum rursus consecuti sunt, qui regulo iubente conversus post arbores e conspectu evolavit. Cum, quod volueram, assecutus essem, socios insecutus sum, qui tantum iam spatium confecerant, ut post semihoram demum ad eos venirem. Vinnetui, qui oculos interrogantes ad me converterat, rettuli, quid exploravissem.

„Euge", ait Marcus, „ita exempli gratia nobis contigit, ut iis verba daremus."

„Bellatores Comanchium, quamquam oculos habent, non vident et aures eorum obduratae sunt, ut gradus hostium non audiant. Fratres albi equis calceos laxos demant!"

His verbis Vinnetus libenter obsecuti sumus, cum bestiis ungulis circumvolutis viae labores superare difficile esset. Erat equitatio deterrima, per fauces incultas saxorum fragmentis obrutas, in quibus arbores iacebant, quae aut aetate aut procellis de fastigiis deiectae erant. Quo longius processeramus, eo feriora fiebant loca, dum sub vesperum in summum montium iugum perveneramus, quod aequa regione ac Montes Albi a septentrionibus ad meridiem se porrigebat. Ultra equis devecti sole occidente eximia cubilia invenimus.

Vespere et noctu sine interpellatione praeteritis brevi equitatione exploratoria opinio mea nos non insectatos esse firmata est. Tum processimus, atque id in loca, qualia priore tempore ad Coloratum flumen inveneram. Silva paulatim desinebat, cum aqua deficeret. Multi erant fluviorum alvei siccati, qui procul in lato paramo lineae obscurae esse viderentur. Omnes, quibus altae incisurae erant, testimonium dabant perspicuum virium aquarum, quae antea ibi fluxerant. Cum ad unum ex fluminis lapsibus, qui reticulatim inter se coniuncti erant, accedebas, ripa ulterior umbra soli, in quo eras, esse videbatur. Quo longius procedebamus, eo clarius linea supra memorata apparebat, dum ante altum locum praecipitem stabamus, cuius atrocitas levabatur quidem eo, quod in solo eius aequa erat claritas ac supra, qui autem propter latera ardua impedimentum erat difficile superatu.

Si has valles diligentius contemplatus eris, invenies tempore pluvioso totam latitudinem aqua impletam esse, cum ab utraque parte vestigia aquarum altitudinis cognosci possint. Ibi conspicis rupes alias super alias magnificenter acervatas, quibus mire amoenae sunt lineae extremae.

Pyramides et massae cubicae assurgunt, ingentes columnae et arcus alii in et super alios exstructi sunt, nonnullis locis aqua tam peculiares formas rotundas excavavit, tam mira lineamenta, dixeris ornamenta, exesit, ut vix animum tuum a cogitatione ea manibus humanis consilio efficta esse abducere possis.

Solum horum alveorum ad mediam partem paulum desidit, et raro de alta ripa devenire potes, nisi forte bonus es rupium ascensor. Sed terra montana in omnes partes sulcis ita proscissa est, ut praeter ripam talis alvei sicci progrediens semper in vallem transversam pervenias, per quam vallem maximam adipisci potes. Hae fauces autem, cum in unam regionem porrigi soleant, optime pro viis esse possunt, quae propter situm profundum illi, qui in itinere est, utiles sunt, quod tantum ab ipsa ripa cerni potest. At enim simul damnosum ei est, quod etiam adversarius non prius potest cognosci, quam in conspectum eius venit.

Cum in occidentem versus talem vallem sequebamur, cuius altitudo paulatim minuebatur inque quam minores minoresque valles transversae ferebant, tandem ante nos colles silvestres Montium Alborum assurgentes conspiciebamus.

Sub montibus rursus crebros aquarum cursus invenimus, qui omnes Pecum Flumen petebant, inter eos etiam Pegnascum Fluvium, qui per vallem, quam quaerebamus, fluebat.

Tempore postmeridiano provecto illam vallem cepimus, quae complura milia passuum Anglicorum erat longa et circiter semihorae spatium lata. Circa collibus silvis vestitis cincta praeter aquam in solo pascuum viride exhibebat. Sed hoc loco bestiae nobis pascendae non erant, cum aliter nos adesse ilico patefecissemus.

Hoblynum interrogavi: „Satin' certum est nos hanc vallem quaerere?" cum facile falli possemus.

„Certus sum, domine! Supra sub illa aesculo tum temporis primum cum capitaneo noctu corpus stravi."

„Itaque censeo nobis usque ad unam ex proximis vallibus equitandum esse, in qua custodia equorum relinqui potest, ut nobis hic res sit integra", inquam ego.

„Bene sonat", inquit Marcus. „Nonne autem fieri potest, ut subito bestiis nobis opus sit? Toniam non tam longe relinquam!"

„Εἶεν, ergo nobis in silva loculus abditus quaerendus est. Ego cum Caesare hoc latus explorabo et Vinnetu alterum obibit. Vos ceteri opperimini, dum reverterimus!"

Cum his descendi et sclopetis captis cum nigrita in silvam ingressus sum, quae ab hac vallis parte praeruptius sursum pertinebat. Propter arbores eversas et crebra saxa disiecta equi haud faciles hic in adversum montem erant ductu. Spatium constitutum medium fere post nos habebamus, postquam quodam intervallo ad libellam aequi abiimus, cum subito Caesarem clamorem edentem audivi.

„Massa, oh, ah, Massa, venire cito, cito!"

Eum ad stirpem brevis fagi salientem, infimum ramum prehendentem, evolantem conspexi.

„Quid rei est, Caesar?"

„Massa venire cito iuvare miserum Caesarem! O non ita, non venire, sed currere omnesque advocare, multum totum homines, ad monstrum mortuum reddendum!"

Quod monstrum diceret, me interrogare necesse non erat; nam commodum id per fruticetum sub arboribus rumpebat. Erat ursus horribilis, unus ex illis amabilibus bestiis, quas vir occiduus Grizzly vocare solet.

Leonem in locis incultis illas voces edentem audivi, quas Arabes ‚Rad', id est tonitrus, vocant. Tigrim Bengalensem rudentem audivi, ut cor mihi, etsi manum non tremere necesse erat, sollicitum redderetur. Sed omnes hae voces comparari non possunt cum murmure gravi, rauco, subdolo, daemoniaco ursi Horribilis, quod ossa concutit quoque etiam animosus horrore perfunditur, ut non modo dentes collidantur, sed etiam totum corpus contremiscat.

Ursus, qui octo fere passus a me aberat, in pedes posteriores erectus fauces aperuit. Aut illi aut mihi – alteri moriendum erat. Iam bombarda de tergo detracta in tempora eius collineavi et ligulam pressi. Proximo temporis puncto cor petivi et globulum secundum conieci. Ursicidali abiecto et cultro stricto celeriter de via salui, ut facilius eum ferire possem. Belua immanis arrecta ad me processit, quasi duae glandes eum non icissent, duos, tres, quinque, sex gradus, et modo bracchium tollebam ad plagam ei infligendam, cum ursus ungulas priores demisit, grunnitum paene ululantem edidit, ad unam minutam immotus stetit, tum tamquam ingenti ictu clavae percussus corruit. Alter globulus in cerebrum eius penetraverat, alter in cor, uterque igitur in mediam vitam. Panthêra vel *iaguarus*[1], si fuissent in eadem causa, ut *cattus*[2] vehementer convulsi essent. Grizzly meus aequo animo progressus est – si solum duos gradus addidisset, de me actum esset, si culter meus eum non exacte icisset.

Desuper ex arbore Caesar vocavit: „Oh, ah, bene, laudo! Ursusne vere mortuus esse, Massa?"

„Est, descende!"

„Sed revera mortuus esse, Massa? Nonne devorare Caesarem nigritam?"

„Prorsus mortuus est."

Tam celeriter, quam ascenderat, Caesar rursus defluit. Sed cum accedebat, pedes eius gravabantur. Omne cautionis genus adhibens ad bestiam me demisi et identidem cultrum ei inter secundam et tertiam costam defixi.

„Oh, ah, magnus ursus, esse plus magnus quam tot Caesar! Potestne comedere Caesar ursum?"

„Potes. Ungulae et pernae iucundae sunt sapore!"

„Oh, Massa Caesari quoque dare ungulas et pernas; nam Caesar nigrita esse valde totus multum libenter iucundo sapore!"

„Accipies portionem tuam sicut omnes alii. Sed exspecta. Modo revertar!"

„Caesarne exspectare hic? Oh, sin autem ursus rursus reviviscere?"

„Tum rursus sali sursum in arborem!"

„Cum Massa ire, Caesar potius ilico in arborem salire."

Et puncto temporis post iterum supra in ramo sedebat. Caesar meus non timidus erat, ut inimicis humanis fortissime resisteret. Cum autem in ursum horribilem nondum incidisset, ei cautionem sapientem vitio dare nequibam.

Primo loca vicina perscrutatus sum, ut explorarem, utrum mihi res esset cum singulo urso an cum integra familia. Cum sola unius bestiae vestigia reperirem, secu-

[1] iaguarus – der Jaguar (Perugini)   [2] cattus – die Katze

rus esse poteram. Ceterum Caesar et ego non diu soli eramus.

Fragore coniectuum meorum audito nostri nescientes, quis contra me esset, ad locum properaverant, ubi globuli emissi erant.

Omnes dixerunt se hoc urso vix maiorem adhuc vidisse. Vinnetu me adiuvabat in pelle ei detrahenda et optimis carnibus exsecandis, praeterea auribus extremis et unguibus pro tropaeis. Reliqua ita ramis, lapidibus, musco, terra constrata sunt, ut esset, cur speraremus vultures, qui facile nos aperire poterant, non pellectum iri.

Apaches illic ab altera vallis parte nobis et equis iam latibulum exploraverat, quod tum expetebamus. Cum adhuc esset lux clara, ignem facere ausi sumus ad sucosas ungulas ursinas assandas. Praestans erat cena. Cum advesperascebat, excubiarum ordine constituto quietem petentes nos lodicibus involvimus. Neque somnus noster turbatus est, atque etiam maxima proximi temporis antemeridiani pars praeteriit, ut animus non in res memoria dignas converteretur. In vallis introitu unum vigilem posueramus. Tempore, quod commemoravi, Marcus huic officio praeerat. Non dudum viro, qui proximus ante eum fuerat, successerat, cum revertit.

Nuntiavit: „Veniunt!"

Interrogavi: „Quis?"

„Id scilicet exempli gratia nondum penitus cernere possum, quod adhuc nimis longe absunt."

„Quot sunt?"

„Duo, equites."

„Ostende mihi!"

Postquam ad locum designatum properavi, per telescopium ambos Morganos perspexi, quibus sane quidem quadrantem horae erat equitandum, priusquam vallem caperent. Cum omnia vestigia praesentiae nostrae heri diligenter deleta essent et nos numero superiores, erat, cur eorum adventum aequissimo animo exspectaremus.

Modo cum Marco, qui me secutus erat, ad sodales rediturus eram, cum fragorem in fruticibus supra nos sitis audivi. Num fortasse alter ursus erat? Accurate audiendo ibi duo animalia esse desuper appropinquantia nobis persuasum erat.

„Edepol, Carolule, quos putas illos esse?"

„Modo comperiemus. Celeriter, auferte vos inter fruticis!"

Nos occultavimus, ut rami nos quidem prorsus contegerent, nos autem ilico parati essemus ad defendendum, si beluae ferae essent. Aliquot minutis post cognovimus nobis negotium esse cum duobus viris equos post se trahentibus. Hi duo erant – capitaneus et Conchez, quorum bestiae graviter afflictae esse videbantur, atque etiam ex equitum specie cognosci poterat eos iter adversum post se habere.

Haud procul a latibulo nostro subsistebant, quod iis inde prospectus patens praebebatur.

„Tandem!" inquit capitaneus pectus suspirio laxans. „Haec erat vectio, quam haud propediem iterare velim. Sed adhuc in tempore venimus. Nondum quisquam adfuit."

Conchez quaesivit: „Unde id cognoscis, capitanee?"

„Latebrae meae adhuc intactae sunt. Ergo Morganos antecessimus. Et qui alius huc in hanc regionem remotam perveniat?"

„Probabiliter recte dicis. Nonne igitur iam de illo Sin-Oto et de Catabolochire cogitas?"

„Non ita; nam si Morganos secuti essent, eos in Comanches incidere necesse fuisset, ut tum certe deterriti essent, ne longius procederent."

„Quis autem ille Indianus nudus fuit atque unde venit illud cadaver album in aqua iacens?"

„Nihil ad nos attinet. Nemo nobis nocere potest, quod Comanches inter nos et unumquemque sunt, cui nos sequi in mentem venerit."

„Putasne igitur revera nos certe rubros post nos reliquisse?"

„Tam certe, quam te iuxta me video. Eos Indianum concidisse statuendum est, si hostis eorum fuerit – quod autem non existimo; nam nullus Apaches nunc se huc committet – et tum nos secuti sunt. Quod nobis tantopere properandum erat, vestigium reliquimus, quo clarius ne bisontum quidem grex facit."

„Et si nos hic invenerint?"

„Nobis detrimento non erit, cum amici simus. Summum mirabuntur, quod iis haud ilico nos ostendimus, quam rem scilicet iis explicabo, cum narrabo de hoc locumtenente, qui – malum, moriar, nisi iam illuc procul venturus est."

„Patricius cum patre est!"

„Bene, ita eum tandem tenere possumus, atque cognoscat, quid sit capitaneum suum decipere!"

„Soli veniunt, quae res scilicet argumentum est, quo Comanches nos subsequi demonstretur. Sed capitanee, tollesne iam hodie thesaurum – me praesente?"

„Iam hodie."

„Cuius in usum?"

„Nostrumne in usum? Quid hoc interpretaris? ‚Nostrum in usum' valere potest aut in usum totius gregis aut in nostrum amborum usum."

„Quid tibi magis placet?"

„Id facilius est cogitatu quam dictu, capitanee. Sed si in animo finxeris, quomodo res nunc se habeat ἐν μυχῷ, certe intelleges praestare nos eo omnino non reversuros esse. Si quoddam tempus laborasti, per occasionem etiam otium et commoditatem concupiscis, utque opinor, hîc in latibulo largiter tibi ea suppetunt, quae ad hanc rem sunt opus, ut etiam pro me aliquid remaneat."

„Uno tenore blateras neque a te dissentire possum", inquit annuens capitaneus. „Sed nunc imprimis nos ab illis duobus furciferis poenam expetere debemus. Sed paulum mecum ascende! Ibi est locus, quo meliorem pro nobis invenire non possumus. Et thesaurus, quem sublaturi sunt, proximus est."

Num capitaneus inopinans locum dixerat, ubi consederamus? Cum hanc regionem petentes cum equis abirent, eos secuti sumus. Tam securi et socordes erant, ut ne vestigia quidem animadverterent, quae Marcus et ego fecerant. Quamquam acribus quoque oculis opus erat ad ea cernenda.

Nostri audientes aliquid insolitum appropinquans surrexerant. Etiam hodie vultus virorum egregiorum oculis proponere possum, cum per extremos frutices pervadentes Indianum cognoverint, quem ad Flumen Pecum propere secuti erant. Simul etiam sociorum suum conspexerunt, quem Vinnetu exceperat.

Conchez conspiciens pristinum gregalem obstupefactus exclamavit: „Hoblyne!"

Capitaneus quaesivit: „Hoblyne? Reapse! Quomodo pervenisti in Montes Albos et qui sunt isti homines?"

A tergo ad eum aggressus umerum eius pulsavi.

„Meri familiares sunt, capitanee. Propius accede, asside ingenioque indulge!"

Me rogavit: „Quis tu es, domine?"

„Hos viros apud te introducam, me igitur ultimum. Huic domino nigro nomen est Caesari, qui iter fecit cum quodam domino Villiamo, quippe quem haud ignoraveris. Hic albus homo nobilis est dominus Marshal Ludovicivillanus, cui aliquot verba dicenda sunt Morganis, qui vobis ova ex nido sumpturi sunt. Hic dominus fuscus Vinnetu vocatur, cuius nomen haud dubie iam audivisti. De eo igitur multa verba facere nolim. Iste vir nobilis Sin-Otus vocari solet et me interdum Veterem Catabolochira appellant."

Ille vir terrore tam attonitus erat, ut ullum verbum proloqui nequiret atque tantum balbutire valeret:

„Itane?"

„Certe! Repetam: Asside ingenioque tuo indulge! Ita ei indulge, ut ego feci, cum sermonem tuum ἐν μυχῷ captabam. In tergo tuo iacens pistolium tuum meum mnemosynum feci. Nudius tertius iterum prope vos iacebam, cum Comanchium sermones aucupabamini et vos totos alter alteri patefaciebatis. Caesar, his ambobus dominis deme arma et paulum manus et pedes eorum constringe!"

„Domine – – !" inquit capitaneus ira elatus.

„Satis est! Tecum loquimur, sicut cum palariis loquuntur. Noli frustra operam sumere; nam tibi dico: priusquam Morgani vallem prorsus ceperint, aut vos in vincula coniecti et ora vestra clausa erunt aut vos – mortui!"

Haec omnia tam celeriter et improviso ambobus acciderat, ut iis omnino non erat tempus vim parandi.

Tum quaesivi: „Dic, domine capitanee, ubi sit latibulum, cuius libido Morganos tantopere tenet?"

„Res non tibi sunt!"

„Ut libet. Attamen fortasse nostrae fient. Te cogere nolo secreta tua effutire, sed ad aliam quaestionem certe mihi respondebis: Quid de pellium emptoribus, quos vocatis, qui cum locumtenente tuo ierunt, et de mercatoribus, quos secuti sunt, factum est?"

„De mercatoribus – ehem, nescio – "

„Εἶεν, sed ego iam scio. Et de emptoribus?"

„Duos ad μυχόν revertisse conicio, tertium locumtenens in via interemit. Corpus eius invenimus."

„Aliquid tale fore putabam! – Et nunc profecto os tibi clausum iri sine! Fit, ne nos ambobus Morganis prodas."

Negotium eorum modo transegeramus, cum Fridericus Morganus cum filio in vallis introitu apparuit. Minutam consistentes loca oculis perlustrabant. Tum Patricius calcaribus subditis equo citato advehebatur. Pater eius aeque celeriter sequebatur. Non diu hîc moraturi esse videbantur. Ad rubetum novellum, quod exacte nobis ex adverso stabat, ambo se verterunt.

„Hîc est, pater!"

„Hicine? Est locus non conspicuus, quo thesaurus non quaeratur!"

„Cedo, et tum eum tollamus! Nescimus, qui duo albi fuerint atque an Comanches eos comprehendere potuerint."

Ambo, postquam desiluerunt, equos apud ripam ad paxillos alligaverunt. Dum bestiae sitientes potant, furciferi in genua subsederunt et armis sepositis dolabra virgulta amovere coeperunt. Terrenum solutum provenit, quod rimabatur.

Post quoddam tempus Patricius clamans: „Hîc!" fascem diligenter in pilosas pelles bubalinas insutum in lucem protulit.

„Suntne omnia?"

„Omnia, sed larga: schedinummi, *apochae depositionis*[1] et quae sunt alia huius generis. Nunc scrobe completo nos auferamus!"

„Fortasse etiam paulo diutius remaneatis!"

Haec verba Marcus fecit, cum ego saltu dato inter thesaurorum fossores et arma eorum starem aliique bombardas in eos dirigerent. Ambo, qui statim prorsus attoniti erant, celeriter ad se redierunt, ut arma capere conarentur. Ego autem pistolium versatile iis ostendens dixi:

„Consistite! Omne conatum gradum faciendi vobis causa mortis erit!"

Fridericus Morganus quaesivit: „Quis es?"

„Interroga hunc dominum Mercroftium, qui vocatur, filium tuum!"

„Quis vobis ius dat nos hic aggrediendi?"

„Nos ipsi, item ac vos vobis ius dedistis alios aggrediendi, exempli gratia dominum Marshalum Ludovicivillanum, postea tramen ferriviarium, antea praedium cuiusdam Marci Iorrocks, qui nunc hic ante oculos tuos versatur. Nobis morem gerentes humi, quaeso, proni procumbite!"

[1] apocha depositionis – Hinterlegungsschein

„Cavebimus, ne id faciamus!"

„Attamen facietis, si vobis nomina nostra dixero. Hic Vinnetu stat, Apachium regulus. Iste Sin-Otus est, cui antea nomen erat Marcus Iorrocks quique nunc ob oculos tuos versatur. Quis ego sim, filius tibi iam narravisse puto. Usque ad ternionem numerabo. Si tum nondum procubueritis, moriemini. Unum – duo – –"

Dentibus collisis et manibus compressis homines nequam obsecuti sunt.

„Caesar, eos constringe!"

„Caesar eos constricturus esse perbelle, astrictissime, Massa!" ait niger omnia faciens, ut promissum praestaret.

Bernhardus, qui adhuc apud captivos remanserat, accessit, postquam niger ei subiit. Fridericus Morganus, cum eum conspiceret, stupens eum intuebatur, quasi phantasma in conspectum eius veniret.

„Marshale!"

Bernhardus breviter oculos quidem in eum coniecit, sed nullum dixit verbum. Ex vultu autem eius plus quam ex verbis colligi poterat. In eo cernebatur lentum et tranquillum consilium iustae ultionis.

„Caesar, affer alios!" ait Marcus. „Neque nobis exempli gratia est causa, cur diu hic moremur et contorte iudicium in hos viros edamus."

Nigrita Conchez et capitaneum attulit. Etiam Hoblynus, qui, ut erat palarius, adhuc exspectatione melius se gesserat, ut ei quiddam libertatis indulgeremus.

Bernhardus interrogavit:

„Quis loquatur?"

„Carolule, tu!" inquit Marcus.

„Non. Nos omnes praeter Vinnetum non integri sumus. Cum sit regulus pratariae, ei loquenti aures praebeamus!"

Cum omnes mecum consensissent, Apaches probans caput inclinavit.

„Apachium regulus spiritum zavanae loquentem audit.

Iustus erit iudex facierum pallidarum in ius vocatarum. Fratres mei arma capiant; nam solis viris de captivis iudicare licet!"

Hic erat mos Indianorum, atque ei oboedivimus.

Tum exorsus est: „Quod est nomen huic albo?"

Marcus respondit: „Hoblynus."

„Quid commisit?"

„Palarius fuit."

„Videruntne fratres eum unum ex suis ipsorum sociis interfecisse?"

„Non ita."

„Dixitne ipse se homicidam esse?"

„Non dixit."

„Quem adhuc adiuvit, utrum palarios an fratres meos?"

„Nos."

„Ita fratres mei animo neque bombarda iudicent. Vinnetu optat, ut vir liber sit neve iam causam palariorum sequatur!"

Omnes assensi sumus, et verbum Apachis tantopere cum mea opinione congruebat, ut sclopetum et cultrum Friderici Morgani caperem et Hoblyno porrigerem.

„Sume! Liber es, ut rursus arma ferre tibi liceat."

„Gratias tibi ago, domine", ait laetus. „Te non fallam!"

Ex facie eius conicere licebat eum bonae voluntatis esse ad promissum servandum. Vinnetu perrexit:

„Quis ista est facies pallida?"

„Dux palariorum."

„Hoc satis est. Moritor! Num fratres mei aliter sentiunt?"

Cum nemo responderet, iudicium confirmatum erat.

„Et quod huic viro est nomen?"

„Conchez."

„Hoc est nomen, quod viris falsis meridiei est. Qualis erat?"

„Palarius."

„Quid hic moliebatur? Suos ipsius sodales de thesauro

fraudare moliebatur. Ei duae sunt animae et linguae duae. Conchez moritor!"

Etiam tum nemo surrexit ad dicendum pro reo. Vinnetu iterum perrexit:

„Sed ne manu viri fortis moriuntor, sed manu illius, qui ipse morte punietur! Quis vocatur?"

„Patricius Morganus."

„Eum vinculis levate! Palarios in aquam inicito; nam nullo telo corpora eorum tangantur, sed aquis submergantur."

Caesar Patricium resolvit et, cum bombardas in eum dirigeremus, palariorum locumtenens imperato Vinnetus tam parato animo obsecutus est, quem solus peccator obstinatissimus praebere possit. Apparebat eum cognoscentem actum esse de se acquievisse in ministerio carnificis quondam sodalibus faciendo. Damnati tantopere constricti erant, ut se defendere nequirent.Neque conati sunt. Et ego facere non poteram, quin me averterem, cum oculos nullo modo conicere possem in locum, ubi duo homines morte quidem merita, attamen per vim afficiebantur. Hic casus atrox in duabus minutis praeterierat. Patricius se denuo vinciri sivit, cum electio ei relicta non esset.

Vinnetu ambos Morganos monstrans interrogavit: „Quisnam istae duae sunt facies pallidae?"

„Pater et filius."

„De qua re fratres mei eos accusant?"

„Ego eos accuso caedis uxoris et pueri mei", ait Marcus.

Bernhardus addidit. „Ego Fridericim Morganum caedis praedatorii patris mei."

Adiunxi ego: „Ego Morganum senem accuso latrocinii in tramen ferriviarium facti et caedis officialis ferriviarii. Accuso Patricium Morganum caedis temptatae mihi vobisque illatae. Sufficit. Alia scelera eius nos ducere necesse non est!"

„Frater albus recte dixit: sufficit. Moriuntor. Vir niger eos interficiat!"

Tum Marcus exclamavit: „Ohe! Id non permittam. Eos multos annos secutus sum. Scelus in me commissum primum fuit. Mei sunt neque eos alii concedam. Vita eorum mihi est et incisurae eorum in bombardam meam insecabuntur. Tum Sin-Otus vitae propositum assecutus erit, et ipse et vetula Tonia eius acquiescant in montium faucibus aut sub diu in prataria, ubi ossa innumerorum venatorum exalbescunt."

Apaches iudicavit: „Frater iustum postulat. Sicarium prehendat!"

„Marce", suppresse inquam, cum me ad eum inclinarem, ut alii verba mea non audirent, „noli sanguine sicariorum te contaminare, cum imparatos lento pectore prosternis! Talis ultio Christianum ignominia afficit et nefas est. Eam concede nigritae, qui hic exsecutor iudicii legitimi exsistit!"

Venator durus oculos in terra truces defigens tacebat. Ut ei tempus rei considerandae daretur, cum Bernhardo ad Friderici Morgani equum accessi. In hippoperis aliquot margaritas invenimus, quas gemmarius suas esse cognovit. Nihil aliud. Tum scelionem ipsum scrutantes postremo repperimus fasciculum nervo cervino parti internae camisiae bubalinae eius assutum chartas nummarias magni pretii continentem. Hae pars rata erant, quam Holfertio dempserat. Bernhardus fasciculum apud se condidit.

Hoc tempore a loco, quo equi nostri stabant, fremitum anxium auribus percepi, qui mihi a nullo nisi ab equifero meo editus esse videbatur. Cum mihi persuadebam, equum sollicitum lorum tractantem videbam, ut se liberaret. Aut bestia rapax in propinquo erat aut Indiani aderant. Ilico clamorem monentem edidi, qui autem auditus non est, quod eodem tempore a prato ululatus horribilis sublatus est.

Celeriter in margine fruticeti eram, ut per ramos perspicere possem. Tota area Indianis referta erat. Tres vel quattuor genibus Marcum premebant, quem deiecerant. Duo eodem tempore Vinnetum, postquam laqueum missilem in eum miserant, super terram raptabant. Hoblynus cum capite discusso humi iacebat, cum Bernhardus numero superante adversariorum prorsus esset velatus. Ubi esset Caesar, cernere nequibam.

Racurri igitur, qui revera capitaneum secuti erant, in iudicio sublapsi erant et praeter exspectationem sodales oppresserant, ut se defendere dementis fuisset. Quomodo iis prodesse poteram? Nulla alia re nisi me servando. Sex vel septem Indoandras profligere potuissem, sed cui saluti fuisset. Nondum quisquam praeter Hoblynum interfectus esse videbatur, atque ut noram Comanches, suspicio erat eos occupatos captivos secum laturos esse, ut eos domi paulatim per cruciatus necarent. Itaque ad equum meum reverti et bestiam solutam post me trahens quam celerrime sursum enixus sum. Potestas quicquam aliud mecum servandi non erat, cum rubri utique me in fruticetum ingredientem vidissent, ut certe curae haberent, ut me caperent.

Thesauri nostri – et ii, quos ex mycho nobiscum tuleramus et fasciculus, quem ambobus Morganis ademeramus – perditi erant: aurum utique est θανάσιμος κόνις, pulvis mortifer. Ex centum hominibus, qui id in aurariis et in occidente fero sectentur, nonaginta mortem infert. Splendor et sonitus metalli blandi umbras obscuras excitat et solum sub lege potestatem salutarem praestat.

Propter magnam acclivitatem mihi difficile erat cum equo progredi. Cum autem ad summum perveneram, molestum fruticetum sub arboribus finem habebat. Tum equo conscenso iugum longe se extendens tam raptim, quasi ingens Indianorum caterva mihi instaret, persecutus sum. Ab altera parte via rursus in vallem deorsum ducebat. Vestigio meo occultando operam non dabam.

Sed eos id certe inventuros et pressuros esse sciebam. Atque id mihi erat in animo, cum insectantes mihi a recta via abducendi essent.

Ita non subsistens magnam diei partem in occidentem equo vehebar, dum ad aquae lapsum perveni, qui proposito meo usui esset. Ibi equum in aquam in alveo saxoso fluentem flexi, in quo ungulae vestigia relinquere non possent, et in eo tam diu subvectus sum, dum putavi insectantes fatigatum iri. Tum ungulis bestiae pannis circumvolutis circuitu rursus ad initium fugae reverti.

Sol iam occiderat, cum colles conspexi, post quos vallis fatalis sita erat. Propius hoc die mihi non erat accedendum, ut locum muscosum quaererem ad cubandum idoneum. Equus ungulis circumvolutis currendo tam fatigatus erat, ut pasci nollet, sed statim iuxta me humi corpus prosterneret.

Quam celeriter res mutatae erant! Condicionem meam considerans non prompto eram animo ad molliter meditandum. Hac in re solum agendo aliquid profici poterat, atque ut idoneus essem ad id faciendum, imprimis quiete et somno mihi opus erat. Me Dei tutelae commendavi et oculos opertos tum demum aperui, cum sol iam sublime in caelo ferebatur. Tam diu dormiveram.

Tum primo locum absconditum quaesivi, ubi paulum erat pabuli. Equo ibi alligato me in viam dedi ad locum incursionis hesternae petendum. Erat res periculosa. Attamen suscipienda erat, si sodalibus usui esse volebam. Gradatim in collem evasi. Spatium, quod eques lentus decem minutis conficit, in integris horis duabus emensus sum. Deinde cautione multiplici usus deorsum ii. Modo veterem ilicem praeteriturus eram, cum sonum mirum auribus percepi.

„St!"

Circumspiciens nihil animadverti.

„St!"

Tum audiens vocem e loco superiore missam suspexi.

„St, Massa!"

Ah illic supra primum arboris ramum cavum putore effectum erat, ex quo facies nigra Caesaris hilare mihi arridebat.

Superne susurravit: „Exspectare, Massa, Caesar venire!"

Tum strepitum audivi simillimum ei, quem percipit vir in conclavi sedens, cum camini purgator in fumario propter assurgente opus facit. Et ilico virgae coruli, quae circum arborem adoleverant, movebantur.

„Massa, intrare in conclave! Ita nullus Indianus inventurus esse Caesarem prudent et Massam."

Postquam intro repsi, in cava arbore interiore eram, cuius foramen virgis coruli prorsus contectum erat.

Interrogavi: „Proh, qui hoc refugium invenisti?"

„Bestia in arborem repens a Caesare se abripuit et supra per fenestram speculabatur. Caesar quoque ita facere posse."

„Quae erat bestia?"

„Caesar nescire. Tam longa erat, quattuor habere crura, duos oculos, caudam."

Hac descriptione et exacta et subtili inductus in eam incidi cogitationem eum fortasse *procyonem lotorem*[1] dicere.

Pergebam quaerere: „Quando arborem invenisti?"

„Continuo, cum venire Indiani."

„Ergo iam hesterno die hîc versabaris! Quae sunt, quae audiveris et videris?"

„Caesar audire et videre multos Indian."

„Nihilne aliud?"

„Nonne id satis esse?"

„Erantne rubripelles hic in propinquo?"

„Erant hic, quaesivisse, sed non invenisse Caesarem. Tum ignem facere, cum esse vesper, et assare pernam ursi, quem interfecisse Massa. Cur Indianis licere ursum nostrum devorare?"

[1] procyon lotor – Waschbär

Indignatio nigri boni probata erat, factum autem mutari nequibat.

„Perge cetera!"

„Tum lucescere, et Indian abisse."

„Ah, abisse! Quo?"

„Caesar nescire; nam una ire non posse, sed multos Indianos videre abequitantes. A summa fenestella ego omnia potuisse videre. Etiam adesse Massa Vinnetu et Massa Marcus et Massa Bernus. Multis laqueis et loris circumplicati esse."

„Et deinde?"

„Deinde? Deinde Indiani huc et illuc repere, ut Caesarem captare, sed Caesar esse callidus."

„Quot adhuc adsunt?"

„Caesar nescire, sed ubi esse, id scire."

„Ergo, ubi?"

„Illic apud ursum. Caesar ex fenestra videre potest."

Suspexi. Ut Caesar ostenderat, fieri poterat, ut eniterer. Cum idem conarer, mihi quoque contigit. Supra ex foramine, quod Caesar fenestram appellaverat, conspectum in ulteriorem vallem supinam convertere poteram. Quasi ex altissimo loco conspiciebam. Et profecto, ad fagum annisum, in quam Caesar ursum effugerat, Indianum sedentem videbam. Captivi igitur abducti erant et clam praesidium ad Caesarem et me ad praedam venaticam et locum incursionis revertentes comprehendendos in valle relictum erat.

Tum rursus descendi considerans, quid esset faciendum.

Interrogavi: „Unusne solus illic versatur, Caesar?"

„Alibi etiam alius et alius esse, sed Caesar nescire."

„Hic me opperire!"

„Massane ire velle? Oh, Massa, potius hic manere apud Caesarem!"

„Nobis videndum est, ut amicos servemus."

„Servare? Servare Massam Bernum? Oh id esse pulchrum et esse valde multum bonum! Caesar una quoque servare Massam Bernum et Massam Marcum et Massam Vinnetum!"

„Ergo quiesce, ne prehendaris!"

Caute arborem cavam reliqui. Gratissimum mihi erat, quod praeter me unus saltem incolumis erat, etsi hic unus erat nigrita ipse. Ceterum profecto callidum erat, quod propter ursi reliquias custodiae dispositae erant, quoniam carne mirum quantum delectari poteramus, quae res nobis perniciei esse potuisset.

Hora post ab altera vallis parte eram, vix duo metra distans ab Indiano, qui immotus ut statua sedebat neque ullum membrum movebat. Soli duo digiti dexterae parva fistula vulturina, quae a collo eius pendebat, ludebant. Sciebam voces harum fistularum saepe signa adhiberi. Num fortasse talia erant constituta?

Indianus adhuc adulescens erat, vix duodeviginto annos natus. Fortasse haec prima erat eius expeditio. Ei erant argutae oris notae, et ex munda veste aeque ac armorum opere coniecturam cepi eum reguli filium esse. Num eum interficerem? Num hanc vitam florentem exstinguerem? Non ita.

Leniter me promovi, fauces eius sinistra invasi, dextra levem plagam temporibus eius intuli, quae viro maiori natu, ut opinor, non fuisset detrimento, hunc autem adulescentem ilico sopivit. Tum eum constrictum ore eius clauso ad arborem ita destinavi, ut circa fruticibus cingeretur, non igitur videri posset. Fistula vulturina, quae ei dempseram, ori admoto, postquam me in occultum abdidi, sibilum brevem et submissum emisi. Statim strepitu ex adverso in virgulto edito Indianus grandis natu progressus raptim accurrit. Pugno temporibus impacto ille quoque prostratus est. Plus tres quattuorve Indianos in propinquo esse coniciendum erat. Sed fieri non poterat, ut hos omnes viros hoc modo allicitos affligerem. Imprimis mihi cognoscendum erat, ubi Indianorum equi essent, quae res erat negotium periculi plenum. Atqui brevem hinnitum equi maris imitans conatus sum, et ecce, indidem, unde Indianus alter processerat ubique equi nostri steterant, responsum complurium sonorum auditum est.

Tum prospera fortuna mea confidere debebam. Indianum grandem natu suis ipsius loris constrictum reliqui et puerum in umerum sustuli et arboribus tegentibus circum flexum, qui erat pars posterior vallis, ad equorum latibulum properavi. Sex erant, quae res indicium erat certum adhuc quattuor Indoandras in speculis esse. Anteriores propius introitum stare videbantur, ut mihi satis esset temporis ad me praeparandum. Cum onere meo primo ad Caesarem ascendi. Ille, qui in interiore arbore sursum conisus ex fenestra prospectabat, me viso defluxit in terram et per virgas *colurnas*[1] perspexit.

„Massa, oh, adulescentem Indianum cepisse! Nonne Massa Indianum occisurus esse?"

„Non faciam, eum modo captum tenebo. Visne mecum Massam Bernum servare?"

„Oh, Caesar libenter car, bon Massam Bernum servaturus esse! Quomodo Caesar agere debere?"

„Hunc Indianum in directum semper deorsum fer, dum ad magnum fruticem *caryinum*[2] perveneris. Eo ibi deposito mihi praestolare!"

„Caesar id ita facturus esse, Massa!"

„Sed vincula eius noli tangere! Si liber redditus erit, peribis."

„Esto! Ergo procedamus!"

Nigrita ingentis magnitudinis Indianum in umeris extulit et ultra de colle descendit. Ego ad Comanchium equos reverti. Certe ardua erat res omnes sex equos in hac natura loci abducere, id est, ex valle, eos sursum agere et illinc rursus deducere. Solum autem me id melius quam nigrita iuvante perfecturum esse putabam, cum omnes

[1] virga colurna – Haselrute [2] frutex cayinus – Hickory-Strauch

equi Indiani prorsus abhorreant *phylen*[1] nigram, cuius exhalationis bestias pertaedet. Nigritam dorso quidem recipiunt, sed si eos praegrediens ducere vult, se eum sequi recusant.

Ut ego solus sex equos regere possem, cingulis caput uniuscuiusque bestiae ad caudam antecedentis alligavi, ut series continua essent. Tum primo equo habenis comprehenso viam corripui in adversum clivum arduum. Caballi contumaces mihi negotium facessebant et ceteri quattuor Indiani longe abesse videbantur, ut fremitum et pulsum non reciperent. Sed bene evadi et ab altera parte rursus deveni. Rubris nulli iam erant equi neque iam ad suos adipiscendos valebant. Praeterea propositum primum intercipiendi et interficiendi postea Caesarem et me assecuti non erant.

Nigrita sub carya, quam supra commemoravi, sedens Erythroandra custodiebat. Nimirum, ut erat solus cum hoste, fortasse anxiore animo fuerat, et adventu meo manifeste delectatus et allevatus est.

„Oh, pulchrum Massam venire! Indian spectare sicut diabolus, etiam fremuisse et grunnivisse ut pecus, sed Caesar ei alapam in buccam duxisse, ut taceret!"

„Tibi non licet, Caesar, eum ferire; nam non est fortitudo et praeterea contumelia, quam Indianus tantum morte multat. Si rursus in libertatem restitutus sit et te convenerit, te necabit!"

„Caesaremne necaturus esse? Oh, oh, Massa! Tum potius ilico Indian interimere, ne vindicari!"

Niger revera statim cultri stricti mucronem pectori Comanchis intentavit.

Celeriter monui: „Desiste id, Caesar, ne caedem feceris! Si vitae eius pepercerimus, nobis magno erit usui. Adiuva me in eo supra equum deligando!"

Indiano oppillaginem ex ore dempsi.

---

[1] phyle, -es (-lae) – die Rasse

„Frater ruber spiritum ducat! Sed ei loqui non licebit, nisi si eum interrogavero."

Respondit: „Maram loquetur, si ei libuerit. Facies pallida eum necabit eique capitis cutem demet, etiam si non locutus erit."

„Maram vivet et cutem capitis retinebit; nam Vetus Catabolochir hostem modo proelio interficit."

„Faciesne pallida Vetus Catabolochir est? Uff!"

„Sum, Maram non iam hostis, sed frater est. Vetus Catabolochir eum in viguamium patris ducet."

„Pater Marami *Tokeichun*[1] est magnus regulus, qui imperium habet in Rarrucorum bellatores. Maramum interficiet, quod captivus faciei pallidae est."

„Cupitne frater meus liber esse?"

Indianus mirabundus me aspiciebat.

„Potestne Vetus Catabolochir bellatorem in libertatem restituere, cuius vita et cutis capitis eius sint?"

„Si adulescens frater ruber mihi pollicitus erit se non fugiturum esse, sed me in viguamium gentis suae comitaturum esse, eum resolvam et ei equum dabo. Etiam arma, quae istic de ephippio pendent, ferre ei rursus licebit."

„Uff! Veteri Catabolochiri est pugnus validus et magnus animus, non se habet sicut aliae facies pallidae. Nonne autem verbis ambiguis utitur?"

„Semper verum dico. Geretne frater ruber mihi morem, dum coram Tokeichuno stabimus?"

„Maram geret!"

„Ergo accipiat ignem pacis ex manu mea. Eum absumet, nisi fidem servaverit!"

Latibulum equi mei in propinquo erat. Bestia mea adducta ex hippoperis duo sigarorum, quae ex copia palariorum mea feceram, exemi. Cum mihi etiam essent flammifera, gracilia ‚Havanensia', postquam vincula Indiani solvi, incensa et rite fumata sunt.

Maram interrogavit: „Nonne faciebus pallidis est

---

[1] Tokeichun – taurus cornutus

Magnus Spiritus, qui argillam iis alit ad calamos pacis faciendos?"

„Iis est Spiritus, qui omnibus spiritibus maior est quique iis multum dedit argillae. Sed calamo plerumque solum in viguamio suo fumificant; nam fumum pacis ex his sigaris haurire eos docuit, quae non tantum spatii capiunt quantum calamus pacis."

„Uff! Sicarr? Magnus Spiritus facierum pallidarum prudens est! Hoc Sicarr facilius ferri potest quam calamus pacis."

Caesar vultum mirabundum duxit, quod tum tam placide et prope hostes insidiantes cum Indiano fumificabam, quem antea supra equum deligare iussus erat.

„Massa, Caesar quoque una de pace fumificare velle!" inquit.

„Hoc accipe sigarum, sed in ephippio id fumifica, nobis enim proficiscendum est!"

Comanches in equum, quem elegerat, se subiecit. Ne minimum quidem timere debebam, ne me effugeret. Caesar alterum equum conscendit, id quidem magna virium contentione. Ceteros solutos ita loris copulavi, ut eos manu facile mecum ducere possem. Tum demum, postquam ego quoque equiferum meum conscendi, profecti sumus.

Inter locum profundum, in quo eramus, et vallem, quae pro grege nostro tam fatalis fuerat, loca superiora paulatim magis magisque ad planitiem redibant, quae aliquantum persecuti circumequitavimus, dum in Comanchium vestigia incidimus, qua in re sane quidem illi quinque Indiani nos animadverterunt, quibus equos abduxeramus. Ululatum rabiosum longe lateque sonantem, quem sustulerunt, negleximus et Maram quoque tantopere sibi temperavit, ut non muttiret neque minimum quidem se suos respecturum esse significaret.

Postquam nullum verbum facientes vestigium usque ad vesperum secuti sumus, ad Pecus Flumen pervenimus et locum invenimus ad mansionem idoneum. In stragulis equorum Indianorum involuta erat copia carnis siccatae, ut nos neque cibo abstinere neque feram occidere opus esset. Ceterum tam longe a quinque Comanchibus aberamus, ut nos noctu certe adipisci nequirent.

Maram statim somno se tradidit. Alternis vicibus ego et Caesar vigilias agebamus. Prima luce ceteros equos stramentis, frenis omnibusque rebus levatos in fluvium propuli, quo tranato mox ultra in silvam ex oculis elapsi sunt, cum Indianus tacitus spectaret.

Cum vestigium, quod tum sequebamur, clarissimum esset, Comanches se rursus tutos putare videbantur. A dextra Peci Fluminis parte incedentes usque eo equitaverunt, ubi prominentes Montes Guadalupenses contingebat. Miratus sum, quod inde vestigia diversa secabantur. Maior pars rubrorum in montes iter converterat, cum alii porro Pecum Flumen consecuti essent.

Cum vestigia inspectum descendissem, in medio vestigio secundo ungularum impressiones vetulae Toniae oculis crevi, quas melius noram, quam ut falli possem. Paulo ante vestigium mansionis nocturnae inveneramus.

Me converti ad Maramum: „Ieruntne bellatores Comanchium in montes, ut visitarent magni reguli sepulchrum?"

„Frater meus recte dicit."

Monstrans aliud vestigium perrexi: „Et isti captivos suos ad Comanchium viguamia ducere in animo habent?"

„Sicut ambo reguli Racurrorum imperaverunt."

„Feruntne quoque secum thesauros facierum pallidarum?"

„Eos retinuerunt, quod nesciunt, cuius pallidarum facierum sunt."

„Atque ubi Comanches viguamia collocaverunt?"

„In zavana inter hanc aquam et illud flumen sita, quod facies pallidae Rivum Magnum appellant."

„In zavana igitur inter Apachium Montes sita?"

„Ita est."

„Quae cum ita sint, hoc vestigium non sequemur, sed in meridiem equitabimus."

„Vetus Catabolochir faciet, quod voluerit. Sed sciat ibi sibi et equis nihil aquae esse."

Acriter in oculos eius intuens: „Num frater ruber", inquam, „iam montes vidit, quibus, quamquam prope magnum flumen siti sunt, nulla sit aqua? Nullus est fluvius, qui aquam non ex montibus accipiat."

„Frater albus videat, quis recte monuerit, utrum ipse an Comanches!"

„Scio, quare Comanches haud recta via ad meridiem tendere velit."

„Frater mihi dicat!"

„Cum bellatores Racurrorum cum captivis praeter flumen, quod late sinuatur, equis vehantur, magis in meridiem equitans eos consequar, priusquam in viguamia sua pervenerint."

Maram intellegens me animum suum perspexisse, tacebat. Ungularum vestigia numerans ea a sedecim equis facta esse inveni. Vinnetu, Marcus, Bernhardus, qui a tredecim igitur Comanchibus deducebantur, utique diligenter vincti erant, ut, etiamsi eos adeptus essem, potius dolo quam per vim eos servare possem.

Itaque magis ad meridiem tendebam et equis quam maxime frenos dabam. Equitatio erat difficilis et molesta, cum regionem non cognitam haberem neque a Maramo satis de ea edocerer. Res autem bene gesta est, ut iam proximo tempore antemeridiano montibus superatis zavanam late patentem ante nos iacentem videremus. A dextra parte aquae Peci Fluminis, ad quod rursus tendebamus, ad nos resplendebant.

7. IN CAMPO TENTORIO COMANCHIVM.

Silva nobiscum ex montibus descendens quoddam spatium secundum flumen nos in pratariam comitabatur. Ad rivum, qui in Pecum effundebatur, rursus in Comanchium vestigia incidimus, quae originem trahere videbantur ex hesterno meridie et a quibus omnino non longe, ad alterum rivum, rubri quieverant, opinor, ut maximum diei aestum praetermitterent. Ego autem, qui etiam ibi paulum me reficere statueram, locum elegi, qui non tam prope a fluvio, sed magis retro in fruticibus situs erat, ut magis a conspectu tegerer. Haec cautio mox probata est; nam vix cum Maramo consederam, cum Caesar, qui se et equum suum lauturus erat, reversus vocavit:

„Massa, oh, oh, equites venire – unus, duo, quinque, sex equites. Tune te abrepturus esse, Massa, an occisurus equites?"

Cum ad marginem fruticum prosiluissem, revera sex equos conspexi, duas turmas ternorum, qui e longinquo adversa ripa concitati ad nos advehebantur. Duo posteriores utriusque turmae fasces vectare videbantur, cum in utroque primo singulus sederet eques. Ergo nobis res erat cum duobus hostibus, si omnino erant hostes, cum adversus magnum spatium interiectum eos non Indianos sed albos esse cognoscerem.

Sed in tergis eorum quinque haerebant homines, qui nemo nisi Indoandres esse possent quosque summum in quinque minutis ambos profugos ex fuga retracturos esse coniectandum esset. Cum haec solum insectatio esse posset, telescopium in manum sumpsi, ut viderem, quid mihi esset agendum.

Vocem non voluntariam emisi: „Pro Dei fidem!" nam prior eques Fridericus erat Morganus et alter filius eius Patricius.

Constitui, ut eos vivos caperem, et cum me praeparaveram ad globulos mittendos, opperiebar. Iuxta fluvium sursum ascendebant, cum Indiani non plus quingentos passus post eos sequerentur. Iam equorum fremitum audiebam. Tum aderant et nos praetervecturi erant cum bis ligulam pressi. Cum diligenter capita amborum equorum petivissem, corruerunt. Iumenta clitellaria, quae ad eos alligata erant, iactuum crepitu perterrita vincula abrumpere conabantur. Equites longe ad terram dati erant.

Me in eos coniecturus eram, cum clamor rubrorum advolantium „O-hi-hi-hiiii!" editus est, quo Maram quoque concinebat. Iam circumventus eram. Tres secures bellicae et duo cultri super capite meo micabant. Tum Maram manum arcentem protendens clamavit: „Cha! Haec facies pallida amicus Marami est!"

A me quidem recesserunt, sed ea, quae impetus attulerat, mutari non iam poterant: Ambobus equitibus effusis occasio data erat surgendi, ut effugere possent, et equi ululatu formiduloso efferati pedibus prioribus erectis et vinculis abruptis in fluvium desiluerant. Ego ab initio eos quattuor equos nostros clitellarios esse cognoveram. Cum graviter essent onerati, ilico post saltum aqua mersi erant.

Quattuor ex Indianis equis citatis suos profugos insequebantur. Quintum retinui.

„Frater ruber mihi dicat, cur bellatores Comanchium amicos suos albos insectentur!"

„Viri albi sunt ut angues. Linguae eorum bisulces sunt. Vigilibus noctu interfectis cum thesauris suis effugerunt."

„Cum auro?"

„Metallum et illas *‚chartas magicas'*[1], quae erant insertae in pellem, abstulerunt."

Nos reliquit et sodales sequi contendebat. Ambo Morgani igitur, quod timuerant, ne Comanches sibi thesauros non redderent, clam aufugerant. ‚Chartae magicae' erant *apochae depositionis*[2] et chartae nummariae, quibus

---

[1] chartae magicae – Medizinzettel
[2] apocha depositionis – Hinterlegungsschein

eos exuere volueramus. Eo ipso loco, ubi equi in aquam ruerant, fluvius sinum faciebat, ut vertex efficeretur, quo omnis spes ea, quae fluctibus hausta erant, nobis umquam redditum iri, adempta sit. Θανάσιμος κόνις, pulvis letalis!"

Quid nunc erat faciendum? Sed sollicitudo amicorum maior erat quam cupiditas duos inimicos nanciscendi. Praeterea enim Morganos quinque Comanches persequebantur, quibus insectatio sine ulla dubitatione committi poterat.

Maram me interrogavit: „Quare frater albus equum petit neque equitem? Nonne Vetus Catabolochir globulos collineare didicit?"

„Cur Vetus Catabolochir Maramum non interficit, Comanchem, cuius cordi iam culter impendebat? Equos necavit, quod cum equitibus loqui cupiebat."

„Cum iis loquetur; nam cum fratribus rubris eos persequetur."

Facere fere non poteram, quin riderem Indiani conatum me cohibendi a vestigio amicorum captorum sequendo.

„Eos non insectabitur, cum Comanchium bellatores prudentes sint et fortes, ut scelestas facies pallidas captas in viguamia sua afferant. Maramus equo conscenso me sequatur!"

Propter ea, quae evenerant, prorsus me pigebat quiescere atque praeterea me subiit haec cogitatio: Amici nostri a tredecim equitibus deducti erant. Cum ambo Morgani et quinque Comanches et custos trucidatus detrahendi essent, patebat eos tantum a quinque Indianis custodiri. Quae cum ita essent, facilius liberari poterant.

Itaque equos acrius quam antea stimulavi, ut usque ad crepusculum tam amplum spatium emensi essemus, ut, cum vestigium diligenter quaererem, parvam catervam meridie demum hunc locum praetervectam esse mihi persuaderem. Quod Morgani fugerant, custos occisus erat ipsique sibi non insisti putabant, velocitatem minuerant.

Quamvis Maram sedulo tranquillum ad quietem locum quaereret, tamen quattuor fere milia passuum Anglicorum me sequi cogebatur, dum tantae tenebrae obortae erant, ut vestigium non iam cognosci posset. Tum demum imperavi, ut descenderetur. Vix lucescebat, cum rursus profecti sumus.

Tum vestigium protinus a flumine in zavanam ferebat, continuo in meridiem versus. Interdum bubalorum vias offendebamus, in quibus procedebamus. Cum vestigium spectabam, intellegebam nos iis, quos insectabamur, magis magisque appropinquare. Iam sperabam nos eos tempore meridiano assecuturos esse, cum unico puncto temporis deceptus sum. In aream enim pervenimus crebris equis contritam, unde minimum quadraginta ungularum lineamenta in meridiem ferebant.

Maram exclamavit: „Uff!"

Nihil aliud dixit, sed voluptas ex ore eius eminebat, cum oris lineamenta immota essent. Eum bene intellegebam. Sociorum custodia in manipulum Comanchium inciderat, in cuius tutela communem campum tentorium petebant.

Indianum interrogavi: „Quantum est spatium usque ad Comanchium tentoria?"

Responsum dedit: „Racurris non sunt tentoria. Vicum sibi aedificant in zavanam oppidis facierum pallidarum maiorem. Frater albus celeriter vectus eo perveniet, priusquam sol post herbas se abdiderit."

Sub meridie breviter constitimus, et revera sub vespero complures lineae obscurae conspiciebantur, quas longos tentoriorum ordines esse telescopio cognovi.

Comanches, qui utique bubalorum in propinquo venandorum causa tantam coloniam condiderant, captivorum adventu valde occupati esse videbantur, cum campo tentorio haud mediocriter appropinquare posse-

mus, ut Indianum non invenerimus. Equum sustinui.
Interrogavi:
„Ibine sunt viguamia Comanchium?"
Maram affirmavit: „Ibi sunt."
„Aderitne Tokeichun, magnus regulus?"
„Pater Marami semper apud bellatores suos versatur."
„Fraterne ruber advectus ei dicet Veterem Catabolochira eum salutaturum esse?"
Paulum stupide oculos sustulit.
„Nonne Vetus Catabolochir tot timet hostes? Bubalum necat et ursum Horribilem, sed Comanches numerosos ut arbores silvae necare nequit."
„Vetus Catabolochir fratres suos rubros non necabit. Neque Siuxenses neque Chiovas neque Apaches neque Comanches timet, cum omnium bellatorum fortium sit amicus et solum improbo et proditori globulo mortem inferat. Hic manebit. Frater eat!"
„Sed Maram captivus eius est. Sin Vetus Catabolochir eum perdiderit?"
„Maram nunc non iam captivus est meus. Cum fumum pacis mecum biberit, liber est!"
„Uff!"
Dum haec dicit, calcibus bestiae suae subditis laxatis habenis avectus est. Ego et Caesar, postquam descendimus, consedimus et equos gramen carpere sivimus. Nigrita meus suspiciosus frontem contraxit.
„Massa, quid facturi esse Indiani misero Caesari, si Massa Caesarem ad Indianos secum duxisse?"
„Id nobis exspectandum est."
„Exspectare esse res adversa, prava, mala. Num Caesar exspectet, ut Indiani assare Caesarem ad palum alligatum?"
„Fortasse res non tam male se habebit, ut animo fingis. Ad Comanches nobis tendendum erit, si Massam tuum Bernhardum servare nobis in animo est."
„Oh, ah, revera, Caesar bon Massam Bernum servatu-

rus esse! Siturus esse se assatum et coctum et devoratum iri, dummodo Indiani missum facere Massam Bernum!"

Niger consilium forti viro dignum coniunxit cum ore distorto, quo adducti certe Indiani abhorruissent ab eo devorando, et tum manum porrexit ad carnem tostam, ut ante mortem cum cruciatu paulum quidem oblectationis vitae frueretur.

Non diu nobis opperiendum erat, dum nos certiores facti sumus nuntium nostrum nos salutandi causa venisse benevole acceptum esse. Tempore interiecto equitum turma haud spernenda venit ad nos, quae dissipata orbem magnum fecit, quo inclusi sumus, et deinde hunc orbem tantopere contraxit, ut nos equorum ungulis obtritum iri putares. Quattuor reguli reapse effusissimis habenis advecti nos transiluerunt. Cum Caesar retro in solum caderet, ego sedatus residebam neque tantulum quidem caput ad dexteram aut sinistram flexi.

Nigrita caput tollens, ut caute novissimam rerum condicionem nosceret, clamavit: „Oh, ah, Indiani Caesarem et Massam equitando occîdere!"

„Nullam eius modi cogitationem habent!" eum docui. „Solum nos temptant, an fortes simus."

„Temptare? Oh, Indian veniant, Caesar esse fortis, valde plurimum maxime fortis!"

Horribilissimum vultum induens erectus consedit, atque id in ipso tempore; nam reguli, postquam descenderunt, ad nos venerunt. Maximus natu eorum loqui coepit.

„Quare vir albus non assurgit, si Comanchium reguli ad eum accesserunt?"

„Iis hoc modo ostendit eos sibi acceptos esse", respondi. „Fratres rubri me assidant!"

„Reguli Comanchium modo regulum assidunt. Ubi sunt viguamia et bellatores viri albi?"

Cultrum venatorium in dexteram sumpsi.

„Regulus validus et fortis esse debet. Si viri rubri me

regulum esse non putent, mecum pugnent. Ita reperient, num verum dixerim."

„Quid est nomen faciei pallidae?"

„Bellatores et venatores rubri et albi Veterem Catabolochira me vocant."

„Putamus virum album hoc nomen sibi ipsum indidisse!"

„Si regulis Comanchium mecum pugnare in animo sit, securi bellico et cultro utantur! Ego autem tantum manu utar. Howgh!"

„Vir albus verba superba facit. Occasionem habebit ostendendi, num fortasse solum se iactet. Equo conscenso cum bellatoribus Racurrorum veniat!"

„*Calamone pacis*[1] Comanches mecum fumificabunt?"

„Consulent, num sibi liceat."

„Iis licet; nam cum pace ad eos venio."

Ego equum conscendi atque etiam Caesar in equum suum contumacem enisus est. Ille prorsus neglegi videbatur. Indianus erga phylen nigram etiam elatius quam albus se gerit. Reguli autem me in medium accepto effusissimis habenis vicum petiverunt, tum in et per vicum vecti sunt, dum ad magnum tentorium pervenimus, ante quod constiterunt et desiluerunt. Ego idem feci.

Caesarem non videbam. Egomet cinctus eram ab universis bellatoribus, qui me adduxerant. Regulus, qui iam antea solus locutus erat, sclopeta mea appetebat.

„Facies pallida nobis tradat arma!"

„Arma mea retinebo; nam mea sponte ad vos veni neque captivus vester sum."

„Vir albus tamen arma nobis tradet, dum viri rubri cognoverint, quid apud se velit."

„Timentne me viri rubri? Qui postulat, ut arma tradam, me timet."

Regulus, qui putabat dignitatem suam militarem impugnari, oculos interrogantes ad alios convertit. In oculis

[1] calamus pacis – Kalumet, Friedenspfeife

eorum responsum confidens legere videbatur; nam dixit:

„Comanchium bellatores nesciunt, quid sit timor, vir albus habeat sibi arma."

Tum ex eo quaesivi: „Quae nomina sunt fratri rubro?"

„Vetus Catabolochir cum Tokeichuno loquitur, quem hostes contremiscunt."

„A fratre Tokeichuno peto, ut mihi tribuat tentorium, in quo exspectare possim, dum reguli Comanchium mecum loquentur!"

„Verba tua bona sunt. Facies pallida tentorium habebit, donec bellatores Racurrorum consuluerint, num sibi fas sit cum eo calamo pacis fumificare."

Tokeichum, postquam me gestu manus invitavit, praecedebat. Ego loro equiferi mei capto eum sequebar. Cum viam, quam Indiani formaverant, perequitabamus, haud paucas facies senes et iuveniles animadverti ex hoc vel illo tentorio clam prospicientes, ut intuerentur in illum album, qui in lustrum leonis, ut dicunt, intrare ausus esset. Bene contigit, ut Vinnetu illo tempore cum hac Comanchium gente non in *Mapimia*[1] pugnavisset.

Tentoria vel casae prorsus eadem ratione exstructa erant ac ea, quae etiam apud Indianos septentrionales inveneram. Opus tantum a mulieribus fit, cum Indiani in nulla alia re occupati sint nisi in bellando, venando, piscando et imponant omnes alios labores umeris illius sexus, qui apud nos natura invalidus appellari solet.

Mulieres pelles, quibus parietes tentoriorum et casarum fiunt, apportant et in iis in sole stratis carbone formas delineant. Tum has formas exsecant et tenuibus loris pelles consuunt. Deinde longurii afferuntur et omnes res admoventur ad locum habitaculo delectum. Ibi indigentissimis instrumentis *fovea focaris*[2] semimetrum alta foditur, circum quam spatiis aptis plures vel minores pali pro amplitudine domicilii proposita constituuntur. Qui pali sursum fastigati novellis virgis saligneis vel colurnis

---

[1] Mapimia – Mapimi   [2] fovea focaris – Feuergrube

coniunguntur. Hic labor facilis non est, cum mulieres et puellae, quibus in longuriis sursum enitendum est, in ligando solis pedibus se tenere possint. Si *tabulatum*[1] hoc modo perfectum est, difficillima pars aedificandi incipit: graves pelles super compagem tentorii inducuntur. Longurii huius compaginis in dimidia altitudinis parte furcis ad perpendiculum directis firmati sunt, quarum dentes supra cum palis principalibus sunt coniuncti. Ita intra primum circulum alter efficitur, ut totum membrum in duas partes separetur.

Circulus exterior longuriorum tum pellibus tamquam tegulis consternitur, atque id ita, ut supra foramen maneat, per quod fumus in medio tentorio exire possit. Ambae partes rotundae postea pellibus sive viminibus in quasvis partes minores ad domini voluntatem discerni possunt.

Ad tentorium parvum, in quo in praesenti nemo habitabat, deductus sum. Equo foris alligato vela, quae effecta erant ex duabus pellium partibus, aperui et neglegens iam regulum, qui utique me non sequebatur, ingressus sum.

Nondum duas minutas in interiore membro eram, cum Indiana pergrandis natu venit, quae magnum fascem sarmentorum de tergo deiecit. Postquam rursus discessit, tempore interiecto cum magna olla fictili rediit, in qua aqua et aliquid aliud inesse videbantur. Tum igni excitato ollam in medium fervorem imposuit.

Ipse humi stratus tacitus spectator eius eram, cum scirem me dignitate mea discessurum esse, si mihi in mentem veniret, ut in sermonem eam admitterem. Praeterea facile mecum cogitare poteram me quasi sub observatione esse et diversos oculos a me non visos per aliqua foramina et rimas me intueri.

Cum aqua in olla bullire inciperet, ex odore cognovi bubalinam edendam mihi datum iri. Reapse anus post unam fere horam ollam fervidam mihi inter ipsa crura

---

[1] tabulatum – Gerüst

extenta posuit et discedens arbitrio meo edere permisit. Edi, et confiteor me magno lumbo, quem acceperam, me complevisse neque carnium ius recusavisse, quamvis munditia vasis valde desideraretur et cibus omnino sine sale apparatus esset.

Stabili iudicio usus facere non poteram, quin concederem me honorificentissime tractari, atque etiam hodie quovis pignore certem meum vas coquinarium toto campo tentorio unicum fuisse.

Cibo capto rursus me stravi et tegumento sub capite posito totum me collocavi in rebus considerandis, qua re diu exsomnis tenebar. Qua de causa animadverti meo equo quoque pabulum dari et duos custodes casam meam continuo circumire. Postea, cum ignis exstinctus erat, obdormivi. Versabar (ut ita dicam) – vel potius – cubabam profecto pridie graves res gerendas; sed nox insomnis acta usui mihi esse non poterat. Ita mane demum crepitu e somno excitatus sum et oculos tollens anum rursus conspexi, quae novo igni facto ollam memoratam denuo in aestu posuerat.

Officia sua exsequebatur, ut me non aspiceret, neque erat, cur animus meus hac neglectione offenderetur. Carne aequa cum delectatione ac pridie vesperi absumpto constitui paulum ex casa egredi. Vix caput porta exserueram, cum alter custodum cum hasta in me invasit, velutsi me a summo ad imum transfigere vellet.

Id quidem pati mihi non licebat, nisi semel auctoritatem meam labefactari vellem. Plenus consilii ambabus manibus hastam prope spiculum comprehendi, eam a me propuli, tum tam subito et graviter eam reduxi, ut bellator ruber eam tenere nequiret. Eam omittens ante pedes meos corruit.

Vociferatus: „Uff!" corpus collegit et cultrum cepit. Ego quoque: „Uff!" feci, cum cultrum strinxi et sinistra hastam captam in casam ieci.

„Facies pallida mihi hastam reddat!"

„Rubripellis sibi hastam sumat!"

Id facere Comanchi, ut ex vultu eius cognoscere poteram, non tam aptum esse videbatur, sed auxilium ei ferebatur; nam alter custos circum tentorium ad me veniebat.

Aspere mihi imperavit: „Vir albus ingrediatur!"

Ille quoque hastae spiculum proxime os meum tenebat, ut invitamento ad machinam bene factam iterandam resistere non possem. Puncto temporis post ibidem iacebat, ubi alter iacuerat, et hasta eius sicut prior in tentorium missa est. Id quidem ambobus satis superque erat, ut clamorem ederent, quo totius campi tentorii incolae excitarentur.

Ex adverso tentorio meo forte admodum maius domicilium positum erat, cuius ante portam tres parmae ex hastis suspensae erant. Velis ex custodum clamore subductis caput puellae nigrans apparuit, ut causam tumultus prospectaret. Duo oculi nigri et acres breve tempus me intuebantur, tum capitulum rursus e conspectu elapsum est. Paucis secundis post autem quattuor reguli foras processerunt et ad nos accesserunt. Ad nutum imperiosum Tokeichuni custodes discesserunt:

„Quid facies pallida pro tentorio facit?"

„Quid hic facio? Frater ruber potius interroget, quid illi duo bellatores rubri ante viguamium meum faciant!"

„Vident, ne faciei pallidae quicquam iniuriae inferatur, et ea de causa vir albus in casa maneat!"

„Suntne viri tam mali inter bellatores Tokeichuni an imperium eius tantulum valet, ut hospes eius custodibus sit tuendus? Veteri Catabolochiri vindice opus non est; nam pugno eius, quicumque malum machinatus et ementitus erit, contundetur. Fratres rubri sine dubitatione in viguamia sua redeant! Ego vico eorum inspecto ad colloquendum cum iis veniam."

Cum his in tentorium recessi, ut sclopeta mecum ferrem. Cum rursus exiturus eram, ad duodecim hastae mihi opponebantur. Ergo in custodia eram! Utrum me defenderem annon?

Tacitus ad posteriorem partem tentorii ii et fissuram cultro venatorio in corium secui, ut membrum non turbatus deserere possem. Cum a tergo apparebam, cum illi a fronte in vigilia essent, primo attonitas facies conspexi, tum ululatum sustulerunt, quasi centum canes catenas abrupissent.

Reguli, qui in tentorium suum reverterant, tum rursus prodierunt, atque id cum tanta properatione, quae prorsus aliena esset a solita dignitate. Per bellatores penetrabant et me prehendere velle videbantur.

Facere non poteram, ut armis me defenderem; nam peractum esset de me, et mecum de sociis. Itaque telescopium ex vidulo ereptum et in duas partes diductum cum oculis minacibus iis obieci.

„Sistite, sin minus omnes Comanchium filii perierint!"

Reapse recesserunt, cum eos hoc instrumentum nondum nosse appareret. Si autem revera telescopium viderant, tamen nescire videbantur, quam pernociosum illud occasione data esset.

Tokeichunus interrogavit: „Quid vir albus faciet? Cur non in viguamio suo manet?"

„Vetus Catabolochir semper facit, quod ei libet. Se invitum retineri non sinit; nam inter facies pallidas magnus est incantator, ut in discrimine periculi omnes Comanchium animas interficere possit. Id viris rubris probabit."

Telescopio rursus recondito carabinum Henrici prompsi.

„Viri rubri oculos in illum palum ante tentorium situm coniciant!"

Cum id dicerem, digitum intendebam in altam et crassam perticam, quae ante scopum longinquum stabat. Cum sclopeto sublato globum emiseram, palus summus perforatus rat, et murmur laudantium auditus est. Ruber animum et sollertiam etiam inimicissimorum laudat. Secundus globulus missus duobus centimetris sub primum invasit. Proximo ictu tertius aequo spatio sub secundum penetravit. Sed plausus non est datus; nam Indoandres attoniti erant. Profecto quidem saepe de carabino Henrici audiverant, quod apud rubros sclopetum magicum putabatur, sed fortasse haud serio in animum inducere potuerant, quin tale telum *polybolum*[1] revera exstaret. Cum quartum globulum mittebam, tota turba immota stabat. In sexto et septimo globulo coniciendis stupor etiam maior est factus. Tum stupor versus est in perturbationem, quae eminebat ex omnibus oribus. Ita decem emisi globulos, quorum unusquisque duobus centimetris sub priore in palum invasit. Tum fine iaculandi facto sclopetum tranquillo vultu ex umero suspendi et aequo animo dixi:

„Cognoveruntne nunc viri rubri Veterem Catabolochira magnum esse incantatorem? Quicumque ei vim afferre vult, ei moriendum est. Howgh!"

Tum transii per turbam, ut nemo me sistere conaretur. Ab utraque parte tentoriorum vici mulieres et puellae ante portas stantes me admirabantur, quasi essem divinus homo. Contentus eram, quod artificiosa sclopetatio mea tam vehementer animos moverat.

Custodiam animdverti ante unum ex proximis tentoriis stantem, in quo sine dubio captivus erat. Quis esse poterat. Adhuc mecum deliberabam, utrum custodiam interrogarem necne, cum ex tentorii introitu sonum vocis bene notae auribus percepi.

„Massa, oh, oh, emittere miserum Caesarem! Indiani Caesarem captum necaturi et devoraturi esse Caesarem."

Accessi, ianuam aperui, eum emisi; custodia tantopere metu oppressa erat, ut non resisteret. Neque quisquam ex rubris me sequentibus intercessit.

---

[1] polybolus, -a, -um – vielschüssig

Nigrum interrogavi: „Ilicone huc immissus es, cum in vicum venimus?"

„Ita, Massa, Indiani Caesarem de equo detrahere et ducere in tentorium. Ibi fuisse usque nunc."

„Nonne ergo suspicari potes, ubi Massa Bernhardus tuus sit?"

„Caesar nihil Massae Bernhardi videre, nihil audire!"

„Veni et proxime me sequere!"

Vix praeter nonnulla tentoria processeramus, cum iam quattuor reguli cum multis comitibus nobis obviam venerunt. Homines cauti nos post tentoria praecurrerant, ut ambulationi meae intervenirent. Cum manum manubrio carabini imposuerem, Tokeichunus iam procul nutu digiti se non contra me sentire significavit. Aeque subsistens eum exspectavi.

„Quo ibit frater albus? Mecum veniat ad aream consultationis, ubi reguli Comanchium cum eo loquentur!"

Antea ‚vir albus' sive ‚facies pallida' eram; tum ‚fratrem album!' me appellavit. Ergo apud hos homines certe aliquantum existimationis collegisse videbar.

„Calamone pacis fratres rubri cum Vetere Catabolochire fumificabunt?"

„Cum eo loquentur; si verba eius bona fuerint, ut Comanchium bellator erit."

Pedes rursus rettulimus, praeter tentorium meum. Paulo superius Marci vetulam Toniam ad paxillum alligatum videbam et iuxta Vinnetus et Bernhardi equos. Tres captivi in propinquo non erant, alioquin me custodiam eorum videre necesse erat.

Postremo ad locum pervenimus, ubi tentoriorum vicus dilatabatur, ut area paene circino circumacta efficeretur, quae compluribus Indianorum ordinibus cincta erat. Illa erat locus consultationis.

Reguli medio loco petito consederunt. Aliquot rubri, haud dubie viri quodam modo praestantes, appropinquaverunt et ex adverso regulis in orbem dimidiatum consederunt. Ego quoque haud cunctanter assedi atque etiam Caesari annui, ut assîderet, quae res autem regulis displicuit.

Tokeichun fronte astricto ex me quaesivit: „Cur vir albus consedit, cum iudicium de eo fiat?"

Signum despicientiae dedi.

„Cur viri rubri considerunt, cum Vetus Catabolochir iudicium faciet de iis?"

Quamvis vultus eorum immobiles essent, vidi hoc responsum eos opprimere.

„Viro albo est lingua iocosa, sed resideat. Cur autem virum nigrum vindicavit et secum in contionem ducit. Num ignorat nigritae numquam sedere licere, si vir ruber praesto est?"

„Vir niger famulus meus est. Si ego iussero, assîdet, etiamsi multi centeni reguli astant. Paratus sum, consilium incipiatur!"

Videlicet tantum hoc insolenti modo salus mihi expedienda erat. Apparebat, quo asperius agerem, sed ut rubros non offenderem, eo magis me animos eorum commoturum esse. Obsequium certe mihi perniciei fuisset.

Calamus pacis accensus, quem Tokeichun circumtulit, mihi non est datus. Hac caerimonia antecedenti finita surrexit et orationem orsus est. Erga advenas Indiani taciturnissimi sunt, si autem interest, tantam expromunt vim eloquentiae, quae illi virorum alborum in contione nequaquam impar sit. Sunt inter eos reguli, qui propter facultatem dicendi longe gloria floreant et aequa arte agant ac magni oratores populorum cultiorum et antiquorum et nostrorum temporum. Sermo eorum floridus affert memoriam generis dicendi gentium orientis. Regulus a praefatione orsus est, quae etiam atque atiam repeti solet, si in eo est, ut contra album dicatur, scilicet, ut tota facierum pallidarum phyle accusetur:

„Vir albus audiat; nam Tokeichun, Comanchium regulus, loquetur! Multae sunt aestates, cum viri rubri soli terram inter utramque magnam aquam sitam incoluerunt. Oppida aedificabant, *máidem*[1] ponebant, *bisontem*[2] venabantur. Iis erant sol calidus et pluvia; iis erant flumina et lacus, iis erant silvae, montes omnesque zavanae latae terrae. Habebant uxores et filias, fratres et filios, et felices erant. Tum facies pallidae venerunt, quarum color est ut nix quarumque animus ut fumi fuligo. Pauci erant et viri rubri eos in viguamia sua receperunt. Sed *arma ignivoma*[3] et *aquam ardentem*[4] secum tulerunt; alios deos et alios incantatores secum duxerunt; secum tulerunt proditionem, multos morbos, mortem. Alii et alii ex iis magnam aquam transierunt. Linguae eorum falsae erant, acuti eorum cultri. Viri rubri, qui iis confidebant, fraudati sunt. Terra iis cedendum erat, ubi patrum sepulchra sita erant. Ex suis viguamiis et regionibus, in quibus venabantur, deiecti sunt. Cum se defendebant, interfecti sunt. Ad eos vincendos facies pallidae discordias serebant inter gentes virorum rubrorum, quibus nunc est moriendum sicut bestiis feris, quas venantur in zavana. Malum albis! Malum iis, quantum stellarum est in caelo et quantum foliorum in arboribus silvae!"

Plausus et clamores erant praemium horum verborum reguli, qui tanta voce loquebatur, ut circum clare exaudiretur. Porrexit:

„Uni ex his faciebus pallidis, quae venit in viguamia Comanchium, est color hominum mendacium et proditorum lingua. Bellatores autem rubri verbis eius auditis iudices aequos ei se praebebunt. Dicat!"

Postquam Tokeichun resedit, alii tres reguli alius post alium surrexerunt, quorum quisque oratione aequae sententiae habita me hortatus est, ut dicerem. Ego inter has actiones libello adumbrandi prompto regulos ante me sedentes cum parte posteriore, in qua bellatores et tentoria erant, delineare conabar.

[1] mays, maidis f. – Mais
[2] bison, -tis – der Bison
[3] arma ignivoma – Feuerwaffen
[4] aqua ardens – Feuerwasser

Cum oratio quarta cum assensu et laude ad finem adducta esset, Tokeichun manu mihi innuit.

„Quid vir albus facit, dum Comanchium reguli dicunt?"

Surrexi et scidam ex libello evulsam ei dedi.

„Magnus regulus ipse videat, quid faciam!"

Oculis in scidam conversis paene vociferatus est: „Uff!"

Ter: „Uff! Uff! Uff!" sonuit, cum alii tres reguli scidam ceperunt, et Tokeichun addidit:

„Haec magna est medicina! Vir albus Comanchium animas in hac alba pelle defigit. Hic Tokeichun sedet, ibi tres fratres eius sunt, illic bellatores et tentoria stant. Quid facies pallida de hac faciet?"

„Id vir ruber ilico videbit!"

Cum scida ex manu eius excerpta etiam bellatoribus post me sedentibus concessissem, ut oculos in eam conicerent, illi aeque mirati erant ac reguli. Tum eam compressam manibus in globulum convolvi, quem in fistulam immisi carabini Henrici.

„Tokeichune", inquam, „ipse me animas vestras in hac scida defixisse dixisti. Nunc in sclopeto meo sunt. Num eas in aerem emittam, ut vento discrepantur neve umquam in aeternos saltus venatorios perveniant?"

Effectus huius doli maior erat, quam exspectaveram. Omnes quattuor reguli exsiluerunt et circum unicus clamor paventium sublatus est. Maturavi animos eorum consolari.

„Viri rubri considant, ut calamo pacis mecum fumificent. Si hoc modo fratres mei erunt facti, iis animas reddam!"

Cum Tokeichun, postquam rursus assederunt, calamum cepisset, aliquid iocosum mihi venit in mentem, quo illi homines fortasse etiam promptiores reddere possem. Uni enim trium regulorum in veste venatoria ex corio bubalino facta erant ornamenta eximia duo tanti *botones*[1] *orichalcini*[2], *quanti stateres*[3]. Prope ad eum accessi. „Frater ruber paulisper mutuum mihi det hoc ornamentum. Modo id recipiet."

Ambobus botonibus, antequam retractaret, desectis perturbationem eius neglegens aliquot gradus recessi.

„Fratres rubri, qui hos botones inter digitos meos, unum in utraque manu, conspiciunt, diligenter animis adsint!"

Simulabam me botones sursum iacere, tum manus inanes iis ostendi.

„Fratres huc spectent ad me! Ubi sunt botones?"

Dominus ira exardescens clamavit: „Absunt!"

„Ita est, absunt, longe sursum adversus solem. Frater ruber eos deiciat!"

„Id facere neque vir ruber neque albus scit, neque incantator!"

„Ergo ego faciam! Fratres rubri animadvertant, cum botones delabentur!"

Non prehendi carabinum Henrici, quod in eo erat adumbratio, sed ursicidali, qui prope Tokeichunum iacebat, arrecto ad caelum ligulam pressi. Aliquot secundis post aliquid iuxta nos vehementer in solum incidit. Dominus botonis pretiosi advolavit, ut cultro eum ex terra effoderet.

„Uff, hic est!"

Dum omnes rem intuentur, clam alterum botonem in ore secundae fistulae posui et sclopetum denuo sursum converti. Cum globuli coniectus fragorem edidisset, omnes oculos sublati sunt. Tum Caesar exclamavit, solo exsiluit, altero crure persultans umerum perfricabat.

„Oh, ah, Massa me icere, misero Caesari axillam percutere!"

Boto, qui revera in umerum eius ceciderat, iuxta eum humi iacebat. Regulus, postquam eum sustulit, ambas res

---

[1] boto, -onis m. der Knopf
[2] orichalcinus, -a, -um – aus Messing
[3] statêr, -eris – (hellenist. Goldmünze) hier: Taler

caras vultu indutus, ex quo colligi posset eum sine dubio non concessurum esse, ut iterum in solem conicerentur, recondidit. Hoc paululum praestigiarum animos vehementer commovit. Duos botones in solem missos rursus deieceram. Nisi reapse illic in caelo fuissent, non alter tam alte in terram penetrasset neque alter nigrum, qui dolore cogente os formidulose distorquebat, tubere tam manifesto affecisset. Reguli taciti humi sedebant incerti, ut apparebat, quomodo se nunc gererent, et ii, qui circa erant, intenti exspectabant res futuras. Quodam audaci quidem modo intentionem solvere conabar. Iuxta Tokeichunum adhuc calamus cum sacculo ex corio *didelphinis*[1] confecto iacebat, in quo tabacum ex more cum foliis *cannabis*[2] mixtum erat. Cito calamum cepi et farsi et gravissimo corporis habitu assumpto orsus sum:

„Fratres rubri Magnum Spiritum credunt, et recte faciunt; nam Manitu eorum etiam meus est Manitu. Dominus est caeli et terrae, pater omnium populorum, qui vult omnes homines in pace et concordia una vivere. Viri rubri sunt ut herba inter haec tentoria crescens. Faciebus pallidis autem est numerus ut culmis omnium pratariorum et zavanarum. Magnam aquam transgressi viros rubros ex saltibus venatoriis eiecerunt. Id non bene fecerunt. Sed cur nunc viri rubri inimicitias gerunt contra omnes facies pallidas? Nonne viri rubri sciunt permultas gentes facierum pallidarum terram incolere, sed paucas bellatores rubros expulisse? Num bellatores Comanchium iniusti erunt et insontem cum sonte oderunt? Vetus Catabolochir ex potenti et sapienti est gente Germanorum. Num haec gens umquam viris rubris iniuriam intulit? Fratres rubri aspiciant Veterem Catabolochira, qui coram iis stat! Num ex cingulo eius capitis cutem viri rubri pendentem vident? Num in *ocreis*[3] et *calceis laxis*[4] eius crines unius ex fratribus suis cognoscunt? Quis

---

[1] diselphis, -inis – Opossum [2] cannabis – Hanf
[3] ocrea, -ae – Leggin [4] calceus laxus – Mokassin

dicere potest eum manum in cruore virorum rubrorum intinxisse? Quamquam cum amicis in silva iacebat, cum Comanchium bellatores cum ambobus inimicis calamo pacis fumificabant, ne digito quidem eos attigit. Quamquam Maramum, filium magni reguli Tokeichuni, prehendit, eum non interfecit, sed arma ei reddidit et eum in viguamium patris duxit. Nonne sex Racurrorum bellatores interficere potuit, sed nullam iniuriam iis intulit, sed tantum unum legavit, ut fratres eum inventum solverent? Nonne bellatores, qui in montes proficiscebantur, sequi potuit, multos eorum necare, sepulchrum reguli mortui polluere? Nonne glandes in ambas facies pallidas coniecit, quae Comanchium vigilia trucidata cum auro effugerunt? Nonne Comanchium animas, quamquam eas in *tubulo*[1] suo habet, tamen perdere non vult? Nonne omnia Raruccorum *medicamenta*[2] in solem iacere potest, ut ea non deiciat? Quamvis possit, non facit, immo vero frater Comanchium esse et calamo pacis cum iis fumificare cupit. Comanchium reguli fortes, sapientes, iusti sunt. Virum id non credentem Vetus Catabolochir tubulo, ex quo innumeri globuli emittuntur, occidet. Itaque nunc cum iis fumum pacis bibet."

Tabaco incenso duos haustus sumpsi, fumum sursum, deorsum, in quattuor caeli regiones flavi, tum calamum Tokeichuno dedi. Reapse mihi contigit, ut eum opprimerem, ut calamo pacis sumpto item sex faceret haustus. Quo facto eum de manu in manum tradidit. Eo ab ultimo regulo mihi reddito demum assedi, atque id in medios rubros.

Sollicitus unus ex regulis interrogavit: „Reddetne nobis nunc frater albus animas?"

Cautissime mihi erat respondendum.

Contra rogavi: „Erone nunc inter viros rubros ut Comanchium bellator?"

[1] tubulus – Rohr, Gewehrlauf
[2] medicamentum – Medizin, Zaubermittel

„Vetus Catabolochir frater est. Liber est. Tentorium accipiet et facere poterit quod voluerit."

„Quod tentorium mihi erit?"

„Vetus Catabolochir magnus est bellator. Tentorium accipiet, quod elegerit."

„Ergo fratres rubri mecum veniant, ut eligam!"

Surrexerunt, ut me sequerentur. In vico magis sursum ii, dum tentorium vidi, ante quod quattuor viri vigilabant. Statim quaedam mihi explorata erant, ut saltum ederem usque ad ostium.

„Hic domicilium Veteris Catabolochiris est!"

Reguli attoniti inter se aspiciebant; nam hunc casum, qui tam facile cogitari poterat, non providerant.

„Hoc tentorium frater albus accipere non potest."

„Cur non?"

„Est inimicis Comanchium."

„Hi inimici qui sunt?"

„Duae facies pallidae et unus vir ruber."

„Quae sunt nomina horum virorum?"

„Vir ruber est Vinnetu, regulus Apachium, et unus ex albis Sin-Otus est, Indianicida."

„Vetus Catabolochir hos viros videre cupit!"

Cum his intravi. Reguli extemplo secuti sunt.

Captivi manibus et pedibus constricti humi iacebant et insuper ad palos tentorii alligati erant. Nemo eorum ullum verbum dixit, nemo eorum vultu laetum animum praetulit, qui me praesente apud eos effectus est.

Interrogavi:

„Quid mali hi viri merueunt?"

„Comanchium bellatores interfecerunt."

„Viditne frater ruber eos id facientes?"

„Bellatores Raruccorum sciunt."

„Bellatoribus Raruccorum id probandum erit. Hoc tentorium meum est, et hi tres viri hospites mei sunt!"

Cultrum stringebam, ut vincula captivorum solverem, cum unus ex regulis bracchium meum prehendit.

„His viris moriendum est. Frater albus eos non hospites suos faciet!"

„A quo id facere vetabor?"

„A quattuor Raruccorum regulis."

„Periculum faciant!"

Cum his constiti inter eos et captivos. Praeter eos Caesar solus intraverat.

„Caesar, disseca restes. Primo Vinnetus!"

Nigrita, qui iam tarde ad dominum suum processisset, tamen mihi oboedivit, cum ipse quoque intellegere videretur Vinnetum nobis magis usui fore quam Bernhardum.

Cum unus ex regulis imperabat: „Vir niger cultrum condat!", Vinnetu iam vinculis solutus erat.

Comanches, qui exclamaverat: „Uff!", cum imperium suum neglectum cognovisset, ruiturus erat in Caesarem interea ad Marcum properantem, ut eum solveret.

Rubro obstiti. Qui cultro contra me stricto, cum celeriter in latus me converterem, lacertum meum fodit. Ei non vacabat cultrum extrahere. Pugni ictu a me prostratus est. Aequo pugni impetu vicinum eius percussi. Tum iugulum tertii prehendi, cum Vinnetu manuum *commissuris*[1] tumentibus digitos collo Tokeichuni circumdedisset.

Unicum „Uff!" auditum erat. Quamvis custodes foris essent, tamen duabus minutis domini tentorii eramus et reguli constricti et oribus occlusis humi iacebant.

Marcus artus torpentes fricans confessus est: „Pro Dei fidem, in summo discrimine subvenisti! Carolule, quomodo exempli gratia id effecisti?"

„Postea vobis id explanabo. Nunc imprimis arma capite! Illi quattuor viri satis armorum secum ferunt!"

Ego quoque embolorum sacculo ex cingulo pendente aperto, ut omnibus casibus occurrerem, sclopeta mea rursus oneravi. Interim socios edocui, quae agerent, quae illuc pertinebant, ut quattuor regulos extemplo occiderent, si impetus in nos fieret. Tum foras egressus sum.

---

[1] commissura – das Gelenk

Custodes reverentiam regulis praestantes paulum recesserant, et longius frequentes stabant Comanches, qui nos secuti erant, ut casum intenti observarent. Primum ad custodes accessi.

„Fratresne compererunt Veterem Catabolochira amicum et fratrem Comanchium factum esse?"

Palpebras demittendo quaestionem affirmaverunt.

„Bellatores rubri tentorium bene custodient neque quemquam admittent, dum reguli alia imperaverint!"

Tum ad ceteros bellatores accessi.

„Fratres eant omnes bellatores ad locum consultationis convocatum!"

Cum illi discurrerent, ego solus ad locum commemoratum tendebam. Qui mores rubrorum cognitos non habeat, rationem meam incredibilem temeritatem habebit. Sed iniuria. Indianus nequaquam est ‚homo ferus et incultus', quem esse plerique dicunt. Ei firmissimae sunt leges et mores. Quos qui in usum suum conferre scit, non in magno periculo est. Praeterea, cum a primo de capite ageretur, maius quam vitae periculum nullo facinore audaci adire poteram.

Postquam mihi in via contigit, ut vestigia exigui ictus exstinguerem, ibi consedi, ubi antea sederam. Decem minutis tota area bellatoribus completa erat. In media parte spatium vacuum manebat, ubi illi primores consederant, qui iam antea adfuerant. Aliis locis contio numquam sine clamore habetur. Hoc loco autem inter homines feros et incultos qui dicuntur, ne ullum quidem verbum dictum est. Unusquisque austerus et silens venit et loco electo immobilis stabat ut statua, ut id, quod venturum erat, exspectaret.

Nutu primores, quos antea commemoravi, advocavi. Postquam ante me in semicyclum consederunt, orsus sum:

„Vetus Catabolochir amicus et frater Comanchium est factus. Fratresne audiverunt?"

Unus pro omnibus: „Scimus."

„Invitatus ad domicilium eligendum tentorium captivorum cepit. Eratne ex eo eius?"

„Eius erat."

„Attamen ei recusatum est. Suntne reguli Comanchium homines mendaces? Captivi, ut erant huius tentorii habitatores, in tutela Veteris Catabolochiris erant. Libeatne ei eos hoc modo tueri?"

„Licebat."

„Age! Ita fecit dixitque hos viros hospites suos esse. Ei licebat?"

„Veteri Catabolochiri id facere erat ius et officium. Sed iudicio ab eo non detrahendi sunt. Tantum ius habet eos tuendi et, si necesse erit, oppetendi mortem cum iis."

„Et ei licet vincula eorum solvere, si praestitit eos?"

„Licet."

„Ergo Vetus Catabolochir solum fecit, quod ei facere ius erat. Tamen eum interficere in animo habebant. Cultro modo bracchium eius vulneratum est. Quid facit Comanches, si quis eum in tentorio eius interficere conatus est?"

„Ius habet adimendi ei vitam."

„Atque omnibus, qui in animo habent homicidam adiuvare?"

„Omnibus."

„Fratres sapientes et iusti sunt. Quattuor reguli Racurrorum me interficere volebant. Eos autem non interfeci, sed manu mea prostravi. Vincti in tentorio meo iacentes ab hospitibus meis custodiuntur. Libertatem hospitum meorum pro libertate homicidarum meorum postulo! Fratres consilium ineant, ego exspectabo. Sed hospites non lacessant, nam illi viri regulos necabunt, si quis alius ac Vetus Catabolochir in tentorium introierit!"

Ex nullo orum habitu cognosci poterat, quantopere animi rubrorum hac oratione moti erant. Tam longe ab iis recessi, ut verba eorum audire nequirem. Ut exspec-

201

taveram, concilium regulis subiectum, ut ita dicam, habebant. Nutu eius ab omni parte nonnulli viri appropinquaverunt, quibus dicere viderentur, quomodo res se haberet, ut eos, qui circa erant, certiores facerent. Quae res aliquid motus in contione effecit, sed ita ut ex eo mihi nihil molestiae veniret. Condicione diu deliberata tres ex iis surrexerunt et ad me accesserunt, quorum unus exorsus est:

„Tenetne frater albus regulos Comanchium in tentorio suo in custodia?"

„Ita est."

„Eos bellatoribus Comanchium tradet, ut iudicium faciant de iis."

„Fratres fugit bellatoribus numquam iudicium faciendum esse de regulo suo, nisi si ignavus fuit in pugna. Reguli, quibus in animo erat Veterem Catabolochira interficere, in viguamio eius sunt et ipse solus eos punire potest."

„Quid de iis faciet?"

„Vetus Catabolochir eos interficiet, nisi libertatem hospitum recuperaverit."

„Novitne hos hospites?"

„Novit."

„Alius Sin-Otus est, Indianicîda."

„Viderunt ne fratres eum Comanchem interfecisse?"

„Non ita: At alius ex captivis Vinnetu est, *Pimo*[1], qui centenos Comanchium interfecit!"

„Sed solum in convalli Mapimiae, postquam ter pacem et amicitiam frustra iis obtulit. Ne unus quidem bellator gentis Racurrorum inter eos erat."

Cum hanc rem negare nequirent, orator tandem de Bernhardo Marshal interrogavit.

„Quis tertius est?"

„Est vir septentrionalis, qui numquam contra Indianum pugnavit."

[1] Pimo, -onis – nomen infame Apachium

„Si frater regulos interfecerit, ipse quoque cum hospitibus occidetur."

„Fratres ioca agunt. Quis Veterem Catabolochira necabit? Nonne animae Comanchium in fistula sclopeti sunt?"

Comanches, qui incerti essent, quid facerent, deliberabant; nam nullo pacto regulos suos prodere poterant.

„Frater maneat, dum reverterimus!"

Cum discesserant, denuo consilium inierunt. Quousque prospicere poteram, ne minimum quidem odii vel rabiei quisquam vultu prae se ferebat. Iis confisus animosus me defendebam, ut iis non esset dedecori, quod mecum agebant. Post semihoram fere tres legati ad me redierunt.

„Vetus Catabolochir libertatem suam et libertatem hospitum habeat, sed tantum in quartum diei partem!"

Ah! Veteri igitur Indianorum voluptati mittendi captivos se dabant, ut acerrima sibi esset venatio et simul assequerentur, ut ab omni periculo regulos suos defenderent. Sex horis nos eos antecedere sinebant. Hoc erat parvum spatium. Sed cogitabam hoc temporis intervallum, si ipsis sex horis ante vesperum proficisceremur, simul per totam noctem extentum iri, per quam nos insequi nequirent. In praesentia stultus fuissem, nisi occasionem amplexus essem, etsi id cum prudentia, qua opus erat, faciendum erat.

„Vetus Catabolochir assentietur, si hospitibus eius arma restituentur, quae iis adempta sunt."

„Ea accipientur."

„Eiamne alia omnia, quae eorum sunt?"

His verbis imprimis significavi de caris rebus, quas Bernhardus secum tulerat quaeque an ei ademptae essent nesciebam.

„Omnia!"

„Albi hospites mei capti sunt, quamvis Comanchibus nihil iniuriae intulissent, cum vos petatis, ut reguli dimittantur, quamquam me interficere volebant. Mutatio non aequa est."

„Quid frater amplius postulat?"

„Plaga bracchii regulis tribus equis constabit, quos mihi ex bestiis eorum eligam, pro quibus tres ex nostris eis dabo."

„Frater, qui prudens est ut vulpes, scit bestias suas fessas esse. Tamen accipiet, quod concupiscit. Quando regulos ex viguamio suo dimittet?"

„Cum a fratribus rubris abequitabit."

„Emittetne quoque animas ex sclopeti fistula?"

„Eas non in aerem sclopetabit."

„Ita tendat, quo vult. Magnus est bellator et homo versutus. Animis regulorum Comanchium caligo offusa erat, quod cum eo calamo pacis fumificaverunt. Howgh!"

Cum negotio confecto abirem, circumstantes mihi non disturbato transitum dederunt et lente, ut non contenderem, ad viguamium meum incessi, ubi magna cum contentione exspectabar. Quod solus intravi, sociis signo erat rem haud prorsus secus evenisse.

Bernhardus, qui, ut erat curiosus, ne paulum quidem paratus erat ad opperiendum, interrogavit: „Quid vero?"

„Tibine adamantes aut litterae ademptae sunt?"

„Non. Cur interrogas?"

„Quod alioquin tibi reddendae essent. Per sex horas liberi sumus!"

Caesar exclamavit: „Liberine Massa? Oh, ah, liberi esse Caesar et Massa Bernus! Sed solum per sex horas, tum Indiani rursus capere Massam Bernum et Caesarem!"

„Εὖγε", inquit Marcus, „haec sunt omnia, quae nobis optanda sunt. Profecto in foedissimas angustias exempli gratia adducti sumus! Sed dic: Quomodo Tonia se habet?"

„Eam accipies praetereaque omnia, quae tua sunt. Etiam Vinnetu equum suum recipiet. Cum aliae autem bestiae nimis defatigatae sint, mihi pactus sum, ut ex equis regulorum, quamvis equiferum meum probum invitus tradam, tres pro nobis eligerem."

Marcus risum edidit: „Καλῶς, Carolule! Sex horarum

intervallum et quinque equi strenui hominibus nostrae farinae satis sunt. Te non capros electurum esse mihi exploratum est."

Tum facere non poteram, quin sociis breviter saltem narrarem, quid, postquam vi seiuncti eramus, expertus essem. Nondum hanc relationem ad finem adduxeram, cum foris vox audita est. Egressus conspexi illam anum, cuius ex olla ederam.

„Facies pallida veniat!"

„Quo?"

„Ad Maramum."

Hic erat nuntius mirus. Sociis certioribus factis eam sequebar. Duxit me ad tentorium ex adverso hesterno domicilio meo positum, ante quod duo stabant equi, quorum in altero sedebat Maramus.

„Frater albus equos suos sibi eligat!"

Haec igitur erat causa! Equum conscendi, et cito per viam in pratariam efferebamur, ubi non mediocrem numerum equorum alligatum invenimus. Adulescens Indianus me recta via ad equum marem nigrum duxit.

„En, optimus equus Comanchium! Maram, qui eum a patre accepit, eum Veteri Catabolochiri donat pro capitis cute, quam ei reliquit."

Hoc dono amplo et liberali stupefactus eram; nam me hoc equo vehentem nemo consequi poterat. Eo libenter accepto etiam Bernhardo et Caesari duas bestias elegi, quibus contenti esse poterant.

Tum rursus revecti sumus. Maram ante tentorium suum constitit.

„Frater albus ex equo descendat et intro veniat!"

Hanc invitationem renuere non debebam. Postquam in interius tentorium ductus aliquid placentae ex *camma* [1] coctae accepi ad gustandum, ei valere dixi. Ex casa egressus illam conspexi puellam oculis nigris, quam iam mane animadverteram, apud equos meos occupatam. In

[1] cammas, -ae f. – placenta ex radice bulbosa cocta

bestiis iam stratis cibaria imposuit.

Maramum interrogavi: „Quis est filia Racurrorum?"

„Est *Ha-la-dih*, filia reguli Tokeichuni. Te rogat, ut accipias, quae tibi offert, quod fratri Maramo pepercisti."

Puellae manum porrexi.

„Manitu tibi praebeat fortunam prosperam et multas aestates, o flos zavanae! Oculus tuus est clarus et frons tua est pura. Maneat vita tua tam lucida et sincera!"

Tum me subieci in equum et tres equos ad amicos adduxi. Omnes et maxime Marcus unice laetabantur, cum equum nigrum conspicerent.

„Carolule", inquit, „ille paene tantundem valet, quantum vetus Tonia, praeterquam quod breviorem caudam et aures longiores habet. Ceterum nunc omnia comportata sunt, quae nobis deerant. Nunc sex horae ipsae sunt ante vesperum. Proficiscamur, ut exempli gratia videamus, num nos iterum deprehensuri sint!"

Itinere parato vincula captivorum solvimus. Caesar hortatus est: „Nunc procedamus, Massa, valde multum procedamus, ne rursus venire Indiani et prehendere omnes totum Massam Bernum, Marcum, Veterem Catabolochira, Vinnetum!"

Reguli quiescebant, quoad in tentorio eramus. Equis conscensis avolavimus. Vicus tentoriorum vacuus erat neque ullus Indianus conspiciebatur. Utique discessus noster ab omnibus observabatur. Tantum apud tentorium Tokeichuni quattuor oculi per rimas veli speculari videbantur. Cum centum corda palpitarent exspectantia, ut nos retraherent, certe duo ibi erant, quae optabant, ut evaderemus.

8. *IN COHORTE DOMNI FERDINANDI.*

*I*bi fere, ubi civitates Arizona, Nivata, California inter se contingunt, Coloratum flumen transgressi fines *Uten-*

sium Pahorum[1] feliciter post nos habentes mox prominentia orientalia Montium *Nivatorum*[2] nos assecuturos esse sperabamus, ubi apud lacum *Monum*[3] nonnullos dies quiescere volebamus. A Comanchium finibus usque eo spatium haud mediocriter longum est. Zavanae, quae infinitae esse videbantur, montes, qui caelum attingunt, vasta deserta salaria superanda sunt. Et quantumvis equus et eques valeant, tamen eventus talium laborum sentitur.

Et quid nos impulit ad hanc magnam viam in Californiam conficiendam? Primum Bernhardus Marshal fratrem quaerere in animo habebat, deinde ambos Morganos in terram auri isse coniciebamus, postquam ad Pecum fluvium praedam tam inopinato perdiderunt. Satis causae erat, cur id suspicaremur.

Cum illo tempore vicum tentorium Comanchium reliqueramus, per tempus postmeridianum et totam noctem equitavimus, ut iam proximo meridie *montes Guadalupenses*[4] superiores prospiceremus. Marci equa et caballus Vinnetus, licet ingentes labores iis subeundi fuissent, optime se habebant, atque alii equi enim tam integri erant, ut de iis solliciti non essemus. Cum montibus Guadalupensibus superatis, ut nullum vestigium insectantium animadverteremus, nonnullis diebus post *Rivum Grandem*[5] transgressi essemus, propter Comanches timere non iam debebamus.

A Rivo Grandi ad occidentem versus crebra et continua iuga montium prominent, inter quae *montes Zugniani*[6], quos sine casibus mirificis adepti sumus. Ibi autem res magni momenti evenit.

---

[1] Utensis Pahus – Pah-Utah
[2] Montes Nivati – Sierra Nevada
[3] Lacus Monus – Mono-See
[4] montes Guadalupenses – Sierra Guadalupe
[5] Rivus Grandis – Rio Grande (Ita C. Egger)
[6] Zugniani Montes – Zuñi-Geb.

Cum sub meridie enim in summo transitu consedissemus, Vinnetu in rupe nobis imminente partes speculatoris suscepit, unde totam viam ante nos et post nos sitam oculis perlustrare posset.

Subito exclamavit: „Uff!", corpus humi stravit, celeriter ad nos delapsus est.

Armis ilico captis surreximus.

Marshal interrogavit: „Quidnam est?"

„Viri rubri."

„Quot?"

„Octo."

„Cuius gentis?"

„Vinnetu videre non potuit; nam viri omnia signa deposuerunt."

„Suntne in semita belli?"

„Iis non sunt pigmenta in faciebus, sed arma gerunt."

„Quam longe adhuc absunt?"

„In quarta horae parte aderunt. Fratres discedant. Vinnetu cum Sin-Oto procedet et Marshal cum nigrita retrogradietur, ut se post saxa occultent. Frater Carlillus apud equum suum manebit."

Quattuor alios equos loris prehensos post saxa duxit, ubi animadverti non poterant. Tum ille et tres socii loca proposita occupaverunt. Ego residebam semiversus ad regionem, unde viri exspectati venire debebant. Carabinum Henrici paratum erat.

Quadrans horae vix praeterierat, cum sonitum quadrupedantem auribus percepi. Dissimulabam me aliquid audivisse, sed clam oculos acriter defigebam in vultibus octo hominum, qui me iam speculati parumper frenos equis iniciebant. Nonnullis verbis commutatis ad me advecti sunt. Solum hoc loco saxeum erat, ut vestigia non reciperet. Ergo me non solum esse videre non poterant.

Tum aequus surrexi et carabinum cepi. Rubris ad decem passus ante me resistentibus primus eorum interrogavit:

„Quid facies pallida his in montibus agit?"
„Vir albus a longo itinere conquiescit."
„Unde venit?"
„A ripa Rivi Grandis."
„Et quo tendit?"

Tum alius, priusquam ad quaestionem responderam, clamavit: „Uff Comanchium bellatores hunc virum album ad aquam Peci viderunt. Cum ibi una cum Maramo, filio Tokeichuni reguli, erat, globulis ambas facies pallidas petivit, quas fratres insectati sunt!"

Ille vir igitur erat in numero quinque Comanchium, qui me aggredientes causa fuerunt, quod Morgani effugissent. Eum non cognoveram, quod tum temporis colores bellicos in facie habuerat atque brevis oculorum obtutus rubrorum mihi contigerat.

Dux post haec verba me interrogavit: „Quo facies pallida cum Maramo iit?"

„Ad viguamia Comanchium."

„Quomodo accidit, ut vir albus Maramum offenderet?"

„Eum in valle, in qua remanserat, cum bellatores Comanchium Vinnetum, Sin-Otum, aliam faciem et nigritam quendam opprimebant, comprehendi."

Hoc responso audito Comanches cultrum ceperunt.

Dux clamavit: „Uff! Facies pallida Maramum cepit. Ubi alii viri manserunt?"

„Iis vim non intuli. Unum vinxi, aliisque quattuor non erant oculi et aures, quibus viderent et audirent me filium reguli mecum auferre."

„Sed Maram constrictus non erat, cum eum una cum facie pallida conveniebamus", ait prior orator.

„Eum rursus e custodia emisi, quod mihi promisit se me quiete in viguamia Comanchium comitaturum esse."

„Uff! Quid vir albus ibi in animo habebat?"

„Apachium regulum et Sin-Otum liberare. Quattuor Racurrorum regulos captos solum rursus dimisi pro captivis, quibus mecum discedere permissum est. Comanches nobis quartae diei partis spatium dederunt."

„Effugeruntne captivi?"

„Ita est."

Descriptione harum rerum rubris bilem movere me iuvabat. Et revera tum dux parvae catervae excanduit.

„Tum faciei pallidae moriendum est!"

Ille sclopetum cepit, aliis solum arcus et sagittae erant.

„Si pugna iniretur, viri rubri mortui essent, priusquam arma cepissent; nam octo Indoandres non timeo", inquam aequus. „Sed bellatores Comanchium mihi nihil inferent, si iis dixero se Sin-Otum et Vinnetum et duos ceteros hodie rursus capere posse."

„Uff! Ubi?"

„Hic!" Dextrorsum et sinistrorsum significans dixi: „Illic Vinnetu cum Sin-Oto stat, istic albus cum viro nigro!"

Citra et ultra viri commemorati progressi bombardas collinebant in rubros. Simul aliquot passus resilueram et carabinum in ducem dirigebam.

Imperavi: „Viri rubri captivi nostri sunt. Descendant ex equis!"

Illis quidem tres viri plures erant quam nobis, sed nos quinque bombardis superiores iis eramus. Cum neque porro neque retro facultas fugiendi esset, non admirabar, quod dux manum a ferro iaculatorio abstraxit et interrogavit:

„Nonne frater albus videt viros rubros non in semita bellica esse?"

„Attamen me interficere volebant! Sed vir albus sanguinem fratrum rubrorum non vult. Descendant et nobiscum calamo pacis fumificent!"

Postulationi, in qua dolus bellicus latere poterat, morem gerere cunctabantur.

Ruber interrogavit: „Quid est fratri albo nomen?"

„Vetus Catabolochir appellor."

„Uff! Ergo verbis eius confidere possumus. Fratres ex equis descendant!"

Fumisugio[1] de collo dempto iuxta me consedit. Socii eum secuti sunt. Mei quoque socii, cum accesserant, assiderunt. Fumisugium tabaco impletum circumferebatur. Bernardus id etiam Vinnetui obtulit, qui id autem repudiavit.

„Regulus Apachium quidem prope Comanches consedit, quod frater eius cum iis loquitur, sed non calamo pacis ex eorum manibus fumificabit. Recordentur de Mapimia, ubi omnes pacis condiciones Apachis pertinaciter reiecerunt."

Rursus ad ducem Comanchium, qui se haec verba non audivisse simulabant, me verti:

„Suntne viri rubri ambos proditores albos sectati?"

„Frater audivit."

„Neque eos ex fuga retraxerunt?"

„Non. Albi in fines hostium Comanchium pervenerunt, ubi iis iter convertendum erat."

„Qui fieri potuit, ut carnifices effugerent, quamquam iis non erant equi?"

„Sibi bestiae Comanchium abduxerunt."

„Ah! Nonne Comanchibus sunt oculi ad furem videndum neque aures ad gradus eius audiendos?"

„Ad reguli sepulchrum confluxerant, atque cum ad equos revertebantur, custodes interfecti erant et duae bestiae optimae deerant."

Haec unica Morganorum ratio se servandi fuerat. Sed haud parva audacia opus erat – insectantibus a tergo versantibus – Comanches aggredi equos eorum abreptum. Duo latrones audaces erant viri, qui adversarii inferiores haberi non debebant. Tamen eos in manus nostras incidere necesse erat, etiamsi circum totum orbem sequendi essent. Itaque haec concursio cum his Comanchibus gratus erat concursus.

Paululum quieti se dabant. Et proficiscentes demum eos interrogavi:

[1] fumisugium – die Pfeife

„Ubi fratres rubri alborum virorum vestigium postremum viderunt?"

„Bidui equitationem hinc distans. Sequeturne frater eos?"

„Ita. Si eos invenerimus, perierint!"

„Uff! Vetus Catabolochir loquitur, ut animus est Comanchium. Semper in solis occasum equitet, dum post diem magnam vallem assecutus erit a meridie ad septentriones pertinentem! Per hanc vallem vehatur ad septentriones, ubi locum ignis eorum inveniet! Tum trans summum montem equitet usque ad aquam in occidentem fluentem, quam sequatur! Bis cinerem ignium inveniet. Hoc loco bellatoribus Comanchium iter retro vertendum erat, quod ibi fines venatici Navaiorum incipiunt."

„Quam prope fratres afuerunt ab iis, quos persecuti sunt, cum iis iter vertendum erat?"

„Haud prorsus unius diei equitationem. Tamen bellatores rubri eo secuti essent, nisi in vallibus viguamia conspexissent hostium, apud quos interissent."

„Bellatores Comanchium Tokeichuno aliisque tribus regulis dicant Vinnetum, Sin-Otum, Veterem Catabolochira illos duos proditores deprehensuros esse. Maram saepe Veteris Catabolochiris reminiscatur; nam venator albus de eo quoque recordatur."

„Sectabiturne Vinnetu, Apaches, bellatores Comanchium?"

„Non sectabitur. Hostis quidem eorum est, sed calamo pacis cum fratribus eius fumificaverunt. Eos avehi sinet."

Comanches equis conscensis abequitaverunt. Nos idem fecimus. Illi nuntium se nos convenisse ad solis ortum afferebant, nos certam fidem nos Morganos capturos esse nobiscum ad occasum portabamus.

Omnia invenimus, ut nobis descripserant. Cum Vinnetu egoque cum Navaiis amicitia coniuncti essemus, fieri potuit, ut apud eos deverteremur. Ibi comperimus eos, quos quaerebamus, nonnullas horas apud eos moratos esse et proximas semitas ad Coloratum fluvium rogavisse. Etiam lacum Monum commemoraverant. Atque quamvis spatium nonnullorum dierum post eos essemus, tamen vestigia eorum tam expressa inveneramus, ut nobis persuasum haberemus nos iis tandem obviam factum iri.

Postquam ad Montes Nivatos tetendimus, in lata planitie crebris bubalorum vestigiis constrata praeter locum praeruptum ingentium montium in orientem spectantem equitabamus. Exoptabamus, ut in unam ex his bestiis incideremus, cum diu tantum carne siccata vixissemus. Atque etiamsi penus nostrum aliquot dierum suppeditabat, tamen lumbus vel coxa recens bubali sive bovis cicuris nobis valde accepta fuisset.

Qua de causa cum Bernardo, qui nondum in bubalorum venatione fuerat, a regione nostra dextrorsum declinavi, ubi fruticeta omnis generis erant, ex quibus ibi aquam esse et bubalos igitur adesse concludi poterat. Erat tum ipsum tempus calidum meridianum, quo tempore hae ferae libenter aqua refrigerantur vel in propinquo eius ruminantur.

Profecto ea, quae speraveram, facta sunt; nam in extremo finiente caterva quattuor bestiarum apparuit, ad quas statim nos in viam dedimus. At vero ventus terga nostra afflabat, ut mox animadverteremur. Qua re coacti sumus, ut equis quam maxime frena daremus. Tum equus niger Marami praestanter probatus est. Avolavit tanta velocitate, quasi essem equi agitator pluma levior, ut Bernardi equum longe post se relinqueret. Haec cara bestiae virtus me adduxit, ut etiam aliam virtutem probarem, quae in occidente in pretio habetur. Statui enim non bombarda, sed capulo uti. Meo capulo non erat *ansula* [1], sed anulus, per quem laqueus multo certius et melius fluit, quam per ansulam coriaceam apud Indianos usitatam.

[1] ansula – Öhr

Haud procul a salicto ad bestias equo pervectus animadverti non bubalos, sed boves, qui pascebantur, ante nos esse; erat praevalidus taurus cum tribus vaccis, ex quibus illam mihi elegi, cuius ex aspectu levi exspectandum erat carnem eius teneram fore. Eam ab aliis bestiis interclusi et prope a latere eius me continens laqueum ei inieci. Ibi quoque equus meus probabatur. Ubi primum capulum per aera stridit, equus per se circumactus corpore valde prono crura humi innisus est. Cum laqueus circum collum vaccae se contraxisset, ingentu impetu equus paene in crura posteriora deiectus est, sed se sustentavit et lorum ad ephippii globum destinatum astrinxit. Vacca prostrata erat. Ex equo desilui et cultro capto vehementi ictu in cervices facto eam comminus obtruncavi. Equus, qui me observaverat, tum capulum laxavit. Ad bestiam probam accessi et cervices eius permulsi, ut grata caput umero meo fricaret.

Tum laqueo de collo vaccae dempto modo profecturus eram, cum Bernardus appropinquavit.

Questus est: „Sero! Pergamne?"

„Non. Haec nobis sufficit, et tu hic adiuves."

Descendit, ego autem, cum bovem in alterum latus circumegissem, animadverti notam ei inustam.

„Id suspicatus sum. Haec bestia est ex armento *praedii armentarii*[1] vel *cohortis*[2]."

Bernardus interrogavit: „Licebatne nobis vaccam caedere?"

„Licebat. Boves in hac regione solum tanti sunt, quanti cutis eorum constat. Omnis viator – hic mos est – ius habet unum bovem, qui ad victum est necessarius, caedere, sed cutem domino tradere debet."

„Ergo cutem ei apportare debemus?"

„Rursus non ita. Si sit cohors hic viciniae, modo nobis eo nuntiandum est, ubi pellis reperiri possit."

[1] praedium armentarium – Estancia
[2] cohors, -is f. – Viehhof, Rancho

Vacca summum quinque passus a virgulto commemorato iacebat. Expositionem meam vix finiveram, cum acrem stridorem audivi et Bernardus exclamavit. De labore suspiciens animadverti eum capulo per transversam virgultorum laciniam trahi. Cum carabino, quod iuxta me iacebat, capto per virgulta prosiluissem, equitem vestitu Mexicano indutum cum Marshalo in loro haerente equo admisso avehentem conspexi.

Tum non erat cunctandum, ne Bernardus trahendo necaretur. Carabino cogitatione celerius sublato equitis equum petivi et *ponticulum*[1] pressi. Post nonnullos passus equus corruit. Cum accessi, vir, qui effusus erat, surrexit et, cum me conspicerert, omnia relinquens fugae se mandavit. Eum sequi non debebam, sed primo Bernardo a me prospiciendum erat, cum laqueus bracchia ei tam arte corpore constrinxisset, ut se movere nequiret. Postquam celeriter ea solvi, opportune accidit, quod adeo non laesus inventus est, ut statim integer surgeret.

„Mehercule, quae erat lapsio!" respirans ait.

„Quid homo volebat?"

„Nescio."

„Cur glande non eum, sed equum petisti?"

„Primum homo est et equus bestia, tum mors eius tibi non profuisset; nam capulum, ut vides, ad ephippium destinatum est, ut equus etiam sine equite te trahere perrexisset."

„Id ego quoque cogitare potui", inquit Bernardus, cum artus inspiceret, num adhuc prospera uterentur valetudine.

Hortatus sum: „Redi ad vaccam! Studeamus, ut eius tractandae finem faciamus; nam hic locus non plane tutus esse videtur."

„Putavi nos hic omnino non iam in similibus periculis versari, cum fines Indoandrum post nos sint."

„Hic valde falleris. Iam in illis locis periculosis versa-

[1] ponticulus – Abzugsbügel

mur, ubi pro *Indiis*[1] *Bravi*[2], ut Hispanus rubros solute grassantes appellat, latrones Mexicani, *fraudatores Iancheani*[3] maleficia committunt. Mox tibi obtinget, ut eos videas et de iis audias!"

Solis optimis bovis frustis sumptis et post nos in ephippia impositis nostros consequi conabamur, quae res non difficilis erat factu, quod interim substiterant. Caesar, cum carnis penus conspiceret, iam procul vocavit:

„Oh, ah, inde Massa venire cum lumbo bubalino! Caesar confestim lignaturus esse et assaturus pernam bubali!"

Ei indulgebamus et, dum assidue coquinando occupatus est, de periculo, quod subieramus, agebamus. Cum caro recte ambustulata esset, mirum erat, quae ingentia frusta post labia crassa nigritae ex oculis elaberentur. Tantopere in opera sua defixus erat, ut morem non gereret voci Marci:

„Ecce, illincine equites veniunt an tantum equi sunt?"

Per telescopium spectabam.

„Equites – tres, quinque, octo, reapse – octo."

„Videbuntne nos?"

„Haud dubie. Putandum est eos fumum iam pridem animadvertisse."

„Quod genus hominum est?"

„Mexicani, ut ex petasis latis et altis ephippiis colligendum est."

„Ergo exempli gratia arma digitis comprehendamus. Hic adventus forsitan cum vestro equite, qui capulum coniecit, coniunctus sit!"

Caterva quodam spatio interiecto a nobis subsistebat. Omnes Mexicani erant, unus erus et septem famuli esse videbantur, ex quibus unum illum virum esse videbam, cuius equum globulo deiecaram. Postquam eos deliberavisse apparuit, a duabus partibus se converterunt et circulo nos incluserunt.

---

[1] Indius – Indio   [2] bravus – sicarius
[3] Iancheanus – Adj. zu Iancheus (Zum Yankee gehörig)

"Nobiscum colloqui videntur, illi viri, hihihihi!" cachinnans Marcus, humilis, inquit illa voce, quae semper signo erat eum delectari. "Par sum exempli gratia unus omnibus!"

Circulo angustiore facto, ut diametrum summum esset viginti longitudinum equinarum, dux nonnullos passus equo provectus nos mixtura linguarum Anglicae et Hispanicae in illis regionibus trita allocutus est.

"Quis estis?"

Marcus pro nobis respondit.

"Nos Mormones ex magna *Urbe Lacus Salsi*[1] exorti fidei propagatores in Californiam venimus."

"Male negotia geretis, vobis inquam. Quis iste est Indianus?"

"Hic non est Indianus, sed *Esquimensis*[2] ex Nova Hollandia exortus, quem argento propalam collocabimus, si revera male negotia gesserimus."

"Et iste nigritta?"

"Non est nigritta, sed παράκλητος[3] Camtsatcanus[4], cui Franciscopoli causa tractanda est."

Mexicanus noster geographiae non peritior esse videbatur quam plus minusve municipes eius.

Fremuit: "Qui bonus grex! Tres fidei propagatores Mormoniani et causidicus peregrinus furto vaccam mihi subducunt et vitae *vaccarii*[5] mei insidiantur! Vobis ostendam, quid hoc sit rei. Captivi me in cohortem meam sequemini!"

Marcus conversus vafre me conspiciebat.

"Faciamusne, Carolule? Fortasse in cohorte plus cibi quam hic capiemus."

"Temptemus! Si homini non est praedium armenta-

---

[1] Urbs Lacus Salsi – Salt Lake City [2] Esquimensis – Eskimo
[3] παράκλητος – causidicus [4] Camtsatca – Kamtschatka
[5] vaccarius – vaquero [ferrarius – herrero] zum Unterschied zu ‚bubulcus' – ‚Cowboy'

rium cum compluribus centenis famulis, sed parva cohors, nobis inferior est."

„Εὖγε, ergo huic ioco indulgebimus."

Rursus se convertit ad Mexicanum:

„Tibine revera in animo est propter tales nugas nobiscum in certamen descendere, domine?"

„Non dominus sum, sum *Domnus*[1], sum *Procer*[2], et appellor Domnus Ferdinandus de Venango y Colonna de Molinares de Gaialpa y Rostredo, hoc tene!"

„Βαβαί, amplissimus es dominus! Tibi igitur a nobis mores sunt gerendi, sed spero Te indulgentem in nos fore."

Nihil paraveramus ad resistendum. Tum surreximus et igni exstincto in equos conscendimus, cum Caesar hilare rideret.

„Oh, ah, perbelle fecisti! Caesar nigrita esse causidicus ortus ex – ex – Caesar non iam scire! In cohorte futuri esse multus et bonus cibus et potus. Caesarque ibi valde pulcherrime habitaturus esse!"

Dum nobis in medium acceptis laxatis habenis avolant, sicut illi Mexicani soliti sunt, mihi satis datum erat occasionis vestes illorum hominum oculis collustrare.

Electis coloribus variae sunt et nitidae, sicut vix in alia terra inveniuntur.

Caput petaso humili, qui margine latissimo ornatus est, inumbratur, quem sombrero (id est umbrarius [Latine: causia]) vocant quique aut *coactis*[3] nigris sive fuscis aut illo molli et subtili herbae texto conficitur, quod nobis quoque in Europa notum est, cum huius generis tegimenta capitis, quae petasi Panamenses appellantur, etiam ad nos invehuntur. Petasus *Senioris*[4], *i*d est: domini, sive ille est possessor praedii armentarii vel cohortis sive est latro, semper ab altera parte in altum vertitur et fibula aurea vel aenea gemmis aut vitro colorato ornata margo

---

[1] Domnus – Don
[2] procer, -is m. – Grande
[3] coacta, -orum – Filz
[4] Senior, -is – Señor

simulque penna ornans, cuius pretium pro facultatibus iactatur, quae autem numquam deest, erectae retinentur.

Mexicanus iaccam brevem et apertam, cuius manicae longe dissutae sunt, gestat. Et hae manicae et tergi suturae et utraque *thoracis pars*[1] opere acu picto abundant, quod es *lemniscis*[2] tenuibus vel laneis vel *xylinis*[3] vel sericis, ex metallis ignobilibus vel ex auro et argento est confectum.

Collum panno nigro ligatur, qui in fronte in parvum nodum colligitur. Huius panni laciniae ultra zonam descenderent, nisi hoc modo eas gerere contra mos esset. Umero iniciuntur, qua re illi, qui eum gerit, species venustissima praebetur.

Bracae peculiares sunt. Sub zona corpori *insident*[4] atque arte et stricte haerent in coxis et cetera parte superiore corporis, quam tegunt. Deorsum autem ab eo loco, ubi in duas partes dividuntur, magis magisque amplificantur. In infimo margine altero tanto ampliores sunt quam in maxime crassa lumborum parte. Ad hoc bracae ab exterioribus partibus dissutae et latis *limbis*[5] et *opere acu picto*[6] exornatae sunt et scissurae serica insuta sunt, quorum color ita elegitur, ut valde discrepet ab illo bracarum.

Etiam *ocreae*[7] caligarum ex corio subtili *laccâ*[8] obducto confectarum semper opere acu picto exornatae sunt. Ad eas utique calcaria ingenti magnitudine pertinent, quae aut ex argento aut chalybe pulchro et pervio aut vili orichalco, fortasse etiam ex cornu acumine osseo instructo, quod aptum est ad alta vulnera lateribus miseri equi afferenda. Magnitudine haec calcaria superant, quaecumque equites loricati aliquando media aetate gesserunt. Una cum *furcilla*[8] plus viginti quinque cen-

---

[1] thoracis pars – Bruststück
[2] lemniscus – Band, Schnur
[3] xylinus – aus Baumwolle
[4] insidêre – fest anliegen
[5] limbus – Bordüre, Tresse
[6] opus acu pictum – Stickerei
[7] ocrea – Schaft
[8] lacca – der Lack
[8] furcilla – Gabelteil

timetra sunt longa, quorum minimum quindecim sunt illius asseris, qui rotulam tenet. Quod apud nos ‚rotula' appellatur et tantum est quantus *grossus* [1], apud Mexicanos est stella duodecim radiorum et diametri quindecim centimetrorum. Totum calcar unum chiliogrammum pendit, saepe multo plus. Mexicani semper instructi sunt equis, qui bene sunt insuefacti et maxime agiles et omnibus laboribus pares et magna iis est exercitatio in omnibus armis, quae vix noctu ponunt quibusque, si levissima est causa, uti parati sunt.

Praecipue versati sunt in longo pistolio equestri cum *fistula sulcata* [2] adhibendo, quod semper ita instructum est, ut unico pressu *humerale* [3] cum eo coniungi et pistolium in carabinum mutari possit. Tale telum, si Mexicanus id in manu tenet, a centum quinquaginta milibus passuum certam mortem infert, cum sulci artissime sint ducti, ut missile celerrime circum axem se convertat neque facile a via praestituta aberret. *Capsula missilis* [4] autem propter illos sulcos minimum pulveris pyrii desiderat neque pellitur neque tunditur. Tale sclopetum in manu viri exercitati vere est thesaurus, et equi tam bene insuefacti sunt, ut iis vehens et hosti adversus et aversus ab eo sclopetare potes. Satis est equo bombardam ostendere, ut bestiam prudentem, dum collineas et sclopetas, tam immobilem facias, quasi esset e saxo sculpta vel ducta ex orichalco.

Telum etiam periculosius fere hôc *ferro iaculatorio* [5] destinatum certe feriente est capulum, ille terribilis laqueus coriaceus, quo vir exercitatus taurum ferum currentem, pumam salientem, hominem et aggredientem et fugientem vincit et capit. Capulum amentum duodecim metra longum laqueo instructum, in hominem et bestiam plerumque in equitando laxatis habenis mittitur. Eo cen-

---

[1] grossus – Groschen [2] fistula sulcata – gezogener Lauf
[3] humerale – Schaft [4] capsula missilis – Geschoßkammer
[5] ferrum iaculatorium – Schießeisen

ties misso vix semel destinatum non feritur. Capulo iam liberi exercentur, et ad extremum cum homine coaluisse videtur. Non modo manui paret, dicere possit quispiam id iam cogitatis parere; nam laqueus eo fertur, ubi iaculator eum esse vult, sive in ludendo sive in iocando, sive in arena sive in gravi pugna interneciva.

Mexicano equo insidente ex umbone sellae *ponchus*[1] pendet, lodix, qua totum corpus velari potest cuique est scissura in media parte, per quam caput ducitur, ut altera pars dimidia tergum tegat alteraque pectus.

Vestitus equitis et arma equestria aeque sumptuosa sunt. Ephippium et frenum ubivis argento et interdum etiam auro exornata sunt. Frenum equi hominum divitum ex gravi et bono argento confectum est, et catenae, quibus freni ornati sunt, nequaquam cavae sunt factae, sed auro solido. Interdum *oreae*[2] ita ornatae tantum quinquaginta *scutis*[3] constant, sed crebro solae oreae cum frenis quingentis scutis aureis sunt.

Omnibus equis sella Hispanica clara vel etiam infamis mira altitudine imponitur, ex qua quis excidere nequeat, siquando in ea haeret. Et si eques paulum est exercitatus, equo difficile sit eum effundere. *Pluteus*[4] arte se applicat ad tergum usque eo, ubi costae breves initium capiunt. Pars antica in aequam altitudinem pertinet, et cum umbone aëneo sellae, qui equi caput imitari solet, quindecim centimetris longior fiat, patet usque ad os pectoris.

Ab ephippio usque ad *postilenam*[5] thorax e corio soleario facta se porrigit, ut dorsum et latera bestiae tueatur. Horum temporum equites eam semper omittunt. Si autem iter facturi sunt, eam promere solent, imprimis, quod non mediocrem numerum perarum aliorumque receptaculorum commode applicatorum habet. Huic

[1] ponchus – Poncho
[2] oreae, -arum – Gebiß (am Zaumzeug)
[3] scutum – Escudo   [4] pluteus – Lehne
[5] postilena – Schweifriemen

thoraci est lepidum nomen ‚cola de pato' (cauda anatina).

Stapiae saepe a catenis argenteis pendentes communiter ligneae sunt et prioribus temporibus veri et proprii calcei erant, qui pedes tegebant et ab omni vulneratione aut clade tuebantur. Calcei lignei abiecti et stapiae retentae sunt. Ut nihilominus pes contra vulnerationem tutus reddatur, partem stapiae anticam consternunt *tapageres*[1], qui opere filo ferreo picto puchre ornati sunt et priorem pedis partem circumcludunt. Ditissimis hominibus etiam stapiae ex *ferrea lamina interrasili*[2] pretiose factae, omnino ita, ut in antiquis armentariis inspici possunt. Cum eques contra omnia se tueri velit, etiam ab utraque parte umbonis sellae *armas de pelo* (arma pilosa) pendent, quae sunt spissae pelles caprinae, quibus pluviis diebus lumbi et genua obteguntur. Etiam crura illius, qui per virgulta spinosa equitat, bene tuentur. –

Semihora fere post aedificium ante nos exortum est, quod cohortem esse suspicabamur. Habenis immissis in aulam spatiosam invecti descendimus.

Cohortis dominus conversus ad aedificium principale lingua Hispanica magna voce clamavit:

„Domina Eulalia, dominula Alma, venite, venite, ut videatis, quem afferam!"

Hac voce edita duo animalia tanta celeritate ianua excurrerunt, ut cogitatione nescio quomodo versus Schilleri deflexi:

> *„En, subito fores aperiuntur,*
> *Erae duae – simul eiciuntur."*

Reapse. Erae erant, domina et dominula, sicut audiveramus, quae res autem non ex aspectu eorum concludi poterat. Utraque pedibus nudis et nudo capite erat. Num

---

[1] tapageres – lodices coriaceae
[2] ferrea lamina interrasilis – durchbrochenes Eisenblech

mira permixtio, quam in capite gerebant, capilli essent, haud statim cognoscere poteram. Brevis *gunna*[1] superiorem crurum partem velabat, cum inferior pars squalore obducta esset, quem facile caligam cum margine replicato putavisses. Pars corporis superior sola camisia tegebatur, quae quidem fortasse ante multos annos alba fuerat, tum autem ad fumarium purgandum adhibita esse videbatur.

Hae duae erae, postquam e ianua eruperunt, rictu diducto impudenter in nobis oculos defigebant.

Maior mulier rauca voce clamavit: „Quem affers, Domne Ferdinande de Venango y Colonna? Quam laboriosum erit, si quinque hospites comedere, bibere, ludere, fumificare, dormire volent! Id mihi odio est! Id sinere non possum. Potius ilico aufugiam et te una cum tota *colluvie*[2] in hac cohorte versantem deseram. Vellem numquam a te inducta essem ad pulchram *Iosephopolim*[3] meam relinquendam et – "

Minor Marshalum significans eam interlocuta est: „Mater, scisne, cui hic dominus mirum in modum sit similis? Domno meo Allano!"

Praestanti verborum cursu interrupto manifesto exulcerata alia respondit: „Specie et vultu eum similis sit, attamen non est. Qui sunt hi viri et cui labor ab iis imponitur? Mihi, nulli alii homini! Atque haud parva res est, si iam utique immensis rebus domesticis prospiciendum est. Saepenumero animo sum prorsus conturbato et incerto, et si nunc a me etiam quinque hospitibus exteris con – "

Tum cohortis dominus eam loquentem interpellavit: „Sed, Domna Eulalia, omnino non sunt hospites!"

„Nonne hospites? Quinam, Domne Ferdinande de Gaialpo y Colonna?"

„Captivi, domina Eulalia."

---

[1] gunna – (Frauen-)Rock   [2] colluvies, -iei – Gesindel
[3] Iosephopolis – San José

„Captivine? Cur capti sunt, Domne Ferdinande de Venango de Molinares?"

„Nobis bovem et tres vaccarios interfecerunt, cara Domna Eulalia."

Revera mirum erat, qua impudentia Domnus Ferdinandus maleficia nostra multiplicaret.

Manus fuliginatas complodens, ut equi nostri perterriti aures arrigerent, clamavit:

„Bovem et tres vaccarios! Hoc quidem terribile est – dirum – immane! Deprehendistine eos in ipso delicto, Domne Ferdinande y Colonna de Gaialpa?"

„Non solum in uno, sed in omnibus delictis, Domna Eulalia. Neque modo eos interfecerunt, sed etiam torruerunt et consumpserunt."

Oculi Domnae altero tanto maiores sunt facti.

„Torrueruntne et consumpserunt? Bovem aut tres vaccarios, Domne Ferdinande de Gaialpa y Rostredo?"

„Primum bovem, Domna Eulalia!"

„Primum! Et tum, Domne Ferdinande de Venango?"

„Tum? Praeterea nihil, nam eos impedivimus et ab omnibus aliis facinoribus arcuimus. Eos comprehendimus et attraximus, Domna Eulalia."

„Eos comprehendistis et attraxistis! Oh, omnes sciunt, quam fortis sis eques! Quinam sunt illi homines, Domne Ferdinande de Molynares y Colonna?"

„Isti tres albi fidei propagatores ex urbe Mormonum venientes sunt, qui Franciscopolim tendunt ad Californiam convertendam."

„Subveni mihi! Subveni! Fidei propagatores, qui vaccas furto subducturi et interfecturi sint atque vaccarios devoraturi! Perge, Domne Ferdinande e Rostredo y Venango!"

„Hic niger, qui speciem habet nigrittae, causidicus est ortus ex – ex, ubi *Igniterrani*[1] habitant. Franciscopoli testamentum captare in animo habet, Domna Eulalia!"

---

[1] igniterranus – Feuerländer

„Captare! Oh, ergo mirum non est, quod etiam vaccas et vaccarios captat! Atque postremus, Domne Ferdinande de Colonna y Gajalpa?"

„Ille, qui speciem habet sicarii Indii, est Hottentottus in – in – in *Terra Viridi*[1] ortus. Fidei propagatores pecunia spectandos praebere vult, Domna Eulalia!"

„Oh! Oh! Oh! Quid de his hominibus facies, carissime domine Domne Ferdinande de Molynares y Gajalpa de Venago y Rostredo?"

„Eos suspendi et sclopeto interimi iubebo. Omnes arcesse famulos meos, Domna Eulalia!"

„Omnesne famulos? Iam omnes adsunt praeter anum nigritam Elisabeth. Sed modo subit animum meum neminem deesse, quamquam isti viri tres ex vaccariis tuis occiderunt, Domne Ferdinande y Rostredo de Colonna!"

„Res etiam apparebit, Domna Eulalia! Omnes portas et ianuas, viri claudite, ne captivi effugere possint! Ilico iudicium severum de iis faciam."

Una sola porta erat, quae obice firmo tam tuto obserata est, ut Domnum nostrum firmiter in potestate nostra haberemus.

„Age!" ait cohortis dominus. „Nunc sellam mihi apportate! Equis, etiam illis captivorum, ad trabem alligatis initium capere poterimus!"

Vaccarios ab imperatis faciendis non impedivimus, cum amovendo equos spatium amplum, quo opus erat, nobis praeberetur. Ceterum de iudicio annuntiato ne minime quidem anxii eramus. Tres sellae apportatae sunt, quarum in media Domnus Ferdinandus consedit, et ab utraque parte eius domina Eulalia et dominula Alma vestibus talaribus iudicis supra descriptis indutae assederunt. Nos ipsi, qui nos in globum contraxeramus, a vaccariis in medium accepti sumus.

Cohortis possessor orsus est: „Primum nunc ex vobis nomina quaeram. Quid est tibi nomen?"

[1] Terra Viridis – Grönland

Nigrita, qui interrogatus erat, respondit: „Caesar."

„Verum trifuris nomen. Et tibi?"

„Vinnetu."

„Vinnetune? Nomen assumptum; nam hoc nomen est Indianorum regulo, quo maior et illustrior non est. Et tibi?"

„Marshal."

Dominula ad matrem conversus interpellavit: „Audisne istum nomen eius gerere?"

„Nomen Iancheorum", ait cohortis dominus, „et Ianchei omnes homines perditi sunt. Et tibi?"

„Sin-Otus."

„Etiam nomen assumptum; nam illud nomen est veteris *exploratoris*[1]*,* qui longe lateque venator fortissimus et clarissimus Indianorum hostis habetur. Et tu?"

„Vetus Catabolochir."

„Rursus assumptum. Non solum latrones, sed etiam protervi viri mendaces estis!"

Paulum prodii, ut proxime vaccarium inhumanum starem, qui, cum Bernhardum capulo traxisset, castigatione dignus erat.

„Non mentimur. Tibine ostendam?"

„Ostende!"

Subito pugnus meus in caput vaccarii impactus est, ut nulla voce edita praeceps in terram datus sit.

„Nonne hic pugnus est ,manus prosternens'?"

Domina Eulalia clamavit: „Tene me, Alma! Animo relinquor. *Apoplexi*[2] corripior, *tetano*[3] afficior!" et bracchiis extentis pectori nostri Domni Ferdinandi incidit.

Exsulturus dulci onere autem, quod eum firmiter prehensum habebat, se liberare non potuit. Cum Dei hominumque fidem inclamabat, dominula Alma nervose isto clamore concinuit.

---

[1] explorator – Scout, Pfadfinder
[2] apoplexis, -is (-eos) f. – der Schlaganfall
[3] tetanus – Starrkrampf

Mexicanus equo vehens optimus, pedibus autem eo peior est pugnator. Idem valebat etiam in vaccarios; nam statim, cum nos quinque ictu a me illato bombardas contra eos cepissemus, in angustum venerunt. Loqui coepi.

„Nolite timere, domini! Vobis vis non afferetur, si sanae mentis eritis. Si animos vestros ad parvum errorem adverterimus, vobis liberum erit, ad arbitrium vestrum in nos agere."

Tum paulo propius accessi ad sellas et corpore alte et reverenter inclinato salutavi.

„Domna Eulalia, colo pulchritudinem formae et ardenti admiratione virtutes muliebres celebro. Licetne mihi te orare, ut expergiscaris et dulces oculos tuos in me conicias?"

„Ahhh!"

Suspirium trahens oculis parvis cattinis apertis suo ori flavo speciem praebuit, quae desiderio ardens esse videretur, sed potius anxia et dubia erat:

„Bella domina, certe de ‚*Cours d' amour*‘, aulis amoris superiorum temporum, cognosti, ubi ex dominabus illa, quae maxima admiratione afficiebatur, ius dicebat et ab unoquoque pronuntiationi eius mos gerendus erat. Iudicium, quod Domnus Ferdinandus de nobis facere vult, iustum esse nequit, cum ipse sit alterius partis. Eum rogamus, ut potestatem in teneras manus tuas tradat, et nobis persuasimus iudicium tuum de solo vere noxio factum iri!"

Voce, quae sonabat, quasi *glottis*[1] eius posita esset inter duos *peniculos tritorios*[2], cecinit: „Idne revera exoptas, domine?"

„Verissime loquimur, Domna Eulalia! Non quidem nos salutationi erae tuarum virtutum dare valemus; nam iam aliquot menses in occidente fero sumus, sed indulgentia sane pulcherrimum est decus muliebris sexus, ut speremus te nostras preces audituram esse."

---

[1] glottis, -idis – os laryngis (Stimmritze)
[2] peniculus tritorius – Scheuerbürste

Blanditiis meis ita capta, ut facile appareret, interrogavit: „Vosne vere estis illi viri, quorum nomina vobis indidistis?"

„Sumus."

„Audisne, Domne Ferdinande de Venango y Gaialpa? Hi viri clarissimi me iudicem sui constituerunt. Scis quemquam mihi obloqui me passuram non esse. Satisne tibi est?"

Mexicanus vultum quidem traxit, sed erae suae par non esse videbatur et haud dubie laetus erat, quod rursus libere respirare poterat.

„Suscipe munus, domina Eulalia!" inquit. „Mihi persuasum est te istos furciferos suspensuram esse."

„Pro cuiusque merito, Domne Ferdinande de Colonna y Molynares!"

Tum se convertit ad me.

„Loquere, domine. Tibi loquenti aures praebebo!"

„Fingo, Domne Eulalia, te esse esurientem et defessam viatricem, quae in zavana invenit vaccam, cuius carne fames sedare possit. Liceatne tibi illam vaccam necare, si pellem possessori eius permittas?"

„Profecto. Ita ubique enim mos est!"

Cohortis dominus interlocuturus erat: „Non ita. Ita non ubique –", cum illa celeriter eum interfata est:

„Sile, Domne Ferdinande! Mihi hic nunc imperandum est et tibi solum loqui licebit, si te evocavero."

Humiliter in sellam se reclinavit. Etiam ex vultibus vaccariorum re ipsa dominam Eulaliam veram dominatricem cohortis esse colligi poterat.

Perrexi: „Hoc ipsum scelus nostrum erat, Domna Eulalia. Ibi iste vaccarius humi iacens dominum Marshal ante oculos tuos stantem capulo ei superiecto secum abripuit. Eum necavisset, nisi equum vaccarii sclopeto occidissem!"

Sciscitans iteravit: „Marshalum? Hoc nomen nobis carum est. Quidam dominus Marshal, Allanus Marshal, apud sororem meam Franciscopoli habitavit."

Quaesivi: „Allanusne Marshal? Ecquid Ludovicivilla Civitatum Foederatarum ortus?"

„Sane quidem, sane, ille est! Nostine eum?"

„Vero! Hic dominus Bernardus Marshal, gemmarius Ludovicivillanus, frater eius est."

„Sancta Laurula! Ita est, convenit! Gemmarius erat eique frater erat, cui nomen est Bernardo. Alma, animus te non fefellit. Veni, ut te complectar, domine Bernarde, nam mihi gratus es!"

Haec subita effusio animi in laetitia non satis intellegi poterat, et quamquam Bernardus vehementer laetabatur, quod praeter exspectationem nuntium fratris, quem quaerebat, acceperat, tamen solam manum dominae leniter movere in eam regionem, ubi labra erant, amplexu autem supersedere malebat.

Tum: „In eo est", ait, „ut fratrem quaeram. Ubi nunc versatur, Domna Eulaia?"

Cohortis dominatrix dixit: „Alma, filia mea, apud sororem meam fuit. Cum ei huc revertendum esset, ille se parabat ad fodinas petendas. Suntne omnes hi viri amici tui, domine Bernarde?"

„Omnes! Permultum iis debeo, etiam libertatem et salutem. Hic dominus Catabolochir e pereundo siti, ex manibus palariorum, ex Comanchium captivitate me eripuit."

Denuo manus complosit.

„Quid ais? Suscepistine tales casus? Oh, de his nobis narrare debes! Sed qui fit, ut Mormo sis neque frater tuus?"

„Non sumus Mormones, Domna Eulaia! Id tantum iocati sumus."

Celeriter era ad cohortis dominum se convertit.

„Audisne, Domne Ferdinande de Venango y Gajalpa, isti non sunt Mormones neque latrones et percussores! Eos culpa absolvo. Hospites nostri erunt et nobiscum manebunt, quoad iis placebit. Alma, cito ex culina affer lagoenam *iulepi basilici*[1]. Salutem hospitibus propinare debemus."

Vultus domini cohortis verbis iulepi basilici auditis extemplo exhilaratus est. Tantum occasione festissima data id, quod lagoena continebatur, ei contingere videbatur, ut reprehendendus non esset, quod gaudebat adventum nostrum talem occasionem haberi. Cognovi iulepum maxime idoneum esse ad nos cum eo reconciliandum.

Dominula Alma, quae ilico avolavit – paene dico, ut illuvies pedum dissiliret –, pariter cito cum obba et hyalo aptae magnitudinis revertit. Qui scit, quam miseram aquam ardentem Ianchei sub titulo iulepi in illas regiones supportent, ei certe persuasum erit nos solum pauca de hac potione degustasse, eras autem omnino nihil sumpsisse. Quod attinet ad nos, ei a me assentiendum est. Utraque era autem hyalum magna cum voluptate exhausit, tamquam ‚*Lunellum*'[2] ante se haberet. Vinnetu ne ullam quidem guttam gustavit, utpote qui numquam ‚*aquam igneam*[3] biberet. At cohortis dominus tantisper sibi infundebat, dum vilica ei breviter ampullam praeripuit.

„Non nimium, Domne Ferdinande de Venango y Restredo! Scis mihi tantum adhuc duas lagoenas huius potionis esse. Deduc dominos in conclave! Nos erae, postquam nos ornavimus, famem, qua vos omnes certe urgemini, explebimus. Veni, Alma! Ad nos videndos, domini!"

‚Erae' per foramen muri discesserunt, post quod aut *apodyterium*[4] aut culina, fortasse etiam simul utrumque situm erat. Nos autem a cohortis domino in membrum deducti sunt, quod domina Eulalia ‚conclave' appellaverat, cui autem alibi nomen ‚areae' datum esset. Inventa est mensa, aliquot quoque scamna ex rudibus perticis confixa, ut considere possemus. Cum autem animadverteremus

---

[1] iulepum basilicum – Basilikjulep (Compos. ex vischio, glacie fracta, menth. vir.)
[2] lunellum – liquor Francogallicus
[3] aqua ignea = aqua ardens   [4] apodyterium – Ankleidezimmer

vaccarios propere aggredi hippoperas nostras, ut inspicerent, quae iis continerentur, exii, ut peras cum his rebus in tuto collocarem; sciebam enim optimum vaccarium sine ulla exceptione etiam maximum esse nebulonem. Caesari apud equos manendum erat, ut eos in pascuis ante portam sitis custodiret, de qua re aspere questus est.

„Massa nunc comedere multas, bonas, pulchras res in conclavi. Cur igitur Caesari manendum est apud equos?"

„Quod robustior et fortior Vinnetu et Sin-Oto es, ut tibi bonos equos nostros multo potius committere possim."

„Oh, ah, id tu recte dicere! Caesar esse robustus et animosus et animum intendere, ne quis equos aggredi."

Placatus erat. Ego autem in conclave reverti, ubi colloquium parcissimum habebatur, dum erae apparuerunt. Species earum adversus antea prorsus commutata erat et ipsae vestitae erant sicut in *Alameda*[1] Mexicopolitana.

Vestitus erarum Mexicanarum modo interdum est ita ut recentior Europae. Pillei etiam maximis *caliptrariis*[2] ignoti sunt. At vestimentum omnibus commune est *rebozum*, anaboladium duo metra longum, quod simul est ornamentum capitis. Erae comitante aliquo id in umerum eo imponunt, similiter ac apud nos. Si quis autem post meridiationem amicas convenire vel vesperi obambulare vult, rebozum super capite ponitur, ut a tergo capilli operiantur, facies autem aperta maneat. Cum plerumque tenue et velamini simile sit, illo etiam pro velamine utuntur, quod in hac re non solum et caput et faciem et umeros circumdat, sed totam involvit staturam.

Rebozum nobilis Mexicanae manibus Indianis textum sit oportet – plexum multo potius dicere posses, et cum duorum annorum laborem requirat, pretium octoginta *pe(n)sorum*[3] certe moderatum est. Talia quoque sunt, quae duplo pretio constent.

Faciebus et manibus lautis atque tibialibus et calceis in

---

[1] Alameda – via magnifica in capite sita, cui multa sunt monumenta
[2] caliptraria – Putzmacherin
[3] pe(n)sum – Peso

pedes inductis tum erae nostrae tali rebozo amictae se ostendebant. Nisi eas antea vesti domestica vel potius *cohortali*[1] indutas vidissem, minor quidem me non mediocriter delectavisset. Mensae accubuerunt, cum vetulae nigritae etiam in minimis rebus delegavissent, ut cibos apponeret. Mirum erat, quod de ‚domino Allano' continenter loquebantur, ut suspicio mihi incideret dominulam Almam gemmarium nitidum paulum sectatam esse neque tum eius oblivisci posse.

Cibi oblati vere Mexicani erant: bubula cum oryza, quae pipere Hispanico rubrorum laterum colore infecta erat. *Farinacea*[2] cum allio, olera arida cum cepis, *vervecina*[3] pipere usitato colore nigro infecta, pulli cum cepis et allio. Os mihi ita piperatum est, gula ita cepata, stomachus ita alliatus, ut ex tempore libentissime hos versus fecissem:

"Omnia vix in ventrem pressavi,
cum ilico prorsus sum desperatus.
quasi infernum totum voravi,
ut mille diabolis essem vexatus."

Erae tenerae, quae profecto Vetere Catabolochire minus molles erant, voluptatem largis iulepi basilici haustibus auxerunt, quos secutum est sigarellum, quo se abstinere nequibant. Ne Caesar noster cibo fraudaretur, ab uno ex vaccariis ei portio sua in storea vetere et trita posita ad equos elata est. Iulepum acceptum in vacua pyxide capillaris additum est. Fortasse in via *aqua ardens mala*[4] cum reliquis cosmeticis, quae in pyxide erant, misceri poterat, ut oreretur unguentum carbuncularium salubre et commendandum!

De itinere nostro hoc die pergendo non iam agebatur.

[1] cohortalis – Rancho- (den Rancho betreffend)
[2] farinacea – Mehlspeisen
[3] vervecina – Hammelfleisch
[4] aqua ardens mala – Fusel

Dominula Alma numquam a latere Bernardi mei discessit, cum mihi viro occiduo misero urbanitas bene considerata convictu inseparabili dominae Eulaliae luenda esset. Quantopere ‚era' primum prodiens – ut Bavaricâ linguâ utar – veram ‚Z'widerwurzen' se praestiterat, tantum suavitatis tum ex unoquoque verbo eius stillabat. In appellando me a Vetere Catabolochire primo ad dominum Carolum, tum ad Domnum Carolum me promovit et, cum Bernardus de sorte sua narrabat, mutatus in *fortem* et *strenuum* Carolum. Postremo nobis a prandio surgentibus carum Carolum *suum* interrogavit, quid sponsae mnemosynum itineris in Germaniam secum ducturus esset. Cum ad hanc percontationem callide tectam quicquam falsum dicere nequirem, ei dixi mihi non minimum ius esse tale donum mecum ferre, quod in *civium indice*[1] vir caelebs essem. Tum ei dixi, ne diutius officiis domesticis deesset, mihi equos spectandos esse, et foras ad Caesarem exii.

Nigrita ventre humi iacebat manibus et pedibus varios motus mihi non intellegendos faciens et tam miras voces edens, ut *anclongo Iavano*[2] Richardi Wagner ‚Musicam Futuri' mihi exercere videretur.

„Caesar!"

Me id nomen vocante caput sustulit.

„Oh, Massa – Massa – Massa!"

„Quidnam est?"

„Oh, oh, oh, Massaaaah! Caesar omnem totam rem comedisse. Et nunc ignis in Caesare ardere, quasi Caesar esse fornax. Massa Caesarem iuvare, aliter Caesar moriturus esse!"

Hic effectus erat duplicis piperis, ceparum, allii! Pyxis capillaris prorsus vacua erat. Ibi celeri auxilio opus erat; nam Caesar meus os ducebat, quasi iam moriturus esset.

---

[1] civium index – Personenstandsliste

[2] anclong(um) Iavanum – constat ex 24 partibus harundinis Indicae (Bambus)

„Tibi aliquid bibendum est, quo dolores mulceantur, sin minus actum erit de te, miser Caesar! Quid melius putas: lac an aquam an iulepum basilicum?"

Alte latus vultu grato et celeriter intellegenti aspectum vertit in faciem meam sollicitam.

„Massa, oh, oh, lac et aqua profuturae non esse! Tantummodo iulepum nigritam Caesarem servare posse."

„Ergo, cum velociter ad Domnam Eulaliam accurreris, ei dic tibi moriendum esse, nisi e vestigio iulepum basilicum conceperis."

Nigrita, qui propere evolavit, reapse interiecto tempore – cum viderem, stupebam – cum lagoena semiplena iulepi rediit. Totum penus, quod reliquum erat, acceperat.

„Dominula Eula dare nolle iulepum, sed Caesar dixisse Massam Carolulum se misisse, tum dominulam Eulam ilico totum iulepum dedisse!"

„Bibe igitur, tibi proderit!"

Cena rursus in ‚conclavi' sumpta est. Domina iuxta me sedebat. Nobis confabulantibus insusurravit mihi ad aurem:

„Domne Carole, tibi a me quiddam arcanum prodendum est."

„Quid ita?"

„Non hic! Confestim post cenam ad tres platanos illic stantes veni!"

Constitutum[1] igitur erat! Quod ei repudiare mihi non licebat, cum vero fieri posset, ut mihi aliquid grave diceret. Quamquam nobis cenantibus equi in aulam inducti erant, postea portam apertam inveni. Post cenam foras egressus me sub platanis abieci. Sed mox mihi ab hac commoda positura surgendum erat; nam a domina Eulalia mora non longa est facta.

Orsa est: „Domne Carole, tibi gratias ago! Necesse erat me hoc colloquium tuum petere, quod tibi arcanum com-

---

[1] constitutum – Stelldichein

mittere debeo. Rem etiam aliis dicere potuissem, sed te ipsum elegi, quod – "

„– quod tibi assidebam, ut facillime me huc arcessere posses, ain' tu, Domna Eulalia?"

„Sane quidem! Et nunc audi! Dominus Bernardus de duobus latronibus narravit, quos persequimini. In nostra cohorte fuerunt."

„Ah! Quando?"

„Nudius tertius mane discesserunt."

„Quo?"

„Per Montes Nivatos Franciscopolim. Filia multum cum iis de domino Allano loquebatur, quem visitaturi erant."

Hic quidem nuntius gravis erat. Et facile totam causarum seriem conieci. Cum dominula cum quolibet libenter de Allano loqueretur, etiam mentionem eius fecerat coram Morganis, qui statim libenter ansam apprehenderant Bernardum ulciscendi et privandi fratrem eius, qui utique magnis opibus praeditus erat.

Interrogavi: „Nonne ignoras eos illos ambos fuisse, Domna Eulalia?"

„Illi fuerunt; nam omnia quadrant, quamquam alia nomina dixerunt."

„Ex filia interrogando et percontando sororem tuam et dominum Allanum exquisiverunt?"

„Ita est. Iis petentibus vel indicium dedit, ex quo intellegi poterat eos apud nos fuisse."

„Quid erat hoc indicium?"

„Epistula, quam ad me sororis maritus *Iosephopolim*[1] dederat."

„Vivitne adhuc maritus sororis?"

„Adhuc vivit. Dominus est deversorii, quod appellatur ,*Vallisoletum*'[2], *siti in via ,Sutter*'[3] et ei nomen est Henrico Gonzalez."

---

[1] Iosephopolis – San José
[2] Vallisoletum – Valladolid
[3] via Sutter – Sutterstreet

„Quando dominula Alma ab eo abiit?"
„Ante tres menses."
„Depingesne mihi accurate verbis ambos homines, quibus epistulam perferendam tradidisti?"

Cum fecisset, mihi persuasum erat eos reapse ambos Morganos fuisse. Coram omnibus me certiorem facere potuisset, cum autem nuntius maximi momenti esset, ei irasci nequibam, quod me adduxerat ad hanc ambulatiunculam conficiendam. Itaque humaniter ei gratias egi. Illa autem deinde ad portam incessit.

Cum ego quoque paulo post in conclave intrabam, iam exspectabar. Socii cubitum ituri erant, itaque vigilia sorte legenda erat, quod hanc rationem etiam in hac cohorte necesse habebamus. Quo facto cubile nostrum petivimus.

Ut condicionem eius iudicare possis, cohortem interiorem nosse debes. In tali aedificio plerumque unicum et verum synoecium est, in quo omnes, qui ad domum pertinent, patriarchaliter una cum hospitibus habitant et dormiunt. Verbis *,qui ad domum pertinent'* saepe et vaccae lactantes, equi condocefacti, oves, porci, gallinae, canes, cattae dicuntur. Solum, quod consistit in luto durissime festucato, in quo aliquid graminis aut musci stratum est, quod est sedes diutina scorpionum, aranearum, millepedarum aliorumque vermium, noctu stragulo est et lodici ponchus.

Ita quoque res se habebat in cohorte nostra. Domnus Ferdinandus de Venango, domina Eulalia, dominula Alma, vetula nigrita, universi vaccarii et postremo nos quoque alius iuxta alium iacebamus sicut in hospitio Germanico, ubi potestas stramentis incubandi et sellae dorso pro cervicali utendi tribus constat penningis. Quamvis libentius locum sub dio quaesivissem, tamen in officiis hospitis peccare mihi non licebat, cum hoc modo magnam iniuriam hospitalem intulissem.

Postridie mane, cum omnes cohortis habitantes benignis ominibus nos prosequerentur, profecti sumus. Vaccarius ipse, quem afflixeram, sive volebat sive nolebat, – dominae Eulaliae gratia – comibus verbis nos prosecutus est.

Domnus Ferdinandus de Venango y Colonna de Molynares de Gaialpa y Rostredo aliquantum viae equo nos prosecutus ad meridiem demum iter convertit.

Mormonum fidei propagatores invitus discedentes videre videbatur, quamquam eum toto iulepo basilico privaverant.

Propter nuntium arcanum dominae Eulaliae priorem itineris rationem non diligenter obtinere debebamus et lacum Monum assecuti multo minus diu morabamur, quam nobis antea propositum erat, quoniam equi in cohorte integrum fere diem quieverant. Tum magnis itineribus per montes Nivatos *Modestum*[1] descendimus, unde ferrivia per Stocktoniam vecti Franciscopolim, locum petitum itineris nostri, contendimus.

9. DE MIRO DEVERSORIO.

Franciscopoli in extrema lingula sitae ab occidente est magnus oceanus, ab oriente sinus amoenus, a septentrionibus introitus huius sinus. Portus Franciscopolitanus, qui fortasse pulcherrimus et tutissimus est totius orbis, tam amplus est, ut omnium civitatum classes in eo contrahi possint. Ubique ibi conspicis concursationem navam, confusionem incredibilem incolarum, qua magis varia cogitari non potest. Europaeis omnium civitatum ‚ferae' et semieruditae rubripelles se adiungunt, quae praedam venaticam ad mercatum deferunt et primum fortasse pretium accipiunt, quod utique haud paene fraudulentum appellari potest. Hic Mexicanus superbus et

[1] Modestum – urbs Modesto

vestibus ornatis indutus iuxta simplicem Suebum incedit; Anglus aequo animo praeditus iuxta agilem Francogallum; baiulus[1] Indus albo lino xylino vestitus sordido obviam fit Iudaeo Polonico; homo elegans horrido homini rustico; Tiroliensis negotians aurilegulo, cuius cutis colorata, cuius capillus impexus, cuius sub barba confusa omnia occultantur, quae verbo ‚*faciei*‘ appellari solent. Ibi offendi potest Mongolus oropediorum Asiae, Parsius[2] Indicus, Malaeus[3] insularum Sundensium[4], Sinensis ex ripa Iangtsekiangi ortus.

Illi ‚Filii Imperii Medii‘ maxima pars peregrina multitudinis incolarum sunt, cui propriam speciem praebent. Universi unâ perticâ, ut dicitur, tractati et in eandem copulam coniecti videntur. Omnibus nares breves et resimae sunt; omnium mandibulae super maxillas superiores eminent; omnibus labra crasse resimae sunt, angulata exstantia ossa mandibulae, obliqui oculi amygdaliformes[5], aequus oris color, lividus sine ulla differentia, sine ulla significatione fuscioris tincturae genarum, transitus ad frontem candidiorem; ubique in oris notis immotis et obscuris conspicis habitum, quem *inanem* describere velis quique ea de causa ne habitus quidem esset, nisi ex oculis compressis cognosceres aliquid, quod omnibus est: versutiam.

Sinenses maxime industrii sunt operarii Franciscopolis. His staturis, quae parvae et rotundae et obesae, attamen tam agiles sunt, mirae sunt facultates omnis industriae, quaecumque excogitari potest, et imprimis egregia exercitatio omnium laborum, qui manuum habilitate et patientia nituntur. Exsculpunt ex ebore et ligno, tornant[6] metalla, acu pingunt pannos, coria, xylina, lina, serica. Acubus et sine acubus texunt, delineant et pin-

---

[1] baiulus – Kuli [2] Parsius – Parsi
[3] Malaeus – der Malaie
[4] Sundensis – was sich auf die Sunda-Inseln bezieht
[5] amygdaliformis – mandelförmig [6] tornare – drechseln

gunt, pistillis [1] opera reticulata conficiunt et suunt. Res, quae maxime inflexibiles esse videantur, conectunt et opera insolita et admiratione digna gignunt, quae iis illos, qui res raras colligunt, emptores praebent.

Accedit, quod, ut sunt modesti et minimo lucro contenti sunt. Pretia impudentia quidem postulant, sed notum est cum iis de pretio certari posse et, si iis tertiam vel etiam quartam partem pecuniae obtuleris, eos tecum consensuros esse. Etiam minor manuum merces eis quam albo solvitur. Verum enim vero decies maior est quam in patria eorum, ut, cum paulum impendant, quod omni opinione continentiores sunt et parce vivunt, bene procedant. Universae parvae artes, quae manu constant, in eorum manibus sunt, ut et lavandaria [2] curent et domum et culinam.

Sed non modo Sinenses navi sunt, sed fabulosum denique est ingenium negotiale omnium incolarum urbis. Hominibus unum solum est propositum: pecuniam demerere volunt, atque eam quam plurimam et celerrime. Cum omnes sciant tempus pro pecunia valere et omnem, qui alios moratur, sibi ipsi impedimento esse, omnia sine mora fiunt.

Ita fit in domibus et aulis, ita etiam fit in viis et areis urbis. Pallida et gracilis Americana, Hispana superba cum nigris oculis, flava Germana, Francogalla elegans, omnes *erae* coloratae eunt, feruntur, properant, crebris brevibusque passibus incedunt. Dives argentarius veste caudata [3], digitabulis, petaso alto [4] indutus altera manu pernam et altera corbulam olitoriam gestat. Cohortis dominus rete pisces continens super umerum vibrat, ut his diem festum agat. Officiarius virorum militantium [5] capum saginatum manu tenet. Tremulus [6] aliquot ingentes cammaros in lacinias collectas longae iaccae condidit – et hi

---

[1] pistillis opera reticualata conficere – klöppeln
[2] lavandaria, -orum – Wäsche
[3] vestis caudata – Frack
[4] petasus altus – Zylinder
[5] viri militantes – Milizsoldaten
[6] tremulus – Quäker

omnes alius iuxta alium, alius ante alium, alius post alium permixte se movent, ut alius alii non sit impedimento.

In caput terrae auro fertilis ingredientes non turbati et intacti per turbam et tumultum usque in viam Sutter pervenimus, ubi mox deversorium, cui nomen *Vallisoletum* [1], invenimus. Taberna deversoria, quae structurae genere Californiano aedificata erat, constabat ex longo aedificio ligneo, quod unum habebat tabulatum, et simile erat bibariis unius diei, quae nostris festis iaculatorum exstruuntur.

Equos *hippophorbo* [2] tradidimus, ut eos in parvum receptaculum duceret. Nos autem ipsi in oecum intravimus, qui, quamvis ingenti esset amplitudine, tam refertus erat, ut vix mensâ potiri possemus. Puer cauponarius accessit. Imperavimus, quod unicuique placebat, et cum ea, quae mandaveramus, apportata essent, statim percontari coepi:

„Possumne convenire dominum Henricum Gonzalez?"

„Ναί, domine. Visne eum?"

„Volo, si hanc veniam petere mihi licet!"

Altus et severus Hispanus nos adiit et dominum Gonzalez se obtulit.

Eum interrogavi: „Nonne dicere potes, num quidam Allanus Marshal adhuc apud te habitet?"

„Nescio, domine, eum non novi, neminem novi, nomina hospitum omnino non curo. Id pertinet ad dominam."

„Licetne eam convenire?"

„Ne ego quidem scio. Unam ex puellis rogare debes."

Cum his se avertit. Eandem rationem cum domina habere videbatur ac cohortis dominus Ferdinandus de Venango cum domina Eulalia, sorore eius. Ergo surrexi. Cum petebam eam caeli regionem, ex qua nidor suavis per totam domum diffundebatur, parvam et gracilem mulierem offendi, quae propere me praetervolatura erat. Bracchio prehenso eam retinebam.

[1] Vallisoletum – Valladolid   [2] hippophorbus – Horsekeeper

„Ubi est domina, parva?"

Ex nigris oculis eius flamma irae adversus me emicuit.

„Vous êtes un âne!"

Aha, Francogalla! Postquam indignabunda se avellit, se proripuit. Cum longius procedebam, in extrema mensa in alteram Heben incidi.

„Mademoiselle, dicesne mihi, quaeso, num domina convenienda sit?"

„I am not mademoiselle!"

Iam abierat. Angla igitur vel Americana! Si ita ex ordine omnes gentes et linguae mihi perlustrandae fuissent, priusquam ad dominam pervenirem, profecto non ante vesperum eam vidissem. Sed illic aliqua stabat, quae haerebat in conspectu mei et – revera, hanc faciem iam vidisse videbar! Denuo profectus sum et cursum ad eam direxi. Sed nondum prorsus ad eam perveneram, cum manibus complosis ad me ruit, quasi id ageret, ut me in solo defigeret.

„Domine vicine, qui fit? Paene te non cognovi, quod hanc barbam aluisti!"

„Babae! Gustula, Eberbachii Gustula! Paene ego quoque te non cognovi, tantopere excrevisti! Sed quomodo domo in Americam transisti, in Californiam?"

„Cum mater, paulo postquam rursus in omnes terras profectus eras, mortua esset, pararius venit, a quo patri persuasum est. Sed secus accidit quam speraverat. Is, qui nunc cum fratribus illic supra est, ubi magna vis auri iacere dicitur, me hic reliquit, ubi bene mecum agitur et exspectabo, dum mei reverterint."

„Postea inter nos colloquemur", inquam. „Nunc autem mihi dic, ubi dominam reperire possim. Cum ex duabus muneris sociabus tuis eam quaesivissem, aspere in me invectae sunt."

„Id facile intellegi potest; nam eram tantummodo Domnam appellare licet, gratissime Domnam Elviram."

„Animo mentique mandabo! Ergo, estne convenienda?"

241

„Ibo cognitum. Ubi sedes tua est?"

„Ibi ad mensam secundam."

„Tantisper rursus eo i! Ego te certiorem faciam, domine vicine!"

Hic rursus erat unus ex concursibus miris, qui mihi tam crebri contigerunt. Gustulae Eberbachiae pater et pater meus vicini erant, qui uterque alter apud alterum patrini fuerant. Nunc vetus magister lignarius supra in aurifodinis erat. Ambo filii eius, quorum maior natu condiscipulus meus fuerat, apud eum versabantur, et in prima caupona, in qua hic Franciscopoli pedem posueram, minimam natu eius inveni, Gustulam, quae mihi, cum eam adhuc manibus accipiebam, capillum densum lacerabat, ut turbide surrectus esset. Tum ridens naso parvulo mihi os mulcebat. Illo tempore nos in California iterum nos visuros esse non putavi. Iam brevi tempore interiecto ad me venit.

„Domina te videre vult, quamquam ei nunc quidem hora admissionis non est."

„Horane admissionis? Dominae cauponae?"

Gustula primo nihil certi respondit. Tum:

„Ei autem est, atque ea bis in die: mane ab hora undecima usque ad duodecimam et post meridiem a sexta usque ad septimam. Qui extra hoc temporis spatium venerit, ei exspectandum erit, nisi bene commendatus erit."

„Aha, magnas gratias tibi ago!" ridens inquam. „Mirum est, quanti momenti sit comis vicina!"

„Ain' tu? Eia, veni!"

Plane ab egregia auctoritate excipi videbar. In parvam cellam ductus sum, quae exstructa erat ut procoeton[1], in qua, ut Gustula praeceperat, tam diu mihi erat opperiendum, dum post velum tintinnabulum sonaret.

Hoc permirum erat, praesertim cum paene semihoram mihi opperiendum esset. Ingressus in conclavi supellecti-

---

[1] procoeton, -nis m. – Vorzimmer

libus et apparatibus omnis generis prorsus pleno eram. Domnae Eulaliae utique conclavi opus erat, conclavi bene et prolixe exornato, et profecto id exornaverat, ut ne parietis particula unum centimetrum lata quidem inveniri posset. Ipsa in sponda sedebat manu nisa in tabula geographica, quae super cubitali[1] dependebat. In gremio eius cithara Hispanica[2] iacebat, iuxta opus acu pictum quod aggressa erat, et ante eam iugum pictorium stabat, sed ita inter eam et fenestram, ut lux non digna esset, quae commemoraretur. In alba plagula agglutinata duas adumbrationes semiperfectas animadverti, quarum altera, nisi fallor, caput catti aut anus, cui adhuc calautica[3] matutina deerat, descriptum est, cum altera esset generis biologici, quam rem quidem non tam recte finire poteram. Aut haec imago describebat physeterem[4] centuplo attenuatum aut taeniam[5] tantodem crassiorem. Obnoxie totum corpus circumegi. Domina id non sentire videbatur, sed oculos defigebat in puncto tecti, in quo nihil memoratu digni invenire poteram. Subito autem oculis uno celeri impetu in me coniectis Anglice ex me quaesivit:

„Quanto spatio luna a terra disiuncta est?"

Quae quaestio non inopinata mihi accidit, quod talem rem insolentem exspectaveram. Sed – ut tu me tractaveris, ita ego te tractabo!

Respondi: „Spatio quinquaginta quattuor milium passuum, lunae die dico, sabbato, si proxime est a terra, solum ad quinquaginta milia."

„Acu tetigisti!"

Punctum commemoratum denuo tractabat. Tum aequo impetu ad me versa interrogavit:

„Unde acini passi efficiuntur?"

„Ex uvis."

„Planissime!"

[1] cubital, -is – Seitenlehne
[2] cithara Hispanica – Gitarre
[3] calautica – Haube
[4] physéter, -éris m. – Pottwal
[5] taenia – Bandwurm

Miserum punctum tertio plectebatur, tum hanc quaestionem mihi obiecit:

„Quid est *Poil de chèvre?*"

„Textile vestiarium, cuius quindecim cubiti[1] scuto[2] aureo constant, neque iam nunc multum geritur."

„Rem tenes! Et nunc *Salve*, domine! Augusta favorem tui a me petivit. Non autem valde prodige ea utor, ut unumquemque id a me petentem experiar et temptem. Cum vos Germani vestrae doctrinae laude floreatis, pro te ex variis disciplinis scientiae humanae quaestiones difficillimas elegi. Sed tu eximie stetisti, quamvis potius speciem habeas ursi quam viri docti. Augusta sane quidem mihi dixit te in multas scholas isse atque omnes populos et terras cognovisse. Asside, domine!"

Modeste in extrema sella considens respondi:

„Gratias, Domna Elvira de Gonzalez."

„Cupisne meae domi habitare?"

„Cupio."

„Licet; nam es, ut video, vir urbanus et habitus tuus lautior fiet, si paulum operam dederis. Fuistine in Hispania?"

„Fui."

Quid tibi videtur de hac tabula, quam de patria mea delineavi?"

Plagulam mihi porrexit, in qua tabula per chartam perlucidam delineata erat, atque id secundum malum exemplum.

„Accuratissima, Domna Elvira de Gonzalez!"

Mira *era* laudem meam ut rem manifestam audivit.

„Reapse, nos mulieres tandem nostrae mentis consciae redditae sumus, et nobis maximae gloriae est interiores doctrinas animo percipere et viros artibus ingenuis quoque antecedere. Specta has duas tabulas pictas, quae in propositorum sublimitate sunt praestantissimae. Ecce, hae lineae subtiles, hae umbrae et recessus, haec lux con-

---

[1] cubitus, ·i – Elle [2] scutum, ·i – Escudo (Münze)

traria! Peritus es, attamen mihi experiendus et temptandus es. Quid haec ostendit?"

Certo cladem contumeliosam accepissem, nisi ‚sublimitate propositorum' significantia vestigia mihi monstrata essent. Itaque frigida audacia respondi:

„Hydrus marinus [1]."

„Recte dicis! Nemo adhuc quidem clare eum vidit, sed ut viri docti mens spatia, quae adire numquam potest, metitur, ita etiam oculus artificis formas cognoscere potest, quas nondum cognovit. Et haec pictura linearis?"

„Est ‚Gorilla' clarissimi Du Chailly."

„Recte dicis! Tu es vir, quo doctiorem numquam vidi; nam nullusdum ante te hydrum marinum et Gorillam statim cognovit. Cuivis gradui academico maturus es!"

Huic laudi, qua me superbia imbuere volebat, aequa erat vis ac allio et cepis dominae Eulaliae, cuius soror faceta mensam apud aditum stantem monstravit.

„Ego domum imperio rego, ut mihi non sit contagio cottidianarum rerum domesticarum. Ibi sunt atramentum, calamus, liber. Refer nomen tuum in album!"

„Licetne mihi etiam simul comitum nomina referre?"

„Tibine sunt comites? Qui sunt?"

Orsus sum a colorato.

„Caesar, pedisequus meus niger."

„Nimirum, nam vir, qui hydrum marinum meum primo aspectu cognoscat, non nisi cum ministrorum grege itinera facere potest. Sed illi non referuntur. Perge!"

„Vinnetu, Apachium regulus."

Gestum corporis necopinatum fecit.

„Ille Vinnetu clarissimus?"

„Profecto!"

„Ille mihi salutandus est. Eum mihi ostenta! Refer nomen eius in album!"

„Praeterea quendam Sin-Otum, qui..."

[1] hydrus marinus – Seeschlange

„Indianicidane?"

„Ita."

Refer eum in album! Iter enim tibi est cum electissimis sociis. – Perge!"

„Quartus et ultimus est dominus Bernardus Marshal, gemmarius Ludovicivilla in Kentukia sita ortus."

Tum paene de sede exsiluit.

„Ain' tu! Gemmarius Marshal Ludovicivillanus!"

Complevi: „Bernardo est frater, nomine Allanus, qui tam felix erat, quod vobiscum habitare ei licebat, Domna Elvira de Gonzalez."

„Recte igitur suspicata sum! Eum quoque statim refer in tabulas, domine! Optimum dormitorium accipietis. Conclavia sane quidem in deversorio a „Vallisoleto" appellato non sunt, attamen meis aedibus contentus eris, et hodie vesperi vos omnes in cenationem privatam ad cenam vocati estis."

„Gratias, Domna Elvira. Tibi persuadeas velim me bonum aestimatorem huius ornamenti esse. Peritias in itineribus partas typis divulgare soleo neque deversorium a „Vallisoleto" appellatum tradere et commendare neglegam."

„Fac ita, domine, quamquam speciem tuam ante mensam scriptoriam sedentem vix mente fingere possum!. Petisne fortasse aliquid? Tibi petenti libenter satisfaciam!"

„Nihil peto, sed audere velim aliquid a te percontari."

„Percontarine?"

„Ita est. Nonne iam Allanus Marshal apud te habitat?"

„Non. Domum meam ante quattuor fere menses reliquit."

„Quo iit?"

„In chrysorychêa [1] ad Sacramentum fluvium sita."

„Esne certior facta de eo?"

„Sum. Semel. Locum mihi indicavit, quo ei, si occasio venisset, litteras submitterem."

---

[1] chrysorychêum – το χρυσωρυχεῖον (auraria) , Diggin

„Potesne reminisci inscriptionem?"

„Optime; nam internuntius, ad quem epistulae mitterentur, familiaris domus meae est, dominus Holfey, in Flavae Aquae Saltu, mercator, apud quem aurilegi, quaecumque volunt, sibi comparare possunt."

„Iam ex profectione eius epistulae ad Allanum missae redditae sunt?"

„Nonnullae, quas semper primo quoque tempore ei submittebam. Tum – nuper duo viri adfuerunt, qui eum quaerebant – negotiorum amici, quibus cum eo agendum esse necesse erat; iis quoque inscriptionem eius dedi."

„Quando illi duo viri profecti sunt?"

„Mane parumper, ita vero – heri mane equo avecti sunt."

„Quidam maior natu et quidam minor"?

„Verum est. Pater et filius esse videbantur. A sorore mihi commendati erant, cuius hospitio usi erant."

Annui.

„Dicis cohortem Domni Ferdinandi de Venango y Colonna de Molynares de Gaialpa y Rostredo!"

„Quid ais, tune nosti illum virum?"

„Optime, atque pariter etiam sororem tuam Domnam Eulaliam, quacum habitavimus, ut non ab ea peterem, ut litteras mihi pro testimonio perferendas daret."

„Itane? Narra, domine, narra!"

Ad voluntatem ei renuntiavi, cum non nimio animo aperto affectus essem. Summo studio aures mihi praebens dixit, cum relationem perfecissem:

„Gratias tibi ago, domine! Tu primus es Germanus, qui recte cum domina Hispanica commercium habere sciat. Cum gaudio hodiernam cenam exspectans te in tempore certiorem faciam. Usque ad mox te videndum!"

Corporis inclinatione reverenter facta, quae certe acriter repugnabat speciei meae, foras me removi. Cum in oecum intrarem, famuli caelestes [1] oculos cum conspicua

---

[1] famuli caelestes – dienstbare (dienende) Geister (Italice: ministri celesti)

observantia in me converterunt. Gustula Eberbach statim accessit.

„Verum enim vero, domine vicine, qui fortunae filius es! Tam diu nemo homo adhuc a domina auditus est, ne dimidio quidem brevius. Tu ei valde placuisse videris!"

Ridens respondi: „E contrario, tantummodo me retinere vult ea condicione, ut melior fiam. Dixit me speciem habere meri ursi."

„Hm, haud prorsus errat. Sed in hac re te iuvare possum. Tibi in cubiculum meum ducto, quaecumque opus sunt, comparabo: res rasorias, aquam, saponem, omnia!"

„Id opus non erit", inquam, „nam mox cubiculum nocturnum nobis assignabitur."

„Noli id credere! Mandata ad cubicula distribuenda pertinentia ipsa hora octava demum mihi exquirenda sunt, nullâ minutâ prius."

„Domina dixit nos optimum cubiculum recepturos esse. Ubi erit?"

„Dormitoria universa supra sub tecto sunt. Vos igitur diaetam recipietis optimo aëre excellentem."

Hoc temporis puncto aes magna voce sonuit.

„Hoc signum eius est, domine vicine. Mihi properandum est; nam si insolito tempore vocat, aliquid accidisse videtur."

Cum Gustula aufugisset, ad sodales assedi, qui, quamquam hic Franciscopoli conspectus viri occidui aut Indiani res cottidiana est, tamen hospitum oculos in se converterunt. Imprimis species magnifica Vinnetus hominum animos in se convertit, et quod Marco, viro brevi, aures deerant, fieri non potuit, quin unusquisque adduceretur eum res insolitas expertum esse.

Bernardus interrogavit:

„Quid vero?"

„Frater tuus, qui ante plus quam tres menses abiit, semel a Flavae Aquae Saltu nuntium misit. Epistulae eo ad eum submissae sunt."

„Ubi ille est locus?"

„Est, quantum reminiscor, vallis lateralis Sacramenti fluvii, ubi multum auri inventum est. Ille locus chrysoryctis[1] plenus fuisse et ferbuisse fertur; nunc autem videntur in superiorem fluvii partem migravisse."

„Reliquitne Allanus aliquid?"

„Profecto Domnam Elviram id non interrogavi."

„Eam autem rogare debemus."

„Mox occasio praebebitur. Ad cenam enim omnes invitati sumus."

„Ah, hoc probari potest! Ceterum ex huius regionis sede argentariae nostrae quaeram, num adfuerit."

Tum Gustula ad nos accessit.

„Domine vicine, propter te vocata sum. Cena hora nona erit et conclave tibi nunc iam assignabo."

„Conclave? Dixisti tantum diaetas exstare!"

„Est illic aedificium astructum, quod continet aliquot membra. Inter ea duo sunt conclavia, quibus Domna Elvira tantum utatur, si cognati visendi causa venerunt."

„Ibine etiam domina Alma habitavisse videtur?"

„Ita est, audivi, quamquam tum temporis nondum adfui."

„Nonne etiam audisti, num illa era quendam Allanum Marshal novisset, qui tum hic habitabat?"

„O vero! Multum de hac re locuti sunt et riserunt: Illi domino insidiata et eum sectata est, ut vix ei resistere posset. Sed veni! Claves iam habeo!"

Consurreximus et eam secuti sumus. Duo conclavia, quae nobis attributa erant, comparata cum cetera ‚deversorii' supellectile lauta appellanda erant. Alterum Bernardus et Sin-Otus receperunt, alterum Vinnetu egoque. Caesari membrum separatum praebitum est.

Comis vicini filia nobis prospexit, quaecumque opus erant ad speciem nostram acceptiorem faciendam, ut mox foras exire possemus. Vinnetu, cum superbior esset, quam ut hominibus in viis et areis urbis studio et voluptati spectandi esset, domi remanebat. Etiam Marcus in cubili se abiecit.

„Quid in urbe faciam?" inquit. „Currere, cum possim, hic exempli gratia exercere mihi opus non est, et iam satis domuum et hominum vidi. Facite, ut mox ex hoc misero loco egrediamur in zavanam, ne mihi ad merum tempus fallendum aures rursus crescant. Tum enim finis ‚Sin-Oti' erit."

Marcus noster, quamquam tum demum paucas horas ibi aderat, tamen iam desiderio apertae pratariae tenebatur.

Quo animo hac in re ‚homines feros' esse censendum est, si ut ‚meliores' fiant, in angustam et secretam cellam arcis Philadelphenae [1] aut Alburniensis [2] coniciuntur, quod restiterunt, ne ex saltibus, qui patria eorum sunt, victum iis praebent, sepulchra patrum fratrumque eorum continent, exigerentur!

Non sine causa in urbem iimus. Bernardus atque ego argentarium convenimus, quocum Marshalii re ac ratione coniuncti erant. Sane quidem tantum rescivimus Allanum, postquam aliquotiens eum convenit, eum breviter valere iussisse et in fodinas profectum esse. Omnem pecuniam numeratam [3] secum tulerat, ut palacurnas emeret.

Post hunc conventum irritum per vias ambulavimus, dum Bernardus subito in καπηλεῖον [4] me traxit, ubi omnia genera et mensurae vestimentorum venditabantur. Ibi subtilissimum vestitum Mexicanum item ac linteum amiculum operatorium baiuli eligere poteras.

Consilium Bernardi facile conici poterat. Syntheses nostrae, quamquam ex solido panno confectae erant, inter longum iter ita vexatae erant, ut reapse non modo

---

[1] Philadelphenus – ad Philadelphiam pertinens
[2] Alburniensis – ad Alburniam pert.
[3] pecuniam numerare – Geld flüssig machen
[4] καπηλεῖον – taberna, Store

paululum scabram, sed scaberrimam speciem praeberemus. Barbam raseramus, capillum quoque alter alterius totonderat, sed status syntheseos revera malus erat. Bernardus meus, quem hominem elegantem esse in coëmendo animadverti, sibi synthesin pagideuticam elegit, quae eum satis bene ornabat. Sed pretium cum condicionibus Franciscopolitanis conveniebat.

„Nunc veni, Carolule; tibi quoque aliquam", ait, cum instructus erat: „Tibi in eligendo adero."

Hm, tale quid quidem mihi opus erat, sed ad talia pretia solvenda pecuniâ non satis instructus eram. Numquam in numero illorum hominum miserorum fui, qui, quocumque manum tendunt, in digitos tesseram nummariam centum marcarum accipiant, et quocumque eunt, in saccum thalerorum incidant, sed sum inter illos homines fortunatos, quibus conscientia iucunda sit se hoc die merituros esse, quod iis postero die opus erit. Itaque fortasse os dubium duxi, cum Marshal post haec verba statim aggrederetur ad ‚eligendum'.

Elegit synthesin constantem ex his partibus: ex camisia venatoria ex niveo corio hinnulei [1] a manibus Indianarum nitide rubro filo picta; ocreis [2] ex dorso cervino utrimque fimbriatis [3]; iacca venatoria ex pelle bubalina, attamen mollis ut pellis sciuri [4]; caligis ex corio ursino, quarum tibialia [5] longe sursum super lumbos subducere poteram quarumque soleae ex materie, qua melior ad hunc finem inveniri non potest, factae erant, ex cute caudae alligatoris adulti; ad extremum denique ex pilleo fibrino [6], cuius margo superior et operimentum cute crotalina [7] ornata erant.

Bernardus mihi instabat, ut in parva diaeta synthesin

---

[1] hinnuleus – Hirschkalb   [2] ocreae – Leggins
[3] fimbriatus – mit Fransen versehen
[4] sciurus – Eichhörnchen   [5] tibialia – (hier) Schäfte
[6] fibrinus – vom Biber
[7] crotalinus – von der Klapperschlange

induerem, et me egrediente eam iam solverat; cui rei frustra intercessi.

„Omitte sermonem istum, Carolule!" ait. „Tibi multa debeo, quae nisi concesseris, has res tibi imputabo, ut aliquando eas tibi persolvamus."

Cum etiam Marco nonnulla secum laturus esset, dissuasi, ne id faceret, quod eius caritatem synthesis antiquissimae bene noram quodque praeterea Sin-Oto nostro statura erat, cui nulla synthesis in antecessum confecta sederet. Maxime mihi gratulatus est de mutatione mea Caesar, cum in ‚Deversorium a Vallisoleto' reverteramus.

„O, Massa, nunc tu valde bonam pulchram speciem praebere, tam pulchram quam Caesar, si etiam accepisset novam iaccam et pilleum!"

Facere non poteram, quin hanc contentionem comem eius grato vultu remunerarer, cum scirem nigritam ita aliquid praebuisse, quo maius ab eo exspectari nequiret.

Marcus Iorrocks, quem postea cubiculum non ceperat, solus in oeco cuidam mensae assidens manu significavit, ut propter eum assideremus.

„Audite!" tenui voce inquit. „Ibi iuxta nos est sermo, qui exempli gratia etiam ad nos pertinebit."

„De qua re?"

„Illic supra in fodinis et chrysorychêis res gestae sunt, quae probari non queant. Ibi est vis *bravorum*[1], nullus autem *Indius*[2], sed albi, ut videtur, qui in chrysoryctas domum revertentes invadant, ut eos vita privent et aliquibus aliis rebus. Ibi quidem sedet, qui aegre eos effugit. Modo casum suum narrat. Auscultate!"

Ad mensam post nos stantem complures viros conspexi, ex quorum vultibus colligi poterat eos vitae pericula et angustias cognosse et quorum unus commodum referebat, cui omnes circumsedentes maxima cum exspectatione aures praebebant.

„Age", modo ait, „vir Ohiensis sum, atque id significat

[1] bravus, -i – der Bravo   [2] Indius – Indio

me quaedam expertum esse in amni et in zavana, terra marique, in montibus et infra in vallibus occidentis. Piratas fluviatiles Mississippii fluminis et latrones silvestrium cognovi neque raro cum iis certavi. Non paucas machinationes fieri posse puto, quas alius prorsus in dubium vocaret, sed quod tales res in via tam frequenti accidere possunt, atque id luce clara, superat vetulam bombardam, qua via globuli missi circumflecti possit."

„Attamen non vere verum esse videtur", ait alius. „Vos enim integer comitatus quindecim virorum contra octo latrones eratis. Nonne dedecus esset, si omnia ita accidisset, ut tu narrasti?"

„Prudentissime et sapientissime loqueris, vir, sed si id ipse sustuleris!" erat responsum. „Quindecim quidem viri eramus, id est enim sex muliones et novem metallici [1]. Si his mulionibus confidere vis, perieris, et tres ex metallicis febri laborabant, qui mulis vix haerere possent et morbo iactarentur, ut neque certo iactu destinata ferire neque bonum cultri ictum facere possent. Quid igitur? Eramusne ergo revera quindecim viri, eho?"

„Cum rem ita depingas, scilicet paulo evidentior fit. Sed via tandem vehiculis, equitibus atque etiam peditibus tam frequens est, ut omni tempore homines in propinquo sint, in quibus spes salutis posita est!"

„Sane vero, sed quid furciferos impedit, ne ipsum tale momentum exspectent, quo res alia sit."

„Ergo rem recte ex ordine narra, ut intellegi possit!"

„Plane, ut tibi videtur, vir! Ergo illic supra ad Lacum Pyramidis auri venam inveneramus, qua melior et uberior esse non potest et utique mihi credas oportet unumquemque nostrum quattuor virorum centenas libras pulveris et palacurnarum coegisse. Plus colligi nequibat, cum locus elutus esset et duos nostrum algor artuum corripuisset. Non enim facile est a mane usque ad vesperum

---

[1] metallici – Miners

altius coxis in aqua stantem *bateam*[1] quassare. Omnibus igitur collectis usque in Saltum Flavae Aquae rediimus, ubi fructus Iancheo vendidimus, qui non paulo plus solvit quam carnifices mercium mutatores, qui pro uncia puri auri libram malae farinae aut semilibram vel peioris tabaci solvunt. Attamen vir bene negotium gessit. Nisi fallor, ei erat nomen Marshal et domicilium habebat Kentuckiae vel in circuitu eius."

Celeriter Bernardus se vertit.

„Adhucine illic est?"

„Nescio, neque quicquam ad me pertinet. Nolite me inutilia quaerere; nam si me rem vere ex ordine narrare vultis, ut iste vir postulat, me interpellare non debetis! Ergo ille Marshal, Allanus Marshal, nisi fallor ei erat nomen, coemit, quaecumque habebamus. Si vero prudentes fuissemus, in pedes nos dedissemus. Sed primum ex labore exanclato nos reficere volebamus – ossa nostra enim curationis indigebant – et tum non forte occasio opportuna erat itineris faciendi. Nonnullus erat odor rapinarum atque etiam nomina aliquorum virorum appellabantur, qui chrysorychêis relictis numquam Sacramentum aut Franciscopolim advenerunt."

„Itane fuit?"

„Audietis, si pergam. – Aliquot septimanas exspectabamus. Sed vita supra pessime sumptuosa est, et cum scirent nos non inanes a marsupio esse, unica nostra voluptas erat continenter fraudulentos et similia animalia molesta in horas circumvolitantia arcere. Etiam commissurae amborum sodalium paulo meliores erant factae, ut constitueremus nobis non diutius exspectandum esse, sed nos cum quinque viris coniungendos esse, qui aeque ac nos iam manere nolebant. Nos, qui ita novem eramus facti personae, aptos conduximus mulos, ut numerus noster sex mulionibus augeretur. Egregie armati omnes erant, etiam muliones, quorum ceteroquin unusquisque spe-

---

[1] batea – vas patiniforme, in quo terra aurosa eluitur

ciem praebebat se cum decem adversariis congredi posse. Iter, cui nos commisimus, initio bene procedebat. Tum autem tam assidue pluere coepit, ut aegroti nostri rursus in febri inciderent. Praeterea aqua viam tantopere mollivit, ut solum mirum in modum difficulter progredi et integro die vix octo milia passuum emetiri possemus. Noctu etiam in tentoriis non tuti eramus ab aquis, quae ab aethere fundebantur, quasi quidam illic sursum dolium eximiae magnitudinis evertisset, ut febris in dies ingravesceret et aegroti, dum equitamus, in mulis deligati esse deberent."

„Pessima res", ait unus ex circumsedentibus. „Talibus laboribus etiam defunctus scio, quid alicui animi hac in re sit."

„Εἶεν! Ergo duas fere partes viae confeceramus et vesperi cubile quaesiveramus, cum subito nobis tabernaculum collocantibus et ignem excitantibus satis magnum ad locum ut diem clarum collustrandum circa ictuum crepitus sonuit. Ego in umbra tentorii genibus nixus humi funem ad paxillum ligaturus eram, ut videri nequirem.Cito exsilui, atque id in tempore, ut muliones nostros conscendentes et abequitantes viderem. Id autem tanta animi aequitate fecerunt, ut a *bravis* decies telis deici potuissent. Sclopetum sublaturus fueram. Sed quod ibi accidebat, me retinuit. Globuli octo latronum destinata tam certe contigerant, ut quinque sani, qui ad flammae lumen laboraverant, mortui humi iacerent. Illo ipso tempore, cum bombardam capiebam, tres viri aegroti trucidati sunt. Ego solus superstes eram. Quid ita fecissetis, ohe?"

„Nefaria caedes et scelus incredibile! Ilico in scelera ruissem et fecissem, quaecumque potuissem!" inquit aliquis.

Alius asseveravit: „Non ita, nonnullos ex iis globulis mei exstinxissem."

„Optime!" inquit narrator. „Id dicitis, sed omnes solum

ita egissetis, sicut ego quoque egi. In eos ruere dementis fuisset. Eos globulis petere nihilo satius fuit; nam tum etiam ego perissem. Oportebat enim nullum testem impetus repentini superstitem esse. Itaque sicarii me persecuti essent, quousque cucurrissem. Et tamen tantum unum vel duos interfecissem."

„Ergo, quidnam fecisti?"

„Bonos titulos, in quibus pecuniam meam collocaveram, in sacculo habebam; mulus meus haud procul a tentoriis apud ceteras bestias alligatus erat. Ad quem furtim igitur, dum scelerati modo tentoria perscrutantur, accessi et eum solvi. Tum unus ex iis sibilum edidit; pedum pulsum audiebam, et – quid factum esse putatis?"

„Quid autem?"

Muliones reverterunt, qui, cum nos enim furciferis prodidissent, participes praedae fierent. Tum homines improbi numero erant quattuordecim. Ego bestia conscensa laxatis habenis avectus sum, quam celerrime currere poterat. Forte fortuna animal placidum erat neque tam tenax bestia, quam in hac specie tam saepe invenitur. Magnas et diras quidem voces et ingentem strepitum post me audiebam, tum percipiebam etiam pulsum equorum, sed tenebrae erant, ut feliciter evaderem."

„Et postea?"

„Quid postea! Feci, ut Franciscopolim peterem, et laetus sum, quod integer hic sum et hyalum vini Portucalensis [1] sorbere possum."

„Nonne quemquam ex *bravis* cognovisti?"

„Nigras gerebant personas. Unus solus, qui dux esse videbatur, pannum, cum digitum ori insereret, dempsit ad sibilum edendum, ut faciem eius viderem. Hominem certo statim agnoscerem, si iterum in conspectum meum veniret. Erat hybrida[2]. In gena dextra eius lata cicatrix, quae alta sectione cultro facta effecta esse videbatur, porrigebatur."

[1] vinum Portucalense – Portwein   [2] hybrida, -ae – Mulatte

„Et muliones?"

„Omnes agnoscerem, sed utique non iam in illa loca inferna enitar, ubi diabolus aurum coquit et liquat, ut animas in perniciem mortiferam vocet."

„Quod nomen est mulionum duci? Saepe utile est nomen talis viri honesti nosse!"

„Sibi nomen tribuit Sanchez, sed prius iam aliud sive nonnulla alia nomina habuisse videtur. Existimo plurimos horum furciferorum esse in numero *Canum Venaticorum*, quos Franciscopolis in universas fodinarum regiones evomuit quique nunc ut intercessores, mulionum duces, latrones inter se iuvant. Optimum est metallicos, ut illo tempore Franciscopoli, *collegium* instituere *vigilans*, quod has catervas persequatur et exstinguat, dum in chrysorychêis meliores condiciones erunt. Ergo, nunc omnia ex ordine narravi et perfeci."

„Tua pace igitur iterum illum Allanum Marshal percontatus sim, de quo antea locutus es", inquit Bernardus.

„Frater meus est."

„Tuusne frater? Profecto tu ei similis esse videris! Ergo dic, quid de eo scire velis!"

„Quaecumque ipse de eo scias. Quam diu est, cum eum ultimum vidisti?"

„Vero, ad quinque septimanas."

„Putasne eum adhuc in Saltu Flavae Aquae esse?"

„Nescio. Illic in summis chrysorycheis alio atque alio loco, es, quamquam in animum induxisti certe non discedere."

„Allanus numquam mihi scripsit, quamvis complures epistulas a me acceperit."

„Id tibi non pro certo habendum est. Modo reminiscere eius rei, quam narravi! Estne cursus publicus hinc sursum in chrysorychea ferens? Est, sed quod ita vocas, non est cursus publicus. Tibi dico non paucas epistulas sursum mitti et demitti, quae numquam perveniant in illas manus, quas eas resignare oportet. Illic bibariam intras: caupo Canum Venaticorum est. Introis in institorium: institor Canis Venaticus est. Cum tribus viris chartiludium ‚*Monte*' appellatum ludis: unus, fortasse duo vel etiam tres Canes Venatici sunt. Cum quodam communiter in *agello* tuo laboras: iste Canis Venaticus est , qui aut tibi demit, quaecumque peperisti, aut si nimis validus et nimis vigilans es, te bravis prodit, ut saltem partem peculii tui accipiat. Locorum administrationi praesunt Canes Venatici, ubique sunt Canes Venatici. Cur non in publico cursu quoque Canes Venatici sint, quorum interest quasdam res non deferri ad iustum virum?"

Haec sane quidem non erat species alliciens condicionum fodinarum. Bernardus silebat.

Sciscitatus est vir Ohiensis: „Esne ascensurus ad fratrem?"

„Ita sane."

„Agedum, ergo tibi bene suadebo. Num id secuturus sis, tibi ipsi iudicandum est. Scisne, ubi Saltus Flavae Aquae sita sit?"

„Modo scio eum vallem lateralem Sacramenti fluvii esse, nihil aliud."

„Via tres partes circum sinum Franciscopolitanum et tum trans Fluvium Sancti Ioachimi et sursum in vallem Sacramenti fluvii fert. Ibi semper sursum equitans ab omni viro obviam veniente aut in omni *agello* comperire poteris, ubi destinatum tuum inveniatur. Nisi multum sarcinarum tecum habes, quinque diebus illi pervenias. Sed de hac via tibi dissuadeo."

„Qua de causa?"

„Primum expeditior quidem est, sed non brevior. Tum ab ipsis Canibus Venaticis infesta redditur. Sane potius in eos invadunt, qui a fodinis revertuntur, quam in eos, qui eo tendunt, tamen nescis, an fortasse aliquando contrarium faciant. Denique haec via strata est, atque id dollariis, quae viatoribus utique ex marsupio eliciunt. In tabernis deversoriis in cultu humano tanti progressus facti sunt, ut rationes conscribantur. Sed talis res facilius legitur quam solvitur. Pro conclavi dollarium das – et accipis vetus stramentum, quantum duabus manibus capere potes; pro luce dollarium – et tibi luna est lanternae; pro ministerio dollarium – neque puerum cauponium vidisti; pro labello dollarium – et in Sacramento tibi lavandum est; pro manutergio dollarium – et tuâ ipsius iaccâ venatoriâ te absterges. Unica res, quam solvis et reapse accipis est: pro ratione dollarium! Quomodo id tibi placet, domine Marshal?"

„Haud male!"

„Id ego quoque dico. Itaque tibi aliam et meliorem viam monstrabo, qua, si bono equo instructus es, quattuor diebus ad Saltum Flavae Aquae pervenire poteris: Nave traiectoriâ ad ipsos Montes Sancti Ioachimi tendes et in orientem versus continges Sacramentum fluvium et iam ad finem perveneris, saltem in proximum eius. Aquarum cursus te in hanc regionem ferentes, satis sunt."

„Gratias, domine! Consilium tuum sequar."

„Euge! Et si ad Sacramentum fluvium aut in loco edito denique hybridae occurreris, cui est incisio in dextra gena, cura, ut cultrum sive globulum tuum gustet; nam tibi dico te ita bene facturum esse!"

Cum interim tempus cenae appropinquavisset, Gustula venit, quae nos certiores faceret. Duxit nos in conclave contiguum, ubi mensa instructa erat, quasi coetui procerum [1] Hispanorum cibus praeberetur. Domna Elvira nobis iam praestolabatur. Caupo non videbatur. Domina convivas, quos apud eam satis sollemniter introduxi, cum vultu reginae, quae comiter aditum sui facit, et cum facilitate, quam princeps Indicus haud melius ad effectum duxisset.

Cum animos nostros vehementer commovere eius interesset, sermo primum in arte et litteris versabatur, postea autem, cum iusta admiratione teneri videbamur,

[1] procer, -ceris – der Grande

domina spatium humanitati erga nos et condicioni nostrae dedit, ut nobis casus nostri narrandi essent.

A mensa surgens dixit: „Seniores (id est: Domini), spero me vobis ostendisse me vos aliis hospitibus praeferre et vobis gratum fore quam diutissime apud me versari!"

Rettuli: „Domna Elvira de Gonzalez, tibi gratias agimus pro comitate tua. Sane quidem diutius in domo hospitali tua considemus, sed non nunc, quoniam iam cras mane antea paulum excurremus."

„Quo, Senior?"

„Ad Sacramentum fluvium, ut Allanum conveniamus, quem postea nobiscum huc ducemus!"

„Bene, Seniores! A me sumite, quaecumque opus sunt. In rationem postea inducam! Et si quid optabitis, adite Augustam! Videlicet spero vos me valere iussuros esse, priusquam cras discesseritis!"

Eam vestimento stridente evolantem secuti sumus, ut equis curatis quieti nos daremus, Postero mane, cum navi traiectoriae trans sinum innavera mus, in lingula Franciscopoli opposita escendimus.

10. DE PVLVERE MORTIFERO.

Sequentes viam ab aurilego indicatam vespere tertii diei loca superiora St.[i] Iohannis adepti ad ortum solis nos vertimus. Postero meridie in vallem Sacramenti fluvii equos demittentes omnibus locis crebra vestigia illius flagrantis industriae invenimus, qua ubique terra excitata erat, ut θανάσιμον κόνιν quaereret, cuius fulgore oculi praestringuntur, mens alienatur, animus pellicitur.

Tantum de hoc labore scriptum et dictum est, ut verbis huius rei parcam. Sed fateor auri famem etiam virum aequissimum occupare, ut illam regionem intravit et se stipatum videt viris, qui – saepe genis cavis et plerumque pannis obsiti – salutem et fortasse vitam in discrimen mittant, ut celeriter divites fiant, et has divitias, si tam ‚fortunati' sint, ut eas adipiscantur, saepe aeque celeriter perdant. Crebro multos menses omnibus viribus conixi sine eventu memoratu digno laborant. Quotiescumque aliquid manu prehendunt, exsecrationes et dira edunt. Umbra pallida famis, miseriae desperationis ad eos accedit, ut iam lassi opus sint missuri, cum fama affertur de insolita re, quam aliquis alicubi invenit aut invenisse dicitur, ut rursus aggrediantur ‚bateam', ut denuo ingenti libidine conficiantur. –

Post meridiem ad Aquae Flavae Saltum pervenimus, longam et angustam vallem, quae parvum rivum infundit in Sacramentum fluvium. Cum a summo ad imum eruta esset, singuli agelli [1] bene cognoscebantur. Quamquam satis magnus numerus casarum terrenarum et tentoriorum inveniebatur, tamen ilico cernebas tempus aureum huius partis fodinarum praeterisse.

In media fere valle depressa, sed lata et longa taberna stabat, cuius supra introitum cretâ haec verba scripta erant: *Capelêum* [2] et *Xenodochêum Flavae Aquae Saltus*. Cum caupo huius tabernae deversoriae, venaliciae bibariaeque optime nos docere posse videretur, Caesare apud equos relicto intravimus.

Scamna et mensae dolatae partim ab hominibus miseris, partim a viris speciem temerariam praebentibus occupatae erant, qui curiose nos considerabant.

„Novi metallici!" ridens aliquis inquit. „Fortasse plus quam nos invenient. Veni, rubripellis, et mecum πόσιν (haustum) sume!"

Cum Vinnetu dissimularet se invitationem audisse, ille vir surrexit et pocillo vini adusti capto cum ore procaci ad Apachem accessit.

„Furcifer, scin' te metallico haustum eius repudiantem

---

[1] agellus – Claim [2] Capelêum – Store and Boardinghouse

maximam iniuriam inferre? Te interrogo, num potaturus atque etiam haustum largiturus sis?"

„Bellator ruber aquam ardentem non bibit, sed virum album offendere non vult!"

„Ergo abi in malam rem!"

Metallicus pocillum cum vino adusto in faciem Vinnetus iaculatus cultro stricto saltum edidit, ut eum Vinnetui in cor infigeret. Sed titubans magno clamore recessit et graviter spirans procidit. Apaches etiam cultrum habebat, quem adhuc manu tenebat, lamina micabat ut antea. Tantum decimam partem secundae in corpore metallici fuerat. Tum vir mortuus iacebat.

Statim alii surrexerunt. In pugnis eorum lamina micabant. Sed bombardae nostrae iam ad genas applicatae erant atque etiam Caesar, qui modo per portam introspexerat, stabat paratus ad globulos mittendos.

Caupo tum vocavit: „Sistite! Considite, viri! Haec res non vestra erat. Nihil attinet ad vos; nam solum inter Iacobulum et Indianum rem decerni oportebat, et decreta est. Neli, mortuum amove!"

Metallici paruerunt. Minae nostrae aeque vehementer eos movere videbantur ac verba cauponis. Post abacum cauponium [1] triclinarius [2] progressus mortuum umeris acceptum foras extulit, ut eum, sicut animadvertimus, in fovea derelicta poneret et paulum terrae ei superiniceret. Ille Iacobulus, qui etiam venerat aurum quaesitum, nimirum sua ipsius culpa perierat – θανάσιμος κόνις! Quotiens similes res in fodinis accidere videbantur!

Seorsum a ceteris consedimus.

Caupo interrogavit: „Quid bibetis, domini!"

Bernardus respondit: „Cervesiam!"

„Portatoriam [3] an caeliam [4]?"

„Utra melior est?"

„Ergo caeliam eligite, domini! Sincera est caelia Burto-

---

[1] abacus cauponius – Theke [2] triclinarius – Barmixer
[3] portatoria (cerv.) – Porter [4] caelia – Ale

niensis Burtoniae in comitatu Staffordiano sitae cocta."

Cognoscere cupiebam illam potionem, quae ex Anglia et quidem ab eo loco, cuius fama propter optimam cervesiam per omnes terras pervagata est, ad Sacramentum fluvium allata esse dicebatur. Ex quinque lagoenis, quas acceperamus, unam foras ad Caesarem extuli. Collum lagoenae in os inseruit, ut putarem id usque in stomachum pertinere, et uno haustu eam exhausit. Vix lagoenam rursus exemerat, cum oculis distortis et ore diducto, ut tres partes faciei caperet, vocem edidit ut naufragus, qui postremum emergitur.

Arbitrans eum lagoenae collo sibi palatum laesisse interrogavi: „Quid accidit?"

„Massa, oh, ah, Caesar mori! Caesar bibisse venenum!"

„Venenumne? At vero est caelia Anglica!"

„Caeliane? Non ita, oh non! Caesar caeliam nosse. Caesar bibisse venenum; Caesar in ore et corpore arsenicum et atropum [1] sentire!"

Nigrita noster non erat homo elegans. Quomodo igitur haec caelia palato delicato placeret? Rursus in capelêum intrans opportune veni, ut quaestionem cauponis audirem:

„Estisne omnino solvendo, domini?"

Bernardus vultum offensum induens manum in crumenam demisit.

„Omitte id, domine Bernarde!" inquit Marcus. „Hoc nomen ego solvam. Quanti constat cervesia?"

„Lagoena tribus dollariis, id efficit quindecim dollaria."

„Modico pretio est, homo, praesertim cum etiam lagoenae dentur, ain' tu?"

„Vero."

„Eas autem tibi relinquemus; nam viri, qui agellos sciant, ubi aurum in gravibus gradibus, ut ita dicam, in lucem veniat, fragmentum vitri non morantur. Apporta libram tuam!"

[1] atropus – Tollkirsche

„Visne auro solvere?"

„Certo."

Marcus sacculo globulorum patefacto nonnullas palacurnas prompsit, quarum una tanta erat quantum ovum columbinum.

Caupo interrogavit: „Bombax, homo, ubi haec fragmenta invenisti?"

„In meo agello."

„Atque ubi ille situs est?"

Alicubi Americae. Exempli gratia memoria malae fidei mihi est, ut locum tantummodo tum reminiscar, cum mihi ipsi aliquid auri opus est."

Cauponi haec castigatio toleranda erat. Sed oculi eius cupiditate ardebant, cum unam ex palacurnis expendebat et residuum nummis reddebat. Aurum minimo pretio accepit et fortasse libra eius quasdam proprietates habebat. Marcus autem pecuniam reliquam cum vultu viri, cui aliquot plura minorave dollaria nullius momenti sunt, in crumenam condidit. Inter globulos clam bellissimam summulam secum tulerat. Ideo verba, quae fecerat, cum primum convenimus, recordatus sum se in montibus satis auri nosse ad amicum locupletandum.

Tum cervesia gustatu explorata est. Si recta ex zavana huc venissemus, fortasse eam bibere potuissemus. Cum palata lacerata autem in deversorio a Vallisoleto hospitalis Domnae Elvirae iam restituissemus, potus neutiquam absorbendus erat. Apparebat illum virum caeliam suam ex aliquibus herbis et additamentis ipsum coquere et vendere – tribus dollariis pro lagoena. Hoc unum est exemplum ex multis, quo cognosci potest non semper aurilegulum etiam illum esse, qui aurum inveniat.

Ceterum caupo Marci castigatione haudquaquam contentus esse videbatur. Immo nos assidebat et percontari pergebat.

„Agellusne, quem nosti, huc longissime abest?"

„Qualis? Novi quattuor vel quinque."

„Quattuorne vel quinque? Esse non potest! Nam aliter non in hunc miserum Flavae Aquae Saltum venires, in quo omnino fere nihil iam invenitur."

„Utrum credas necne, exempli gratia tibi decernendum est."

„Et semper modo tantum sumis, quantum tibi opus est?"

„Ita."

„Quae levitas animi, quae temeritas! Quodsi alii venientes tibi auferant, quae tibi in tuto collocare possis!"

„Non fiet, domine Caeliari [1]!"

„Unum ex his agellis a te mercabor, domine!"

„Omnino pro eo solvere non potes! An tibi satis est ad quinquaginta vel sexaginta centenaria auri dollariis aut chartis nummariis aequanda?"

„Venditatio! Tantumne? Socius comparandus est sive duo et tres. Hm, talis exempli causa, qualis ille erat Allanus Marshal, qui cum aliquot milibus dollariorum huc venit et cum veris divitiis discessit. Suae rei peritus erat!"

„Auri coemptor?"

„Ita est."

„Familiaris tuus?"

„Non ita."

„Ei erat adiutor, quem reliquit, quod ei furtum fecerat. Ille vir omnia narravit. Ex pulvere et minoribus granis Marshal Sacramenti [2] chartas nummarias fecit et defodit maiores palacurnas in tentorio suo. Tum subito ex oculis elapsus erat, nemo scit, quomodo et quo."

„Erantne illi Marshalo bestiae?"

„Unus equus. Ceterum nudius tertius quaerebatur."

„Ah! A quo."

„A tribus viris – duobus albis et hybrida –, qui ex me eum percontati sunt. Tu quoque eum nosse vidêris?"

„Paulum, atque ideo eum petebamus. Quo postea tres ierunt?"

---

[1] caeliarius – ita ‚Aleman' imitatus sum
[2] Sacramentum, -i – Sacramento (urbs)

„Locum quaesiverunt, ubi tentorium eius collocatum erat. Deinde reversi diu cum scida, quam ibi invenisse videbantur, sederunt. Semel casu oculos in eam coniciens animadverti eam tabulam geographicam aut descriptionem esse."

„Et tum?"

„*Brevis Rivuli* vallem quaesiverunt. Eam iis descripsi et viam illuc ferentem, quam denique ingressi sunt."

„Brevem Rivulum hinc, tantum ex sola descriptione, haud facile invenient."

„Nostine eum?"

„Quondam ibi fui. Nonne nobis locum ostendere potes, ubi tentorium stetit?"

„Hinc eum videre potes. Illic ad dextram proclivitatis prope sentes. Perveniens ilico animadvertes focum et ceteras res."

„Et quod nomen est viro, qui minister Marshali erat?"

„Fridericus Buller. In secundo agello, qui desuper venienti ad sinistram situs est, laborat."

Bernardo innui. Una tabernam reliquimus et adverso rivo iimus. Apud agellum memoratum substitimus. Duo viri ibi laborabant.

Interrogavi: „Bonum diem, domini! Estne vobiscum quidam dominus Buller?"

Alter respondit: „Est, domine; ego sum!"

„Estne tibi tempus, ut ad nonnullas quaestiones respondeas?"

„Fortasse si operae pretium erit. Si quis hoc opus facit, unaquaeque minuta suo pretio stat.

„Quantum pecuniae pro decem minutis postulas?"

„Unum dollarium."

„Sume hoc", inquit Marshal Bullero pecuniam porrigens.

„Gratias, domine; largus homo honestus esse videris."

Virum allicere temptabam:

„Fortasse amplius huius largitionis experieris, si ad

quaestiones nostras bene responderis."

„Euge, domine. Ergo interroga!"

Facie speciem hominis versuti praebebat. Quomodo animum eius mihi conciliare poteram? Celeriter decrevi simulare me esse virum eius farinae.

„Quin mecum paulum secedis?"

„Perii, domine. Bona arma habere videris!"

Aha, homo conscientiâ mordebatur!

„Bona arma pro inimicis et bonam pecuniam pro amicis. Una venies?"

„Fiat!"

Buller fodina relicta quoddam spatium una iit.

Sciscitatus sum: „Nudius tertius tres viri apud te fuerunt?"

„Fuerunt."

„Duo albi unusque hybrida?"

„Ita. Qua de causa?"

„Albi pater et filius erant?"

„Ita est. Hybrida notus est meus atque etiam eorum."

„Ah!" – Nescio, qui in cogitationem inciderim, quem statim verbis extuli. „Hybridam quoque novi. Estne ei cicatrix cultri in dextra gena?"

„Itane vero, nosti cap – – nosti dominum Shelley? Ubi eum cognovisti?"

„Cum re et ratione cum iis coniuncti essemus, ubi nunc sit, scire pervelim."

„Nescio, domine!"

Ex vultu Bulleri intellexi eum his verbis verum dixisse.

Perrexi interrogare: „Quid erat, quod te vellent?"

„Domine, sicut aestimo, decem minutae, pro quibus pecuniam solvisti, praeterierunt!"

„Nondum! Sed tibi dicere velim illos tres ex te priorem dominum tuum, dominum Marshal, quaesiverunt. Praeterea usque ad finem colloquii nostri alia duo dollaria accipies!"

Bernardus manu in marsupium inserta ei ea dedit.

„Gratias, domine! Vos alii homines estis ac illi Morgani et ille Shelley, itaque vos melius docebo quam eos. Cum negotia cum eo feceritis, etiam scies, quam sordidus sit. Ei enim mandatum erat, ut socium Sid –"

Verbo territus, quod incohatus erat, haesitabat.

Eum adiuvi: „Dic modo, Sidney Covesii. Ego quoque id novi."

„Quoque? Ecce, ergo diiudicare potes, quae parva officia valeant. Quo tres ierint, nescio, sed illic diu quaeritantes litteras offenderunt. Si dominus Shelley alio modo mecum locutus esset, etiam a me litteras graves accepisset."

„Et quomodo tecum loquendum est, ut iusta accipiamus?"

Mastigia turpiter ridens addidit: „Ut adhuc!"

Sermo igitur dollariis erat habendus. Vir utique versutus erat homuncio.

Percontatus sum: „Quae sunt litterae?"

„Epistulae."

„A quo et ad quem datae?"

„Hm, domine, qui dicam nesciens, an reapse lingua mea mecum locuturus sis?"

„Fac pretium!"

„Centum dollaria!"

„Haud male! Epistulas domini interceptas, ut duci bravorum tradas, cum ille vir parum pendat, tibi retines, quod putas id, quod domino Shelley usui est, te quoque damno affecturum non esse. Tibi dico istam rem tamen tibi damnum afferre posse! Visne quinquaginta?"

Solum suspicionem elocutus eram, quae ipsis rebus nectendis consequebatur, quas adhuc audiveram. Me autem acu tetigisse ex vultu viri intellegebam. Statim quoque condicionem meam accepit.

„Nunc reapse video te cum capitaneo mercaturas fecisse. Omnia scis. Itaque te circumscribere nolo et quinquaginta dollariis contentus ero."

„Ubi litterae sunt?"

„Venite in tentorium nostrum!"

Paulum pedem rettulimus usque ad id, quod ‚tentorium nostrum' appellaverat. Ex quattuor parietibus terrenis constabat, quae tegumento coactili [1] multis locis perforato intenta erant. In unoquoque quattuor angulorum cavum erat, quod ad armarium esse videbatur; nam Buller manu in id demissâ pannum laceratum prompsit, quo diversae res involutae erant. Ex eo aperto duae epistulae eduxit, quas mihi opponebat. Cum eas capturus essem, cito manum retraxit.

„Opperire, domine! Primum pecuniam!"

Contra dixi: „Non prius, quam inscriptiones saltem legero!"

„Esto! Dum ego epistulas teneo, tu in eas intueberis!"

Eo eas opponente nos ambo simul in eas inspiciebamus.

„Sane", adnuens inquam. „Da ei pecuniam. Bernarde!"

Epistulae ad Bernardi patrem datae erant. Allanus eas scripserat et ministro perferendas tradiderat, cum nondum sciret gemmarium senem trucidatum esse. Minister autem litteras retinuerat. Sed ex ore Bernardi, qui raptim pecuniam prompserat, coniciebam eum fastidire sibi etiam litterarum interceptionem, quae ei damno fuerat, tanta pecunia remunerandam esse. Buller contentus pecuniam in marsupium condidit. Pannum complicaturus erat, cum nos ambo rem auream nitentem conspeximus. Bernardus statim eam arripuit. Horologium erat, quod in solidam capsulam auream reconditum erat.

Buller elatus est: „Quid facies de meo horologio?"

Marshal prompte respondit: „Id aperiam ad videndum, quota sit hora."

„Non intentum est", inquit homo nequam cupide id appetens. „Id restitue, domine!"

Bracchium eius prehendens imperavi: „Exspecta!

[1] tegumentum coactile – Filzdecke

Tametsi stetit, at fortasse tu comperias, quota hora sonuerit!"

Bernardus exclamavit: „Allani horologium!"

Sciscitatus sum: „Quemadmodum hoc horologium eius in manus tuas pervenit?"

Conans se liberare contumaciter opposuit: „Num id ad te attinet?"

„Sane; nam hic homo honestus frater est illius viri, cuius erat. Ergo, quomodo horologium domini Marshal in manus tuas incidit?"

Fur in conspicuis angustiis erat.

Dixit: „Dominus Marshal id mihi donavit."

Bernardus respondit: „Mendacium est! Ecce illi rubini [1], Carolule! Horologium trecentorum dollariorum nemo ministro donare solet."

„Age, Bernarde. Hic investiga! Ego virum ad tempus detinebo."

Ambobus bracchiis Bullerum arripui. Etsi se avellebat, tamen ei non contigit.

„Quis estis? Quo iure tentorium meum perscrutamini? Clamans auxilium petam ad vos Lynchiano more interficiendos!"

Ei minatus sum: „Noli imprudenter iocari, homo, ne Lynch iudex ipse tibi superveniat! Ut primum clamaveris, paulo astrictius premam!"

Laevâ bracchium eius captum tenebam, dexterâ cervices eius. Cum eum prorsus in potestate mea haberem, cognovit sibi morem gerendum esse.

Bernardus, postquam perscrutationem perfecit, dixit: „Nihil aliud invenio."

„Ergo! Me dimitte et horologium redde!" inquit Buller contumaciter.

Monui: „Caute, caute! Te tenebo, donec inter nos convenerimus, quid tibi faciamus. Quid tibi videtur, Bernarde?"

---

[1] rubinus – Stein (in horologio)

„Horologium furatus est", inquit Marshal.

„Sine dubio."

„Id reddere debet."

„Certe."

„Et quam poenam solvet?"

„Clementiâ nostrâ in eum utamur. Iudicium Lynchianum nobis non usui erit. Pro interceptione et furto igitur epistulas gratis tradat."

„Gratisne? Cur?"

„Res evidentissima est: Illa quinquaginta, duo, etiam unum dollarium reddet. Magnae clementiae est. Sine dubitatione manum demitte in perulam eius!"

Postquam pecunia Bullero obnitenti dempta est, eum dimisi. Vix liber erat, cum ex tentorio se proripuit, deorsum praeter aquam et in institorium.

Eum lente sequentes mox iam e longinquo clamorem saevum audiebamus. Tum gradum acceleravimus. Equi nostri ante ostium stabant, Caesarem non videbamus. Celeriter ingressi – in loco pugnae eramus. In altero angulo Vinnetu stabat, qui sinistrâ fauces furis horologii captas tenebat et dextrâ conversam bombardam argenteam iactabat. Iuxta eum Sin-Otus a nonnullis aggressoribus se defendebat. In altero angulo Caesar sclopeto iam spoliatus fortiter cultro et pugno resistebat. Buller, ut postea comperi, metallicos [1] appellaverat, ut Bernardum et me caperent, cui proposito Marcus obstiterat. Chrysoryctae [2] autem, cum adhuc irati essent propter Iacobulum et caupo sibi persuasisset se cum Sin-Oto res rationesque iungere non posse, praesidio eius tecti impetum fecerant, qui morte trium virorum stetisset, nisi ambo in tempore intervenissemus.

Vinnetu et Marcus locum adhuc tenebant. Primum Caesar nobis eripiendus erat.

Clamavi: „Solum si necesse erit, globulos mitte! Sume manubrium, Bernarde!"

---

[1] metallicus – Miner

[2] chrysoryctes, -ae m. – der Goldgräber

Cum his in chrysoryctas irrui et vix minuta post nigrita iuxta nos stans bombardam rursus manu tenebat. Sicut tigris soluta in hostes invectus est. Forte fortuna adversariis non erant arma ignifera.

Laetitiâ gestiens Marcus clamavit: „Ah, Carolule, nunc caede eos manubrio! Solum plana parte iis incute!"

Cum dicto eius audientes eramus, non iam pugna erat, sed voluptas. Vix duo tresve plagam planam in caput acceperant, cum tota caterva porta foras se erupit. Quamquam nondum duae minutae praeterierant, cum intraveramus, iam soli cum caupone et Bullero eramus!

Marcus interrogavit: „Subduxtine revera isti viro horologium et pecuniam?"

„Pah! Immo iste fratris Bernardi epistulas intercepit rapuitque horologium."

„Attamen eum missum facitis? – Sed id nihil meâ interest. Sed ad me pertinet, quod illos ‚*scarabaeos aurarios*' in nos instigavit, et nunc exempli gratia poenas huius rei luat."

„Noli eum interficere, Marce!"

„Hac re homo vilissimus omnino non dignus esset!"

„Comprehende eum, Caesar!"

Nigrita virum tam arte tenebat, ut se movere nequiret.

Marcus cultrum strictum collineabat. Ictum celerem fecit – clamor a Bullero editus est – nasi eius primoris acumen praeciderat.

„Hactenus, o bone! Res haud bene se habet, si quis in animo habet peritos et probos viros occiduos interficere.Si enim exempli gratia naso tam mala negotia rimatus es, interdum tibi praeciditur. Et vir cauponarius noster? Illic est. Accede, sodes, vir bone, ut videam, quot ulnas supervacaneas nasi habeas!"

Ab hac invitatione caupo quodam modo dissentire videbatur. Cunctanter unum gradum accessit.

„Non spero, viri honesti, vos hospitalitatem hoc modo remuneraturos esse!" inquit.

„Hospitalitatem? Dicisne id hospitalitatem, quod pro dimidio hyalo aquae alni et kalii carbonici [1] tria dollaria accipis?"

„Vobis pecuniam ilico reddam, domini!"

„Eam tibi habe neve timueris! Quis hic porro portatoriam cervesiam et caeliam coquet, si finem negotio tuo imposuerimus? – Sed nunc discedite, viri, ne vermes aurarii in cervicibus nostris sint!"

„Massa Marcus discedere velle? Oh, ah, cur discedere neque antea poenam a caupone sumere pro veneno dato? Caesar nigrita eum puniturus esse!"

Lagoenam de abaco prehensam cauponi ostendit.

„Bibere ipse lagoenas in ventriculum! Cito, sin aliter Caesar cauponem traiecturus esse!"

Caupo coactus est lagoenam capere et ebibere. Sed iam Caesar ei alteram dedit.

„Alteram bibere!"

Illa quoque exhausta est.

„Rursus aliquam bibere!"

Ita viro sollicito quinque lagoenae exhauriendae erant, et tragicomicum erat aspectu, qualem vultum praeberet.

„Ita, ah, oh, nunc caupo quinquies bibisse tria dollaria et habere in ventre multum bon pulchrum acidum Borussicum [2]!"

Cum negotium nostrum perfecissemus et fur ululans effugisset, in equos insiluimus et avecti sumus. Verumenimvero maximum erat tempus; nam haud procul a domo chrysoryctae cum sclopetis conveniebant. Forte fortuna haudquaquam adhuc omnes aderant, ut tuti ad Sacramentum fluvium perveniremus.

Bernardus interrogavit: Ubi situs est Brevis Rivulus?"

Marcus viam monstravit: „Ad tempus adverso flumine equitabimus."

---

[1] aqua alni et kalii carbonici – Erlen- und Pottaschewasser
[2] acidum Borussicum – Blausäure (Italice: ‚acido prussico')

Ita equis citatis avolavimus, dum putare potuimus nos a metallicis tutos fore.

Bernardus iussit: „Nunc consistite! Tandem mihi epistulae fratris legendae sunt."

Cum ex equis descenderamus et consederamus Marshal litteras obsignatas legit.

„Sunt duae, quas postremas conscripsit", inquit. „Allanus conqueritur nos sibi non respondere et in proxima epistula adnotationem adiungit, quae ad nos magni momenti est. Haec sunt verba: ,– ceterum hic etiam meliorem mercaturam gero, quam antea cogitaveram. Balucem et illas palacurnas per certos homines Sacramentum atque etiam Franciscopolim misi, ubi multo maius pretium adipiscor, quam ipse pendo. Hoc modo summam, quam habebam, multiplicavi. Nunc autem Flavae Aquae Saltum relinquam, cum hic non iam quarta fructus pars auferatur praetereaque iter tam infestum redditum sit, ut has res mittere audere iam nequeam. Etiam ex variis indiciis suspicor *bravos* tentorium meum obituros esse. Itaque ex inopinato hinc abscedam, ut vestigium non faciam, cum alioquin mihi timendum sit, ne latrones me sequantur. Cum lucro milium in vallem Brevis Rivuli ibo, ubi largissima sedimenta [1] reperta sunt atque ego uno mense aequa negotia gerere possum ac hic quadruplici tempore. Inde trans montes Lynnenses [2] ad portum Humboldtianum iter faciam, ubi certe navem nanciscar, quae me Franciscopolim reportabit –' "

„Quae de valle Brevis Rivuli relata sunt, quadrant igitur", inquit Marcus. „Nonne mirum est, Carolule? Morgani ea quoque norant. Úndenam, eho?"

„Profecto indicium scriptum erat in scida, quam in loco tentorii invenerunt."

Bernardus interpellavit: „Esse potest. Hic infra locum animadverto, qui fortasse nobis quandam ansam dederit. Audite!

[1] sedimentum – Placer   [2] montes Lynnenses – Lynn-Berge

, – praesertim cum frequenti comitatu mihi opus non sit. Ne duce quidem mihi opus est, cum secundum novissimas tabulas rationem itineris vel, ut verius dicam, viam delineavi, quam cum fiducia mihi licet inire – '"

Coniciebam: „Utrum Allanus fortasse designationem amisit an formam socorditer abiecit?"

„Id nihil est, quod accidisse nequeat", ait Marcus, „nam vir occiduus non est, ut exempli gratia ex minima causa salutem pendere nondum cognoverit. Et si integer illuc pervenerit, tamen quaereretur, quomodo victurus sit cum Indianis Serpentariis [1], qui supra vicos et ad Fluvium Serpentarium [2] versus saltus venatorios habent."

Bernardus sollicitus percontatus est: „Suntne tam acres quam Comanches?"

Marcus edidit: „Rubri omnes compares sunt, liberales erga amicum, terribiles inimico. Sed sollicitudinem nobis struere non debemus; nam diutius cum iis fui, ut unusquisque Indoaner Ophiaceus [3] Sin-Otum noverit, si non me ipsum, at fando."

TumVinnetu interrogavit: „Ophes? Regulus Apachium Sosones [4], qui fratres eius sunt, novit. Bellatores Sosonum fortes et fidi sunt. Gaudebunt Vinnetum videntes, qui saepe cum iis calamo pacis fumificavit."

Ergo simul duabus curis soluti eramus, praesertim cum ego quoque antea aliam manum Sosonum in Vyominga convenissem. Et Vinnetui et Marco Sosones non alieni erant et uterque regionem noverat, ubi Brevis Rivuli Vallis sita erat. Illi tum nos ducebant.

Loca, quae tangebamus, plerumque montuosa erant, cum vallem Sacramenti fluvii celeriter transgressi tenderemus ad montes post Chicum [5] sitos. Hoc erat incommodum quidem, sed rectissimum et brevissimum iter, quo fortasse duos latrones praevenire poteramus. Duobus

---

[1] Indianus Serpentarius – Schlangenindianer
[2] Fluv. Serp. – Snake River
[3] ophis (ὄφις) – snake
[4] Sosones – Schoschonen
[5] Chicum – Chico (urbs)

diebus quidem nos antecesserant, sed iter eorum utique longius erat, cum, nisi ita fuisset, vestigia eorum invenissemus.

Chico ad regionem inter septentriones et orientem solem spectantem versi quarto die post profectionem a Flavae Aquae Saltu ad ingentem montem pervenimus, cui dimetiens erat plurium quam quinque milium passuum quique sicut immanis conus obtusus inter ceteros montes eminebat et in radicibus densas arbores frondentes, in superiore autem parte impervias silvas incaeduas pinorum ferebat. Illic superne in ipso medio oropedio [1] lacus iacebat, qui propter tenebrosum aspectum et circumiectum obscurum Melanglenus [2] appellabatur, inque quem a solis occasu Brevis Rivulus effunditur.

Qui fiebat, ut in illo oropedio aurum inveniretur? Cum de aliis fastigiis deferri nequisset, id ex Plutonis regno ortum esse necesse erat. Vires viscerum terrae in hoc ingenti monte exprimendo etiam thesauros aureos locorum infernorum eiecerant, et facile colligi poterat ibi pro arena auro mixta meras venas et nidos esse, quae maiores fructus ederent quam ipsa vallis clarissimi Sacramenti fluvii.

Ibi intravimus in silvestria, quae nobis aspectum tam originalem praebebant, ut paene iam animis caderemus, ut in saxorum et silvarum permixtionem invaderemus, quae impervia esse videbatur. Sed quo longius procedebamus, eo plus proficiebamus. Molestum dumetum sub arboribus paulatim esse desinebat, ut tandem in templo immanis magnitudinis equitaremus, cuius tectum ex foliis sertis constabat et cuius miliones columnarum, quae erant tam crassae, ut singulam ex iis vix tres viri complecti possent, saepe sex vel plura metra inter se distarent.

---

[1] oropedium – Hochebene
[2] Melanglēnus (μελάγγληνος – schwarzäugig) – Black-eye (Schwarzauge)

Talis silva incaedua animum propensum aeque movet ac domus Dei puerum, qui primum in eam intret.

„Magne Deus, qui fundasti Tibi templa, columnas
altas et struxti, fecisti omnia Tu;
Quo spectant mea lumina cumque fidelia, noscunt
factorem et dominum, Te, Pater, propitium."

Haec tibi undique obstrepunt et reflant. Animus largus et grandis fit, fides radices altiores et firmiores agit, atque filius pulveris sibi videtur tantulus, quantulus vermis, qui frustra studet per corticem ingentis quercûs sursum eniti, quod mortuus erit, priusquam cacumen eius contigerit. Ita etiam homini accidit, qui se dominum hominem [1] ducit, quamquam solo Dei beneficio summum locum inter animalia mortalia ut donum immeritum accepit.

Lente et continuo evehebamur, donec in oropedium pervenimus. Tum cito processu facilius erat, ut primo vespere ripam meridianam lacus Melanglêni caperemus, cuius lux aquarum altarum et immotarum nobis offulgebat ut aenigma, quod unicuique, qui id solvere conatur, mortem inferat.

In vallem solis radii penetrare non iam poterant. Hic autem modo advesperascebat, ut optime partem ripae explorare potuissemus.

Marshal, qui fratrem videre cupiebat, interrogavit: „Pergemusne porro ire?"

„Fratres mei hic se prosternent", inquit Vinnetu brevi et certo more suo.

„Marcus assensus est: „Esto! Hic est muscus considendo uberrimus et ad aquam gramen equis pascendis. Et si locum abditum elegerimus, a quo postea tempus alienum esset, etiam parvum ignem Indianum excudere poterimus, ut gallopavum [2] assemus, quem Caesar hodie confecit."

---

[1] homo dominus – Herr der Schöpfung
[2] gallopavus – Truthahn

Recte, Caesar reapse hodie primum feram assandam deiecerat neque mediocriter hoc firmissimo documento se utilissimum socium societatis nostrae esse se efferebat. Postquam aliquamdiu quaesivimus, tali loco, qualem Marcus optabat, invento consedimus.

Mox igni ardente nigrita sedulo in plumis avi evellendis occupatus erat. Inter haec vere nox – nox caeca appetebat, ut flamma leniter flagrante arbores, bracchia, rami miras formas offerrent. Cum gallopavo asso egregie epulati essemus, non turbati ad ipsum mane dormivimus.

Sub lucem profecti mox in vallem Brevis Rivuli pervenimus. Non longa erat, ut ex nomine cognosci potest. Rivus, in quem de paucis locis editis colli similibus exiguum aquae influebat, calido anni tempore prorsus arescere videbatur.

Invenimus tentoria deleta, sedimenta excitata, casas terrenas eversas, ubique indicia acris pugnae.

Non erat dubium, quin aurileguli a latronibus inopinantes oppressi essent. Sed corpora mortua non videbamus.

In diutius quaerendo illic sub arboribus silvae incaeduae tentorium maius animadvertimus, quod etiam discissum, dissectum, dilaceratum erat. Ne unum quidem vestigium, nulla res inventa neque quantulavis recula aperiebant, cuius fuisset.

Quanta spe Bernardus deiectus erat, qui fratrem huc convenire sibi persuaserat!

Asseveravit: „Hic Allanus habitavit."

Id coniectabat, atque probabiliter recta praesagiebat. Vallem in circuitu silvâ incaeduâ cinctam circumequitantes vestigia latronum repperimus, quae ad fastigium montium ad occidentem spectans ferebant.

„Allanus hinc trans montes Lynnenses ad portum Humboldtianum tendere volebat. Latrones eum secuti sunt!" inquit Bernardus.

Monui: „Profecto; si frater Tuus effugit. Ex eo, quod

hic non invenimus corpus mortuum, concludi non potest oppressos viros reapse effugisse. Puto mortuos in lacum iniectos esse."

In profundo sub aquis Melanglêni tum viri, opinabar, iacebant, qui de divitiis, fortuna secunda, voluptate somniaverant. Daemon atrox, aurum appellatus, eos ex somniis eripuerat eisque morti fuerat!

Marshal truci voce interrogavit: "Quis sicarii erant!"

"Shelley hybrida et ambo Morgani, qui nos tam diu effugiebant, quamquam in cervicibus eorum insistimus."

Sin-Otus affirmavit: "Nunc autem nostri erunt neque cuiquam alii ac Marco Iorrocks, qui eos ad calculos vocabit."

"Ergo pergite, eos sequimini!"

Vestigia non tam clara erant, ut singula vestigia numerare possemus. Infra in silva altorum scaporum suam quisque sibi viam quaesiverat. Numerum viginti bestiarum iniimus. Quoddam spatium vestigia accuratius contemplabar.

Dixi: "Sedecim sunt equites et quattuor muli onusti. Ungulae illorum quattuor acrius impressae sunt, et eos mulos esse ex eo cognosci potest, quod ungulas parvas habent et saepius pertinaces fuerunt. Cum latrones igitur non tam celeriter quam nos procedant, bona spes subest nos eos adepturos esse, priusquam Allanum deprehenderint.

Tempore postmeridiano ad eum locum pervenimus, ubi prima nocte manserant. Equis vectari perreximus, quoad vestigium cognoscere poteramus. Deinde aliquot horas procubuimus. Prima luce rursus profecti iam tempore antemeridiano ad locum secundae mansionis eorum pervenimus, ut iam uno die propius ad eos accessissemus.

Cum cogitaremus nos vesperi in superiore Sacramenti cursu fore, qui ibi a Monte Sasta [1] defluit, sperare potera-

[1] Mons Sasta – Mount Shasta

mus nos *bravos* postero die assecuturos esse, sed primum in impedimentum incidimus. Vestigium enim in duas partes discessit. In ipsum medium orbem magnum, quo ibi Sacramentus sinuabatur, tendebamus. Tum autem vestigium quattuor mulorum et sex equitum sinistrosum ducebat, ut iter brevius fieret, cum alii priorem cursum tenuissent.

„Edepol, res iniucunda est", ait Marcus. „Estne stratagema an exempli gratia tantum casu fecerunt?"

Suspicatus sum: „Sine dubio id haud consulto erga nos fecerunt."

Bernardus interrogavit. „Sed cur in duas partes discedunt?"

„Id facile intellegi potest", inquam. „Muli, qui praedam a Melangleno asportant, *bravos* impediunt, quominus celeriter procedant. Itaque merces ad locum, quem coniunctim petunt, praemittuntur, cum alii nunc festinatius Allanum sectentur. Si ei bona dempserunt, ad Sacramentum, opinor, locus erit, quo rursus convenient."

Sin-Otus suasit: „Εἶεν, ergo muli exempli gratia sinamus et aucta festinatione alios insequamur. Tonia mea iam dudum aegre ferebat, quod sicut limacesι repimus."

„Pulchra limacum vectio!" inquam ridens. „Ceterum id deliberandum est, Marce: Utrum Morganum tibi habere vis?"

„Bombax, quid hoc interrogas, Carolule! Utrumque!"

„Res non bene cedet."

„Cur non?"

„Muli aurum gestant. Cui Fridericus Morganus, si eos dimittet, eos committet?"

„Dic!"

„Soli filio suo, opinor."

„Recte dicis. Sed quid faciendum?"

„Utrum primum habere velis?"

„Maiorem natu!"

„Vero; ergo prorsum!"

Revera tempore praestituto Sacramentum traiecti ab altera parte corpora stravimus. Tum mane longius in interiora loca provehebamur, semper vestigium sequentes, quod semper clarum manebat. Tempore meridiano, cum ad planitiem pervenimus, vestigia tam recentia erant, ut caterva vix quinque milibus passuum ante nos esse posset.

Tum equos ad extremam vectionem impulimus. Id moliebamur, ut quam proxime accederemus ad insectantes, ut ad mansionem eorum adrepere possemus. Nos omnes paene aestuabamus et agitati eramus, quoniam sicarios, quos tam diu frustra persecuti eramus, prae nobis habebamus, ut manus eis fere afferre possemus. Equus niger me continuo proferebat, in tergo equus Apachis haerebat.

En, quid hoc erat? Tantus numerus ungularum impressionum, ut minimum centum equites adfuisse putandum esset. Humi indicia pugnae cognosci poterant, et cruorem plantae magnorum foliorum adhaerentem cernebam.

Locum perquirentes vestigia trium equorum ad sinistram in planitiem ferentem animadvertimus, cum latum ungularum vestigium in directum duceret. Itinere maxime properato latam viam iniimus, cum equites certe Indiani fuissent, ut sine dubio fieri potuisset, ut Allanus, qui non multum praecessisset, in manus eorum incideret. Nondum longius quam mille passus progressi ante nos tentoria campi Indianorum conspeximus.

Vinnetu clamavit: „Sosones!"

Marco assenso: „Indiani Serpentium!" non subsistentes in campum invecti sumus.

Medii inter tentoria plus centum bellatores ad regulum congregati stabant. Cum nos venientes conspicerent, sclopetis et securibus bellicis captis orbem aperuerunt.

Vinnetu ad regulum equo citato vehens, quasi eum prosterneret, clamavit: „Co-tu-cho!" Unico autem gradu ante eum equo frenos adhibuit. Appellatus, dum Vinnetu hoc artificium adhibet, nihil muttiverat. Tum ei manum tetendit.

„Vinnetu, regulus Apachium! Gaudium capiunt bellatores Sosonum et animus reguli eorum voluptatem; nam Cotucho fratrem fortem videre desiderat!"

Marcus exclamavit:

„Et me! Nonne iam regulus Serpentium Sin-Otum, amicum suum, novit?"

„Cotucho omnes amicos et frartres suos novit. Benigne in viguamiis bellatorum eius excipiantur!"

Tum a latere vox dira personuit, ut me converterem.

Bernardum videns genibus humi nixum apud hominem celeriter accessi. Ille, qui prope tentorium iacebat, mortuus erat. Globulus in pectus eius penetraverat. Albus erat, quem ilico cognovi: Allanus, Bernardi frater. Amici quoque accesserunt. Omnes tacebant. Bernardus, qui silens iuxta interfectum genibus nitebatur, labra, frontem, genas eius osculatus est, crines sparsos a facie eius amovit, bracchia cervicibus eius circumdedit. Tum surrexit et interrogavit:

„Quis eum interfecit?"

Regulus eum edocuit.

„Cotucho bellatores misit ad equos exercendos. Tum tres facies pallidas venientes videbant, quas aliae facies pallidae insectabantur. Si decem viri tres persequuntur viros, illi decem neque boni neque fortes sunt. Itaque bellatores rubri tribus occurrerunt, ut eos adiuvarent. Cum autem illi decem in eos, quos insequebantur, globulos mitterent, haec facies pallida icta est. Deinde bellatores rubri septem eorum ceperunt, cum tres effugerent. Ista facies pallida autem in complexu eorum extremum edidit spiriritum, et illi duo, qui cum eo erant, in storeis viguamii quiescunt."

Bernardus recordans alteram vim, quae verbo fratris apud rubros est, addidit:

„Ilico mihi intuendi sunt! Iste mortuus frater est, est filius patris."

„Frater albus cum Vinnetu et Sin-Oto, Sosonum amicis venit. Itaque Cotucho faciet, quod cupit. Me sequitor!"

In magnum tentorium ducti sumus, in quo captivi manibus pedibusque loris vinctis iacebant. Shelley hybrida inter eos erat, cui erat cicatrix in gena dextera. Fridericus Morganus non conspiciebatur.

Interrogavi: „Quid fratres rubri de istis faciebus pallidis facient?"

„Novitne etiam frater albus eos?"

„Eos novi. Sunt latrones, qui morte multorum virorum se astrinxerunt."

„Ergo fratres albi de iis iudicent."

Postquam cum aliis nictu consensi, respondi:

„Morte digni sunt, sed nobis non vacat eos iudicare. Eos fratribus rubris trademus."

„Frater recte facit."

„Ubi duo albi sunt, qui cum mortuo erant?"

„Fratres iterum me sequantur!"

In alterum tentorium ducti sumus, ubi duo viri somnum ceperant. Vestiti erant sicut muliones. Statim ex somno excitati responsis datis nobis persuaserunt se, cum Allanum tantum munere contigissent, nobis de solis rebus levioris momenti respondere posse, ut rursus ad mortuum reverterimus.

Quamquam Bernardus, qui inter superiores menses multa dura expertus erat, et corpore et ingenio fortior et validior erat factus, tamen manus eius tremebant, cum sacculos fratris perquireret. Diligenter unamquamque rem inspexit et, cum libello pugillari eius evoluto litterarum ductus Allani conspiceret, singultim amaras lacrimas effudit. Cum idem sentirem atque ille, impedire nequibam, quin etiam mihi lacrimae de genis fluerent.

Sosonibus astantibus regulus eorum propter imbecillitatem nostram contemptim vultu micuit, ut Vinnetu, cum id tolerare nequiret, nos demonstraret.

„Regulus Sosonum ne credat istos viros ut mulieres esse! Frater istius mortui cum palariis et Comanchibus pugnavit et fortem se manu praestitit. Atque ista facies pallida venator clarissimus est nomine *Vetus Catabolochir.*"

Murmuratio lenis ordines Indianorum Serpentium pervasit et regulus accedens manum nobis porrexit.

„Hic dies in omnibus viguamiis Sosonum celebrabitur. Fratres mei in casis nostris morabuntur. De carne nostra gustabunt, nobiscum fumisugio fumum haurient, ludos bellatorum nostrorum spectabunt."

Respondi: „Viri albi libenter hospites fratrum rubrorum sunt, sed non hoc die; revertentur. Corpus mortuum et bona fratris occîsi relinquent, ut protinus percussores, qui effugerunt, persequantur.

Benardus affirmavit: „Ita esto! Allanum et ministros eius hic relinquam neque minimum quidem temporis exspectabo. Quis mihi eos persequenti se aggregabit?"

„Nos omnes!" inquam ego.

Dum Vinnetu et Marcus iam ad equos eunt, sui a regulo nonnulla lenia imperia acceperunt. Quibus acceptis equus praeclarus Indianorum more frenatus ei adductus est.

„Cotucho una cum fratribus equitabit. Peculium mortuae faciei pallidae in viguamio reguli condetur, et feminae eius lamentabuntur et mortuo neniam dicent!"

Post hanc brevem salutationem fortium Sosonum virum strenuum nobiscum ducebamus ad latrones persequendos.

Vestigium eorum facile inventum est. Paulo plus duas horas praecurrerant. Insuper equi consilium nostrum animo comprehendere videbantur: per planitiem volabant, ut scintillas edidissent, si solum lapidosum fuisset. Tantummodo equus spadix Caesaris defessum se praebebat, sed nigrita continuo bestiam incitabat, ut aequalis esse cogeretur.

Vociferabatur: „Prae, hoho, hoho! Equo currendum esse, multum ruendum esse, Caesar percussorem boni Massae Allani deprehensurus esse!"

Avolabamus.

Medium tempus postmeridianum iam erat, et nos illos, qui fugiebant, ante vesperum assequi opus erat. Nobis ita plus tres horas provectis descendi vestigium exquisitum. Valde manifestum apparuit, quamquam solum densa et brevi herba obsitum erat. Cum ne ulla quidem festuca adhuc se erexisset, latrones summum mille passus a nobis abesse poterant.

Tum interdum telescopium prompsi, ut in illa regione, in quam vestigium ferebat, extremum circulum finientem perlustrarem. Tandem tria puncta conspexi, quae, ut opinabamur, ante oculos nostros lente praevehebantur.

„Illic in fronte sunt!"

Bernardus equum incitans clamavit: „Ehodum, insta-te!"

„Siste!" monens inquam. „Id nihil iuvat. Nobis circumveniendi sunt. Equus mas meus et reguli Serpentium equus iter sustentabunt. Ego a dextra parte, Cotucho a sinistra equitabit. Si eos intra viginti minutas antecesserimus, ut nos non animadverterint, equis citatis in eos vehimini!"

Vinnetu assensus est: „Uff!"

Etiam regulus Sosonum exclamavit: „Uff!" Tum modo sagittae nervo impulsae ad sinistram volavit! Item ego dextrorsum, atque decem minutis post sodales, quamquam ipsi quoque provecti erant, ex conspectu amiseram. Me itineris spatium eorum, quos persequebamur, aequavisse suspicandum erat. Equus meus, licet ultimis diebus nixus esset, fatigatus non erat. Nihil spumae in ore erat neque quicquam sudoris in pelle levi et citatissimo cursu volabat, tam versatiliter, quasi corpus eius, quod forma erat decora, ex gummi constaret.

Itinere post quindecim minutas sinistrorsum flexo aliis

quindecim minutis post tres sicarios a latere post me conspexi et regulum Indianorum Serpentium, qui etiam ante eos erat, etsi paulo post me. Tum eos petebat et ego idem faciebam.

Cum iis obviam veheremur, nos perbrevi animadverterunt. Post se spectantes nos se persequentes cognoverunt. Tum sciebant, quomodo sibi res se haberent. Eis solum una facultas erat evadendi: necesse erat perrumperent.

„Nunc perdura, mi eque niger!"

Illum clamorem scissum et acrem edens, quo equus Indiano more condocefactus incitatur, ut omnibus nervis et celeritate utatur, bracchium levavi et in stapiis constiti, ut ei onus levius et respiratio facilior redderetur. Ita vectus sum, ut aliquis alias solum vehi solet, si zavanae incendium post eum aestuat.

Tum alius, quem Fridericum Morganum esse cognovi, equo refrenato sclopeto collineavit. Cum emicuit, regulus quasi fulgure tactus una cum equo praeceps datus est. Credens illum aut bestiam eius ictu interfectum esse clamorem rabiei edidi. Sed animus me fefellerat; nam iam proximo atomo temporis Cotucho equo rursus conscenso securim bellicam vibrans irruit in tres viros. Lapsus unum fuerat ex illis artificiis, in quibus Indiani equos multis annis exercent. Bestia eius edocefactus erat, ut quadam voce edita celerrime humi se abiceret, ut globulum ambos supervolare necesse esset.

Modo Soso [1] alterum terrae affligebat, cum ego Friderico Morgano institi. Cum eum salvum capere vellem neglexi eum bombardam, cuius fistula adhuc globulo impleta erat, in me dirigere. Cum equus eius non immotus esset, globulus, cum iactus fragorem ederet, manicam vestis venatoriae meae pervasit.

Clamavi: „Euge, en Catabolochir!"

Dum laqueus missilis stridet, equus meus se circume

[1] Soso – Schoschone

git et quadrupedo ursu recurrit. Magnum sensi ictum, qui autem multo minus magnus erat quam prius in vacca honorabilis Domni Ferdinandi de Venango y Colonna de Molinares de Gajalpa y Rostredo venanda, ut respicerem. Laqueus ambo bracchia Friderici Morgani ad corpus astrinxerat eumque post me trahebat. Eodem tempore videbam etiam Vinnetum et Marcum cum aliis ambobus ad aream pervenisse. Tertius latro, cum sclopeto Bernardum petebat, eodem momento globulo Marci prostratus est.

Desilui. Tandem, tandem Fridericum Morganum habebamus. Lapsu equi sopitus erat. Laqueum missilem meum rursus accepi et captivum suo ipsius laqueo vinxi. Tum etiam alii accesserunt. Nigrita primus ex equo descendit. Cultrum strinxit.

„Oh, ah, adesse Caesar cum cultro, qui lente interfecturus esse malum, pravum latronem et sicarium!"

Marcus manum eius apprehendens clamavit: „Mitte haec! Hic vir meus est!"

Quaesivi: „Mortuine alii?"

Bernardus, de cuius femore sanguis demanabat, affirmavit: „Ambo!"

„Esne saucius?"

„Solum perstrictus."

„Tamen res adversae sunt, cum nobis longe equis vecandum sit. Muli enim nobis persequendi sunt! Quid de Friderico Morgano faciamus?"

„Meus est", inquit Marcus. „Itaque ego de eo statuam. Tradam eum domino Bernardo et Caesari, ut eum ad campum tentorium Sosonum deductum in custodia habeant, dum reverterimus. Bernardo, qui saucius est, exempli gratia frater curae erit. Caesarem cum eo esse necesse est, et nos quattuor viri, ut puto, satis valemus ad sex scelera apud mulos versantia superanda."

„Consilium bonum est. Ergo quam promptissime!"

Morganus supra equum suum deligatus est; Bernardus

et Caesar captivo in medium accepto ad campum tentorium Sosonum reverterunt. Nos ceteri autem remanebamus, ut equi nostri primum respirarent et paulum pascerentur.

„Diu nobis non morandum est", inquam. „Dies nobis non perdendus est, ut procedamus."

Cotucho interrogavit: „Quo fratres ibunt?"

Marcus eum docuit: „Ad aquas Sacramenti fluvii ab hoc loco inter ortum solis et meridiem sitas."

„Bono sint animo! Regulus Sosonum omne vestigium itineris illuc ferentis novit. Bestias gramen carpere sinant, ut noctu vehi possint."

Marcus dixit: „Utinam ne tam celeriter Fridericum Morganum misissemus!"

„Qua de causa?"

„Eum audire potuissemus."

„Postea faciemus, immo vero id nobis opus non est. Culpa eius multis modis probata est", inquam ego.

„Sed ab eo resciscere potuissemus, quo cum mulis convenire vellet!"

„Au! Satin' putas futurum fuisse, ut id nobis diceret?"

„Fieri potuit!"

„Non ita. Filium et thesauros raptos nobis non prodet, praesertim cum non ignoret se sortem suam hoc modo mutare non posse."

Vinnetu affirmavit: „Frater Carillus verum dicit. Et oculi rubrorum et alborum venatorum satis acres sunt ad vestigia mulorum omni ratione reperienda."

Id quidem verum erat, sed certe tempori pepercissemus, si locum cognovissemus.

Soso prorsus praeter consuetudinem horum hominum, qui numquam curiosi sunt erga peregrinos, interrogavit:

„Quem fratres quaerunt?" Cum autem hic erat inter viros, quos sibi pares esse sciebat, a debita modestia declinare poterat.

„Sodales latronum, qui a bellatoribus Sosonum sunt capti."

„Quot sunt?"

„Sex."

„Eos unus solus ex fratribus vincet. Eos reperiemus et ceteris aggregabimus."

Cum advesperasceret, equi nostri tam recentes erant, ut eos denuo contendere possemus. Equis conscensis nos regulo Cotuchoni ducendos commisimus, qui per vesperum et totam noctem praevehens fidem praestabat, ex qua intellegi posset verba eius vera esse se omne vestigium itineris nosse.

Pratariam iam pridem post nos reliqueramus. Nobis modo montes enitendi erant, modo valles perequitandae, modo brevia spatia silvae vel zavanae peragranda. Post moram matutinam quieti datam cursum, quem ingressi eramus, secuti sumus, dum vallem Sacramenti fluvii ante nos vidimus.

Equis in eam demissis flumen transgressi sumus. Ante nos ipsos quodam loco, a quo a sinistra et dextra singulae valles usque in montes porrigebantur, domus muris terrenis, qui tabulis contecti erant, exstructa erat. Inscriptione ianuae *‚DEVERSORIVM'* appellata est. Dominus loco opportunissimo sedem collocaverat, ut ex copia deversorum cognosci poterat, qui eam frequentare videbantur; nam ante domum magnus numerus carrorum, iumentorum sarcinariorum et sellarium stabant, et domum interiorem non omnes deversores capere posse apparebat, cum mensae et subsellia in propatulo collocata frequenter occupata essent.

Marcus me interrogavit: „Illucine introibimus percontatum?"

Cum risu respondi: „Tibine adhuc palacurnae sunt ad caeliam Burtoniae in comitatu Staffordshire sitae solvendum?"

„Adhuc plura huius generis mihi sunt."

„Ergo introeamus!"

„Non introibo, sed tantum accedam, si tibi placet; nam exempli gratia nihil magis amo, quam spiritu buccam aëris salubris ducere."

Advecti equos alligavimus et in quodam tabulato consedimus, in quo inscriptio arrogans ‚*Pergula*' splendebat.

Ganymedes advolans interrogavit: „Quid domini bibent?"

„Cervesiam. Quanti constat?"

En, Marcus noster cautior erat redditus quam illo tempore in Flavae Petrae Saltu.

„Portatoria semidollario, caelia eodem pretio."

„Ergo portatoriam."

Quattuor lagoenis a puero cauponario apportatis Marcus commodum percontationem facturus erat, cum conspectum converti ad foramen, quod a viae latere ad fenestram erat, atque ei celeriter annui.

De altera valle transversa enim sex equites descendebant, quorum duo mulos loris ducebant, neque primus alius erat ac Patricius Morganus. Tendebant ad ‚*Deversorium*' et bestiis alligatis mensae accesserunt, quae foris sub fenestra nostra posita erat. Rem meliorem et opportuniorem nobis optare non poteramus.–

Sed qua de causa muli eorum non iam onusti erant? Non erat dubium, quin rebus raptis in quoddam latibulum conditis ad locum se conferrent, quo cum sodalibus coirent.

Latrones vino pomario adusto [1] mandato sermonem contulerunt, quem auribus bene percipere poteramus.

Alius interrogavit: „Patremne tuum et capitaneum iam conveniemus?"

Patricius respondit: „Esse potest. Nobis velocius equitare potuerunt et illum Marshal certe facile superaverint. Ei enim duo soli comites sunt."

„Ecce vir incautus, qui tales thesauros secum ferat,

---
[1] vinum pomarium adustum – Brandy

quamvis modo tres sint."

„Eo melius nobis est! Imprudens ad summam semper fuisse videtur, alioquin in Flavae Petrae Saltu rationem itineris scriptam non abiecisset. Sed, malum, quidnam hoc est?"

„Quid?"

„Oculos converte ad illos quattuor equos!"

„Tres bestiae magnificae, et quarta suo genere singularis est. Qui vir sanus talem beluam foedam conscendet?"

Marcus manum compressit.

Fremuit: „Vos *beluabo*[1], ut exempli gratia anima ex vobis exeat!"

„Revera, sane quidem singularis est, ille equus; sed quamvis deformem aspectum habeat, est unus ex nobilissimis et clarissimis equis occidentis feri.

„Scisne, cuius sit?"

„Cuius vero?"

„Sin-Oti."

„Heia!" Ille sane quidem tali capro vehi dicitur!"

„Ille vir igitur adest! – Exhauri hyalum! Aliquando eum conveni neque ab eo conspici velim."

Marcus murmuravit: „Tamen vitare nequibis."

Illi sex viri equos conscensos in vallem demiserunt.

Sosoni dixi: „Illi sunt viri, quos quaerimus. Ambo fratres rubri eos antecedent, atque ego cum Sin-Oto sequar. Tum ab utraque parte eos temptabimus.

„Uff!" affirmans Cotucho inquit et surrexit.

Ille et Vinnetu equos conscenderunt. Postquam Marcus pro cervesia portatoria, quae non fuerat tam mala, solvit, subsequebamur semper nos ita tenentes, ut a conspectu eorum, quos persequebamur, occultati essemus.

Loca mox deserta sunt reddita. Cum in tractum pervenissemus, in quo neque fruticeto neque viae angulo occultari possemus, equos admisimus. Cruces [2] assecuti sumus, priusquam omnino sibi conscii essent se peti. Pro-

---

[1] ‚beluare' – ‚bekreaturen'   [2] cruces – Galgenvögel

xime ante eos Vinnetu et Cotucho erant Marcus salutans: „Salve, domine Mercroft!" inquit. „Istine etiam nunc sunt equi, quos a Comanchibus furatus es?"

Ille appellatus exsecrans dixit: „Malum!" et sclopetum arripuit, sed de equo dereptus est priusquam ligulam [1] trahere posset.

Ambo reguli paucis passibus ante bravos equos sustinuerant, et laqueus missilis Vinnetus umeros Patricii circumiectus erat. Puncto temporis alii quinque furciferi diffugerunt. Marcus et Soso, postquam in eos sclopetaverunt, eos secuturi erant.

Vocavi: „Exspectate, dimittite eos! Habemus enim latronum ducem!"

Sed non audiebant. Etiam tum duo globulorum iactus crepuerunt, et ultimum eorum Cotucho insequens pugni ictu de equo decussit.

Convicia feci: „Quidnam facitis? Vestigium eorum sine dubio nos primo ad locum constitutum, tum ad locum, quo praedam condiderunt, duxisset."

„Iste Morganus, ut eum nobis dicat, cogetur!"

„Cavebit!"

Mox recte dixisse inventus sum; nam Patricius ad nullam quaestionem nostram respondit, quamquam ei continuo minabamur. Aurum, causa mortis tot hominum, amissum erat – θανάσιμος κόνις!"

Eo, ut antea pater eius, supra equum deligato, ut deversorium vitaremus, per Sacramentum fluvium, qui hoc loco non altus erat, equitavimus et ad montes pervenimus, ut a nullo videremur.

Etiam inter totam vectationem insequentem nullum verbum ex captivo elici poterat, et solum, cum in campum tentorium rediremus et ille gemmarium nobis obviam venientem cognosceret, exsecrationem murmure agitavit. Patricium in id tentorium duxi, in quo etiam alii captivi erant. Etiam pater eius ibi iacebat.

---

[1] ligula – Abzugsbügel

„Domine Morgane, en, filium tuum ad te perduco, cuius magnum desiderium te tenere videtur", inquam

Ex oculis senis flammae quidem rabiei emicuerunt, sed ipse ne ullum dixit verbum.

Cum sub vesperum ad campum pervenissemus, iudicium, quod de captivis facere debebamus, in posterum diem proferendum erat. Nos ut hospites reguli in tentorio eius cenavimus et calamo pacis fumificavimus. Tum in tentorium sibi quisque destinatum iit.

Cum superiores dies me valde defatigavissent, arte dormivi, quod in medio campo tentorio fieri licebat, sed foris in prataria sine dubio factum non esset. Utrum somniebam an verum erat? Proelio contendebam cum hominibus feris, qui minaciter me circumstabant. Furibunde bracchia iactabam, attamen hostes identidem frequentes ex solo enascebantur. Sudor de fronte meo defluebat, mortem appropinquantem videbam, me exanimari sentiebam. Somnium erat, et tandem angore excitatus sum. Vix paulum expergefactus eram, cum foris magnum tumultum auribus percepi. Ilico exsilui, nondum prorsus veste tectus arma cepi et foras me proripui. Captivi modo, qui etiam postea cognosci nequiret, vinculis se liberaverant, ex tentorio effugerant, vigilias opprimere conati erant.

Ex omnibus tentoriis staturae fuscae Indianorum proruperunt, alius tantum cultro, alius securi, alius sclopeto armatus. Modo Vinnetu adveniens uno aspectu oculis perlustravit ea, quae in luce ignium fiebant.

In tumultum tonuit: „Circum campum dispertimini!", et ilico sexaginta aut octoginta homines inter tentoria se coniecerunt.

Cognovi me pugnae interesse non iam debere, cum captivi arma non haberent et Indiani numero decies tanto superiores essent. Cum etiam Marci vocem in mediis luctantibus audirem, acquievi. Et revera, vix decem minutis post clamor supremus sonuit illius, qui ultimus caesus est. Procul faciem eius luridam conspexi. Fridericus Morganus erat, cultro Marci percussus erat.

Lente ultor tum inter tentoria procesit. Me conspicatus dixit:

„Carolule! Cur pugnae non interfuisti?"

„Putavi vos solos rem conficere posse."

„Recte, profecto rem confecimus! Nisi autem ipse ante tentorium captivorum in custodia fuissem, exempli gratia forsitan forte fortuna evasissent. Cum propter tentorium iacens strepitum intus audirem, custodes statim praemonui, ut attenti essent."

„Effugitne aliquis?"

„Nemo, eos numeravi. Putaveram autem me Morganos alio modo ad calculos vocaturum esse!"

Ante me conquexit, ut duas incisuras diu desideratas in manubrium sclopeti sui faceret.

„Age, nunc ultus sum, quos caros habebam, Carolule, nunc mors appropinquet, sive hodie sive cras!"

„Marce, ut sumus Christiani, adiungamus: ‚Sit Deus hominibus scelestis propitius iudex!'„

„Esto, Carolule! Eos non ultra mortem odi."

Sin-Otus lente processit et in tentorium repsit.

Postero die caerimonia lugubris locum habebat: Allanus Marshal sepultus est. Cum arca deesset, pelle bubalina involutus erat. Sosones lapidibus quadratum construxerant, in quo corpus positum est. Tum quadratum in pyramidem fastigatum est, circum quam tot lapides acervati sunt, quot inveniri poterant. In summam pyramidem crucem ex ramis factam infixi – tropaeum salutis. Bernardus a me petivit, ut brevem orationem funebrem haberem et precem „Pater noster" dicerem. Dolore affectus id feci omni animi commotione conspiciens, qua gravitate Sosones nos circumstantes caerimoniae simplici interessent.

Omnibus iustis solutis Sosones Bernardo lugenti tempus non dederunt ad indulgendum dolori. Totam septimanam manebamus, quam in venatione, ludis gymnicis aliisque oblectamentis consumpsimus, ut nobis esset ut solus dies. Tum Franciscopolim revertimus.

11. DE REGVLIFRAGIS. [1]

In finibus Vyomingae, prope a capite Fluminis Flavae Petrae, in mediis Montibus Saxosis agrestibus et amoenissimis, horti nationales Civitatum Foederatarum siti sunt, reservatum 8670 chiliometrorum quadratorum, terra miraculis ferax, qua altera in terra vix inveniatur. Primos nuntios dubios ad eam attinentes dux exercitus Warren anno 1856° accepit, quibus adductus est ad iter illuc ducens parandum, quod quidem ad destinatum non pervenit. Decem annis post demum aliis contigit, ut partem rerum occultarum detegerent, ut homines abundantiam insperatam magnificentissimorum miraculorum terrae sibi fingere possent. Professor Hayden aestate anni 1871[1] prospere illuc processit, et libelli eius, quamvis tantum ad rem spectarent et maxime sobrii essent, tantopere *Congressui* Civitatum Foederatarum placuerunt, ut consilium cepit illam mirabilem terram hortos nationales declarare, ut mercaturae sordidae eriperetur.

Ultra latas pratarias occidentales multo post montes continuos Collium Nigrorum ingentia latera Montium Saxosorum in caelum eminent. Liceat dicat quispiam haec non manum, sed pugnum procreatoris condidisse. Ubi sunt Cyclopes, qui talia propugnacula erexerint? Ubi sunt Titanes qui talia onera usque ultra nubes excitare potuerint? Ubi est dominus, qui illas granitas [2] nive et glacie perpetua coronaverit? Hic procreator ‚Monumen-

---

[1] regulifragus – railtroubler; confinxi ex ‚regula' (= Schiene) et ‚frangere'

[2] granita, -ae – Firn (confer MIR)

tum miraculorum' suorum condidit, quod efficacius et gravius esse nequiret.

Et post illos muros immanis magnitudinis usque ad hunc diem solum aestuat et fervet, vaporat et bullit ex effervescentibus altis interioris terrae. Ibi tenuis crusta terrae bullat, ibi fumi sulpurei fervidi stridentes sursum aguntur, et cum fremitu, qui similis est tonitrui tormenti bellici, immensi fontes calidi aquas aestuantes in âërem trementem emittunt. Vires plutoniae et vulcaniae cum lucis formis luctant. Loca inferna a minuta in minutam fauces aperiunt, ut ignes de profundis evomant et formas diei in voraginem saevientem detrahant.

Ibi saepe omnis gradus pericula mortis secum affert. Pes per crustam dolosam perrumpere, gurges vaporis plenus viatorem fessum prehendere, rupes suffossa cum illo, qui quiescit, in voraginem hiantem incidere potest. Sed hi campi mortis aliquando milia peregrinatorum videbunt, qui in fontibus calidis et aëre ozonioso curationem aegrotationum corporis petunt. Et tum fortasse etiam illae mirae fauces et hiatus invenientur, in quibus nimis parca solitudo fabulosos thesauros lapidum et aliarum rerum pretiosarum recondidit. –

Propter quaedam parva negotia Hammaburgum vocatus ibi in familiarem incidi, cuius aspectu veteres recordationes subito reviruerunt. Ludovicopolitanus erat, et nos in paludibus Mississipii fluminis haud paucas feras unâ cecîderamus. Cum dives esset, ditissimus, traiectum gratuîtum mihi obtulit, si sibi gratificarer seque Ludovicopolim sequerer. Tum desiderium pratariae omni vi victrice me cepit. Assensus nuntium telegraphicum domum misi, ut sclopeta et alios apparatus mihi mitti iuberem. Quinque diebus, postquam nos videramus, iam in Albi fluvio ad oceanum ferebamur.

Ultra primum aliquot septimanas in silvas inferioris cursus Missurii fluminis nos immersimus. Tum socio revertendum erat, cum ego adverso flumine Omaham veherer, ut inde magnâ ferriviâ Pacificâ in occidentem procederem.

Non sine causa hanc ipsam viam ingressus sum. Montes a Montana septentrionali usque ad deserta Mapimiam mihi noti erant, sed nullum spatium tantopere animum meum commovit quantopere illud, quod inter Helenopolim et Viridarium Septentrionale pertinet. Nam ibidem puncta maxime notanda horum montium inveniuntur: Iuga Tetonia, Montes Ventifluviani, Transitus Meridianus imprimisque fines fontani Flavae Petrae Fluminis, Fluvii Serpentarii, Fluvii Viridis [1].

Hac de causa etiam tum quidem ad illos fines identidem petitos trahebar. Illuc praeter Indianum obrepentem vel audacem pagideutam nemo homo pervenit, et illecebris audendi in has horridas fauces et charadras [2], quae, ut fabula rubripellium fert, a daemonibus frequentatur, invadere resisti non fere potest.

Non tam facile quidem erat, quam narrari potest. Quot diligentes et amplas praeparationes adhibet is, qui in Helvetiam iter faciat, priusquam in eo est, ut unum ex Alpium montibus conscendat! Et quid est inceptum eius comparatum cum illo solivagi viri occidui, qui audeat sibi soli et sclopeto suo confisus pericula subire, de quibus placidus viator Europaeus non suspicatur. Sed his ipsis periculis venator allicitur et capitur. Lacerti eius ferrei et nervi chalybei sunt, corpus eius omnes labore et inopias sustentat, et omnes agitationes animi eius assidua exercitatione perseverantiam et aciem adeptae sunt, quibus etiam in maximis angustiis viam salutis inveniat. Itaque non manet in regionibus cultis, ubi facultates suas exercere et adhibere nequeat. Foras expellitur in zavanam infinitam, intro in praecipitia mortifera montium, et quo minaciora pericula in eum irruunt, eo magis se in suo

---

[1] Iuga Tetonia – Teton Range; Montes Ventifluviani – Windriverberge; Transitus Meridianus – South Pass

[2] charadra – Cañon

ipsius ambitu versantem sentit, eo magis virtus eius crescit, eo maior fit fiducia sui eoque vehementius id tenet se etiam in vastissima solitudine a manu duci, quae omni potestate terrena sit potentior.

Bene paratus eram ad tale inceptum. Sed hoc unum mihi deerat, sine quo plane fieri non potest, ut stes in ‚*trucibus et cruentis saltibus*'[1] – equus bonus et fidus. Sed hic defectus me sollicitudine non afficiebat. Veterem equum castratum, quo in venando ad inferiorem Missurium vectatus eram, paulo post vendideram, et mihi persuasum habens me bonum equum adepturum esse, simulac eo mihi opus esset, Omahae currum ferriviarium conscendi.

Illo tempore in illa ferrivia etiam tunc tramites erant, qui traminibus ferriviariis tantum parce pervii essent, ut in itinere multis locis opifices conspicerentur, qui in pontibus et viaductibus firmandis aut locis, quae iam ruinosa essent reddita, resarciendis occupati essent. Illi homines, nisi prope colonias, quae tum celerrime crescebant, opera faciebant, plerumque castra, campum casarum, locaverant, quae nonnullis munitionibus affecta erant. Id fieri opus erat propter Indianos, qui ferriviae munitione iura sua violari putabant et quacumque ratione operam dabant, ut eam prohiberent aut certe difficiliorem facerent.

Sed etiam alii hostes in illis regionibus erant, hostes, qui magis fere timendi essent quam rubripelles.

Magna enim colluvies hominum malorum in prataria vagabatur, quae constabat ex personis, quas oriens cultus extruserat, homines dubii, qui ex omni parte naufragium fecerant neque quicquam iam boni de vita sperabant. Isti homines. qui modo ad hoc, modo ad illud scelus conspirabant, etiam ferissimis Indianorum turbis periculosiores erant. Cum ferrivia muniebatur, imprimis recentes colonias et campos casarum petebantur, quae praeter trami-

---

[1] truces et cruenti saltus – ‚dark and bloody grounds'

tem ferriviarium constituebantur, ut hos campos operibus muniri mirari non oporteret et incolentes etiam in laborando arma ferrent.

Hi latrones propter impetus, quos in hos campos et tramina oneraria faciebant, in quibus faciendis regulas ferreas evertere solebant, ut tramen inhiberent, *regulifragi*, regularum eversores, appellabantur. Acriter observabantur, ut ad extremum incursiones subitas facere non possent, nisi complures catervae coniunctae erant, se satis igitur numerosos esse sciebant. Ceterum talis eorum indignatio movebatur, ut omni regulifrago capto certa mors exspectanda esset. Illi greges neque aetatis neque sexus ratione habita homines trucidabant, ut nullus locus veniae eorum relinqueretur.

Cum sub meridiem tramine Omaham relinquebamus, inter itineris socios ne unus quidem erat, in quem mentem magis quam obiter intenderem. Postea demum Fremontii[1] vir inscendit, qui habitu suo statim animum meum in se convertit. Cum iuxta me consedisset, optima mihi erat occasio eius intuendi.

Species eius in orientis urbibus non paulum displicuisset. In occidente autem fero homines talibus personis satis assueti sunt. Vir, qui parva erat statura, sed crassior, pellem ovillam gestabat, cuius pars aspera faciem efficiebat. Haec pars aspera quondam pilosa fuerat, tum autem lana defecerat et parvi singuli flocculi rari conspiciebantur, qui in nudo corio speciem sicut oasis in desertis sita praebebat. Multo ante haec pellis fortasse domino bene sederat, deinde autem nive et pluvia, aestu et frigore ita contracta erat, ut margo inferior genu non iam contingeret. Non iam globulis constringi poterat et manicae usque in regionem cubiti se receperant. Conspiciebantur sub hac pelle iacca lanulâ[2] rubrâ facta et bracae coriaceae, quae utique quondam nigrae fuerant, tum autem omnibus coloribus, quos in arcu videmus, fulgebant quaeque

[1] Fremontium – Fremont   [2] lanula – Flanell

domino et panno et manteli et linteolo esse videbantur. Infra has bracas obsoletas nudi et gelu lividi tali[1] viri apparebant et par calceorum, qui in perpetuum obdurare possent. Exsecti erant ex caligis corio bubulo confectis et soleis duplicibus affecti, qui tantis clavis inducti erant, quantis crocodilus occîdi potuisset. In capite vir petasum gerebat, qui non solum formâ, sed etiam parte marginis privatus erat. Coxis circumligatum erat anaboladium tritum, cuius autem color prorsus defecerat inque quo pistolium equestre atavorum temporis una cum cultro venatorio reconditum erat. Iuxta haec arma glandium et tabâci sacculus, parvum speculum, quod in mercatibus Germanicis decem penningis stat, lagoena militaris lanâ circumtexta et quattuor soleae ferreae peculiares, quae equo induci et cochleis adigi possint, pendebant. Propter ea conspexi receptaculum, quo quid contineretur tum nondum noram. Postea comperi omnia, quae opus essent ad barbam tondendam, in eo esse.

Insignissima autem facies huius viri erat, qui barbam tam bene totonderat, quasi modo ex tonstrina venisset. Roseae fere genae tam crassae et solidae erant, ut parvae et breves nares simae inter eas paene evanescerent et ambo vegeti oculi fusci vix prae iis eminerent. Cum labra pleniora aperta erant, duo ordines dentium candidorum conspiciebantur, quos adulterinos esse statim coniciebam.

Ita ante me sedens brevibus et crassis cruribus elephantinis fustem iaculatorium[2] tenebat. Non ovum ovo tam simile erat quam hic fustis similis erat illius Liddy mei veteris Samuelis Hawkens.

Postquam, cum tantum „Salve, domine!" diceret, me assedit, ultra tum me neglegere videbatur. Horâ demum post a me veniam petivit, ut fumisugio fumificare sibi liceret. Quod admirabar; nam vir vere et plane pagideuta

[1] talus, -i m. – der Knöchel
[2] fustis iaculatorius – Schießknüppel

sive, qui laqueos ponit, neglegit interrogare, num id, quod facere vult, ab aliis probetur.

Respondi: „Quantumcumque vis, suge fumum! Comitem me tibi adiungam. Vin' unum ex meis sigaris accendere?"

„Gratias, domine." inquit. „Illae res, quae sigara appellantur, mihi nimis delicatae sunt. Ego fumisugium magni aestimo."

Fumisugium breve et sordidum illius viri crassi pagideutarum more ex linea collari pendebat. Cum id farsisset, ramentum flammiferum promere maturavi. Ille autem caput concutiendo renuit, manum sacculo pellis inseruit, unum ex illis ignitabulis [1] protulit, quae ‚*punks*' appellantur et aridum situm [2] arborum, qui fomiti est, continent. „Haec flammifera", inquit, „etiam sunt species inventorum recentium, quae non usui est in zavana. Remollescere non licet."

Fine sermonis ita facto vir crassus ne minimum quidem novum sermonem ordiri volebat. Dum herbam fumat, cuius odor me acriter foliorum iuglandium commoneret, animum plane in regionem, quae circumiacebat, intendebat. Ita ad stationem Tabulae Septentrionalis [3] pervenimus, quae sita est eo loco, quo Fluvii Tabulae Septentrionalis et Tabulae Meridionalis confluunt. Ibi curru in breve tempus relicto sibi aliquid agendum sumpsit in quodam priore curru. Animadverti equum in eo esse, quem bestiam vectricem [4] eius esse manufestum erat. Cum rursus inscenderat, tramine commoto silentium porro obtinebat. Cum demum sub mediam noctem Cheiennae [5] sub Montibus Laramiis [6] subsistebamus, interrogavit:

„Fieri potest, ut hinc ferrivia Coloratensi Denverium veharis, domine?"

[1] ignitabulum – Feuerzeug   [2] situs, -ûs – Moder
[3] Tabula Septentr. (Meridion.) – North (South) Plate
[4] bestia vectrix – Reittier   [5] Cheienna – Cheyenne
[6] Laramii Montes – Laramie Mountains

Respondi: „Non ita."

„Age, ergo vicini manebimus..."

Tum percontatus sum: „Longissime Pacificâ vehêris ferriviâ?"

„Hm! Et ita et non – sicut mihi libebit. Et tu?"

„Ogdenam tendere velim."

„Ah! Mormonum urbem videre cupis?"

„Paulum, et deinde in adversos Montes Ventifluvianos et in Iuga Tentonia."

Mirum in modum oculis me lustrans dixit:

„Illucine sursum? Tali incepto tantum audacissimus vir occiduus par est. Têne comitem alicui adiunges?"

„Non faciam."

Tum parvi ocelli eius paene oblectatione affecti me aspiciebant.

„Solusne? In adversos Montes Tetonios? In medios Siuxenses et ursos horribiles? Au! Audistine fortasse aliquando, quid esset Siuxensis aut ursus horribilis?"

„Opinor."

„Hm! Licetne mihi interrogare, quod munus exsequaris,

domine?"

„Γραφεὺς sum."

„Γραφεύς? Scriptor? Itane, libros ergo conficis?"

„Conficio."

Tum toto vultu ridebat. Eum vehementer iuvabat perinde ac prius Sin-Otum meum, quod quidam scriptor consilium ceperat solus et sibi ipsi confisus partem periculosissimam Montium Saxosorum petere.

„Laudo!" cachinnans inquit. „De Tetoniis igitur librum scribere velis, spectatissime vir?"

„Fortasse."

„Et certe librum vidisti, in quo Indianus sive ursus depictus erat?"

Serio adnui: „Scilicet."

„Tune ergo putas te illi rei interesse posse?"

„Ita sane!"

„Etiamne focile[1], quod in opertorio tuo involutum est, tecum fers?"

„Profecto."

„Tum tibi bene suadere velim, domine! Citissime descende et fac domum revertaris! Robustus quidem homo esse videris, sed speciem non habes viri, qui sciurum ferire possit, multo minus ursum. Legendo menti tuae caligo offusa est. Maxime deploranda sit iuventus tua, si in cattula silvestri[2] aspicienda paralysi corripiaris. Haud dubie aliquando Cooperum legisti?"

„Ita vero!"

„Opinatus sum. Fortasse etiam fama de claris Viris pratariis ad te perlata?"

Iterum modeste affirmavi: „Perlata est."

„De Vinnetu, de Vetere Pyrobolochire, de Vetere Catabolochire, de Oxyoptâ[3] deve Amita Drollâ[4]?"

Annui: „De omnibus."

Homuncio crassus profecto nesciebat se me non minus delectare quam se.

„Ita vero", ait, „tales libri et fabulae egregie quidem legi et audiri possunt. Haec omnia bene et facile sonant. Sed, domine, des veniam, rogo, miseret me tui. Ille Vinnetu Apachium regulus est, qui, si opus sit, cum mille diabolis pugnet. Ille Vetus Pyrobolochir unumquemque culicem in examine sclopeto occîdit, neque Vetus Catabolochir umquam ante a destinato deerravit atque rubripellem robustissimam una plaga prosternit. Si quis horum hominum dicit se in Montes Tetonios eniti velle, tale inceptum et iam tunc quidem res periculosa est, attamen homines putant eum id sustinere posse. Tu autem – qui es bibliopoeus – ? Au! Ubinam equus tuus est?"

[1] focile, -is n. – Flinte
[2] cattula silvestris – Wildkätzchen
[3] Oxyoptes, -ae (ὀξυόπτης = scharfsehend) – Sharp-Eye
[4] ‚Amita Drolla' – ‚Tante Droll'

„Mihi non est."

Tum diutius se continere non potuit, ut magnum risum inconsultius expromeret.

„Tibine equus non est, et in adversos Montes Tetonios! Delirasne, domine?"

„Non credo. Etsi mihi adhuc equus non est, tamen aliquem emam aut capiam."

„Ah! Ubinam?"

„Ubi mihi placebit."

„Tu, tu ipse eum tibi captare vis?"

„Volo."

„Iucundum est, domine! Tibi iste laqueus missilis quidem umeris circumvolutus est, sed eo nullam muscam captabis, nedum equiferum silvestrem [1]!"

„Cur?"

„Cur? En, quod talis es vir, qualis ultra in vetere terra Gargilius appelletur!"

„Et qua de causa me talem esse existimas?"

„Id utique facile expediri potest! Quod omnia tua tam nitida et lauta sunt. Oculos tuos in strenuum silvivagum converte eumque tecum cómpara! Alti perones equestres [2] tui novi sunt et, profecto, atramento sunt óbliti et nitidissimi redditi! Ocreae [3] tuae ex optimo corio alcîno [4] sunt facti. Tunica tua venatoria [5] opus praecipuae artis feminae Indianae est. Petasus tuus minimum duodecim dollariis stetit, et culter tuus una cum pistolio versatili [6] certe nondum hominem laesit! Potesne sclopetare, domine?"

Gravi vultu dixi: „Possum, paulum. Semel quoque sclopetatorum victor fui!"

[1] equifer silvestris – wilder Mustang
[2] perones equestres – Reitstiefel
[3] ocreae – Leggins
[4] alcinus, -a, -um – vom Elch
[5] tunica venatoria – Jagdhemd
[6] pistolium versatile – Revolver

„Sclopetatorum victor? Ah, ergo tandem Germanus es?"

„Ita vero."

„Hm! Ecce! Ergo Germanus es? In ave lignea petenda victor sclopetatorum factus es? Tales sunt Germani! Vetus Catabolochir etiam Germanus quidem esse dicitur, sed ille sane excipiendus est! Domine, ex animo a te contendo, ut quam celerrime iter convertaris, ne pereas!"

Responsum fugiens: „Videamus et tantisper de aliis rebus loquamur!" inquam. „Ubinam tandem est ille Vetus Catabolochir, de quo loqueris?"

„Quis enim scit! Cum brevi ante Cansiopoli[1] essem, clarum Sin-Otum conveni, qui cum eo equitaverat. Ille mihi dixit Veterem Catabolochirem rursus in Africam traiecisse, in illam stultam regionem, quae deserta Sáhara appellatur. Ibi manus conserere videtur cum Indianis, quibus nomen Arabibus est. Ille vir nomen enim ex eo trahit, quod ei facile est solo pugno hostem prosternere. Idque sane saepe fecit. At tuas maniculas contemplare! Tam tenerae et candidae sunt quam manus dominae. Ilico cognoscitur te solum chartam tractare neque aliud telum nosse ac pennam anserinam. Consilium meum curae habens, domine, in veterem Germaniam revertere! Occidens noster non est tractus idoneus homini nobili tui generis!"

Me hoc modo monito finem sermonis fecit, neque ego manum quidem verti ad eum rursus ordiendum. Verum quidem erat me Sin-Oto dixisse me postea in orientem iturum esse.

Prima statio, quam prima luce posteri diei conspeximus, Rawlins erat, post quem locum vasta et inculta terra montuosa incipit, cuius unicum incrementum ex fruticibus tituminis[2] constat, ingens et stérilis convallis sine animantibus, sine fluviis aut rivis, quasi Sáhara montuosa,

---

[1] Cansiopolis – Cansas City

[2] titumen, -inis (etiam: artemisia) – Beifuß

305

cui ne una quidem oasis est. Modo a candore soli alcaloidibus [1] saturi oculi fessi dolent; modo haec deserta speciem praebent tristis et taetrae maiestatis, nudis fastigiis, aridis declivibus, cautibus abruptis effectam, quae tempestatibus, fluctibus, fulguribus diffissa sunt.

In hac regione desperata statio Rivi Amari [2] sita est, quamquam inde usque ad proximum rivum aliquot tria milia passuum sunt. Attamen ibi aliquando vita vegeta orietur; inexhausti enim ibi sunt campi carbonarii, quibus in posterum victus hominum in desertis firmabitur.

Longius profecti sumus ultra Fontem Saxosum [3] et stationem Rivi Viridis [4], qui in directum plus mille chiliometra in occidentem versus ab Omaha abest. Species lugubris regionis desiit, plantarum incrementum rursus coepit, collium iuga colorem venustum et suavem acceperunt. Valle amoenissima transgressā modo in liberam et apertam planitiem provehebamur, cum machina brevi tempore illos sibilos acutos edidit, qui periculum instans significent. De sedibus exsiluimus, sufflamina stridebant – tramen constitit, foras prosiluimus in terram firmam.

Aspectus, qui nobis offerebatur, horribilis erat. Illo loco in tramen, quo operae et commeatus in occidentem conveherentur, impetus factus est. Trames ferriviarius fragmentis combustis et semiustis obrutus erat. Incursio noctu facta erat. Cum regulifragi regulas evellissent, tramen exorbitaverat et de alto aggere ferriviario ruerat. Quid deinde accidisset, animo concipi poterat. Tantum fere partes ferreae traminis, quod incommodum ceperat, inveniebantur. Unusquisque currus, quem privaverant, incensus erat, atque in cinere miserae reliquiae multorum hominum, qui iam in ruendo laesi postea a regulifragis occisi erant, inventae sunt. Ne unus quidem vivus effugisse videbatur.

[1] alcaloides, -um – Alkalien   [2] Rivus Amarus – Bitter Creek
[3] Fons Saxosus – Rock Springs   [4] Green River

Forte fortuna machinator [1] noster in locis apertis periculum in tempore animadverterat, sin aliter nos quoque de aggere praecipitati essemus. Machina vectoria [2] paucis metris ante locum, ubi eversio coepit, substitit.

Perturbatio vectorum et traminis comitum ingens erat, neque verba rustica et dicta, quae circum audiebantur, reddi possunt. Fragmenta adhuc fumantia eruebantur, sed nihil iam erat, quod servari posset, et facto definito nihil aliud fieri poterat nisi trames celerrime refici. Instrumenta huic rei necessaria – sicut tum temporis in omni tramine Americano – aderant. Traminis curator dixit se satis habere in proxima statione indicium facere. Omnia alia, ergo etiam homines maleficos persequi, consilii iudicum fore, quod ibi etiam ilico conventurum esset.

Dum alii vectores praeter rem etiam fragmenta rimantur, mihi optimum factu esse videbatur, ut vestigia regulifragorum circumspicerem. Loca constabant ex campo, qui apertus, herba vestitus, paucis fruticibus interruptus erat. Quoddam spatium in regulis ferreis reversus semicirculo, cuius basis agger ferriviarius erat, dextram partem loci casûs circumii. Hoc modo quandam animi attentionem adhibens nihil omittere poteram.

A trecentis fere passibus a loco calamitatis inter aliquot frutices gramen conculcatum inveni, quasi maior numerus hominum ibi sedisset, et vestigia, quae clare cognosci poterant, mihi viam monstraverunt ferentem ad illam aream, ubi equi alligati erant. Illum locum diligenter inspexi, ut numerum et naturam bestiarum cognoscerem. Tum inquirere pergebam.

Apud tramitem regularum consessorem diaetae traminis [3] meae offendi, qui, ut tunc demum animadverti, eandem cogitationem ac ego conceperat, ut plagam a laeva parte loci calamitatis sitam excussisset. Mirabundus me conspiciens interrogavit:

---

[1] machinator – Maschinist [2] machina vectoria – Lokomotive
[3] diaeta traminis – Eisenbahnabteil

„Tune hîc, domine? Quid facis?"

„Id quod unusquique vir occiduus faciet, si in similem condicionem inciderit: regulifragorum vestigia quaero."

„Tune? Ah! Certe multa invenies! Callidi fuerunt homines, qui vestigia exstinguere sciverunt. Ne minimum quidem repperi. Quid ergo in hac re talis neoceraea [1], qualis tu es, inveniet?"

Subridens dixi: „Fortasse neoceraea melius vidit quam tu, domine. Cur ab hac laeva parte vestigia investigas? Tu putas quidem te veterem, exercitatum zavanivagum esse et tamen non vides loca ad dexteram sita multo aptiora sunt ad se considendos et occultandos quam illa ad sinistram sita, ubi nulla fere virgulta sunt."

Manifesto obstupefactus coram me aspiciens dixit:

„Hm, haec opinio haud mala est. Bibliopoeus [2] nempe interdum bonam cogitationem habere videtur. Invenistine aliquid?"

„Inveni. Ibi post illos praecipue proceros cerasorum frutices silvestres strati sunt et apud illas extremas corulos [3] equi steterunt."

„Ah, illuc mihi eundum est; nam tibi tamen non oculi sunt idonei ad definiendum, quot bestiae fuerint!"

„Sex et viginti fuerunt."

Rursus gestum admirationis faciens me aspexit.

Incredulus iteravit: „Sex et viginti? Unde id cognovisti?"

Risi: „Profecto non ex nubibus, sed ex vestigiis, domine. Horum viginti sex equorum octo calceati [4] et duodeviginti non calceati erant, ex equitibus viginti tres albi erant et tres Indiani. Dux totius catervae albus est, qui dextro pede claudicat. Equus eius, quantum coniectare licet, spadix [5] mas est. Indianorum regulus autem, qui

---

[1] neoceraea – Greenhorn   [2] bibliopoeus – Büchermacher
[3] corulus, -i f. – Haselstrauch
[4] calceatus – beschlagen (vom Pferd)
[5] spadix – ‚Fuchs' (Pferd)

apud eos erat, aut equo mare nigro aut russeo vectatur et existimo eum Siuxensem gentis Ogellallarum esse."

Os, quod crassus tum duxit, describi non potest. Stupefactus hiabat et parvis ocellis me aspiciebat, quasi essem simulacrum.

Tandem exclamavit: „Malum! Somniare videris, domine!"

Aperte opposui: „Ipse inspice!"

„Sed unde scis, quot albi aut Indiani fuerint? Unde scis, qui equus russeus aut niger fuerit, qui eques claudicet et cuius gentis rubripelles fuerint?"

„Te rogavi, ut ipse inspicias! Tum enim apparebit. cui acutiores sint oculi, mihi, neoceraeae, an tibi, exercitato viro occiduo."

„Agedum! Videbimus! Veni, domine! Neoceraea, quae coniectet, qui isti homines nequam fuerint!"

Ridens ad locum designatum contendit, et ego lente eum sequebar.

Cum eum rursus assecutus eram, tam studiose occupatus erat in vestigiis intuendis, ut me prorsus neglegeret. Cum demum ad decem minutas circumiecta diligentissime perscrutatus erat, ad me venit et dixit:

„Profecto, recte dixisti! Sex et viginti fuerunt et duodeviginti equi non calceati erant. Sed omnia alia ineptiae sunt, summae ineptiae. Hic consederunt et in illam regionem avecti sunt. Nihil ultra oculis cerni potest."

„En, veni, domine!" inquam. „Tibi monstrabo, quas ineptias oculi neoceraeae cognoverint!"

Delectatus annuit: „Εἶεν, exspecto!"

„Equorum vestigia diligentius contuêre! Tres bestiae seductae non a fronte, sed decussatim alligati sunt. Hae igitur utique Indianorum equi erant."

Crassus caput demisit, ut distantiam singularium vestigiorum ungularum accurate metiretur. Cum solum graminosum umeret, vestigia oculo exercitato satis bene cognosci poterant.

Stupefactus clamavit: „Mehercle, recte dicis! Indianorum caballi fuerunt."

„Ergo nunc longius unâ veni, eo ad illam parvam lacunam! Hic Indoandres [1] facies, postquam eas perluerunt, denuo coloribus bellicis infecerunt. Colores adipe ursino infricati erant. Videsne parvas impressiones orbis formas habentes in molli solo? Ibi vascula colorem continentia steterunt. Cum caleret, colores tenues erant, ut stillarent. Animadvertisne hac in herba guttas nigram, rubram duasque caeruleas, domine?"

„Ναί! Sane, ita est!"

„Nonne nigro-rubro-caerulei colores bellici Ogellallarum sunt?"

Tantum annuit. Dum ex vultu eius tum quaedam diffidentia eminet, in cogitatione defixus erat. Id neglegens perrexi:

„Iam cetera! Cum caterva huc advenerat, prope lacunam palustrem constitit. Hoc ex ungularum ictibus, qui aqua impleti sunt, cognosci potest. Duo soli praevecti sunt, qui duces igitur fuisse videntur. Donec circumspexissent, aliis remanendum erat. En hoc equorum vestigium in luto! Alter equus calceatus, alter non. Ille equus secundus pedibus posticis altius ibat quam anticis. Indianus igitur ei insedit. Alter eques albus erat; equo eius enim soleae ferreae inductae erant et anticis pedibus altius ibat. Discrimen, ut aestimo, tibi notum est, quomodo Indoaner et quomodo albus in equo sedeant?"

„Domine", inquit, „credo etiam tibi esse – "

Ei interlocutus sum: „Εἶεν! Nunc diligenter attende! Sex passibus magis porro equi inter se momorderunt. Id autem tam diuturna et vehementi vectatione, quam illi homines post se habent, confecta soli equi mares facere solent. Intellegisne?"

„Sed quonam modo cognosti eos inter se momordisse, heus?"

[1] Indoander, -andris – Indsman

„Primum, quomodo sita sint vestigia ungularum. Equum Indianum alteri assiluisse concedes. Deinde contuere pilos. quos in manibus teneo! Antea eos inveni, cum vestigia sine te perscrutabar. Hae quattuor sunt iubae saetae fusci coloris, quas equus Indianus alteri evellit et ilico effudit. Magis in fronte autem hos duos nigros pilos caudae inveni, et ex vestigiorum positione intellego equum Indianum morsu iubam alterius appetisse, sed ab equite suo extemplo repulsum et tum propulsum esse. Interim alter equus capite porrecto ei hos pilos ex cauda evellit, qui, postquam aliquot passus in ore haeserunt, in terram deciderunt. Equus rubri aut niger aut badius [1] est et ille albi spadix – longius progredere! Hic albus descendit, ut in aggerem ferriviarium eniteretur. Vestigium eius in molli arena evidens est. Bene cernere potes eum altero pede firmius et vehementius institisse quam altero. Ergo claudicat. Ceterum illi homines maximopere improvidi erant. Cum vestigia delendi causa ne manum quidem verterint, necesse est eos se optime munitos putavisse, atque id tantum duabus de causis."

Breviter interrogavit: „Quibus de causis?"

„Aut hodie magnum intervallum ab insectantibus sibi comparare cogitabant, quod in dubium vocare velim, cum ex vestigiis equos valde infirmatos et fatigatos fuisse cognosci possit. Aut sciebant maiorem suorum catervam prope esse, ad quam se recipere possent. Quae interpretatio mihi verisimilior esse videtur. Et cum tres singulares Indoandres non tam facile se ad plus viginti albos applicent, suspicor ad septentriones versus catervam non neglegendam Ogellallarum morari, quacum nunc viginti tres regulifragi se coniunxerunt."

Profecto iocosum erat aspectu, quo miro vultu sodalis me tum ab imis unguibus usque ad verticem summum consideraret.

Postremo clamavit: „Homo! Quis tandem es, he?"

[1] badius – kastanienbraun

„Tibi enim dixi."

„Au! Non es neoceraea neque bibliopoeus, quamquam peronibus politis et ornatu dominicali indutus eius simillimus es. Tam lautus et mundus es, ut in fabula, in qua virum occiduum scaenam introire oportet, ilico in pulpitum prodire posses. Sed inter centum viros vere occiduos vix ullus est, qui sicut tu vestigium interpretari scit. Mehercule, adhuc putavi me quoque in hac re aliquid efficere posse, sed te inferior sum, domine!"

„Attamen librorum confector sum. Sed iam prius hanc veterem pratariam a septentrionibus ad meridiem et ab oriente ad occidentem longinquissimum emensus sum, ut satis bene vestigiis calleam."

„Visne reapse ascendere in Montes Ventifluvianos?"

„Ita sane."

„Sed, domine, qui id facere vult, aliquanto plus valere debet quam bonus vestigator. et hac de re – pace tua dixerim – laborare videris."

„Cur?"

„Cui via tam periculosa conficienda est, non tam leviter et temere in eundo ruit ut tu, sed imprimis bonum equum quaerit. Tenesne?"

„Id faciam."

„Ubinam?"

„Age, equus in omni statione emi potest, etiam si tantum vetus sit caballus. Si vero equo instructus ero, certe ex aliquo grege fero equiferum, qui mihi placuerit, capiam."

„Tune? Ah! Tune talis es eques? Potesne equiferum domare? Eruntne supra equi?"

„Oblitus es nunc ipsum anni tempus esse, quo bubali et equiferi agmina sua ingrediuntur. Mihi persuasum est fore, ut inter hunc locum et Montes Tetonios in gregem incidam."

„Hm! Eques igitur es. Sed quomodo sclopetare soles?"

Ridens: „Visne", inquam, „me experiri, domine?"

Serio annuit: „Certe quidem. Quiddam enim sequor."
„Licetne audire, quid?"
„Postea. Primo tibi sclopetandum est. Apporta sclopetum tuum!"

Hoc embolium me delectabat. Simpliciter viro dicere potuissem me Veterem Catabolochira esse, sed id celare malebam. Volebam, ut id illi ipsi in mentem veniret. Ad currum igitur ii, ut involucrum, in quo sclopeta mea involuta erant, peterem. Hac re observata ilico vectores circulo dimidiato nos ambos circumstabant. Ut omnes sciunt, Americani imprimisque incolae occidentis nullam occasionem praetermittunt sclopetationis videndae.

Involucrum evolvi.

Crassus exclamavit: „En carabinum Henrici! Verum, rectum carabinum Henrici! Quot iactus insunt, domine?"

„Viginti quinque."

„Ah, terribile est telum! Vir, huic sclopeto tuo invideo!"

Grave ursicîdale promens dixi: „Hanc bombardam etiam antepono."

Crassus: „Au! Ferrum iaculatorium lêve, bene politum!" contemptim inquit. „Quantopere praefero veterem et robiginosam bombardam Kentukianam aut istum veterem fustem iaculatorium meum!"

Sclopetum ei tendens interrogavi: „Nonne oculos in nomen domus effectricis convertere velis?"

Oculis in notam coniectis obstupefactus retrocessit.

Clamavit: „Ignoscas, rogo, hoc scilicet aliquid aliud est. Tales bombardae non iam multae exstant. Audivi Veteri Catabolochiri quandam esse. Si nunc scirem te bonum quoque sclopetarium esse, tum – "

„Quid tum?"

„Hm! De hac re postea loquemur. Primum artem tuam profer!"

„Esto! Significa, quod destinatum mihi sit petendum, domine!"

„Primo denuo sclopetum onera!"

„Pah, opus non est. Glandes iam insunt."

„Eὗ, ergo avem deice de illo frutice!"

Avis, quae supra commemorata erat, a ducentis fere passibus in frutice sedebat, ut eam ferire non facinus praeclarum fuisset. Cum autem sublime supra nos avem rapacem crevissem ut punctum in caelo stans, sursum conspexi, et oculos circumferens interrogavi:

„Videtisne avem supra volantem, domini? Eam deiciam."

Crassus clamavit: „Id fieri non potest! Id ne vetus Sin-Otus vel Vetus Pyrobolochir quidem efficere posset!"

„Videbimus!"

Bombarda sublata ligulam pressi.

Crassus ridens: „Avolavit!" inquit. „Iactu avis territa est, se abripuit, post aggerem ferriviarium in tutum se repit."

„Non ita, non in fugam se coniecit, sed icta est" bombardam deponens inquam. „Transgredere tandem in aggerem, ubi hinc octoginta fere passibus distans décidit!"

Cum manu locum monstravissem, statim ex iis, qui circa erant, eo advolaverunt et avem, quae sine dubio tacta erat, attulerunt. Sodalis modo avem, modo me contuebatur.

„Tacta, profecto tacta est! Domine, hic est iactus, qualem numquam antea vidi! Adhuc te abdendo paulum mecum ludere studuisse vidêris. Sed nunc finis est. Mihi exploratum est, quis sis. Mecum, quaeso, paulum secede!"

Sodalis me ab aliis abripuit, eo, ubi equorum vestigia clarissime videri poterant. Ibi scidam promptam in uno ex vestigiis posuit.

„Εὖγε, ita est!" deliberabundus ait. „Domine, mihi dic, quaeso, num tui temporis sis potens, utrum rectâ ascendere velis in Tetones, an antea etiam alio equo vectari possis!"

„Facere possum, quaecumque mihi libent", inquam.

„Tum tibi aliquid dicere velim. Cognostine fortasse iam de Stephano Moody, quem ‚*Oculum Acrem*' appellare solent?"

„Cognovi, strenuus vir occiduus esse dicitur, qui pro certo unus ex optimis exploratoribus montium est et compluribus sermonibus Indianis utitur."

„Ego ille Moody sum, domine!"

„Similia mecum cogitavi. En, manus mea! Ex animo me iuvat me in te incidisse, domine."

„Ain tu? Age, fortasse alter alterum etiam melius cognoscemus. Mihi enim nonnulla seria verba cum quodam Monk sunt facienda. Proximo tempore dux globi grassatorum et furum equorum fuit, ut taceam de illis facinoribus, quibus iam inde a priore vita se obstrinxit. Nunc eum cum grege suo in occidentem versus profectum sequor. Scida quam in manu teneo, accurata forma ambarum ungularum posticarum equi eius est. Congruunt cum his vestigiis, et cum Monk dextro pede claudicet, mihi persuasum est eum ducem horum regulifragorum esse."

Interrogavi: „Monkne? Quid est praenomen eius?"

„Ludovus, Ludovicus. Sed varia nomina sibi indere solet."

„Ludovicus Monk? Ah, de eo audivi! Nonne ratiocinator [1] erat Rallowii principis olearii [2]? A domino suo magna cum pecunia fugit!"

„Revera, ille est. Dispensatorem [3], postquam eum induxit, ut arcam nummariam [4] vacuefaceret et secum abiret, sclopeto interfecit. Cum custodes publici ei insisterent, duos biocolytas, qui eum comprehensuri erant, occîdit. Novae Aureliae captus est, cum navem conscensurus erat. Carceris custodem caedendo ei contigit, ut etiam inde effugeret. Praedâ ei demptâ non poterat, quin

---

[1] ratiocinator – Buchhalter
[2] princeps olearius – Ölprinz
[3] dispensator – Kassierer
[4] arca nummaria – Kasse

in occidentem se verteret. Ex illo tempore scelus sceleri addidit, ut tempus sit maximum, ut hoc finem capiat."

„Tune eum vis prehendere?"

„Meus fiat oportet, sive mortuus sive vivus."

„Tuone nomine igitur tibi cum eo ratio putanda est?"

Moody oculis aliquod tempus ante se demissis cunctanter respondit:

„Non libenter de hac re loquor, domine. Fortasse postea te certiorem faciam, simulatque alter alterum melius cognoverimus. Et nos mutuo nos cognituros esse spero, domine. Mirus est casus, quod in hoc ipso tramine eram, attamen vestigium huius Monk haud dubie diu frustra quaesivissem, nisi Vetus Catabolochir id mihi ante oculos et ora posuisset."

Ridens: „Aha", inquam. „Aliquid cognovisse putas!"

„Putone?" ait. „Au! Scio."

„Et si tamen fallaris?"

„Id esse non potest! Quendam Germanum, qui libros scribit, qui solus in montes Tetonios vehi audet, qui Henrici carabinum et vetus ursicidale secum fert, qui perfectus et absolutus est in vestigiis interpretandis et in sclopetando – domine, qui hunc virum Veterem Catabolochira esse non cognoscit, in luna habitare videtur neque in Occidente Fero sicut Stephanus Moody. Absistens a verbis tuis fac, ut ad finem orationis perveniam! Ducem regulifragorum claudicare et spadice vectari non invenissem, quamquam id ipsum ad opinionem meam pertinet. Hîc tramen relinquam, ut vestigium sequar. Visne te mihi comitem adiungere, domine?"

„Hm! Nonne praestaret tibi te illis viris aggregare, qui brevi a proximis stationibus venient ad regulifragos persequendos?"

„Non praestaret. Noli loqui de persequendo! Unus vir occiduus hac in re maioris momenti est quam sexaginta rudes *pulverivori* [1]. Sane quidem aperte et ingenue

---

[1] pulverivorus – Staubfresser, ‚Pulverschnapper'

mihi confitendum est haud mediocre periculum esse, ne tales homines sequaris. Vita hominis tum ex solo pilo adusto pendet. Sed puto te virum esse, qui pericula petit atque etiam sustinet, et hac in re invenies tale, quo nihil sane magis animum incitare possit."

Astipulatus sum: „Recte dicis. Sed numquam studio sic elatus sum, ut rebus aliorum hominum me interposuerim. Ille Ludovus Monk nihil pertinet ad me, neque enim scio, an alter cum altero concordaturus esset."

Parvis ocellis lascivis mihi annictans subridebat.

„Contra putare videris: Nescis, an ego tecum concordaturus sim! De hac re autem noli laborare. ,Oculus Acer' non est vir, qui cum primo quolibet viro occiduo societatem ineat; ne dubita! Libenter solitarius maneo, atque si cui alio me applico, opus est me ei confidere, et plane vir esse debet. Tenesne?"

„Hac in re ego sum aeque ac tu. Mihi quoque gratissimum est solitario esse. In sociis eligendis hic non satis cautus esse potes. Si hic inveneris convectorem, iuxta quem corpus prostravisti, mane homo mortuus eris. Socius autem cum rapto laeto animo avehetur."

„Eheu, num putas me esse hominem tam perditum, domine?"

„Non ita. Es homo honestus, ut ex vultu tuo intellegi potest. Immo vero in numero custodum publicorum es, qui scilicet homines perditos inter se esse non sinunt."

Moody territus colorem mutavit.

Clamavit: „Domine, quid agis?"

„Pax, domine! Totus habitus tuus non quidem admodum similis est biocolytae, sed ob hanc ipsam rem fortasse es detector [1] satis frugi. Etsi nullam fecisti significationem, tamen animum tuum perspexi. In postero cautior es! Si in his plagis rumor vulgatus erit ,Oculum Acrem' tantum pratariam pervagari, ut biocolyta secretus quosdam homines honestos e manibus amissos indaget et

[1] detector – Detektiv

comprimat, fortasse mox ultimum globulum emittes."

Mihi persuadere conatus est: „Falleris, domine!"

Ego autem eum reieci:

„Certe non fallor. Cum periculum mihi placeat, statim me tibi aggregarem, ut istis regulifragis dolum necterem, neque periculum me terreret, quoniam ubique uni de nostris eminet, quocumque prataria patet. Sed quod te mihi vis occultare, me cohibet. Priusquam cum homine foedus ineo, mihi explorandum est, qualis sit."

Cogitabundus in terram intuebatur, tum capite levato dixit:

„Εἶεν, domine, scias, qualis sim, sicut ego nunc scio de te, quamquam tu nondum ambages aperuisti [1]. Sane quidem, sum officialis collegii privati detectorum Dr.is Sumter Ludovicopolitani. Meum est homines scelestos, qui effugerunt, in silva remota indagare, profecto vita haud facilis, sed in hac re omnes nervos contendo. Qua de causa id faciam, postea tibi narrabo, si nobis tempus erit id faciendi. Est res tristis. Et nunc mihi dic, domine, visne comitem te mihi dare?"

„Volo. En manus mea, domine! Boni simus sodales et angustiarum et periculorum socii. Et – his verbis concedo me esse illum virum, quem Veterem Catabolochira appellant."

Crassus laetus dextram dedit.

„Ita esto, domine! Gratia tibi sit! Spero nos non male coniunctum iri. Sed omitte mihi ‚*dominum*' et potius Stephanum me voca! Si tam stricte me vocaveris, non ignorabo, quem dixeris. Licetne mihi quoque scire, quem te appellem?"

„Simpliciter Carolulum me appella. Id satis est!" Tum locum casûs significans dixi: „Sed aspice, agger refectus et trames rursus pervius est. Mox homines rursus inscendent."

„Ergo *Victorem* arcessam. Non est quem terrearis. Non iam pulchra quidem specie est, sed duodecim annos

---

[1] ambages aperire – Farbe offen bekennen

me portavit, ut eum neque cum optimo equo pernice mundi commutarem. Adhucine aliqua res tua in curru est?"

„Non est. Omnino hinc discedere velim, si fieri potest, ut non diu valedicam."

„Recte dicis, Carolule. Quo minora de nobis sciunt, eo tutiores sumus."

Stephanus currum, in quo equus eius erat, postquam ad eum accessit, aperiri iussit. Natura loci ne minimum quidem accommodata erat equo exponendo, neque suggestum[1] exstabat. Sed etiam sine suggestu id fieri posse apparuit.

„Victor, ἐλθέ!"

A venatore vocatus bestia primo caput exseruit, ut condicionem contueretur, aures longas suspicax restrinxit, deinde uno impetu vere audaci in aggerem exsiluit. Omnes, qui aderant huic saltui, plauserunt. Bestia comprehendere videbatur. Caudam movens magnum hinnitum edidit.

Hic equus omnino non nomen «Victoris» vel aliquantulum merito habere videbatur. Erat spadix macer cum longis cruribus. qui certo quindecim erat annorum. Iubam prorsus amiserat, caudae solum aliquot tenues cirri erant, aures speciem praebebant aurium cuniculorum compluries amplificatarum. Tamen bestiam maxime mirabar, praesertim cum animadverterim eam calcitrare et mordere, cum unus ex viris manum familiariter tendebat. Videtis Victorem simillimum fuisse veteris Toniae Sin-Oti mei. Bestia strata et infrenata erat. Stephanus sellae cingulo astricto in equum conscendit et in aggerem arduum evectus est, ut non circumspiceret. Neque diutius observabamur. Cum ignoti essemus, nullius intererat nos tramen reliquisse.

Sub aggere Oculus Acer constitit.

„Videsne, Carolule, quam utile esset, si tibi equus esset", inquit.

[1] suggestus, -ûs m. – die Rampe

Eum consolatus sum: „Haud ita multo post aliqui mihi erit. Victore tuo iuvante facile mihi aliquem capiam, ut opinor."

„Tune? Is mihi capiendus erit; nam tibi fidem do te Victore vehi nequire, quamvis sis Vetus Catabolochir. Alium hominem ac me non vectat."

„Videbimus."

„Res ita se habet, tibi affirmo. Interdum equum inter nos mutare possemus, ne currendo nimis afficiaris, sed Victor te certe effundet, ut ire cogaris, dum in equiferorum gregem inciderimus. Res est molesta, cum hoc modo solum lente procedere possimus et multum temporis amittamus. Ecce, homines inscendunt, tramen perget!"

Erat, ut dixit. Machina vaporem emittebat, rotae movebantur, tramen in occidentem versus vehebatur. Paucis punctis temporis post ex oculis elapsum erat.

„,Oculus Acer' suasit: „Suspende bombardam gravem sellae meae!"

Recusans dixi: „Bonus venator ne ullum quidem momentum dissolvitur a sclopeto. Gratias tibi ago, Stephane. Procede!"

„Lente equitabo, Carolule."

„Per me fac Victor faciat plenum gradum. Bonus sum cursor, ut obdurem."

„Εἶεν, ergo veni!"

Opertorio iniecto, carabino ab axilla suspenso, ursicidali umero accepto a latere equitis procedebam. Regulifragis insistere coepimus.

12. DE OCCVRSV IN SEMITA BELLI.

Vestigium latronum ferriviariorum tam evidens erat, ut eorum investigandorum causa nos ne digitum quidem porrigere opus esset. Trans Rivum Viridem in ipsos septentriones ferebat, et nos id sine mora sequebamur usque ad tempus meridianum, quo tempore constitimus, ut paulum cibi gustaremus, quem casu nobiscum tuleramus, cum id non spectavissemus, ut penus ex tramine nobis comparemus. Donec zavanivago bombarda et pulvis pyrius est, fame non urgetur. Quod attinet ad hanc rem, bene praeditus eram; nam zona coriacea aquae impervia tot embolos continebat, quot satis erant ad longum tempus.

Fines, quos peragrabamus, tumulosi erant et fruticibus abundabant, udis in regionibus etiam arboribus vestiti. Vestigium praeter amniculum, cuius ripae partim harenosae, partim tam pingui gramine obsitae erant, ut equorum ungulae semper impressionem conspicuam reliquissent. Post meridiem antílopam occîdi, quae nobis spem faciebat bonae mensae nocturnae, et cum advesperascebat, in parvis faucibus, quae densis virgultis obtectae erant, substetimus, ut tuti a periculo ignem facere et antilopam assare possemus. Hoc loco tantopere in vado esse confidebamus, ut supervacaneum vigilare duceremus et ambo somno nos traderemus, postquam Stephanus Victori pabulum praebuit.

Postridie multo mane profecti tempore postmeridiano ad locum pervenimus, ubi regulifragi superiore nocte se straverant. Cum complures ignes apertos fecissent, omnem insectationem irridere videbantur. Sub vesperum praeter eundem amniculum equitantes et euntes per planitiem in angulum tendebamus, quem silva incaedua in pratariam promoverat. Eos, quos insectabamur, iter totius fere diei ante nos habebamus, ut nos eo tutiores esse putaremus, cum ne minimum quidem vestigium alterius viri animadvertissemus. Ita ad angulum veneramus, quem modo circumituri eramus, cum ambo subito resiluimus. Ante nos substitit Indianus insidens equo nigro et iuxta se caballum, cui clitellae oneratae impositae erant, ducens, qui eadem minuta ab altera parte extremam silvam circumvecturus fuerat. Nos conspicatus celerrime ex equo delapsus est, ut ei munimento esset, et bombardam direxit in nos. Id tam celeriter accidit, ut tantum staturam eius vidissem, atque eam quoque solum breviter neque satis clare.

Cum Stephanus quoque post equum suum, ex quo aeque agiliter defluxerat, constitisset, magno impetu in silvae angulum exsilui, post crassam pinum. Vix ibi stabam, cum bombarda Indiani emicuit globulusque eius in truncum arboris penetravit. Momento temporis ante iactus me transfixisset. Ille vir statim cognoverat me sibi infestiorem esse Stephano, quod arboribus tectus eum equosque eius circumire et a tergo globulos in eum mittere poteram.

Carabinum, quod iam in saliendo mediocriter sustuleram, cum globulus in arborem penetraverat, rursus demisi. Cur?

Vir occiduus peritus scit unicuique sclopeto propriam esse vocem. Difficile est in hac re crepitum duarum bombardarum discernere. Sed homini in locis desertis viventi sensus perfectissime exacuuntur, ut, si quis bombardam saepius audiverit, crepitum eius inter sescentas alias cognoscat. Ita venatores, qui antea alius in alium inciderunt et tum diu non iam viderunt, iam procul ex sonitu sclopetorum inter se agnoscant.

Idem mihi quoque tum accidit. Memoriam bombardae, qua ruber glandem miserat, tota vita abicere nequivissem. Ilico acrem fragorem plenum eius percepi. Erat Vinnetus, clarissimi Apachium reguli, fratris sanguine firmati, qui me vitâ ferâ silvae et zavanae instruxerat. Utrum ipse eam tum ferebat an ad alium translata erat? Apachium dialecto post arborem vocavi:

„Toselkhita, shi shteke – noli sclopetare, tuus sum amicus, tu es Vinnetu, Apachium regulus!"

Voce mea cognita post equum progressus affirmavit: „Ha-au – sum!"

Subito post arborem ad eum prosilui.

Laetus ambas manus mihi tendens vocavit: „Carlille!" et gaudio commotus perrexit: „Carlille, shi shteke, shi ntaye – Carole, mi amice, mi frater! Shi intá… ni intá…, shi itchi ni itchi – oculus meus tuus est oculus, et cor meum tuum est cor!"

Ego quoque revera hoc occursu inopinato commotus eram. Nihil prosperius mihi contingere potuerat, quam ut ibi ei obviam fierem. Identidem piis oculis me aspiciebat, identidem me amplexabatur, dum tandem nos non solos adesse recordatus est.

Oxyopten monstrans interrogavit: „Ti ti nte – quis hic vir est?"

Respondi: „Aguan nte nsho, shi shteke ni shteke – vir bonus est, meus amicus atque etiam tuus amicus."

„Ti tenlyé, aguan – quod nomen ei est?"

„Oxyopten" nomen sodalis mei Anglice appellavi. Tum Apaches etiam Stephano manum porrexit eumque salutavit:

„Amicus fratris etiam amicus meus est! Paene alter in alterum glandes misisset, sed Carlillus vocem bombardae meae cognovit, sicut etiam Vinnetu eius cognovisset. Quid fratres albi hîc agunt?"

Dixi: „Inimicos persequimur, quorum vestigium hac in herba vides."

„Apaches id commodum conspexit; nam via eius ab oriente fert ad hanc aquam. Qui sunt viri, quos sequimini?"

„Latrones sunt albi et aliquot Ogellallae."

In proxima voce dicenda supercilia contraxit et manum posuit in fulgenti securi bellica, quae in zona eius infixa erat.

„Ogellallae ut bufones sunt. Si ex cavis suis venerint, eos conculcabo. Licebitne mihi cum Carlillo fratre ire ad Ogellallas consectandos?"

Nihil hac condicione nobis acceptius esse poterat. Si

Vinnetu socius noster factus esset, res ita se haberet, quasi viginti viri occidui nobiscum starent. Sciebam quidem eum me nequaquam ilico relicturum esse, sed quod sua sponte se comitem obtulerat, documento erat ei casum nostrum gratum esse.

Itaque raptim ansam apprehendi.

„Vinnetu, frater meus, nobis venit ut solis radius frigido mane. Securis bellica eius ut nostra sit."

„Manus mea vestra est manus, et vita mea vestra est vita. Howgh!"

Mei Stephani ex vultu evidenter cognosci poterat, quam vehementer Apaches animum eius permoveret, quod etiam omni alii accidisset, cum Vinnetu profecto species eximia Indiani esset, ut adspectus eius unumquemque virum occiduum voluptate afficeret.

Vinnetu haudquaquam staturâ supra modum altâ et compactâ erat, sed ipsae graciles, nervosissimae autem corporis formae et impetus motuum etiam pagideutam valentissimum et peritissimum admiratione imbuissent. Sicuti tum ante nos stabat, ita eum semper videram, mundum toto habitu, specie tota strenuum et imperiosum, plane virum, virum fortem.

„Fratres considant, ut fumisugium pacis mecum fument!" inquit Apaches.

Postquam eo ipso loco, ubi stabat, in herba stratus est, ex zona paulum tabaci cum foliis cannabis silvestris mixti prompsit, ut calamum pacis pennis ornatum impleret. Propter eum assêdimus. Sollemne calami pacis fumandi necessarium erat; nam foedus peculiare, quod modo feceramus, firmavit; neque profecto Vinnetu, priusquam fumificatum erat, ullum verbum de nostro consilio dixisset.

Vinnetu, cum tabacum incenderat, surgens buccam fumi sursum in caelum exhalavit, alteram humi. Tum caput in quattuor caeli regiones inclinavit, quaternos haustus ex fumisugio fecit fumumque in unamquamque regionem flavit. Deinde consedit et mihi fumisugium dans dixit:

„Magnus Spiritus ius iurandum meum audit: Fratres mei sunt sicut Vinnetu, et Vinnetu sicut illi est. Amici sumus!"

Calamo capto surrexi idemque feci ac ille, cum dicerem:

„Magnus Manitu, quem veneramur, et terrae et stellis imperat. Meus est pater et pater tuus. Nos fratres sumus, qui alter alterum in omni periculo adiuvabunt. Calamo fumando foedus nostrum renovatum est."

Tum fumisugium Oxyoptae tradidi, qui aeque ac nos fumo in sex regiones flato spopondit:

„Video magnum Vinnetum, clarissimum Apachium regulum, fumum calami eius bibo fraterque eius sum. Eius amici mei sunt amici et eius inimici mei sunt inimici, numquam hoc foedus rumpatur."

Postquam Stephanus rursus consedit, Apachi fumisugium reddidit, qui id fumare perrexit. Cum ritui satisfecissemus, inter nos colloqui poteramus.

Vinnetu rogavit: „Frater carissimus Carlillus mihi referat, quid expertus sit, postquam discessit, et quomodo vestigium Ogellallarum Siuxensium invenerit."

Secundam huius exspectationis partem quam brevissime explevi. Quod post nostram discessionem proximam acciderat, postea uberius ei narrare poteram. Tum eum hortatus sum:

„Vinnetu frater mihi dicat, quid expertus sit, ex quo eum non videbam, et cur tam longe a pago patrum in regionem, in qua Siuxenses venantur, venerit!"

Apaches diuturno et lento haustu sumpto respondit:

„Caelum aquam ex nubibus defundit, sed sol eam rursus sursum agit. Ita etiam vita hominis se habet. Dies veniunt et abeunt. Quid Vinnetu narret de horis, quae praeterierunt? Quidam regulus Siuxensium me pupugit. Vinnetu eum secutus est et certamine singulari interfecit.

Viri eius Apachem persequebantur. Vinnetu vestigio suo deleto ad viguamia eorum reversus insignia victoriae sibi comparavit, quae equo reguli imposuit. Ibi stat!"

His paucis et modestis verbis hic vir rettulit facinus forte, ad quod narrandum alii multis horis opus fuisset. Sed talis erat. Inimico, quem multis septimanis per silvas incaeduas et pratarias persecutus erat, postremo virili et aperta pugna victo in media adversariorum castra ingredi ausus erat iisque victoriae insignia ademerat. Quam modeste Vinnetu dixit de hoc facinore, in quo nemo alius eum imitari poterat!

Tum perrexit: „Fratribus meis ad insectandos Ogellallas et viros albos, quos regulifragos vocant, opus est equis bonis. Cupitne Carlillus amicus equo Siuxensis vectari? Optime Indiano more condocefactus est, neque alia est facies pallida, quae melius ei insidêre calleat."

„Peto a fratre, ut me ipsum mihi equum capere sinat. Equo Siuxensis praeda vehenda est."

Vinnetu renuit.

„Cur frater obliviscitur omnia mea sua esse? Cur equo venando tempus praetermittere vult? Num venatione Ogellallis proiciamur? Num Carlillus putat Vinnetum vestigium Siuxensium sequentem hanc praedam secum laturum esse? Vinnetu eam infodietur, ut equus onere vacuus sit. Howgh!"

His verbis nihil opponi poterat. Donum mihi accipiendum erat. Ceterum equum Siuxensem – Vinnetu ipse Iltsi suo bene mihi noto vehebatur – iam pridem intuitus eram. Erat equus morulus [1] nigerrimus, brevi forma, cum frenis retentis, qui venustus quidem erat, at robustis membrorum artubus et tam manifesto venosus, ut gaudium ex eo caperetur. Iuba plena altius quam usque ad collum dependebat, cauda paene humum tangebat, interiores nares illo rutilo colore erant, quem Indianus tantopere aestimat, et in magnis oculis, quamquam eis erat

[1] equus morulus – Schwarzschimmel, Rappe

multum vigoris, quaedam prudens consideratio erat, quae spem faceret bonum equitem huic equo confidere posse.

„Sed ephippium?" inquit Stephanus. „Non enim in clitellis insidere potes, Carolule!"

„Haec minima est difficultas", inquam. „Nonne dum vidisti, quomodo Indoaner ex clitellis ephippium efficeret? Nondum adfuisti, cum venator bonus ex pelle et costis ferae recenter necatae ephippium satis bonum fabricabatur?"

Videbis mihi iam cras sedem tam commodam suppetiturum esse, ut mihi eam invideas."

Apaches assentiens adnuit.

„Vinnetu loco, qui haud longe hinc abest, vestigium magni lupi invenit. Priusquam sol occiderit, pellem et costas eius habebimus, ex quibus bonum ephippium confici potest. Estne fratribus caro edenda?"

Cum affirmaveram, perrexit: „Ergo fratres mecum proficiscantur ad lupum afferendum et cubile quaerendum, ubi praedam defodere possim. Ubi primum mane illuxerit, vestigia sequemur regulifragorum, qui currus equi ignivomi deleverunt et multos fratres albos privaverunt, occiderunt, combusserunt. Magnus Spiritus, cum iis suscenseat, eos nobis tradet; ex zavanae lege enim morte digni sunt."

Loco huius occursus opportuni relicto cubile lupi mox reppereramus. Bestiâ, quae erat illius speciei, quam Indianus canis latrans appellat, caesâ brevi post ad ignem assidebamus, ut ephippium conficeremus. Proximo mane praedam Vinnetus, quae ex armis et amuletis [1] Indianis constabat, defodimus et locum insignivimus, ut eum postea reperiremus. Tum profecti sumus pone homicidas sequentes, qui haud dubie contemptim risissent, si iis notum fuisset tres viros se, qui numero tantopere validiores essent, rationem reposcere ausuros esse.

---

[1] amuletum, -i – (hier) Medizin des einzelnen Indianers

13. DE „SALVTATIONE ANGELICA" IN LOCIS INCVLTIS AVDITA.

Nobis postridie mane profectis morulus meus equum egregium se praestabat. Neque vero eques non callens institutionem Indianam ullum momentum in ephippio mansisset. Nos autem mox conveneramus. Cum etiam vetus Victor optime obduraret, celeriter progressi sumus, ut iam meridie ad proximum locum, quo regulifragi substeterant, venissemus et sic itinere dimidii diei fere ad eos propius accessissemus. Vestigium, quod sequebamur, fines amniculi supra commemorati reliquerat et rursus in septentriones in longam vallem duxerat, per quam Rivus Pacificus im ambitum currebat. Animadverti Vinnetum ex eo tempore humum attentius considerare quam antea. Praeterea oculi eius marginem silvae penetrare conabantur, quae ab ambobus lateribus altis usque in imam vallem descendebat. Tandem etiam constitit et ad me se vertit, cum primus esset nostrum, qui alius post alium equitabamus.

Exclamavit: „Uff! Quid fratri Carlillo de hac via videtur?"

„Usque in dorsum iugi feret."

„Et deinde?"

„Ab altera parte locus, quo regulifragi tendunt, situs erit."

„Qui locus erit?"

„Locus, ubi Ogellallae consederunt."

Vinnetu adnuit.

„Carlillo fratri ut semper est oculus aquilae et vulpis odoratus. Recte coniecit."

Tum caute provectus est.

Oxyoptes interpellavit: „Cur locus, ubi Ogellallae consederunt?"

„Te iam prius interrogavi, num putes tres Indianos nullis propriis causis talem alborum catervam sequi. Videlicet liquet gregem plurium quam viginti hominum scelestorum hac in regione grassari nequire, ut a rubris non animadvertatur."

„Non ita, haudquaquam."

„Quid igitur albi necessitate coacti erunt?"

„Hem, vero! In fidem rubrorum se committere coacti erunt."

„Verissime! Hancine fidem gratis habebunt?"

„Non ita. Iis merces pro ea danda est."

„Qualis?"

„Quam habent, praeda."

„Bene dicis! Comprehendisne igitur, quid dicamus nos ambo, Vinnetu egoque?"

„Ah, haec est causa! Cum albi impetum facerent in tramen, tres Ogellallae eos inspiciebant; ab albis enim quaedam portio praedae rubris cedenda erit."

„Fortasse res ita se habet, fortasse non. Sed certum est albos fratres nostros honestos mox cum maiore parte rubripellium se iuncturos esse. Id iam illic infra ad ferriviam dixi. Sed porro! Num putas rubros et albos se solum coniunxisse, ut inertiae dediti essent? Ne dubita, quin mox malas artes novas machinentur, praesertim cum proximae tam bene cesserint."

„Quae sint?"

„Hem, quiddam praesagio."

„Id multum esset! Praesagire, quid homines non dum visi facturi sint! Carolule, multum Veteri Catabolochiri tribuo, sed de isto praesagio nihil fuerit."

„Exspectemus! Satis diu inter Indoandras circumlatus sum, ut mores eorum norim. Et scin, quomodo optime praecipere possis, quid quidam homo facturus sit?"

„Quid vero?"

Si maxime strenue finxeris te esse eum, qui ille est, et praeterea naturam eius respexeris. Audeamne conicere?"

„Curiositatem mihi affers!"

„Esto! Cui, putas, comites traminis primo ferriviam eversam et tramen deletum nuntiaverunt?"

„Utique proximae stationi."

„Inde igitur viri ad locum calamitatis mittentur, ut eum inquirant et auctores persequantur. Hoc modo autem haec statio hominibus nudabitur, ut sine magno periculo opprimi possit."

„Profecto! Nunc coniecto, quid opineris!"

„Nonne? Rerum condicio hic adhuc fluxa est. Quaeritur, quo loco satis hominum sint, ut facile manipulo careant. Mea opinione hic locus statio Echûs [1] sit, qui nomen trahit a Charadrâ Echûs [2], in qua sita est."

„Recte monere videris, Carolule. Regulifragi et rubri sane item ac nos sciunt illum locum tum sine praesidio futurum esse."

„Si adicimus, quod Siuxenses secures bellicas eruerunt et se coloribus bellicis infecerunt, ut sine dubio hostilia sibi sint proposita, coniciendum est eos revera Echôn petituros. – Sed ecce amniculi fons! Nunc arduus ascensus erit, ut nobis non iam vacet confabulari!"

Sub arboribus altis in Transitum Meridiei evehebamur. Cum loca impedita essent, nobis cavendum erat. Summa montis, quae supra ut tabula porrigebantur, postea rursus valle submittebantur, ubi mox ad Fluvium Aquae Dulcis [3] pervenimus, qui mihi ex priore tempore bene notus erat.

Ii, quos persequebamur, postquam ibi tempore meridiano constiterunt, ad Rivum Salicum [4] in septentriones se verterant. Nobis per complures valles parvas et aliquot fauces vectatis vestigia paulatim magis magisque recentiora fiebant, ut nobis magis magisque cavendum esset.

Tandem sub vesperum extento summo dorso montis capto ab altera parte deorsum deflexuri eramus, cum Apaches praevehens equo inhibito manu porrecto protinus monstrabat.

[1] statio Echûs – Station Echo (Echo, Echûs, Echo, Echo[n], Echo)
[2] Charadra Echûs – Echo-Cañon
[3] Fluvius Aquae Dulcis – Sweet Water River
[4] Rivus Salicum – Willow Creek

Submissa voce vocavit: „Uff!"

Substitimus et oculos convertimus in regionem ostentatam. Ad dextram infra in profundo parvus campus patebat, cuius ambitus vectationem unius fere horae explere videbatur. Apertus erat et gramine vestitus. Ibi aliquot Indianorum tentoria conspeximus, apud quae magna erat frequentia et obambulatio. Equi vacui in pingui loco viridi pascebantur, et multi viri in circuitu occupati erant. Carnem fecerant. Extra tentoria ossa nonnullorum bubalorum iacebant, et super perticas funiculi intenti erant, a quibus tenuia frusta carnis suspensa erant, ut siccarentur.

„Ogellallae!" inquit Stephanus.

„Videtisne me recte dixisse?"

Addidit: „Triginta duo tentoria!"

Vinnetu acriter despiciebat.

„Naki gutenontin nagoiya – ducenti bellatores!"

„Atque albi cum iis sunt", inquam. „Equos numeremus; ita optime nobis prospiciemus."

Cum totam planitiem oculis amplecti possemus, ducentos et quinque equos dinumeravimus. Pro venatione paulum carnis factum erat. Praeterea illa vallis non erat locus fructuosae bubalorum capturae. Expeditio igitur suscipiebatur, quae res etiam ex clipeis cognoscebatur, quos rubri secum ferebant. In venando enim clipeus magis impedimento quam usui est. Tentorium maximum paulo deorsum a ceteris sita erat, et ex pennis aquilinis, quibus hasta ante id festucata ornata erat, conici poterat id tentorium reguli esse.

Vinnetu interrogavit: „Quid existimat Carlillus frater? Remanebuntne diu illi Ogellallarum bufones?"

„Non manebunt."

Stephanus quaesivit: „Unde id concludis? Ad talem quaestionem respondere difficile est."

„Contemplare ossa bubalorum consectorum, Stephane! Iam alba sunt. Cum profecto iam quattuor vel quinque dies soli exposita sint, exalbuerunt. Caro igitur satis sicca sit. Nonne tibi videtur?"

„Sane!"

„Ergo rubri proficisci possunt. An putas eos remansuros esse, ut aliquotiens scacis vel aciebus [1] ludant?"

Oxyoptes se defendit dicens: „Mordax fis, Carolule. Solum audire volebam, quid dicturus esses", tum autem ilico commotus digito deorsum in vallem monstravit. „Ah, en, aliquis ex tentorio reguli egreditur. Spectate!"

Apaches manu in hippoperas demissa tubum opticum [2] prompsit, cuius partes dimovit. Tum oculo admovit, ut virum, de quo Stephanus locutus erat, contemplaretur et consideraret. Cum eum rursus amotum mihi praebebat, oculi eius torvi flagrabant et micabant.

Suscensuit: „Ko-itse, ille homo mendax et proditor!"

Per tubum perspiciens rubrum item intuitus sum. Ko-itse significat „Os Igneum". Qui ita appellabatur, regulus erat Ogellallarum, bonus orator, audax bellator, implacabilis hostis alborum. Si nobis res esset cum eo, nobis cavendum erat.

Tum tubum Oxyoptae tradidi his verbis:

„Peropportune nos occultabimus. Illic infra multo plures equi quam viri videntur. Etiamsi multi in tentoriis cubent, attamen coniciendum sit nonnullos ex hac caterva in hac regione vagari."

„Fratres exspectent", inquit Apaches. „Vinnetu locum quaeret, quo cum amicis se abdere possit."

Celeriter inter arbores ex oculis elapsus haud mediocri tempore interiecto demum rediit. Tum in obliquum secundum iugum montis nos duxit ad locum, ubi frutices sub arboribus tam densi erant, ut per eum vix pervadere possemus. In interioribus dumetis satis erat spatii pro nobis et equis, quos alligavimus neque pedicis vinximus [3], cum Apaches iterum discederet, ut vestigia nostra deleret.

[1] scacis (aciebus) ludere – Schach (Dame) spielen
[2] tubus opticus – Fernrohr   [3] pedicâ vincire – anhobbeln

Ibi in alta et odorata herba silvestri iacuimus, dum tenebrae oboriebantur, parati ad exsiliendum unoquoque momento ad levissimos sonos suspectos, ut nares equorum clauderemus, ne fremitu eorum proderemur. Cum obscurissima esset nox, Vinnetu rursus furtim digressus mox revertit, ut nuntiaret subter nonnullos ignes accensos esse.

„Illi homines se munitissimos esse putant", inquit Oxyoptes. „Si scirent nos tam prope adesse!"

Respondi: „Sibi insisti suspicantur. Si ergo hodie se tutos esse putant, id ex eo originem trahit, quod iis persuasum est homines stationis nondum adesse posse. Ex eo concluserim eos cras profecturos esse. Aliquid comperire nobis conandum est."

„Vinnetu ibit", inquit Apaches.

„Te comitabor", inquam ego. „Oxyoptes apud equos maneat. Sclopeta relinquemus, cum nobis impedimento essent. Cultri et pugni satis erunt, et si necesse erit, nobis etiam pistolia versatilia erunt."

Socius noster statim remanere non nolebat. Profecto satis audax et exercitatus erat ad se admovendum ad rubros. Cur nobis cederet, suspicatus sum. Divinitatem Vinnetus agnoscebat, et a Vinnetu Vetus Catabolochir separari non poterat.

Tribus vel quattuor diebus ante lunam novam caelum nubibus obductum erat, neque ulla stella videri poterat. Nox igitur opportunissima erat nostro incepto. Sine strepitu iter pedibus praetemptantes procedebamus ex virgultis usque ad eum locum, ubi tempore postmeridiano constiteramus.

Apaches, postquam susurravit: „Vinnetu dextrorsum ibit et Carlillus frater sinistrorsum eat!"et proximo puncto temporis nulla voce in obscura silva ex oculis elapsus erat. Ut amicus praeceperat, a laeva parte loci praeruptioris derepsi. Me inter frutices et arbores me flectens, ut non audirer, infimam vallem adeptus ante me ignes campestres conspexi. Tum cultro venatorio dentibus prehenso extentus in gramine recubui et lente me promovi ad tentorium reguli, quod ducentos fere passus aberat. Ante id ignis ardebat, sed tentorii umbra obscura in me cadebat. Minutatim me promovebam, sed cum vento adverso uterer, propter equos, qui advenam appropinquantem fremitu prodere solent, me sollicitum esse opus non erat. Hac in re Vinnetui plus difficultatum superandum erat. Ita multo plus semihora praeterierat, priusquam ducentos passus confeceram. Tum post ipsum reguli tentorium ex pelle bubalina confectum iacebam, ut viri, qui igni assidebant, summum quinque metris ante me essent. Alacriter inter se Anglice colloquebantur. Cum caput paulum porrigere auderem, ut eos melius viderem, animadverti eos quinque esse albos et tres Indianos.

Rubri vix hiscebant. Solus albus ad ignem campestrem clamitat, cum Indianus parcus et cautus magis certis signis quam verbis loquatur. Etiam ignis clara flamma ardebat neque Indiano more.

Unus ex albis vir magnus et barbatus erat, cui in fronte erat cicatrix cultri incisurae. Se iactare videbatur, et ex modo, quo alii eum habebant, conici poterat eum auctoritatem esse. Bene exaudire poteram, quid homines loquerentur.

Unus interrogavit: „Quam longe Echo hinc absit?"

Magnus respondit: „Ducenta fere milia passuum. Itineribus quinque vel sex dierum illuc pervenire possumus."

„Si vero nostra ratio subducta falsa sit, si nos non insectati erunt, ut homines omnes adsint?"

Magnus fastidiose risit.

„Gerrae! Eos nos persecuturos esse certum est. Vestigium iis enim satis evidens fecimus. Triginta fere homines impetu facto occiderunt, nosque magnâ praedâ potiti sumus. Id impunitum non dimittent, ut non saltem nos assequi conentur."

Alius gestivit: „Res, si ita se habet, succedet. Quot homines Echo occupati sunt, Daniels?"

Appellatus respondit: „Ad centum quinquaginta, omnes bene armati. Praeterea ibi nonnullae sunt tabernae uberrimae, complures bibariae, neque nobis verendum est, ne arcam aedificatoriam et dispensatoriam[1] repletam non inveniamus. Audivi ex hac arca omnes sumptus inter Rivum Viridem et Promunturium[2] effectos tolerandos esse. Hoc est spatium ducentorum triginta milium passuum, ut coniciendum sit ibi multa milia nummorum esse ."

„Heia, audio! Tune putas nos insectantes a vestigio nostro avertere posse?"

„Omnino. Existimo eos cras tempore postmeridiano hic adfuturos esse. Prima luce proficiscemur, primum quoddam spatium in septentriones versus ibimus in tot catervas divisi, ut nesciant, quod vestigium sequantur. Postea unaquaeque caterva vestigium suum quam diligentissime exstinguet, et infra ad Rivum Viridem rursus congrediemur. Inde omnia loca aperta evitabimus et abhinc quinque vel sex diebus Echôn pervenire poterimus."

„Nuntiosne praemittemus?"

„Scilicet! Cras mane recta via Echôn ibunt et in septentrionibus stationis nobis praestolabuntur. Haec omnia iam pacti sumus. Etiamsi operarii completi Echô essent, sollicitudine nobis opus non esset. Cum eis validiores simus, maxima pars eorum trucidata erit, priusquam arma ceperint.

Vero nullo tempore opportuniore adesse potuissem, ut subauscultarem; nam quod ibi comperi, multo plus erat, quam mihi sperandum erat. Num diutius manerem? Non ita. Cum neutiquam plus resciscere possem, ex contrario ex re minima praesentia mea cognosci posset, leniter me recepi.

---

[1] arca aedificatoria et dispensatoria – Bau- und Verwaltungskasse

[2] Promunturium – Promontory

Id etiam tum corpore inclinato feci, atque id retrorsum, cum mihi opera danda esset, ut vestigium meum exstinguerem, ne postridie mane animadveteretur. Hic erat, cum tantum praetemptando ire possem et paene unaquaeque graminis herba mihi singillatim tangenda esset, labor valde molestus, ut una fere hora mihi opus esset, dum ad silvae marginem perveni et in tuto fui.

Tum manibus conchatis ori admotis vocem magni bufonis viridis misi. Hoc erat signum reditus, quod inde ab omni tempore inter Vinnetum et me convenerat, et mihi persuasum erat eum id auditurum et me secuturum esse. Indianis haec vox bufonis mira esse nequibat, cum facile conici posset talem bestiam ibi in alto et humido gramine esse, praesertim cum esset vesper, quo tempore illi audiri solent.

Hoc signum dandum putabam. Apaches, quod vento adverso iacebat, facilis erat deprehensu. Quod compereram, plene sufficiebat, ut sane opportunum esse videretur eum certiorem facere nos id, quod volueramus, consecutos esse.

Etiam in adversum locum editum vestigium mihi exstinguendum erat, ut contentus essem, cum denique, quamquam tenebrae erant, ad dumetum nostrum perveni.

Oxyoptes interrogavit: „Quid vero, quomodo res se habeat?"

„Exspecta, dum Vinnetu venerit!"

„Exspectemne? Ardeo cupiditate."

„Tum mea causa combure! Haud libenter dico superflua, neque bis renuntiare velim."

His verbis contentus esse debebat, quamquam longum erat, donec Vinnetu revertit.

Tandem fruticetum strepens audivimus. Ille ad nos prolapsus ad latus meum consedit.

Interrogavit: „Frater Carlillus signum mihi dedit?"

„Dedi."

„Ergone frater felix fuit?"

„Fui. Quid autem regulus Apachium comperit?"

„Nihil comperit. Ei multum temporis opus erat, ut equos transiret, et cum paene ad unum ignem campestrem pervenisset, vocem bufonis audivit. Tum vestigium suum ei exstinguendum erat, ut stellae iam emergerent, priusquam venire poterat. Quid frater exploravit?"

„Omnia audivi, quae nobis opus sint scitu."

„Frater albus semper fortuna secunda utitur in hoste subauscultando. Narret!"

Breviter rettuli, quae auribus percepissem. Cum relationem absolveram, Oxyoptes dixit:

„Ergo suspicio tua recta fuit, Carolule. Quod attinet ad impetum in stationem faciendum, bene coniecisti."

„Difficile non erat."

„Qua specie erat longurio? Eratne ei cicatrix in fronte?"

„Ei erat."

„Et barba promissa?"

„Erat."

„Est ille, quem iam diu quaero. Est, quamquam antea barbam non aluit. Cicatricem in praedio aggrediendo illic prope Leavingworth contraxit. Et quis appellabatur?"

„Daniels."

„Hoc nomen memoriae mandandum est. Iam quartum est nomen falsum, quod ex eo audio. Sed quid faciamus, Carolule? Hodie enim eum arcessere non possimus."

„Id sane quidem fieri non potest. Et ceterum tuâ interesse nequit eum vero solum puniri. Alii regulifragi eo haud minus improbi sunt. Tibi dicere velim, Stephane, me in omnibus excursionibus factis admodum cavisse, ne hominem interficerem; nam sanguine humano liquor pretiosior non est. Interdum potius detrimentum accepi, quam ut telum mortiferum caperem. Si tamen feci, certe solum feci, ut in extremo casu vim illatam vi defenderem. Atque etiam si hoc fiebat, inimicum ad pugnam invalidum facere malebam, quam ut eum vitâ privarem."

„Revera", inquit Oxyoptes, „Ita Vetus Catabolochir mihi descriptus est."

Perrexi:

„Tamen non cogito, ut hominem nequam aut vero maximam catervam talium hominum dimittam. Id enim esset affinem scelerum eorum fieri et globum eorum denuo in homines probos mittere. Ad illum Monk vel Daniels inde exportandum non valemus. Profecto, facile mihi fuisset antea eum frangere. Sed comparata cum sceleribus, quae commisit, mors tam subita utique praemium fuisset. Et praecipue in opinione sum nobis etiam satellites eius prehendendos esse, quod solum fieri poterit, si non urgentes eos Echôn proficisci siverimus."

„Et quid nos faciemus?"

„Nihil est, quod interrogandum sit. Eos praevenientes homines, quos inopinantes aggressuri sunt, monebimus."

„Εἶεν! Hoc consilium mihi placet. Fortasse nobis continget, ut homicidas praedatorios vivos capiamus. Sed nobis non nimis frequentes erunt?"

„Cum eos, ut eramus tres, secuti simus, ut non timeremus, etiam minus eos timebimus, si Echo socios nobis comparaverimus."

„Non multos inveniemus, quod valde dolendum est. Maior enim numerus illorum hominum in insectatione erit."

„Nobis curandum est, ut eos de rerum statu certiores faciamus, ut citissime revertantur. Scidam scribam, quam ad illam arborem destinabo, praeter quam vestigium, quod sequuntur, fert."

„Hem! Credentne huic nuntio? Iste quidem etiam dolus regulifragorum esse potest, ut vindices ab insectando avertant."

„Res ita est, ut dicis. Sed putandum est eos a comitatibus traminis nostri audivisse duos viros loco casûs adversi descendisse atque etiam vestigia nostra invenisse. Ceterum monitionem ita conscribam, ut credibilis sit. Praeterea homines rogabo, ut cursum superiorem Rivi Viridis et regionem ad septentriones Echûs sitam devitent, cum in alterum locum Siuxenses rursus convenire in animo habeant et altero exploratores sint. Oportet eos nequaquam ferriviarios revertentes videre. Itaque insuper premam iis a meridie Echôn redeundum esse."

„Uff!" Vinnetu tum inquit. „Fratres albi mecum proficiscentur, ut sol oriens nos hinc iam longe absentes conspiciat."

„Sed si cras mane vestigia nostra inventa erunt?" Stephanus etiam tum dubitans ait.

„Canes Ogellallarum e vestigio in septentriones abibunt, neque quisquam ex iis in hunc locum editum veniet. Howgh!"

Vinnetu, dum haec dicit, surrexit et ad Iltsi suum accessit, ut eum solveret. Equis ex fruticeto productis conscendimus et eadem via, qua veneramus, revecti sumus. De quiete nocturna quidem non agebatur.

Adhuc aequae tenebrae erant atque antea, ut tantummodo vir occiduus in locis tam impeditis per silvam incaeduam vehi audere posset vestigium sequens, quod ei videndum non erat. Eques Europaeus in his tenebris descendisset, ut equum duceret, homo autem agrestis scit bestiam suam meliores se oculos habere. Tum Vinnetu totam suam virtutem praebebat. Praevectus est trans rivos et rupes, per invia, neque umquam dubitavit, quo cursus ei dirigendus esset. Equus morulus meus egregie probabatur, et Victor noster interdum morose quidem paulum fremebat, sed nobis par erat.

Caelo albente paene novem vel decem milia passuum Anglicorum a campo tentorio Ogellallarum aberamus, ut tum equis nostris frenos dare possemus. Ad tempus in meridiem versus revehebamur.

Cum locum idoneum repperissem, constitimus.

Pagina ex codicillo meo evulsa et adnotationibus necessariis graphio in ea scriptis bacillo acuto eam itâ ad corticem arboris destinavi, ut eam unicuique ex meridie venienti in conspectum cadere necesse esset. Tum magis ad dextram iter flectebamus, in regionem inter occasum solis et meridiem spectantem.

Meridie posteri diei Rivum Viridem transvecti sumus, sed utique longissime ab illo loco, quo singulae catervae Ogellallarum conventuri erant.

Rubris omnia loca aperta fugienda erant et circuitibus per silvam incaeduam ferentibus eundum erat, cum nos quam rectissimum cursum tenere possemus et equis nostris non prius, quam sol occidit, quietem praeberemus.

Vespere tertii diei sine dubio plus centum quinquaginta milia Anglica confeceramus, ut nobis mirari liceret, quod Victor noster etiamtum durabat. Inter duos colles arte ab utraque latere occurrentes equitabamus quaesituri locum ad corpora sternenda idoneum, cum inopinato colles discesserunt. Ad accessum lateralem convallis maioris eramus, cuius in medio loco parvus lacus situs erat, qui amniculo a solis ortu affluente alebatur, quique lacu relicto ad occidentem versus exitum ex convalle sibi faciebat.

Hanc convallem conspicientes obstupefacti equos sustinuimus. Stupor noster autem non ad vallem ipsam pertinebat, sed ad aliquid aliud. Collis oppositus silvâ enim nudatus erat et ex agris constabat, cum in ima valle equi, boves, oves, caprae pascerentur. Sub colle quinque magnae domus ligneae cum casis adiectis iacebant similes villarum rusticarum Germanorum. Et in summo colle sacellum situm erat, supra quod magna crux cum sculptura ex ligno facta Redemptoris assurgebat.

Prope illud sacellum plures personas cognovimus, qui nos autem non cernere videbantur. Ad occidentem versus oculos converterant, ubi globus solis magis magisque delabebatur. Qui cum ad aquam amniculi, quem coloribus clarissimis imbuere videbatur, dilapsus erat, desuper argenti vox campanulae sonuit.

Vinnetu interrogavit: „Ti ti – quid hoc est?"

Oxyoptes respondit: „Ἀποικία! [1]. Campanulam pulsant ad ‚Salutationem Angelicam'."

„Uff! Vinnetu coloniam videt et vocem campanae audit. Sed ut in hanc regionem incultam lata est?"

„Exspecta!" inquit Oxyoptes me pie stantem videns. Cum ultima vox campanulae audiri desierat, subito cantus quattuor vocum de monte sonabat. Aures arrexi cantu ipso obstupefactus, sed etiam magis obstupefactus verbis:

> *„Diei lux est discessura;*
> *nunc imminet quieta nox.*
> *O, si ut dies etiam dura*
> *transeat aegritudo mox!*
> *Supplicia ad Te nunc fundo,*
> *ea ad Dei sedem fer,*
> *Regina nostra, corde mundo*
> *Velim Te salutarier:*
> *Ave Maria!"*

Quidnam hoc erat? Carmen meum ipsius erat, mea ‚Salutatio Angelica'! Qua via huc in regionem incultam Montium Saxosorum venit? Primo stupidus eram. Tum autem, cum simplices concentus vocum sicut flumen caeleste, quod oculis cerni non potest, de monte trans vallem fluebant, inexsuperabili animi motu afficiebar. Cor in immensum dilatari videbatur, et lacrimae magnis guttis de genis manabant. Quomodo hoc carmen huc pervenerat, in locum, quo vix Indianum adesse conici poterat, multo minus autem quadrocinium duplum tam bene institutum? Cum ultimae voces in valle audiri desinebant, bom-

---

[1] ἀποικία – colonia

bardam ab umero deripui, globulos ambarum fistularum celeriter alterum post alterum emisi, morulo calcaria subdidi. Per vallem in amniculum volavi, ultra rursus ex eo evectus ad domum ligneam versus, ut non ad socios respicerem.

Fragore duorum ictuum non solum vox repercussa, sed etiam vita vivida excitata est. Ianuae domuum lignearum apertae sunt, et homines apparuerunt solliciti prospectantes, quid haec sclopetatio sibi vellet. Cum album specie melius môratâ conspicerent, animo conquieverunt et summa cum exspectatione mihi occurrerunt.

Ante ianuam proximae domus ligneae matercula grandis natu stabat. Vestimentum eius rectum et lautum erat, tota species eius testimonio industriae operae erat, super faciem, quae capillo niveo erat inclusa, effusa erat illa tranquillitas beate arridens, quae sola animae esse potest, quae Deo suo constanter confidens vitam agat.

„καλὴν ἑσπέραν, τήθη – bonum vesperum, avia! Noli, quaeso, terreri. Probi sumus silvivagi." Interrogavi: „Licetne nobis hic descendere?"

Subridens annuit. „χαίρειν σοι λέγω [1], domine! Descende, nihil repugno! Probus vir nobis semper acceptus est. Ecce vetus meus et Villelmus meus. Tibi adiumento erunt."

Qui cecinerant, ictibus meis attenti facti citissime de loco edito degressi erant. Hoc tempore ad domicilia pervenerant, primus senex viridis, iuxta eum praeclarus iuvenis, post eos alii sex viri et adulescentes, omnes spisso et solido habitu hominum rusticorum induti. Etiam personae, quae ante alia aedificia animadverteram, accesserant. Senex cum prisco vultu dexteram tendens me salutavit.

„Salve, domine, in colonia Helldorf! Quanto gaudio nobis est, quod tandem aliquando homines videmus! – Iterum salve!"

[1] χαίρειν σοι λέγω – Willkommen

Ex equo desilui et dextram datam reddidi: „Εὐχαριστῶ σοι [1], domine! Comi facie humanâ nihil specie pluchrius in vita invenitur. Possuntne apud te manere tres equites fatigati?"

„Possunt. Profecto! Scilicet locus apud nos est illis hominibus, qui nobis grati sint!"

Adhuc Anglice locuti eramus, tum autem unus ex viris aetate minoribus propius accessit et me acrius contemplatus clamavit:

„Hillmann pater, cum hoc domino Theodisce loqui potes. Euge, qui honor et gaudium! Conice, quis ille sit!"

Hillmann senex oculis sublatis interrogavit:

„An popularis Germanicus? Nostine eum?"

„Novi, sed primum mihi recordandum erat. Salve, domine! Nonne, tu es, qui ‚Salutationem Angelicam' composuit et modis musicis ornavit, quam modo cecinimus?"

Tum mihi mirandum erat.

Concessi: „Sane quidem. Unde me nosti?"

„Chicagiâ [2]. Choro canentium Balding moderatoris, qui carmen tuum modis musicis ornavit, adscriptus eram. Potesne reminisci concentum musicum [3], in quo primum editum est? Ego tum temporis vocem mediam secundam [4] emittebam, nunc autem imae vocis primae [5] cantor sum. Vox mea descendit."

„Germanus – Villelmo notus – poeta nostrae ‚Salutationis Angelicae'!"

Ita circum me vocabatur, et quot viri, mulieres, pueri, puellae aderant, tot manus mihi tendebantur et tot voces identidem me salvere iubebant. Mihi erat momentum gaudii, quod non saepe alicui contingit.

Interim etiam Vinnetu et Oxyoptes nos assecuti erant. Apachem conspicientes boni homines solliciti fieri videbantur. Ego autem ilico metum eorum expellere conabar.

---

[1] εὐχαριστῶ σοι – gratias [2] Chicagia – Chicago
[3] concentus musicus – Konzert [4] vox media secunda – Tenor
[5] ima vox prima – 1. Baß

„Ille est Oxyoptes, magnus vir zavanae, et hic Vinnetu stat, clarus Apachium regulus, quem timere non debetis."

Hillmann senex interrogavit: „Vinnetune? Quid ais? De eo sescenties audivi, et semper tantum bona. Id non praesumpseram. Adventus eius nobis honori est, domine; nam hic vir nonnullo principe ultra in vetere terra habitante clarior et honestior est."

Capite cano aperto manum regulo dedit.

„Διάκονός σού εἰμι, κύριε – minister tuus sum, domine."

Concedo hunc sermonem Indiano adhibitum mihi risum excusisse, sed bona et sincera mente dixerat. Vinnetu comiter nutans manum eius amplexus est.

„Οὐιννέτου φίλος σού ἐστιν. Ὠχρωπας [1] φιλεῖ ἀγαθὰς οὔσας – Vinnetu amicus tuus est. Facies pallidas amat, quae bonae sint."

Tum quoddam certamen amans et commune coepit, quis hospites accepturus esset, cui Hillmann finem imposuit hoc arbitrio:

„Cum ante domum meam descenderint, omnes tres mei sunt. Ne autem fraudemini, hodie vesperi ad me vocati estis. Et nunc dominis quietem date, cum eos fatigatos esse coniciendum sit!"

Alii morem gesserunt. Nostri equi in unam ex casis adiectis ducti sunt, et nobis in domum ligneam intrandum erat, cuius in synoecio [2] mulier aetate florens nos salutavit, uxor Villelmi, iuvenis Hillmann. Quaevis commoda nobis praebebantur, et in brevi gustatione, quae nobis sumenda erat ante cenam ipsam, quam hoc die epulas fieri volebant, de condicionibus parvae coloniae certiores fiebamus.

Omnes coloni, qui antea Chicagiae habitaverant, ex Monte Pinifero [3] Bavarico, ubi multi sunt gemmarii, in Americam venerant et Chicagiae fideliter conspiraverant

[1] ὤχρωψ, -ωπος – facies pallida   [2] synoecium – Wohnzimmer
[3] Mons Pinifer – Fichtelgebirge

et sedulo laboraverant, ut pecuniam ad villam rusticam emendam sibi facerent, quod quinque familiae cunctae adeptae erant. Cum iis erat constituendum, ubi sedem sibi condituri essent, optio eligendi difficilis erat. Tum veterem virum occiduum de montibus Tetoniis narrantem audiebant et de copiis, quae in illis regionibus non exploratis congestae esse dicebantur. Iis adiuraverat supra integros campos lapidum Calchedoniorum[1], opalorum, achatarum, sardarum aliorumque lapidum durorum inveniri posse. Hillmanno, quippe qui locum gemmarii teneret, haec relatio mirifice placuit. Studium eius ad alios transiit, ut constituerent sibi in illam regionem migrandum esse. Sed cauti Germani satis prudentes erant, ut non omnes facultates in aleam darent. Iis videbatur prope montes locum quaerere aptum ad villas rusticas exercendas et ibi subsīdere et tum demum, cum villae rusticae fructuosae essent, campos lapidum investigare. Hillmann senex cum duobus aliis investigatum ierat, dum amoenissimam convallem cum lacu invenerat, quae consilio apta erat. Alii adducti sunt et tum, post tres annos laboribus plenos, probi homines primum tempus ad requietem sibi sumere poterant.

Interrogavi: „Iam supra in Tetoniis Montibus fuisti?"

„Villelmus meus et Vilmus[2] Meinert, qui te Chicagiae novit, semel eniti conati sunt. Proximo erat autumno. Sed solum usque ad lacum Iohannis Grays pervenerunt. Tum loca iis nimis vasta et montuosa sunt facta, ut longius progredi nequirent."

„Id eorum ipsorum vitium est," inquam. „Rem falso obierunt, quod non sunt viri occidui."

Vilmus dixit: „O, domine, satis credo!"

„Des veniam, oro, quod in sententia mea manebo. Etiam in locis vastis per tres annos in arvorum formam

---

[1] lapis Calchedonius, opalus, achates, -ae, sarda, lapis durus – Chalzedon, Opal, Achat, Karneol, Halbedelstein

[2] Vilmus – Bill

redigendis tantum colonus fies, neque vir occiduus. Hinc directe ad Tetonios montes pervenire voluerunt, et vir occiduus non ignorat id fieri non posse. Quomodo impervias silvas incaeduas ursis et lupis frequentes, praecipitia et saltus, in quibus pes vix consistit, charadras, in quibus post quodlibet saxum Indoaner in speculis esse potest, superare vis? Hinc Fluvium Salsum aut Iohannis Days Fluvium petere debuisti. Alter haud procul ab altero in Fluvium Serpentarium se effundit, qui contra aquam persequendus erat. Ita ad sinistram tuam proxime montium Iugum Fluvii Serpentarii [1] et totum Iugum Tetonium [2], quae plus quinquaginta milia passuum Anglicorum sunt longa. Sed duo viri iter exploratorium tam laboriosum et periculosum omnino facere non valent. Invenistine lapillos?"

„Nonnullas achatas virides, nihil aliud."

„Exspecta! Vinnetu Montes Saxosos novit. Eum interrogabo."

Cum scirem Indianum de auri et aliis terra inferioris opibus raro et aegerrime loqui, linguâ Apachium interrogavi. Attamen mihi persuasum erat eum recusaturum esse, ne quicquam edoceret.

„Carlillo fratri in animo est aurum et lapillos quaerere?" serio inquit.

Postquam rationem ei explanavi, diu terram intuebatur, tum oculis nigris eos, qui aderant, lustrabat. Tandem interrogavit:

„Facientne isti viri, quae regulus Apachium optat?"

„Sine dubio libenter."

„Si iterum cecinerint, quae Vinnetu foris ante vallem audivit, eis dicet, ubi lapilli iaceant."

Inopinatum mihi accidit. Descenderatne simplex modus ‚Salutationis Angelicae' tam alte et vehementer in animum Vinnetus, ut ille, Indianus, constituisset, ut

[1] Iugum Serpentarii Fluvii – Snake River Range
[2] Iugum Tetonium – Teton Range

occulta montium pro eo proderet?

Ei affirmavi: „Cantabunt."

„Ergo in Montibus Ventriosorum[1] quaerant. ibi multae baluces iacent. Et in valle Fluvii Molis Fibrinae[2], qui aquam effundit in unam ex laciniis meridianis Flavae Petrae Lacûs[3], multi id genus lapilli iacent, quos isti viri quaerunt."

Dum id colonos doceo et situm amborum locorum explico, primi coloni accedebant, ut sermo nobis interrumpendus esset.

Synoecio domus ligneae paulatim impleto vesperum celebravimus, qui mihi in occidente nondum contigisset. Viri adhuc omnia cantica norant, quae domi atque postea Chicagiae cecinerant. Cum, ut erant viri vere Germani, cantare cuperent, ad duplex quadricinium satis bonum gregati erant.Etiam vetus Hillmann una canebat. Mediocris vocis imae partes sustinebat. Ita fiebat, ut intermissiones colloquii carminibus popularibus Theodiscis et aliis cantibus polyphônis consumerentur.

Apaches, qui tacitus attenderat, tandem me interrogavit:

„Quando isti viri fidem servabunt?"

Cum Hillmanno deinde ea in memoriam redegissem, quae Vinnetui promiseram, ,Salutationem Angelicam' sunt orsi. Vix autem orsi erant, cum Apaches prohibens manum tetendit.

„Non ita! Domi non apte sonat. A monte Vinnetu eam audire velit."

Vilmus Meinert assensus est: „Recte dicit. Hoc canticum sub divo canendum est. Unâ foras exite!"

Cantores, postquam domum ligneam reliquerant quoddam spatium escenderunt. Nos alii in valle remanebamus. Vinnetu, qui iuxta me stabat, mox ex oculis elap-

---

[1] Montes Ventriosorum – Gros-Ventre-Berge

[2] Fluvius Molis Fibrinae – Beaver Dam-Fluß

[3] Flavae Petrae Lacus – Yellow-Stone-See

sus erat. Tum desuper ex tenebris pulchris et liquidis sonis resonabat:

„Diei lux est discessura:
nunc imminet quieta nox.
O, si ut dies etiam dura
transeat aegritudo mox – –"

Quiete et pie subauscultabamus. Tenebrae et cantores et locum, ubi stabant, obtegebant. Canticum quasi de caelo resonabat. Compositor non transitiones, quibus animos movere conaretur, non repetitiones et inversiones arte factas, non tractationes arrogantes argumenti [1] adhibuerat. Modos musicos cantibus plenis ad diagramma[2] pertinentibus ornaverat, et moduli erant simplices sicut illi cantici sacri. Sed ipsi sonorum concentus simplices animos nostros tantopere commovebant, ut iis resistere nequirent.

Cum canticum conticuisset, diu taciti stabamus, neque prius in synoecium rediimus, quam cantores rursus in valle conspiciebantur. Vinnetu autem deerat. Plus quam hora transiit, ut non veniret, ut, cum hoc loco enim regione inculta circumdati essemus eique forsitan aliquid accidisset, carabino umero iniecto in aperta prodirem. Antea autem homines rogavi, ne me sequerentur, nisi si crepitum iactûs audivissent. Mente augurabam, qua re Apaches in solitudine retineretur.

Cursum dirigens in eam partem, in qua eum ex oculis elabentem videram, lacui appropinquabam. In saxo, quod hoc loco super aquas obscuras eminebat, staturam illius viri videbam, quem quaerebam. Iuxta marginem sedebat, immotus ut effigies saxea. Gradu suspenso ei appropinquavi et prope eum consedi, ubi sine ulla voce silentium obtinebam.

Tempus longum transibat, ut se non moveret. Tandem

[1] argumentum – Motiv (Mus.)   [2] diagramma, -tis – Tonleiter

autem bracchio leniter sublato et aquâ ultra monstratâ quasi cogitatione altâ et cogenti commotus dixit: „Ti paapu schi itse – iste lacus sicut cor meum est."

Deinde, postquam rursus in silentium recidit, longa mora interposita denuo orsus est:

„Ntch-nha Manitou nsho; schi aguan t'enese – Magnus Spiritus bonus est; eum amo."

Cum scirem me respondendo solum cogitationum et sensuum progressionem turbaturum esse etiam tum silebam. Et revera paulo post pergebat:

„Carlillus frater magnus est bellator et vir sapiens in consilio. Anima mea ut eius est. Sed eum non videbo, si quando in Aeternos Saltus Venatorios pervenero."

Haec cogitatio eum maerore perfundebat, quae res mihi novum erat signum, quam carum Apaches me haberet. Tamen ei tum iure respondi:

„Totam voluntatem meam in Vinnetum fratrem confero. Anima eius in facinoribus meis vivit. Sed ego eum non conspiciam, si quando loca caelestia consecutus ero."

Percontatus est: „Ubi sunt loca caelestia fratris mei?"

Reddidi: „Ubi sunt Saltus Venatorii amici mei?"

„Manitûs totus est mundus omnesque stellae!" inquit.

„Cur magnus Manitu filiis suis rubris tam parvam dedit partem mundi et liberis albis suis omnia? Quid valent saltus venatorii Indianorum comparati cum infinito splendore, in quo pii defuncti alborum habitabunt. Manitune rubros minus amat? Nequaquam! Fratres rubri magnum et immane mendacium credunt. Fides virorum alborum docet:

„'Manitu bonus pater est omnium filiorum suorum et in caelis et in terra.' Religio virorum rubrorum autem docet: ‚Manitu tantum est dominus rubrorum. Omnes albos interfici iubet.' Vinnetu frater iustus et sapiens est. Cogitet! Estne rubrorum Manitu etiam Manitu alborum? Curnam filios rubros fraudat? Cur eos in terra perire vult et sinit albos miliones fieri et terram in potestate habere?

An Manitu rubrorum alius est ac Manitu alborum? Ita Manitu alborum potentior et benignior est quam Manitu rubrorum. Manitu facierum pallidarum iis totam dat terram cum omnibus gaudiis et voluptatibus, et postea iis concedit, ut beatitudinibus omnium caelorum ex aeterno tempore in aeternum imperent. Manitu rubrorum autem suis solum zavanam feram et vastos montes praebet, bestias silvae una cum sempiternis occisione et caede, praeterea post mortem iis taetricos saltus venatorios promittit, ubi bellum et caedes denuo incipiunt. Bellatores rubri suis credunt incantatoribus, qui dicunt Indianos in Aeternis Saltibus Venatoriis omnes alborum animas interfecturos esse. Quodsi frater meus in his saltibus cruentis olim Carlillo amico obviam iret, interficeretne eum?"

Tum Apaches magna voce et studio clamavit: „Uff! Vinnetu animam boni fratris ab omnibus viris rubris defenderet. Howgh!"

Hortatus sum: „Ergo frater consideret, num incantatores mendacium dicant!"

Cum Vinnetu cogitabundus silebat, cavebam, ne effectum verborum meorum aliis dictis deminuerem.

Multos annos alter alterum noramus. Fidi socii omnium tristium et laetorum fueramus et in omni necessitate et periculo intrepide vitam profundentes mutuo subveneramus. Sed numquam, ut quondam rogaverat, inter nos ulla verba commutata erant de fide. Numquam vel unā syllabā in religionem eius perniciose invadere conatus eram. Sciebam eum hanc ipsam rem magni mihi aestimare, ut ea, quae tunc monebam, animum eius eo vehementius percuteret.

„Cur non omnes viri albi ut Carlillus frater sunt? Si ita se gererent ut ille, Vinnetu sacerdotibus eorum crederet."

Respondi: „Cur non omnes viri rubri ita sunt ut Vinnetu frater? Sunt boni et mali inter albos et inter rubros viros. Terra plus quam iter mille dierum est longa atque pariter lata. Amicus meus exiguam partem eius novit. Ubique albi imperium obtinent. Sed illo ipso loco, ubi frater habitat, in zavana fera, mali facierum pallidarum se occultant, quibus leges bonorum fugiendae erant. Itaque Vinnetu putat plerasque facies pallidas homines nefarios esse. Frater solitarius montes peragrat, bisontem venatur, inimicos oppugnat. Qua re laetari potest? Nonne post unamquamque arborem et fruticem mors eum exspectat? Num aliquando rubro se totum committere et eum amare potuit? Nonne vita eius tantum in labore, cura, vigilantia, spe dempta constabat? Num requiem, pacem, solacium, refectionem animae fessae sub foedis capitis cutibus viguamii aut in cubili doloso vastae solitudinis invenit? Salvator virorum alborum autem dicit: „Venite ad me omnes, qui laboratis et onerati estis, et ego vos reficiam!" Salvatorem secutus pacem cordis invêni. Cur frater ad eum ire non vult?"

„Vinnetu istum salvatorem ignorat", inquit.

„Narremne amico de eo?"

Capite demisso post longiorem moram:

„Carlillus frater", inquit, „recte dixit. Vinnetu nullum socium tantopere dilexit quantoper eum. Vinnetu nulli homini tantopere confisus est quantopere amico, qui est facies pallida et Christianus. Vinnetu nulli homni tantoper credit quantopere ei. Frater terras orbis novit et incolas earum, multos novit libros alborum, audax est in pugna, sapiens ad ignem consilii, indulgens erga inimicos. Viros rubros amat iisque benevult. Vinnetum fratrem numquam decepit atque ei etiam hodie verum dicet. Verbum fratris apud me plus valet quam verbum omnium incantatorum et quam verba omnium auctorum alborum. Viri rubri rudunt et clamitant, viris autem albis est musica de caelo descendens, quae in animo Apachis resonat. Frater interpretetur mihi verba, quae viri huius coloniae cecinerunt!"

,Salutationem Angelicam' convertere et interpretari

coepi, et cum ei de religione facierum pallidarum narrabam, rationem earum erga Indianos elevabam. Neque id feci docta dogmata pronuntians et spinosas subtilitates perversas, sed simplicia et inornata verba feci. Ad eum illâ voce leni et ad persuadendum aptâ loquebar, quae animum penetret, omnem praestantiam rerum vitet, animum eius, qui auscultat, devinciat, quamvis faciat, ut ille putet sese sua sponte se dedidisse.

Vinnetu inops verborum auscultabat. Ita amanter rete ieci, ut animam caperem dignam, quae vinculis erroris exsolveretur. Cum finem feceram dicendi, alto silentio immersus diu sedebat. Nulla voce effectum verborum meorum cognovi, dum lente se tollens manum mihi tetendit.

Suspirium ex animo ducens coepit: „Carlillus frater verba fecit, quae exstingui nequeant. Vinnetu magni et propitii Manitûs alborum, filii factoris, qui cruci affixus est, virginisque in caelo habitantis, quae canticum colonorum audit, non obliviscetur. Religio virorum rubrorum odium et mortem docet. Religio virorum alborum amorem et vitam docet. Vinnetu iam multos annos de hac re meditatus nunc ad liquidum perductus est. Fratri sit gratia! Howgh!"

Nobis ad domum ligneam reversis ibi homines, qui paene nostram vicem solliciti erant, de regulifragis et Ogellallis inter se collocuti erant. Iis dixi revera opus fuisse coloniam, ut esset locus tam longe promotus, munire. Cum id intellegerent, constituerunt sibi praetermissa quam primum compensanda esse; nam liquebat coloniam eorum solum propter situm remotissimum oculos speculantes rubrorum adhuc fugisse. Si Indianus infestus accederet, tutum eorum periret. Quattuordecim viri coloniae bene quidem armati erant et satis magnam copiam rerum ad globulos mittendos necessariarum habebant, atque etiam mulieribus et liberis maioribus natu satis erat animi et usûs ad sclopetandum; sed quid haec res valebat contra gregem hominum ferocium, qui sescenti appropinquare poterant! Si illorum hominum loco fuissem, domos ligneas non illo loco infesto, ubi tum erant, sed proxime ripam lacûs exstruxissem, ut solum a terra oppugnari possent.

Ex itinere, quod regulifragi ingressuri erant, conici poterat eos longo spatio interiecto illum locum praeterituros esse. Tamen colonos rogavi, ut caverent et imprimis saepimenta adhuc manca firmarent.

Multa nocte, cum ceteri convivae discesserant, cubitum iimus. In lectis mollibus Hillmanni, qui nobis hospitio permissi sunt, dormivimus et postridie mane maximis gratiis actis a probis hominibus discessimus, qui nos quoddam spatium comitabantur. Antea iis a nobis promittendum erat nos rursus ad eos deversuros esse, si iterum prope accederemus.

Priusquam ultimum nos valere iubebant, octo cantores denuo convenerunt, ut Apachi ‚Salutationem Angelicam' cantarent. Cum canticum ad finem adduxerant, omnibus manum porrexit.

„Vinnetu canticum amicorum alborum numquam obliviscetur."

Equi nostri ex hesterna vectatione vehementi bene refecti erant. Citato gradu currebant, ut voluptati esset. Incolae Coloniae Helldorfianae, quae appellata erat a vico Bavarico, ex quo isti homines oriundi erant, iam saepius Echo fuerant et viam brevissimam nobis copiose descripserant, ut sperare possemus, cum equi celerrimi essent, nos ad locum usque ad vesperum venturos esse.

Vinnetu per totum diem etiam verborum parcior quam alias erat, et non semel, cum quoddam spatium ante nos vectans putabat nos se audire non posse, mihi cantilare et submissa voce modulos ‚Salutationis Angelicae' repetere videbatur, quae res eo magis inexspectata mihi accidit, quod Indianis in universum fere aures eruditae non sunt.

Tempore postmeridiano lineae montium eminentiores, ingentiores, magis arduae evadebant. In labyrinthum faucium mirarum, angustarum, implicatarum incidimus, et sub vesperum tandem ex loco arduo metam sub nobis iacentem videbamus – Charadram Echûs cum tramite ferriviario et statione tranquilla, quam ab interitu servare nobis in animo erat.

14. DE VINDICTA IVSTA.

Charadram (Cañon) Americani altas fauces praeruptas appellant. Ita statim locus fingi potest, ad quem tum perveneramus. Ferrivia iam pridem per Charadram Echus ferebat, sed regulae ad tempus substructo[1] non munitae superimpositae erant, et in ferrivia tandem conficienda tot difficultates superandae erant, ut magno numero operariorum ad id efficiendum opus esset.

Parvae fauces laterales nobis occasionem dabant descendendi et in profundum advenientes iam primos operarios offendimus, qui occupati erant in saxo displodendo. Mirabundi nos aspiciebantur. Duo alieni albi armis gravissimi cum Indiano socio speciem praebebant, quae eos ita angebat, ut instrumentis sepositis arma caperent.

De longinquo annui, ut eos sedarem, et equum in eos concitavi.

Salutavi: „Bonum diem! Bombardas seponite! Amici venimus!"

Unus interrogavit: „Quis estis?"

„Nos venatores sumus, qui vobis nuntium gravem apportent. Quis hic Echo imperat?"

„Revera ingeniarius Rudge chiliarchus[2]. Quod ille autem non adest, ad dominum Farell, thesaurarium[3] te convertere debes."

---

[1] substructum – der Unterbau
[2] chiliarchus – Oberst
[3] thesaurarius – Zahlmeister

„Ubi est Rudge chiliarchus?"

„Ingeniarius gregem regulifragorum, qui effecerunt, ut tramen exorbitaret, insectatur."

„Ah, immo vero! Et ubi dominus Farell moratur?"

„Istic in statione, in tugurio maximo!"

Dum in partem significatam avehimur, illi curiosi oculos pone nos coniciebant. Post quinque minutas ad stationem pervenimus, quae constabat ex variis casis caudicalibus [1] et ex duabus domibus longis, quae celeriter et ad tempus rudibus lapidibus aedificatae erant. Circum totum opus murus ductus erat, qui quidem solum ex lapidum truncis aliis super alios positis sesquimetrum in altitudinem constructus erat, attamen solidior esse videbatur. Introitus, porta crassa edolata, apertus erat.

Cum thesaurarium, quod nullum tugurium animadverti, ab operario, qui in propugnaculo aedificando occupatus erat, quaesivissem, in unum ex aedificiis lapideis missus sum. Non multi homines ibi videbantur, et illi pauci, quos conspiciebam, plaustrum regularum plenum exoneraturi erant.

Cum ex equis descenderamus, in aedificium intravimus, quod interius ex uno membro constabat, in quo multae cistae, dôlia, sacci deposita erant, ex quibus ibi haud dubie cellam alimentariam esse concludere poteramus. Unica persona aderat, parvus et gracilis homullus, qui nobis intrantibus de cista surrexit.

Vir me conspicatus acri et tenui voce interrogavit: „Quid vis?" Cum autem Vinnetum videret, perterritus resiluit. „Indoanêr! Pro Dei fidem."

„Noli timere, domine!" inquam. „Dominum Farell quaerimus, thesaurarium."

Timido vultu per ocularia chalybeia spectans respondit: „Ego sum."

Perrexi: „Revera adventus noster pertinebat ad Rudge chiliarchum. Cum autem non adsit et tu partibus eius fun-

---

[1] casa caudicalis – Blockhütte

garis, domine, veniam da, ut tibi dicam, quid petamus."

Limis oculis ardenter portam intuens Farell me iussit: „Loquere!"

„Estne in eo, ut globo regulifragorum insistat?"

„Insistit."

„Quot homines secum ducit?"

„Idne scire debes?"

„Age, opus non est. – Quot viros praeterea hic habes?"

„Id quoque scire debes?"

Dum id interrogo, magis magisque in obliquum se movebat.

„Profecto nunc nondum", inquam. „Quando chiliarchus profectus est?"

Magis magisque anxius interrogavit: „Id quoque scire debes?"

„Agedum, tibi explicabo, cur – "

Desii, nam nemo iam aderat, ad quem loqui possem. Parvus enim dominus Farell aliquot saltibus trepidis praeter nos foras effugerat. Proximo momento portam obiecit. Ferra longa crepitaverunt, obex in ingenti claustro stridit – capti eramus.

Conversus ambos socios aspexi. Vinnetu gravis splendidos dentes eburneos ostendebat, Oxyoptes os ducebat, quasi saccharum et alumen devorasset, atque ego – valde hanc bellam rem inopinatam cacchinnavi.

Oxyoptes dixit: „Capti, sed non in custodia singulari! Homullus nos homines perditos existimat."

Foris magna vox fistulae stridentis [1] sonuit, et cum ad fenestellam spiraculi iaculatorii [2] similem accesseram, operarios extra murum occupatos insilientes videbam per portam, quae ilico est clausa. Cognovi sedecim viros, qui a thesaurario, quem circumstabant, imperia accipere videbantur. Tum in singulas casas caudicales discesserunt, profecto ut sclopeta sua peterent.

---

[1] fistula stridens – (Triller-)Pfeife
[2] spiraculum iaculatorium – Schießscharte

Aliis indicavi: „Spectaculum mox exhibebitur. Quid faciamus usque ad illud tempus?"

„Sigarum nobis accendemus", inquit Oxyoptes.

Manum tetendit in arculam apertam, quae in sarcina circumligata[1] posita erat, et sigarum exemit incenditque. Ego exemplum eius secutus sum, non autem Vinnetu.

Brevi post porta caute patefacta est. Et vox tenuis thesaurarii iam foris nos monuit:

„Cavete globos mittatis, scelera, alias vos ocidemus!"

Farell intravit princeps suorum, qui sclopetis expeditis ad portam consistebant, dum ipse post magnum dolium stans ex hoc loco munito minax focile[2] avium nobis ostendit.

Cum suis et dolio tuentibus in se impetum fieri nequire putaret, fidenti voce interrogavit: „Qui estis?"

Oxyoptes ridens dixit: „Quae stultitia! Antea nos scelera appellasti, nunc nos interrogas, qui simus. Si post dolium tuum processeris, tecum loquemur!"

„Id omittam! Ergo, qui estis?"

„Venatores pratariae."

Cum socius noster responsurus esse videretur, tacebam.

Thesaurarius quaerere perrexit:

„Quae nomina vestra sunt?"

„Nihil ad rem pertinet!"

„Ergo contumaces estis! Profecto vos loquentes faciam, ne dubitaveritis! Quid hîc Echo vultis?"

„Vos monere."

„Monere? De quonam?"

„De Indoandribus et regulifragis, qui impetum in Echôn machinantur."

„Au, nolite vos deridendos praebere! Cum ex regulifragis sitis, nos fallere vobis in animo est. Sed in alienas manus devenistis!"

---

[1] sarcina circumligata – der Ballen
[2] focile, -is n. – die Flinte

Et ad suos versus imperavit: „Eos captos vincite!"

„Paululum exspecta!" ait Oxyoptes.

Cito manum in saccellum tetendit. Cum coniectavi eum notam suam indagatoris ostendere velle, impedivi, ne id faceret.

„Te id facere necesse non est, Stephane. Relinque illam rem! Videamus, num septendecim ferriviarii in tres viros vere occiduos invasuri sunt! – De eo, qui vel unum digitum contra nos moverit, actum erit!"

Vultum composui, quo torviorem non poteram, sclopetum umeris accepi, pistoliis versatilibus in utramque manum sumptis ad introitum accessi. Vinnetu et Oxyoptes idem fecerunt. Puncto temporis post thesaurarius fortis ex oculis elapsus erat, quod tantopere post dolium se compegerat, ut sola fistula sclopetaria ad tectum eminens significaret locum, ubi dominus Farell forsitan reperiri posset.

Ferriviariis non mediocriter libêre videbatur exemplum domini et magistri sequi. Viam aperuerunt, qua nobis transitum expeditum dabant.

Tales igitur homines erant, quos Ogellallas et regulifragos propulsuros esse exspectabamus! Ita nihil boni in proximos dies sperandum erat.

Circumactus ad ferriviarios dixi:

„Nunc ex contrario vos quidem includere possumus, domini, sed non faciemus. Farell, dominum fortem, educite, ut considerate inter nos colloquamur! Id enim opus erit, nisi ab Ogellallis exstinctum iri vultis!"

Cum iis haud mediocri labore contigisset, ut virum gracilem in lucem proferrent, iis omnia rettuli, quae acciderant. Cum finem feceram dicendi, thesaurarius timore perpallidus in lapide quadrato sedens, in quo consederat, infirma voce:

„Domine, nunc tibi credo", inquit, „nobis enim relatum est in illo loco calamitatis duos viros descendisse, ut avem rapacem globulo deicerent." Tum corpore inclinato Apachem salutans dixit: „Ergo iste humanissimus vir dominus Vinnetu est! Mihi honori est, domine! Atque alter vir humanus dominus Moody est, quem Oxyoptam appellant? Et nunc nomen tuum audire velim!"

Farello cognomen meum, sed non nomen, quo in prataria vocari soleo, dixi.

Tum etiam me corpore inclinato salutavit: „Mihi honori est." Perrexit: „Tu igitur credis chiliarchum scedula visa citissime reversurum esse?"

„Conicio."

„Id mihi pergratum sit. Mihi crede!"

Ei credidi, etsi id non iure iurando affirmavit, ille autem praeterea nobis dixit:

„Tantum quadraginta viros in potestate habeo, quorum plerique extra in tramite ferriviario occupati sunt. Nonne res optime se habeat, si Echô universâ relictâ ad proximam stationem nos recipiamus?"

„Quae tibi mens est! Num lepus es, ut bestiarum modo aufugere velis? Quid iis, qui tibi praesunt, videbitur! Statim nullus esses!"

„Scito, domine!" inquit. „Vitam meam muneri meo antepono. Tenesne?"

„Satis tibi credo. Quot homines chiliarchus secum ducit?"

„Centum ipsos, atque eos fortissimos."

„Id cognovi."

„Et quot Indoandres erant?"

„Una cum regulifragis plus ducenti."

„Ei mihi! Globulis mittendis nos omnes conficient! Puto salutem tantum fuga nobis petendum esse!"

„Res egregia!" inquam ridens. „Quae statio hinc frequentissima est?"

„Promunturium[1]. Ibi nunc ad trecenti operarii sint. Ogdena[2] quidem propior est, ad tempus autem nondum in stationum numero habetur."

[1] Promunturium – Promontory [2] Ogdena – Ogden (urbes)

„Ergo telegraphice illuc nuntia, ut tibi centum mittant viros armatos!"

Ore diducto rectis oculis me intuebatur. Tum exsiluit et manibus laete collisis clamavit:

„Profecto, id non respexi."

„Revera, dux magnus esse videris! Viri cibaria et missilium copiam secum ferant, si ea tibi deficiant. Et rem praecipuam tene: Omnia quam maxime secreto fieri debent, ne exploratores rubri animadvertant se cognitos esse! Id quoque una telegraphice nuntia! – Quantum iter hinc Promunturium est?"

„Tria et nonaginta milia passuum."

„Adestne ibi machina vectoria cum curribus?"

„Semper."

„Bene, ergo, si ilico telegraphaveris, auxilia iam cras ante primam lucem huc advenire poterunt. Crastino vespere exploratorum adventus exspectandus est. Ad id tempus stationi magis muniendae vacamus. Nunc iube quadraginta viros tuos sedulo laborantes murum semimetro altiorem fieri! Homines Promunturiani cras una adiuvabunt. Plus duo metra altus fieri debet, ne Indoandres introspicientes cognoscant, quot homines hic adsint."

„A monte videbunt, domine!"

„Id impediri potest. Ego exploratoribus Ogellalarum obviam proficiscens tibi signum dabo, cum primum eos repperero. Tum viri tui in casas caudicales se abdent, ut Indoandres sibi rem cum paucis esse putent. Hodie in circuitu ab interiore muri parte palos in terram demittemus et clavis tabulas vel asses in eis figemus, ut scamna efficiantur, in quibus viri nostri consistere possint, ut trans murum globulos mittere possint. Si verum coniecero, chiliarchus iam cras circiter tempus meridianum aderit. Tum una cum hominibus Promunturianis plus ducenti quadraginta viri contra ducentos hostes erimus. Nos tuti post muros stabimus, dum rubri non sint tecti neque ullam defensionem exspectent. Profecto igitur mirum esset, nisi ipsi prima globulorum grandine ita fugarentur, ut non iam reverti auderent."

Incitatus homunculus gaudio exsultavit: „Et tum eos insectabimur"; nam iussa mea ingentem animum ei addiderant.

„De hac re videbimus", inquam. „Sed nunc move te ocius! Tria tibi facienda sunt: Promunturium telegraphandum, viris tuis muri structio deferenda nobisque aliquid cibi cum mansione curandum."

„Fiet, domine, ilico! Nunc non iam animum meum subibit cogitatio me ab rubris me abripere. Et quod ad vos attinet, cenam habebitis, qua contenti eritis. Ipse enim coquus fui."

Ut paucis dicam: Omnia ita facta sunt, ut suaseram. Equis nostris bonum pabulum praebitum est nobisque bona cena. Apparebat dominum Farell trullae peritiorem esse quam focilis avium. Homines acri studio incumbebant in murum altiorem faciendum. Neque nocturnum quidem tempus sibi ad quietem relinquebant, et cum primo mane ex somno excitatus in opus spectarem, miratus sum, quantus progressus factus esset.

Farell tramine nocturno Echô consistente verbis nuntium Promunturium miserat, sed telegraphema eius iam respecta erat; nam iam primo mane tramen advenit, quo centum viri expetiti et cum iis omnia, quae armorum et sclopetandi utensilium et cibariorum opus erant, advecta sunt.

Hi viri ilico opus aggressi sunt, ut murus iam meridie perfectus esset. Me suadente universa dolia vacua aquâ completa post saeptum translata sunt; nam tot hominibus bibendum erat neque sciri poterat, utrum parva obsidio ferenda esset an ignis exstinguendus. Stationes vicinae certiores factae erant, sed tramina, ut solebant, avehenda esse constituerant, ne hostes suspiciosi fierent.

Post prandium nos tres, et Vinnetu et Oxyoptes et ego, charadram reliquimus, ut exploratores prospectaremus.

Has partes susceperamus, quod gratissimum nobis ipsis confidebamus. Praeterea nemo ex siderodromicis ad hoc susceptum periculosum nomen dederat. Convenit, ut in charadra diruptio materiae displosivae efficeretur, cum primum unus ex nobis tribus nuntium rettulisset se exploratores vidisse.

Unicuique nostrum enim ab aliis digrediendum erat, cum Indoandres utique a septentrionibus venirent, sed thesaurario auctore tribus viis appropinquare possent. Mihi prataria occidentalis obvenerat, Vinnetui media, Oxyoptae orientalis, ut ei illud fere spatium custodiendum esset, quo in charadram veneramus.

Per arduas rupes praeruptas sursum enixus supra silvam incaeduam intravi. Tum in margine saltus lateralis continuo in septentriones tendebam. Post dodrantem fere horae cepi locum, qui ad consilium meum natus esse videbatur. In culmine silvae incaeduae abies ingens eminebat iuxtaque eam procera pinus. Pino ascendenda perveni in ramum validum abietis. Illo loco arbor satis tenuis erat ad altius enitendum, ut eam quam longissime ascenderem. Viride recens et saturum cacuminis prorsus me celabat, ut ab imo non animadverterer. Ante me autem erat regio tam libera et aperta, ut omnia loca herbosa cum raris arboribus et cacuminum mare silvae longe lateque prospicere possem. Postquam quam maxime ingenio meo indulsi, acriter excubias agebam.

Hora amplius in summo sedebam, ut nihil notabile conspicerem, sed a vigilantia mihi non erat desistendum. Tandem in septentrionibus ante me cornicum agmen ex arborum cacuminibus alis se levans videbam. Causam huic rei subesse necesse non erat. Sed aves non agmine facto se levaverunt, ut ilico in certam regionem volarent, sed sursum in aera dissipatae et nonnullas minutas quasi consilii expertes supra cacumina circumactae quoddam spatium avolaverunt et cautae in aliis arboribus subsederunt. Suspicandum erat eas excitatas esse.

Brevi post eadem res iterum facta est, deinde tertium et quartum. Apparebat: Illinc procul animal, quod cornices timerent, furtim a septentrionibus per silvam appropinquabat, atque id recta fere regione ad stationem meam. Festinanter me demisi et caute serpendo ad regionem suspectam me admovi, cum semper diligenter vestigium meum exstinguebam.

Ita perveni ad dumetum silvae pôpulorum paene impervium, in quod me insinuavi. Ibi corpore prostrato exspectabam. Haud multo post furtim veniebant, suspenso gradu sicut umbrae: unus, duo tres, quinque, sex Indiani latibulum meum praetergressi sunt. Pedes eorum non minimam partem ramusculi fragmenti humi tangebant, quoniam frangendo strepitus effectus esset.

Illi exploratores erant. Facies eorum coloribus bellicis fucatae erant.

Vix praeterierant, cum ego prosilui. Liquebat eos silvam densissimam expetituros esse. Praeterea in progrediendo pedetemptim iis solum excutiendum erat, ut tardarentur. Ego autem rectam viam ingredi , locis minime densis uti, sine cura, ut deprehenderer, redire poteram. Ita aliquantum viae praecepi. Celeri cursu igitur festinanter reverti, et vix quadrans horae praeterierat, cum de rupe praerupta charadrae delapsus ad stationem contendi.

Ibi industria maior quam antea erat, et statim animadverti novos viros venisse. Modo tramite ferriviario ibam, cum admiratus Vinnetum conspexi, de loco edito descendentem. Eum exspectabam et, cum ad me venisset, interrogavi:

„Frater ruber simul mecum venit. Aliquidne vidit?"

„Vinnetu venit, cum non iam est, cur exspectet", inquit. „Frater meus Carlillus enim exploratores repperit."

„Aha! Unde scis?"

„Vinnetu in arbore sedens tubo sumpto procul in occidente alteram arborem conspexit. Illic regio fratris erat, et quod Vinnetu fratrem novit, sciebat Veterem Catabolochira illam arborem ascensurum esse. Deinde post tempus longum Vinnetu multa puncta in caelo conspexit, quae aves erant exploratores fugientes. Cum fratrem id etiam videre necesse esset atque tum exploratores observare, regulus Apachium ad campum revertit; nam exploratores adsunt."

Hoc rursus specimen acris ingenii amici erat.

Priusquam stationem intraveramus, vir nobis obviam venit, quem antea nondum videram.

Interrogavit: „Aha, domine, a quaerendo reverteris. Mei te de rupe descendentem videntes, me certiorem fecerunt. Nomen meum iam nosti. Ego chiliarchus Rudge sum et tibi magnam gratiam agere debeo."

Renui: „Non urget, chiliarche! Nunc prius opus est materiâ displosivâ dirupta, ut sodalis meus, qui adhuc foris est, moneatur. Deinde etiam impera, ut tui se occultent; nam quadrante horae exploratores Ogellallarum desuper stationem observabunt."

„Εἶεν, fiet! Tantisper introite! Confestim rursus adero."

Aliquot momentis post tantopere teli iactus crepuit, ut Oxyopten eum audire necesse esset. Tum operarii in casas ligneas et alia aedificia se receperunt, ut pauci viri sub divo conspici possent, qui in solito opere occupati esse viderentur.

Rudge nos tum in horreum convenit.

Me interrogavit: „Imprimis autem, quid explorasti, domine?"

„Sex Ogellallas, exploratores."

„Age! Curabimus, ut fallantur. Ceterum mihi denuo ad merita vestra erga nos revertendum est. Nos omnes, qui hic adsumus, domine, tibi et sociis tuis maximam gratiam habemus. Dic, quomodo tibi nos gratos praebere possimus!"

„Non loquentes de gratiis agendis, domine. Invenistine scidam meam?"

„Sane quidem."

„Obtemperasti quoque monitui meo?"

„Ilico iter convertimus, aliter scilicet nondum hic adesse possemus. Et in tempore huc venisse videmur. Quando, sicut tu aestimas, Ogellallae et regulifragi praesto sint?"

„Crastina nocte nos aggredientur."

„Ita igitur satis otii habemus ad nos bene cognoscendos", ridens Rudge inquit. „Veni, tecum duc amicum rubrum! Mihi grati eritis hospites!"

Me Vinnetumque in alterum tectum saxeum duxit, quod in complura membra redactum erat. Unum habitatio eius erat nobis satis spatiosa. Rudge chiliarcho constitutio erat firma, cui arbitrarer eum Indoandras non timere. Mox alter alteri confidębamus, atque etiam Vinnetum, cuius nomen praeterea chiliarcho iam dudum notum erat, delectare videbatur.

„Venite, domini, ut lagoenae boni vini obturamentum excutiamus, cum rubris capita frangere nondum possimus!" ait Rudge. „Genio vestro indulgete et recordamini vos apud debitorem habitare! Si sodalis vester, Oxyoptes, venerit, una nobiscum sit."

Inde ab hoc tempore nobis persuasum erat nos de rupe observari atque ad id accommodavimus. Paulo post Stephanus rediit. Nihil viderat, sed fragorem nuntium bene audiverat.

Donec clara lux erat, negotiis vacabamus, attamen temporis moram non sentiebamus. Rudge, qui multa expertus erat, bonus erat fabulator. Cum autem vesper imminebat, ut Indoandres nihil iam videre possent, munitiones ad finem adductae sunt, et me iuvabat ingeniarium iussa mea probare.

Ita nox praeteriit, itáque etiam posterus dies. Interlunium erat, et vesper cum caecis tenebris in fauces delapsus est. Tum stellae autem splendere et lucere coeperunt tam clarae, ut lacinia haud mediocriter lata areae circum murum sitae satis bene oculis lustrari posset.

Unusquisque defensor bombardâ et cultro instructus erat. Multis etiam pistolia vel pistolia versatilia erant. Cum Indiani post mediam noctem paulo ante sublucanum tempus impetus facere soleant, tum tantum excubitores, quibus opus erat, in scamnis stabant, et alii leniter inter se colloquentes in circuitu in herba iacebant. Foris ne minimo quidem spiritu aer movebatur. Sed fallax quies erat, et media nocte ii, qui quieverant, surrexerunt, sclopeta sumpserunt, in scamnis loca destinata ceperunt. Ego carabinum Henrici manu tenens cum Vinnetu ad portam stabam. Ursicidale in domicilio reliqueram, cum carabinum hoc loco magis idoneum erat.

Nos, qui eramus ducentorum decem virorum, ab omnibus quattuor lateribus saepti aequaliter diffusi eramus, nam triginta viri in clandestinam charadrae partem missi erant, ut equos ibi occultatos tuerentur.

Tempus quasi gradu testudineo tarde procedebat. Fortasse erant, qui iam putarent omnem metum nostrum inanem fuisse, en ausculta! Sonuit, quasi lapillus uni ex regulis illisus esset. Ilico illum strepitum, qui vix audiri possit, auribus percepi, quem tiro flatum aurae lenissimae duceret. Ego autem sciebam, quae esset causa: veniebant!

Viro, qui propter me stabat, insusurravi: „Attende!"

Qui verbum vicino leniter tradidit, ut brevissimo tempore circumisset. Umbrae fugaces et larvales per noctem micabant, ad dextram, ad laevam, ut ne minima quidem vox audiri posset. Nobis ex adverso ordo effectus est, qui manaretur et paulatim circum totam stationem flueret. Iamiam pugna exspectanda erat.

Umbrae appropinquabant. Solum quindecim – duodecim – decem – octo – sex gradus a muro aberant. Tum vox ingens et plena per noctem missa est:

„Moriantur Ogellallae! Hic stat Vinnetu, caput Apachium! Globulos mittite!"

Bombardam sustulit, et cum micabat, in circuitu claruit. Puncto temporis plus ducenti globuli missi sunt. Ego solus globulum non miseram. Effectum grandinis globulorum nostrae exspectare volebam, quae sicut iudicium caeleste tam subito in hostes ingruit. Nonnullas secundas summum silentium erat, tum sublatus est ille ululatus terribilis, qui nervos discerpere videtur. Re inexspectata primum rubros vox defecerat, deinde autem sonitus quasi buccarum sescentorum daemonum per charadram relatus est.

Tum chiliarchus voce, quae etiam per hunc ululatum satanicum auribus percipi poterat, imperavit: „Iterum glandes mittite!"

Postquam altera grando crepuit, Rudge clamavit:

„Foras, manubrio[1] instate!"

Momento temporis viri murum transiluerant. Qui antea anxii fuerant, tum summam animi fortitudinem in se sentiebant. Ne unus quidem Indoanêr periculum munimenti superandi fecerat.

Ego in statione manebam. Extra res ad manus venit. Sed haec pugna perseverare nequibat, quod ordines adversariorum iam tantopere rarefacti erant, ut fuga salutem peterent. Eos praetervolantes videbam, figuras obscuras, quas oculis persequebar – ah, ille albus erat! Alter! Regulifragi, qui ab altero latere steterant, tum praeter me fugiebant.

Tum demum carabinum in hostes direxi. Magno mihi erat usui, quod vicies quinquies glandes iacere poteram, ut onerato opus non esset. Septem glandibus coniectis destinata non iam videbam. Hostes, qui violati non erant, in fugam se contulerant, alii humi iacebant aut prorepere conabantur. Sed iis non contigit, nam circumventi sunt, et qui se non dedidit, trucidatus est.

Brevi post crebri ignes foris ante murum ardebant, et messis horribilis, quam mors fecerat, conspici poterat.

---

[1] manubrium (sclopeti) – Kolben

Oculos illuc conicere nolebam, sed aversus in domicilium chiliarchi ii. Vix ibi consederam, cum Vinnetu intravit. Stupens eum aspexi.

Interrogavi: „Fraterne ruber venit? Quot hostes vicit?"

„Vinnetu pugnat, sed non iam capita occisorum numerat, postquam canticum de monte audivit. Frater eius albus enim nullum omnino interfecit!"

„Unde scis?"

„Sclopetum Carlilli amici tacuit, donec sicarii albi praeter eum fugerunt. Et tum gobulos solum in crura eorum coniecit. Solos istos vulneratos Vinnetu numeravit. Octo sunt, qui foris iacent et comprehensi sunt, cum effugere nequirent."

Numerus quadrabat. Bene igitur eos iceram, ut id, quod volueram, consecutus essem, ut aliquot reguligragi in potestatem nostram venirent. Fortasse Monk inter eos erat.

Haud ita multo post etiam Oxyoptes intravit.

Clamavit: „Carolule, Vinnetu, exite foras! Eum prehendimus!"

Interrogavi: „Quem?"

„Ludovicum Monk."

„Ah! Quis eum comprehendit?"

„Nemo. Cum saucius esset, longius ire nequibat. Mirum est. Octo reguligragi vulnerati sunt, atque omnes octo eodem loco, in osse pelvino[1], ut humi procumberent et iacentes remanerent."

„Id profecto mirum est, Stephane."

„Ne unus quidem Ogellalla vulneratus se dedit, sed illi octo albi clementiam expetiverunt."

„Afferentne vulnera eorum vitae periculum?"

„Nescio. Nondum tempus fuit eos visendi. Quare hic sedetis? Foras exite! Summum octoginta hostes elapsi sunt!"

Terribile erat. Num alia autem meriti erant? Illi homi-

[1] os, (-sis) pelvinum – Beckenknochen

nes hoc die tali castigatione affecti erant, de qua sine dubio etiam posteriore aetate narraretur. Erant tales res atroces, ut nullo modo describi possint, et cum primo mane homines mortuos structos viderem, frigido horrore quassus me averti. Nolenti mihi reminiscendum erat verbum recentioris viri docti hominem bestiam rapacissimam esse.

Tempore postmeridiano tandem medicus ferrivia venit, qui vulneratis prospiciebat. Audivi de Monko actum esse. Cum vulnus suum mortiferum esse audivisset, ne minimum quidem paenitentiae egerat. Oxyoptes praesto fuerat. Ad me irruens commotus me inclamavit:

„Carolule, surge! Nobis proficiscendum est!"

„Quo?"

„Ad Coloniam Helldorfianam."

Hoc verbo territus sum.

Excitatus quaesivi: „Qua de causa?"

„Quod ab Ogellallis opprimetur."

„Mehercle! Unde scis?"

„Ludovicus Monk dixit. Apud eum sedens et cum chiliarcho colloquens vesperum memoravi, quem Coloniae Helldorfianae egeramus. Monk irridens cachinnavit et dixit nos talem vesperum ibi certe non iterum visuros esse. Cum ei instabam, comperi in eo esse, ut colonia opprimeretur."

„Pro Deum immortalem, si id verum esset! Celeriter Vinnetum arcesse et adduc equos nostros! Ipse ad Monkum ire cogito."

Me casam caudicalem intrante, ubi captivi sauciati iacebant, modo Rudge chiliarchus apud Monkum stabat, qui exsanguis in strato cruento iacens contumaciter oculis rigidis me intuebatur.

Eum interrogavi: „Esne Daniels vel Monk?"

In me invectus est: „Quid ad te?"

„Magis quam putas."

Cum mihi fingere possem me aperte ex eo quaerentem

responsum non ablaturum esse, alia mihi facienda erant.

Clamavit: „Non ita, quantum scio. Facesse hinc!"

„Nemini plus iuris est te visendi quam mihi", inquam.

„Globulus, quo tibi est moriendum, meus est."

Tum mirabatur: Rubor ei suffusus est, ut cicatrix tumesceret, et clamavit:

„Canis, dicisne verum?"

„Dico."

Quid deinde vociferatus sit, reddi non potest, ego autem per speciem animo non commotus perrexi:

„Te tantum vulnerare volebam; itaque, cum audiveram tibi moriendum esse, me tui miserebat et me ipse reprehendebam. Nunc autem cognoscens, qui homo nequam tu sis, hac re me consolor. Te vulnerando generi humano gratum feci. Tu et Ogellallae tuae non iam cuiquam damnum inferent!"

Dentes contra me restringens sicut bestia rapax interrogavit:

„Putasne? Fac tandem eas Coloniam Helldorfianam, heus!"

„Au! Tuta sita est."

„Num tuta? Solo adaequata est. Ipse illum locum exploravi, et convenerat, ut prima Echo et postea Colonia Helldorfiana caperetur. Hic nobis non contigit, sed ibi eo melius continget, et coloni sescentis cruciatibus luent, quod vos meis et Ogellallis intulistis!"

„Teneo, id scire volui. Monke, peccator es obstinati animi, sed etiam homo fatuus. Nunc Coloniam Helldorfianam equitabimus, ut servemus, quaecumque servari possunt. Et si coloni ab Ogellallis abstracti erunt, eos reducemus. Id fieri non posset, si tacuisses."

Iratus clamavit: „Carnificem reducetis, neque ullum captivum!"

Tum vicinus, complex[1] eius, qui me assidue torpentibus oculis contemplatus erat, caput sustulit.

---

[1] complex, -icis – der Komplize

„Daniels, crede, quod dixit. Eos reducet. Eum novi. Vetus Catabolochir est!"

Appellatus clamavit: „Vetusne Catabolochir? Inde octo iactus talis generis! Ergo, tum opto – "

Celeriter aversatus discessi. Exsecrationes huius hominis nefarii audire nolebam. Chiliarchus, qui me sequebatur, admiratus dixit:

„Esne revera, domine, Vetus Catabolochir?"

„Sane quidem, sum. Sed nunc nullius momenti est. – Chiliarche, mihi viros dare debes. Mihi Coloniam Helldorfianam abeundum est."

„Hem, spectate domine, id fieri non potest. Ipse ilico tecum irem et omnes meos mecum ducerem, sed ego officialis ferriviarius sum, cui officiis fungendum est."

„Sed, domine, num occidant isti miseri coloni? Hanc culpam praestare non potes!"

„Aures mihi praebe, domine Catabolochir. Mihi loco cedere non licet, nisi viae vere officiales faciendae sunt, neque meos adhortari, ut te comitentur. Sed hoc unum libentissime facere possum et volo: Tibi potestatem faciam colloquendi cum meis. Quicumque ex iis ad tempus opus intermittere cogitat, ut tecum equitet, eum non retinebo. Equum, arma, quaecumque opus sunt, accipiet ea condicione, ut equos et arma postea recipiam."

„Euge, tibi gratias ago, domine. Mihi persuasum est haec omnia esse, quae facere possis. Veniam des, oro, quod nunc verba non facio. Summa festinatio mihi adhibenda est. Cum reverterimus, omnia praetermissa compensabimus."

Duabus horis post cum Vinnetu et Oxyoptâ equo admisso dux aliquot quadraginta virorum armatissimorum via revehebar, qua brevi ante Coloniâ Helldorfianâ veneramus.

Vinnetu taciturnus erat ut semper, sed acies oculorum eius plus valebat quam sescenta verba. Si colonia recens revera oppressa sit, tum vae iis, qui facinus commiserint!

Amplius resistere non iam poteramus, neque noctu, quoniam loca noveramus. Non puto me toto itinere vel centum verba locutum esse.

15. SVB MONTE HANCOCKII.

Postero die postmeridiano equis vaporantibus vecti ad marginem convallis pervenimus, in qua Colonia Helldorfiana sita fuerat. Confestim primo adspectu cognovimus Monkum nos non mendacio fefellisse nosque seros venisse. Casae caudicales tantum erant reliquiae fumantes.

Vinnetu locum editum monstrans clamavit: „Uff! Filius boni Manitus abest. Vinnetu illos lupos Ogellallarum lacerabit!"

Profecto, etiam sacellum deletum et combustum erat et crux de loco edito deiecta. Ad ruinas prorupimus et ex equis desiluimus. Ibi siderodromicos cohibui, ne mihi ullum vestigium delerent. Quamquam penitus quaerebam, nullum omnino animal reperire poteram. Tum homines arcessivi, ut me iuvarent in ruderibus fumantibus perscrutandis. Magno solacio erat, quod reliquias humanas non invenimus. Vinnetu, qui, simulatque ex equo descendit, ilico montem sacelli conscenderat, tum campanulam manibus habens revertit.

„Regulus Apachium vocem supernam invenit", inquit. „Eam hic defodiet, dum victor reverterit."

Interea cum Oxyopta praepropere ripas lacus exploravi, num coloni in aquam mersi essent, sed mihi persuaseram id factum non esse. Ex diligenter vestigando apparuit in coloniam media nocte impetum factum esse. Pugna omnino non facta esse videbatur. Deinde victores cum praeda et captivis ad confinium Idahi et Vyomingae discesserant.

Clamavi: „Audite, viri, nobis nulla mora est. Nobis otio nunc non fruendum, sed equitantibus vestigium sequendum est, donec id oculis cernere possumus. Tum demum, cum iam advesperaverit, prosternemur. Pergite!"

Cum his equum nigrum rursus conscendi. Alii secuti sunt. Apaches primus equitabat neque oculos deiciebat de hostium vestigiis. Animus eius ita exasperatus erat, ut opus erat eum necari, ut ab hoc vestigio abduceretur. Similia nobis omnibus acciderunt. Nos autem quadraginta homines eramus ad octoginta, sed si sic affectus es, numerus adversariorum non valet. Inter tres horas veras, quibus lux erat, tantum spatium confecimus, ut miris laboribus equorum nostrorum admodum contenti essemus. Tum iis quietem bene meritam concessimus.

Postero die apparuit Ogellallas tres partes diei itineris ante nos esse, et postea eos tota nocte equitare perrexisse animadvertimus. Causa festinandi conici poterat. Vinnetu, cum incursionem facerent, nomen suum in noctem caliginosam foras vocaverat, ut praesagirent insectationem sui factum iri. Quod sciebant Apachem pone se esse, satis erat causae contendendi.

Cum equi nostri adhuc iam tantum praestitissent, quantum paene vires eorum excedebat, eos non magis defatigare debebamus. Multum enim intererat vires eorum servari. Itaque illo die non propius ad hostes accessimus.

Oxyoptes murmuravit: „Tempus transit et nos sero veniemus."

Respondi: „Non sero veniemus. Cum captivi ad palum cruciatus[1] designati sint, fato tum demum fungentur, si Ogellallae ad pagos suos pervenerint."

„Ubi pagi nunc sunt?"

Vinnetu: „Pagi Ogellallarum nunc ultra ad flumen Flavam Petram siti sunt", inquit, „atque hos latrones etiam multo prius consequemur."

---

[1] palus cruciatûs – Marterpfahl

Postero die in magnam difficultatem incurrimus: Vestigium in duas partes discessit. Altera pars ad septentriones ferebat et altera ad occidentem convertebatur. Pars septentrionalis maioris momenti erat.

„Nos morari volunt!" ait Oxyoptes.

Vinnetu imperavit: „Viri albi exspectent! Vestigium ab ullo pede contingi non licet."

Deinde nutu signum mihi dedit, quod statim animo comprehendi. Volebat me vestigium in directum ferens observare, ipse illud sinistrorsus se flectens. Nostrum igitur uterque in regionem suam vectus est. Aliis remanendum erat.

Ego spatium quadrantis fere horae equitavi. Numerus equorum, qui ibi tolutim ierant, haud facile inveniri poterat, cum singulae bestiae alia post aliam se movissent. Sed ex altitudine et aequa forma ungularum impressarum concludere poteram eos non multo plus viginti fuisse. Dum eas exploro, in arena aliquot maculas parvas, obscuras, rotundas animadverti, iuxta ab utraque parte miram structionem granorum siccorum arenae, atque ante has notas locus instrumento lato in arena ultro et citro contritus esse videbatur. Ilico equo citato reversus Vinnetum iam exspectantem inveni.

Eum interrogavi: „Quid frater vidit?"

„Nihil nisi vestigia equitum."

„Perge!"

Cum his equo rursus converso avolavi.

Apaches clamavit: „Uff!"

Ex fide mea, quam admirabatur, cognovit me indicium non dubium invenisse captivos in hanc regionem abreptos esse. Cum ad locum venissem, quem paulo ante conspexeram, substiti, ut ex Moody quaererem:

„Stephane, strenuus es vir occiduus atque in hac re, cum alter alterum cognovimus, te iactasti. Oculis hoc vestigium contemplatus mihi dic, quid hoc significet!"

Interrogavit: „Vestigium? Ubi?"

„Hic! Vinnetu de his indiciis, quae oculis paene cerni non possunt, idem iudicare videtur atque ego. Frater ruber ea intueatur!"

Apaches descendit, caput demisit, oculos diu investigans in locum coniecit.

„Carlillus frater viam rectam elegit", inquit Vinnetu. „Hic captivi equitaverunt. Hae guttae sanguineae sunt. A dextra et sinistra ab iis manus, a fronte corpus pueri iacuerunt – "

Eum interpellavi: „– qui ex equo delabens ore ad terram afflictus est, ut cruor e naribus eius flueret!"

Stephanus clamavit: „Id quidem est – "

„Oh, id non difficile est visu! Sed, ut opinor, in aliquid aliud incurremus, quod nobis multo plus molestiae facesset. Pergite!"

Recte monueram. Vix decem minutis post, cum ad locum saxosum pervenissemus, omnia vestigia finem habebant. Aliis subsistendum erat, ne investigationem difficiliorem facerent, et haud ita multo post Apaches voce laeta edita filum spissum flavo pigmento infectum mihi apportavit.

Interrogavi: „Quid tibi videtur Stephane?"

„Hoc filum originem ducit a strato."

„Rem tenes! Intuêre ultimas partes acutas. Stratis consectis ungulae partibus circumplicatae sunt, ne vestigia facerent. Nobis maximopere contendendum est."

Quaerere pergebamus, et profecto! Ab aliquot triginta passibus in herba, quae ibi in solo harenoso proveniebat, vestigium male deletum moccassini[1] Indiani animadverti. Ex pedis situ cognosci poterat, qua via ire perrexissent.

In hac regione mox alia indicia repperimus, atque tandem cognovimus eos, quos insectabamur, multo lentius processisse. Multo post vestigia rursus clariora sunt reddita. Ungulae equorum involucris solutae erant, et postremo penitus novimus Indianos iuxta equos pedibus isse.

---

[1] mocassinus – Mokassin (ita Mir)

Haec res mira me sollicitudine affecit, dum Vinnetu subito equum sustinuit et longe prospiciens gestum fecit, quasi aliquid recordatus esset.

Clamavit: „Uff! Specus montis, quem albi Montem Hancockii appellant!"

Interrogavi: „Quid momenti ei est?"

„Vinnetu nunc omnia scit. In hoc specu Siuxenses captivos Magno Spiritui mactant. Ogellallae in duas partes discesserunt. Pars minor sinistrorsum equitat ad catervas dispersas gentis accersendas et pars maior captivos ad specum portat. Complures in singulo equo deligati sunt, et Ogellallae a latere eunt."

„Quam longe ille mons hinc abest?"

„Fratres vesperi ad eum pervenient."

„Hoc nullo pacto fieri potest! Mons Hancockii enim ad superiorem partem Fluminis Serpentium situs est!"

„Frater albus respiciat duos Montes Hancockii esse!"

„Novitne Vinnetu convenientem?"

„Novit."

„Atque etiam specum?"

„Novit. Vinnetu cum patre Ko-itsae[1] in illo specu foedus fecit, quod Ogellalla postea fregit. Fratres mecum hoc vestigium relinquent et salutem suam regulo Apachium committent!"

Vinnetu, quasi rem prorsus perspectam haberet, equo calcaria subdidit et eo admisso provectus est, atque nos eum secuti sumus. Diu per valles et fauces volabamus, dum subito montes discesserunt: campus herbidus ante nos patebat, qui modo in longinquo caelo extremo locis editis cinctus esse videbatur.

Vinnetu in celeriter equitando non subsistens dixit: „Haec linguâ Tehuarum[2] est I-akom akono, ‚Prataria Sanguinis'."

Haec igitur formidolosa erat Prataria Sanguinis, de qua

---

[1] Ko-itse, -ae – Ko-itse   [2] Tehua, -ae m. – der Tehua

tantum cognoveram. Huc gentes iunctae Dacotensium[1] captivos deduxerant, emiserant, insectatatae erant, dum morerentur. Hic milia victimarum innocentium ad palos alligata, igne, cultro mortua erant vel viventia infossa erant. Nemo Indianus alienus huc se committebat, nedum albus, atque nos per hanc planitiem religione contactam vecti sumus tam securi, quasi essemus in agro quietissimo. Dux noster hoc loco solus Vinnetu esse poterat.

Iam equi volando defatigabantur, cum ante nos locus editus solus leniter assurrexit, qui ex compluribus montibus coniunctis constare videbatur. Ad quorum radices, quae silvâ et virgultis consitae erant, quietem equis dedimus.

Vinnetu silentium interrupit: „Hic est Mons Hancokkii."

Percontatus sum: „Atque ubi specus?"

„Ab altera montis parte situs est. Post horam frater eum videbit. Me sequatur, sed sclopeta relinquat!"

„Ego solus?"

„Solus. Hic in loco mortis sumus. Nemo nisi vir firmus probabitur. Fratres nostri sub arboribus se occultantes exspectent!"

Mons, sub quo eramus, ex conformatione vulcania dodrantem fere horae lata constabat. Ursicidali et carabino positis Vinnetum sequebar, qui ab occidentali parte in montem ascendere coepit. Lineis arte flexis ad summum montem tendebat. Erat iter incommodum, et dux meus id tam caute conficiebat, quasi post omnem fruticem ei hostis exspectandus esset. Ita revera post horam demum ad summum montem pervenimus.

Vinnetu, dum humi procumbit et per duo virgulta lente repit, susurravit: „Frater plane sileat!"

Nulla voce eum secutus sum – paene perterritus recessi; nam vix caput per ramos moveram, cum ante me

---

[1] Dacotensis, -is – der Dakota (ita Perugini)

ipsum instar traiectorii arduam voraginem crateris conspexi, cuius marginem manu prehendere poteram. Haec vorago singulis fruticibus consita, opinor, ad quadraginta quinque metra alta erat. Fundus eius erat area, cui erat dimetiens duodecim fere metrorum, atque in ea incolae Coloniae Helldorfianae a nobis quaesiti manibus et pedibus vincti iacebant. Apparebat eos omnes huc raptos esse. Apud eos erat custodia complurium Ogellallarum.

Oculis unumquemque pedem huius crateris exstincti excussi, num hinc descendere possemus. Sane quidem, fieri poterat, si quis audax erat et funem firmum habebat et reperiebat, quo custodes removeret. Complura erant rupium prominentia, quae consistendo aut pedum fulturae usui esse poterant.

Tum Vinnetu rursus se recepit, atque ego eum sequebar.

Interrogavi: „Hicine specus est montis?"
„Est."
„Ubi est aditus?"
„A parte adversus orientem sita. Sed nemo homo eum per vim petere potest."
„Ergo hinc descendemus. Nobis laquei missiles sunt, et operarii ferriviarii funibus instructissimi sunt."

Annuit et rursus ad tempus ad alios revertimus. Cogitatione comprehendere non poteram, cur Indiani latus montis occidentale custodiis non munirent. Tum obscure appropinquare nequissemus.

Cum rursus ad imum montem pervenimus, sol modo post caelum extremum demersurus erat, et nos rem gerendam praeparare coepimus. Omnes restes, quae inveniri poterant, collectae et nexae sunt, ut longus funis efficeretur. Vinnetu viginti ex maxime agilibus viris elegit, cum alii apud equos relinquerentur, ex quibus autem duo nostrum dodrante horae post discessum in equos insilirent. ut in orbem circum montem in occidentem vecti longe remoti nonnullos ignes facerent, sed ita, ut prataria non exardesceret. Deinde citissime reverterentur. His ignibus Vinnetu animos custodum Indianorum a nobis avertere et ad pratariam convertere volebat.

Sole elapso occidens lucidis coloribus candebat, qui paulatim in purpuram maxime fuscam transierunt, tum rursus mutati et inumbrante vespere exstincti sunt. Vinnetu, qui ex cubili communi excesserat, mihi his ultimis horis plane alius fuisse videbatur quam alio tempore erat. Constans certusque aspectus oculorum eius mire et inquiete tremulus erat redditus, et in fronte eius semper lêvi rugae contractae erant, quae curas insolitas significabant vel cogitata tam gravia, ut animum eius turbare possent. Cum eum aliquid vexaret, putabam non modo meum ius, sed etiam officium meum esse, ut causam eum interrogarem. Itaque abii, ut eum quaererem.

Vinnetu ad arborem annixus ad marginem silvae stabat oculos ad occidentem versus in nubium agmina defigens, quorum margines auratos pallor extremus decoloraturus erat.

Quamquam suspenso gradu ibam et ille cogitatione defixus erat, non solum gradus meos audiebat, sed etiam sciebat, quis sibi appropinquaret. Non se convertens dixit:

„Carlillus frater venit, ut amicum aspiciat. Et recte facit; nam mox frustra eum prospectabit."

Manum in umero eius posui.

„Suntne offusae tenebrae animo Vinnetus fratris? Ei ex animo exturbandae sunt."

Tum manibus sublatis occidentem significavit.

„Ibi commodum etiam ignis et aestus vitae flagrabant. Nunc transactum est et caligo levatur. Te illuc confer! Num tenebras fugare potes, quae delabuntur?"

„Non possum. Sed lux mane revertetur, atque dies novus illucescet."

„Monti Hancockii cras dies novus illucescet, sed non Vinnetui. Sol terrestris eius occidet, sicut ille occiderit, neque umquam iam orietur. Postera aurora ei non iam arridebit."

„Hi sunt sensus moriendi, quibus Vinnetu frater se dare non debeat! Profecto, hic vesper nobis periculosissimus erit. Sed quotiens in mortis periculo fuimus, attamen cum nos petebat, ab hilaris et firmis oculis nostris se recipiebat. Pelle maestitiam, qua affectus est! Tantum orta est ex labore corporis et animi contentione proximorum dierum."

„Non ita est. Vinnetu nullis contentionibus vinci neque ulla fatigatione animus hilarus ei adimi potest. Carlillus frater eum novit et scit Apachem aquam cognitionis, notitiae sitivisse. Te praebente avide eam hausit. Vinnetu, quamquam multum didicit, tantum, quantum nemo ex fratribus eius, tamen vir ruber mansit. Albus similis est pecudis docilis, cuius odor minutus est, Indianus autem ferae, quae non solum sagacitatem servavit, sed etiam animo audit et videt. Ferae non ignorant, quando mors appropinquet. Non solum praesagiunt, sed certo sentiunt se morituros esse, et in silva densissima delitescunt, ut tranquille et secreto moriantur. Hoc praesagium, hunc animum numquam fallentem Vinnetu sentit."

Artius eum complexus sum.

„Attamen te fallit. Tibine hic animus iam aliquando fuit?"

„Non fuit."

„Ergone hodie primum?"

„Sane."

„Unde igitur eum nosse potes? Unde scire potes eum sensum moriendi esse?"

„Tam apertus est, ut fieri non potest, ut me fallat. Mihi dicit Vinnetum glande in pectus ictum moriturum esse. Nam tantummodo globulo misso concidere potest. Cultrum vel securim bellicam regulus Apachium facile a se arceret. Frater mihi credat fratrem suum hodie in aeternos saltus venatorios – "

Media in voce restitit. ‚In aeternos saltus venatorios' secundum religionem Indianorum dicere voluerat. Quid eum prohibuit hoc verbum plane finire? Sciebam: Vinnetu usu meo in animo Christianus erat redditus, quamquam vitaverat, ne hoc confiteretur. Me complexus verbum initio propositum mutavit:

„Hodie illuc ibo, quo filius boni Manitus nos antecessit ad habitationes domi patris sitas nobis parandas, quôque Carlillus frater aliquando me sequetur. Ibi nos videbimus, neque discrimen erit inter liberos albos et rubros patris, qui utrosque aequo et effusissimo amore amplectitur. Tum pax perpetua erit. Non erit caedes neque strangulatus hominum, qui boni erant et albos cum pace et fiducia exceperunt, sed propterea excisi sunt. Tum Manitu libram manu tenebit, ut facinora alborum et rubrorum et sanguinem, qui innocenter profluxit, pendat. Regulus autem Apachium astabit, ut pro fratrum rubrorum homicidis veniam et misericordiam precetur."

Vinnetu me complexus tacuit. Ego profunde commotus eram; nam vox interior mihi insusurravit: ‚Praesagium eum numquam fefellit. Fortasse etiam nunc quidem verum dicit!'

Tamen: „Vinnetu frater", inquam, „validiorem se ducit, quam est. Ingentissimus est bellator gentis suae, attamen tantum homo. Numquam eum languescentem vidi, hodie autem defatigatus est; nam diebus et noctibus praeteritis nimium a nobis postulatum est. Qua re animus deprimitur et fiducia sui infirmatur. Tristes cogitationes nascuntur, quae cito rursus evanescent, si fatigatio discesserit. Apaches quiescat. Apud viros, qui hic sub monte remanebunt, corpus prosternat."

Lente renuit.

„Hoc Carlillus frater non serio dicit."

„Immo vero! Specum montis enim vidi et oculis dimensus sum. Satis est me solum oppugnatores ducere."

Tum, cum oculi eius candidiores fiunt, interrogavit:

„Nonne Vinnetu interesse debeat?"

„Satis effecisti, quiescas."

„Nonne tu quoque satis effecisti, quin etiam multo plus quam Vinnetu atque alii omnes? Apaches non remanebit!"

„Neque si id te rogavero, si id propter amicitiam nostram a te petivero?"

„Neque tum! Num quis dicat Vinnetum, regulum Apachium, mortem timuisse?"

„Nemo homo id dicere audebit!"

„Et si omnes tacerent neque id mihi ignaviae verterent, tamen unus esset, cuius opprobrium mihi ruborem afferret."

„Quis ille esset?"

„Vinnetu ipse! Ipse aures illius Vinnetus, qui quiescebat, cum Carlillus frater mortem non timens pugnabat, identidem personarem eum se ignavis adiunxisse neque diutius dignum esse, qui se bellatorem, regulum fortis gentis suae, appellaret. Noli, noli dicere mihi remanendum esse. Carlillumne fratrem, etsi id non magna voce faceret, me tacite in numerum timidorum canum latrantium [1] adscribere? Vinnetumne semetipsum despicere? Nolo! Decies, centies, millies mortem praefero!"

Haec novissima sane quidem erat causa, cur tacerem. Vinnetu, ut opinor, revera sibi obiciendo se ignave egisse et animo et corpore interisset. Brevi spatio interiecto perrexit:

„Quotiens mortis periculum suscipiebamus, frater animo semper ad eam paratus erat, et Vinnetui in codicillo scripsit, quid fieret, si pugna cecidisset. Apachi tum liber sumendus et ea, quae relata sunt, legenda et exsequenda sunt. Talia facies pallidae testamentum appellant. Vinnetu etiam testamentum fecit, sed adhuc nihil de eo dixit. Hodie mortem appropinquantem sentiens de eo loqui debet. Visne id exsequi?"

[1] canis latrans – Kojote

„Volo. Scio et cupio praesagium tuum non eventurum esse, te multas multasque aestates in terra victurum esse, sed si quando mortuus eris atque ego ultimam voluntatem tuam novero, nihil antiquius habebo, quam ut ei obsequar."

„Etiamne, si difficillimum esset et coniunctum magnis cum pugnis, periculis, incommodis?"

„Num Vinnetu hoc serio quaerit? Mitte me ad mortem, ibo!"

„Vinnetu scit, Carlille. Pro eo saltu in rictum mortis te iniceres. Facies, quod te rogo. Tu solus id exsequi potes. Reminiscerisne nos olim, cum frater te nondum tam bene cognitum habebat quam nunc, de divitiis alterum cum altero disseruisse?"

„Reminiscor, penitus."

„Apaches tum ex vocis flexione verborum tuorum cognovit te fortasse aliud dicere, aliud sentire. Pecuniam magni aestimabas. Itane res se habebat?"

Confessus sum: „Non prorsus quidem opinione lapsus es."

„Nuncine autem? Fratri verum dices!"

„Omnes albi potestatem possessionis norunt, sed non studeo thesauris inanimis et voluptatibus exterioribus. Vera beatitudo solum in thesauris consistit, qui in pectus colliguntur."

„Vinnetu sciebat te hodie ita locuturum esse. Te non fefellit Apachem nosse multa loca, ubi aurum in aeris venis et ut palacurnae et balux inveniri possit. Si tibi unum locum diceret, ditissimus esses vir, sed non iam beatus. Manitu bonus et sapiens te non fecit, ut molliter divitiis diffluentes, validum corpus tuum tuusque animus ad maiora destinati sunt. Tu vir es et vir maneas. Itaque semper mihi certum erat nullam fodinam tibi prodere. Suscensebisne mihi de hac re?"

Hoc tempore reapse ad veritatem respondi: „Minime." Stabam ante amicum, quo meliorem numquam habueram. Sentiens sibi mortem appropinquare mihi ultimam voluntatem credidit. Qui in hac re in animum inducere poteram sordide auro inhiare!

Dicere perrexit: „Attamen aurum videbis, quin etiam multum auri. Sed non tibi destinatum est. Si mortuus ero, patris mei tumulum expete. Eum enim nosti. Si sub eo, exacte a parte occidentali, foderis, testamentum Vinnetus invenies, qui tum non iam tecum erit. Ibi id, quod cupio, perscriptum est, et tu id facies."

Cum lacrimis ei affirmavi: „Verbum meum pro iure iurando est. Nullum quantumvis periculum me impediet, quominus exsequar, quod conscripsisti."

„Gratias tibi ago. Et nunc parati sumus. Tempus aggrediendi adest. Vinnetu pugnae superstes non erit. Alter alterum valere iubeamus, carissime Carlille! Bonus Manitu te remuneretur, quod tanti momenti apud fratrem tuum fuisti! Animus Vinnetus plus sensu percipit, quam ipse verbis dicere potest. Ne fleamus, ut sumus viri! Me huma in Ventriosorum Montibus, ad ripam Metsurii rivi, in equo meo sedentem et omnibus armis ornatum, etiam cum bombarda argentea, ne in ullas manus alias perveniat. Et si postea reverteris ad homines, quorum nemo te tam carum habebit, quam ego te amo, ita interdum memento Vinnetus amici et fratris, qui prospera tibi precatur, quod tu ei prosperitati fuisti!"

Ille, Indianus, manus in caput meum imposuit. Audiens eum vix singultum supprimentem ambabus manibus eum arripui, cum lacrimans ederem:

„Vinnetu, mi Vinnetu, ea quidem tantum suspicio est, umbra, quae praeteribit. Tibi apud me manendum est. Abire non debes!"

Postquam leniter, sed prompte respondit: „Vinnetu abibit!", cum temperantia se a me disiunxit et ad cubile revertit.

Eum sequens frustra me torquebam, quo ei persuaderem, ne proelio instanti interesset. Causam non repperi, quod causa non erat. Quid dedissem, et quid etiam hodie darem, si viam salutis ei invenissem!

Valde commotus eram, atque etiam Vinnetu, quamquam animum suum continere poterat, commotionem nondum superaverat; nam audiebam vocem eius lente trementem, cum homines excitaret:

„Cum nunc plenae tenebrae sint, proficiscamur. Fratres Veterem Catabolochira et Apachem sequantur!"

Alius post alium sursum in montem enitebamur illa via, quam Vinnetu ante mecum ingressus erat. Tum in tenebris multo difficilius erat quam interdiu leniter ascendere. Longiore tempore quam horâ nobis opus erat, dum ad marginem cratêris perveneramus. Ad lumen magni ignis, qui infra ardebat, captivos et custodes cubantes videbamus. Neque verbum neque sonus sursum ad nos pervadebant.

Primo funem satis longum, ut pertineret usque ad profundum, ad saxum destinavimus. Tum exspectabamus, ut ignes in prataria conspicerentur. Haud ita multo post in oriente tres, quattuor, quinque flammae alia post aliam apparuerunt, quae simillimae erant ignium castrorum. Deinde attento animo auscultantes in cratera despiciebamus. Decepti non eramus; nam iam brevi post rubrum ex rupis foramine venientem videbamus, qui aliis quaedam verba diceret. Custodes ilico surrexerunt et per foramen ex oculis elapsi sunt, ut ignes intuerentur.

Tum nobis maturato opus erat. Caput funis cepi, ut primus essem, sed Vinnetu id mihi ex manibus ademit.

„Apachium regulus dux erit", inquit. „Frater pone eum ibit."

Convenerat, ut nostri certis spatiis interiectis sequerentur, atque ita, ut, postquam funis ad solum pervenit, tantum quaterni simul ab eo pendêrent. Vinnetu ingressus est. Funis in profundum delabebatur. Simulatque usque ad primum locum prominentem pervenit, eum secutus sum. Post me Oxyoptes erat. Multo celerius delati sumus, quam exspectaveramus. Forte fortuna funis satis solidus erat.

Interdum, quod valde dolendum erat, lapides et rudus abrupimus, ut in profundum delata sint. Unus horum lapidum infantem icisse videbatur; nam plorare coepit. Ilico in rupis foramine igni collustrato videbatur caput Indiani, qui audiens et videns saxa, quae devolvebantur, oculis sublatis magnum vocem admonitionis edidit.

Clamavi: „Perge, Vinnetu! Aliter res sunt perditae"!

Viri supra stantes, cum animadverterent, quid infra gereretur, funem celerius demiserunt, ut dimidia minutae parte post ad solum pervenissemus. Eodem tempore autem ex foramine nonnulli coniectus nobis offulserunt. Vinnetu humi concidit.

Attonitus stabam. Conclamavi: „Percussitne globulus Vinnetum, amicum meum?"

Concidens insusurravit: „Vinnetu morietur!"

Tum ira incensus sum, cui obstare nequibam. Modo Oxyoptes post me advenit.

Eum inclamavi: „Vinnetu moritur! Insta!"

Nullum omnino spatium mihi reliqui ad carabinum de tergo eripiendum aut cultrum vel pistolium versatile capiendum. Cum pugnis sublatis in quinque hostes irrui, qui iam ex foramine eruperant. Primus ex iis, quem statim cognovi, erat regulus.

Ei acclamavi: „Ko-itse, pereas!"

Pugnum tempori eius impegi, ut corrueret. Ruber, qui iuxta eum stabat, iam securim bellicam contra me levaverat, cum lumen flammae lucidum os meum collustravit. Perterritus securim bellicam demisit.

Magna voce clamavit: „Ka-ut-skamasti – Catabolochir!"

„Sane quidem, hic Vetus Catabolochir! – Moriaris!"

Mei non potens eram. Altera plaga virum ita icit, ut etiam corrueret.

Alii Indoandres cunctabundi clamabant: „Ka-ut-skamasti!"

Oxyoptes clamavit: „Revera, Vetus Catabolochir! Male mulcate!"

Tum umerum cultro percussus sum, sed nihil doloris sensi. Duo rubri ictibus Oxyoptae percussi ceciderunt, tertium ego prostravi. Interea plures pluresque nostrum descendebant, ut iis reliquos Indoandras committere possem. Ego conversus iuxta Vinnetum procubui.

Interrogavi: „Ubi frater ictus est?"

Sinistram in dextra parte pectoris ponens, quod sanguine eius rubescebat, submissa voce respondit: „Ntsage tche – in hoc pectore."

Cogitatione celerius cultro prompto stragulum Saltillense [1], quod elatum erat, simpliciter resecui. Profecto, globulus in pulmones eius penetraverat. Tanto dolore affectus sum, quantum, dum vivo, nondum acceperam.

Eum consolatus sum: „Etiam nunc spes subest, mi frater."

Rogavit: „Amicus caput meum in gremio suo ponat, ut pugnam spectem!"

Ita feci, ut videret omnes Indoandras, cum primum per foramen in conspectum venerant, ex ordine accipi. Nostri paulatim omnes descendebant. Cum captivi vinculis levati magnas voces gaudii et gratiae edebant, id nihil ad me pertinebat, cum solum amicum morientem viderem, cuius ex vulnere sanguis profluere desierat. Animus praesagiebat eum intus animam cum sanguine effusurum esse.

Eum interrogavi: „Fraterne adhuc aliquid optat?"

Oculis opertis non respondit. Caput eius in manibus meis cubabat, neque minime me movere audebam.

Hillmann senex et alii coloni, qui vinculis exsoluti erant, arma dispersa ceperunt et in foramen invaserunt. Id quoque neglexi; nam oculi modo a lineamentis aëneis et palpebris opertis Apachis pendebant. Postea Oxyoptes, qui etiam sanguinem fundebat, ad me accessit, ut me certiorem faceret:

---

[1] stragulum Saltillense – Saltillo-Decke

„Omnes exstincti sunt!"

Ego autem: „Hic etiam exstinguetur! Illi omnes ad hunc unum nihil sunt!"

Etiam tum Apaches immotus iacebat. Siderodromici fortes, qui tam strenue locum tenuerant, et coloni cum suis muti et valde commoti coronâ nos cingebant. Tum tandem Vinnetu oculos sustulit.

Tum iterum interrogavi: „Fraterne bonus adhuc aliquid optat?"

Vinnetu annuens leniter rogavit: „Carlillus frater viros in Montes Ventriosorum ducat! Ad Metsurium fluvium tales lapides iacent, quales quaerunt. Bene meriti sunt."

„Quid porro, Vinnetu?"

„Frater Apachis meminerit! Pro eo magnum et bonum Manitum precetur! – Queuntne hi viri membris attritis coniti?"

„Queunt", inquam, quamquam videbam, quantopere manus et pedes colonorum vinculis acutis laboravissent.

„Vinnetu eos rogat, ut sibi canticum de Regina Caeli canant!"

Cum viris detulissem, quid Apaches ab iis rogavisset, statim Hillmann senex nutu suos advocavit. Rupis crepidinem a capite Vinnetus prominentem enixi sunt, ut ultimum optatum morientis explerent. Oculi, qui eos sequebantur, operti sunt, cum viri supra starent. Manus meas complexus viros canticum, cui titulus ‚Ave Maria', incipientes audivit:

„Diei lux est discessura;
nunc imminet quieta nox.
O, sicut dies etiam dura
transeat aegritudo mox!
Supplicia ad Te nunc fundo,
ea ad Dei sedem fer,
Regina nostra, corde mundo
velim Te salutarier:
Ave Maria!"

Cum deinde stropha secunda initium ceperat, paulatim oculi eius aperti sunt, quos leniter subridens ad stellas erexit.

Tum Vinnetu manibus meis ad pectus suum confecte spirans motis susurravit:

„Carlille, nonne nunc verba, quae sunt de moriendo, sequentur?"

Loqui non poteram. Lacrimans annui, tertia stropha coepta est:

> *„Diei lux est discessura;*
> *nunc imminet letalis nox.*
> *Alas est anima passura;*
> *mors subeunda est atrox.*
> *O domina, tibi commendo,*
> *quod oro te suppliciter,*
> *Ut vitam pie finiendo*
> *in caelum felix susciter!*
> *Ave Maria!"*

Cum ultima vox conticuerat, Vinnetu aliquid dicere volebat – sed non iam poterat. Aurem proxime os eius movi, et cum extrema contentione virium deficientium susurravit:

„Carlille, Salvatorem credo. Vinnetu Christianus est. Vale!"

Convulsio et tremor corpus eius pervaderunt, sanguis multus ore eius effusus est. Apachium regulus iterum manus meas complexus membra porrexit. Tum digiti eius paulatim a meis soluti sunt – mortuus erat.

Quid amplius referam? Verus luctus non requirit verba. Utinam mox veniat tempus, quo res tam cruentae tantum notae sint ut historiae fabulares!

Saepe contra mortem pallidam steteramus; Occidens Ferus necessitatem iniungit, ut semper paratus sis repentina morte perire. Attamen, cum optimus, fidissimus amicus, quem umquam habui, exanimis ante me iacebat, in eo erat, ut dolore dirumperer. Eram in statu inenarrabili. Qui homo praeclarus fuerat! Et nunc tam subito exstinctus, exstinctus! Pariter brevi tempore totum seminium rubrum, cuius erat filius nobilissimus, exstinctum erit.

Totam pervigilabam noctem, nullum verbum faciens, cum oculis fervidis, siccis. Vinnetu in gremio meo iacebat, ita ut mortuus erat. Num quis interroget, quid cogitaverim, senserim? Si fieri potuisset, quam libenter, libentissime tempus futurum vitae meae cum eo partitus essem et consumpsissem, ut solum dimidiam partem mihi servarem! Sicut ille tum in gremio meo cubabat, ita olim Klekhi-petra et postea etiam soror eius Nso-tsi in gremio eius mortui erant.

Moriendi sensus eum frustratus non erat, et rem clare praemeditatus locum constituerat, ubi se sepeliri volebat. Gemmarii Germani, cum putarent se ibi lapillos duros [1] inventuros esse, libenter parati erant eo nobiscum equitare, qua re carus mortuus multo facilius transferri poterat.

Postridie primo mane Hancockii montem reliquimus, cum omni momento adventus alterius manus rubrorum exspectandus esset. Corpus Apachis stragulis involutum ad Iltsi, equum nigrum eius destinatum est. Inde usque in Ventriosorum Montes modo iter bidui progrediendum erat. Illuc iter convertimus, atque id tam caute, ut nemo Indianus vestigium nostrum reperire posset.

Vespere diei secundi ad vallem Metsurii amniculi pervenimus. Ibi precationes Christianas facientes et omnia iusta solventes, qui tantum regulum decent, Vinnetum sepelivimus. Cum omnibus armis erectus in Iltsi suo, qui hoc consilio interfectus est, in interiore tumulo, quem circum eum cameravimus, sedet. In hoc tumulo non capitum cutes degluptae hostium occisorum vento movebantur, quae in sepulchro reguli conspici solent, sed tres cru-

---

[1] lapillus durus – Halbedelstein (Italice: pietra dura)

ces in eo erectae sunt. In arena vallis non modo lapilli promissi inventi sunt, sed etiam coacervatio balucis, qua siderodromici detrimentum temporis laboris et mercedis sibi compensaverunt. Eorum quidam animum induxerunt cum colonis illo loco coloniam condere, cui iterum nomen Helldorfii esse volebant. Alii in Charadram Echûs reversi acceperunt Monkum regulifragum ex vulnere mortuum esse. Socii eius poenâ affecti sunt.

Campanula a Vinnetu defossa in novam coloniam allata est, ubi coloni rursus sacellum exstruxerunt. Cuius vox clara cum sonat et pii coloni canticum ‚Ave Maria' mittunt, semper etiam memores sunt Apachis neque dubitant, quin admissae sunt precationes, quas moriens per labra eorum fecit:

„O domina, tibi commendo,
quod oro te suppliciter,
ut vitam pie finiendo
in caelum felix susciter!
Ave Maria!"

16. RVRSVS AD NVGGET TSIL.[1]

Vinnetu mortuus! Haec verba satis sunt ad animum describendum, quo tum temporis affectus eram. A sepulchro eius discedere non posse videbar. Primis diebus tacitus iuxta sedens industriam spectabam hominum, qui opus in nova colonia consumebant. Dico, «spectabam», revera autem nihil videbam. Voces eorum audiebam, attamen nihil audiebam. Mente alienatus eram. Eram in eâdem causâ ac vir, cuius capiti plaga illata est quique tantum semitorpidus omnia quasi eminus audit et omnia quasi per quadram vitream hebetatam videt. Forte

[1] Nugget-Tsil – Mons Palagarum

fortuna rubri vestigium nostrum non invenerant neque mansionem, quae nobis tum erat, compererunt. Ego tum non eram is, qui cum iis certamen ingrederer. An fortasse nihilominus fieri potuisset, ut tale periculum me, qui in cogitatione eram defixus, excitavisset? Fortasse!

Probi homines operam dabant, ut studium meum in industriam suam converterent, sed tantum leniter iis successit. Post dimidium septimanae demum me excitavi ad eos in laborando adiuvandos. Effectus salutaris sane quidem deinde non morabatur. Unumquodque verbum etiam tum quidem mihi aliud post aliud eliciendum erat, sed tamen vetus virtus rursus apparuit, ut mox rursus essem ille vir, cuius ad consilium et opinionem alii se accommodarent.

Duabus septimanis confectis mecum cogitavi mihi diutius manendum non esse. Testamentum amici me abstraxit, ad Palagarum Montem, ubi Intsu-tsunam et filiam eius pulchram Nso-tsi sepeliveramus. Praeterea meum erat, ad Rivum Pecum[1] equitare, ut Apaches de morte clarissimi et optimi reguli eorum certiores facerem. Quamvis scirem, quam celeriter fama talis eventûs per pratariam percrebrescere solet – iam ante me eo pervenire poterat – tamen ipse illuc mihi equitandum erat, quod testis eventûs tristis auctor eram certissimus. Colonis auxilio meo opus non erat, et si iis auxilio probati viri occidui opus erat, se ad Oxyopten convertere poterant, qui constituerat aliquamdiu apud eos manere. Postquam breviter et sincere nos mutuo valere iussimus, vectus equo nigro meo, qui bene se refecerat, iter longum ingressus sum.

Hoc loco mihi etiam dicendum est synthesin[2] venatoriam meam tempore procedente tam obsoletam redditam esse, ut eam aliâ substituere deberem. Cum in occidente autem fero tabernae vestiariae non sint, laetus eram, quod unus ex colonis mihi vestimentum obtulit, quod

[1] Rivus Pecus – Rio Pecos   [2] synthesis, -eos (-is) f. – Anzug

ipse fabricatus erat, vestitum, qualem homines rustici [1] gerere soleant, ex linteo caeruleo, ab ipso confectum, netum, textum atque etiam ab ipso caesum et consutum. Tali synthesi autem omnino non est forma. Bracae similes sunt duarum fistularum coniunctarum. Colobium est sacculus sine, et iacca magnus et longus saccus cum manicis. Cum mea revera ad staturam prorsus aliam destinata esset, facile intellegitur me hoc habitu admirabiles partes agere non posse. Omnium aliorum specie similior esse videbar quam viri occidui, et cum inopia verborum et insociabilitas in praesenti accederent, nusquam mihi ille cultus tribuebatur, quem Vetus Catabolochir alias haberet.

Alius, qui meo loco fuisset, operam navavisset, opinor, ut in itinere plurima loca tangeret, ubi homines essent. At ego, quantum poteram, talia loca defugi, cum maestitiae plenus mecum esse vellem.

Id mihi bene processit usque ad Rivum Fibrorum [2] Canadensis fluminis Septentrionalis [3], ubi periculose cum To-kei-chuno, Comanchium regulo, quem illo tempore forte fortuna effugeramus, concurri. Cum in septentrionibus cum Siuxensibus conflixissemus, in locis meridianis Comanches rursus securim bellicam effoderant, et To-kei-chun cum septuaginta bellatoribus ad Makik-Natun [4] profectus erat, ut ibi loco sancto apud tumulos regulorum saltatum bellicum duceret et ‚medicinam' consuleret. Hac occasione oblata complures albi in manus eius inciderant, quibus mors pali cruciatûs destinata erat. Mihi autem contigit, ut eos ei avellerem. At illum eventum, quod non pertinet ad Vinnetum, hoc loco omitto et posterius narrabo. Albos usque ad fines Novomexicanos duxi, ubi in tuto erant, atque inde revera confestim ad

[1] homo rusticus – Hinterwäldler
[2] Rivus Fibrorum – Beaver Creek
[3] Canadensis flumen Septentrionalis – Nordcanadian
[4] Makik Natun – Mons Flavus

Rivum Pecum equitare potuissem. Sed testamentum Vinnetûs mihi maioris momenti erat, quam ut de eo diutius in dubio esse vellem, ut iter in regionem inter orientem et meridiem spectantem dirigerem primum Montem Palagarum expetitum.

Haec via periculosa erat, quod me per fines Comanchium et Kiovarum[1] ducebat, quorum conspectus mihi etiam magis fugiendus erat. Cum varia vestigia invenissem, valde cavi, ut mihi contingeret, ut non conspectus ad Canadensem fluvium pervenirem. Ibi ungularum impressiones minus claras in eandem regionem ferentes, in quam ego vehebar, offendi. Cum in conspectum rubrorum venire nollem neque commercium habere cum albis, ab hoc vestigio deflectere debuissem. Sed ita circuitu uti coactus essem, quae res mihi ingrata erat. Praeterea etiam meâ intererat comperire, quis ante me esset. Itaque vestigium, quod circiter unius horae esse videbatur, sequebar.

Mox crevi vestigium trium equitum esse, quorum equis soleae ferreae inductae erant, et deinde ad locum perveni, ubi breve tempus substiterant. Unus ex iis descenderat, probabiliter, ut lorum laxatum astringeret. Ex impressione pedum cognovi eum caligis uti. Ergo sine dubio res mihi erat cum albis.

Propter eos non erat causa deflectendi a regione mea. Itaque vestigia eorum sequi pergebam. Non enim, si eos convenirem, cum iis manere coactus eram. Cum leniter vecti essent, accidit, ut eos post duas horas ante me viderem. Simul etiam colles, inter quos fluvius illo loco in ambitum decurrebat, conspexi.

Advesperascebat, neque opus esse videbatur me consilium corpus prosternendi apud fluvium propter tres viros ignotos omittere. Arbitrabar eos idem agitare, sed propterea una cum iis esse non debebam. Fruticetum, quo colles vestiti erant, brevi tempore, postquam in eo

[1] Kiovae, -arum – die Kiowas

ex oculis elapsi erant, tetigi, et cum ad fluvium perveneram, in stratis et ornatibus equorum solvendis occupati erant. Optimis equis vehi aeque ac bona arma gerere videbantur, sed habitus eorum haud ita multum fiduciae afferebat.

Illi tres, qui territi sunt, cum de improviso in conspectum eorum venirem, utique celeriter animo constiterunt et salutem a me datam reddiderunt et, cum mediocri spatio ab iis interiecto substiteram, ad me accesserunt.

Unus ex iis orsus est: „Babae, quantopere nos terruisti!"

Interrogavi: „Mordeminine conscientiâ, quod conspectus meus vobis tantum terrorem incutit?"

„Vah! In conscientiis nostris dormimus, ergo bonae esse videntur. Sed occidens regio periculosa est, et si ignotus tam inopinato ante te exstitit, libentissime ilico manu cultrum capere velis. Licetne nobis interrogare, unde venias?"

„Ab Rivo Fibrorum."

„Et quo tendis?"

„Ad Rivum Pecum."

„Ergo tibi longius est iter quam nobis. Tantum ad Colles Tituminum[1] tendimus."

Haec res cogitationes meas occupabat; nam Tituminum Colles, quantum sciebam, iidem montes erant, qui a Vinnetu et patre eius Nugget Tsil erant appellati. Quid illi tres viri ibi appetebant? Ad eundem locum tendebamus. Eisne me aggregarem? Ut id constituerem, mihi antea explorandum erat, quod consilium eos illuc deduceret. Itaque quaesivi:

„Ad Tituminum Colles? Quae regio est?"

„Amoenissima. Multum tituminis feri ibi crescit. Inde

---

[1] titumen (etiam: artemisia) – Beifuß; Tituminum Colles – Mugworth Hills

nomen. Sed non modo titumen ibi invenitur, sed etiam aliquid prorsus aliud."

„Quid?"

„Hem! Si id scires! Sed cavebo, ne id dicam. E vestigio nobiscum ad Tituminum Colles velles!"

Tum secundus in eum invectus est: „Blatero! Noli effutire!"

„Vah! Quae libenter tecum volvis, dicere vis. Quis tu tandem es, ignote?"

Facile intellegi potest id, quod tunc dixerat, mihi necopinanti accidisse. Reapse de Nugget-Tsil locutus est. Ipse saepius titumen ibi abundanter proveniens videram. Verba eius tam arcano sonabant, ut constituerem apud hos viros manere, sed iis non dicere, quis essem.

Itaque dixi: „Pagideutes[1] sum, nisi id improbetis."

„Nihil sane contra dico. Et quid nomen tuum? An id nos celare in animo habes?"

„Id libere et aperte omnibus hominibus profiteri possum. Mihi nomen est Jones."

Risit: „Nomen rarum! Num id memoriae mandare possumus? Ubinam laquei tui sunt?"

„Illi una cum praeda venatica duorum mensium mihi a Comanchibus adempti sunt."

„Calamitosum est!"

„Immo vero, calamitosissimum. Sed gaudeo, quod me non comprehenderunt."

„Credo. Illi homines nemini albo parcunt, hoc praesertim tempore. Cavendum est."

„Atque Kiovae aeque acres sunt!"

„Nimirum."

„Et nihilominus in fines eorum intrare audetis?"

„Nobis alia ratio est, nos apud eos tuti sumus. Nobis bonae commendationes sunt, immo vero optimae. Dominus Santer amicus Tanguae reguli est."

Santer! Illud nomen animum meum tetigit. Aegre

[1] pagideutes, -ae m. – der Fallensteller

admirationem meam animo dissoluto dissimulavi. Illi homines Santerum noverant. Tum constabat mihi me ad eos adiungendum esse. Alter Santer ac interfector patris et sororis Vinnetûs his verbis dici non quibat; nam amicus Tanguae reguli appellatus erat.

Per speciem simpliciter quaesivi: „Estne ille Santer vir tam potens?"

„Id tibi persuasum sit! Saltem apud Kiovas! – Sed dic, nonne descendere vis? Vesper appropinquat, et certe ad flumen pernoctare vis, ubi aqua atque etiam pabulum pro equo tuo est."

„Hem! Mihi ignoti estis, atque ipse antea dixisti cavendum esse."

„Oh! Num similes nos sumus pravorum hominum?"

„Non ita. Sed me adhuc assidue interrogastis neque mihi dixistis, qui sitis."

„Id ilico comperies. Viri occidui sumus, qui modo hoc et modo illud agamus. Victum quaerimus, quomodo id fieri potest. Mihi nomen est Payne, iuxta me dominus Clay stat, ille tertius dominus Summer est. Nuncne contentus es?"

„Sum."

„Ergo tandem descende, aut equitare perge, plane ut vis!"

„Si permiseritis, apud vos manebo. In hac regione semper praestat conplures una esse."

„Εἶεν. Apud nos bene depositus es. Nomen Santeri nos omnes protegit."

In descendendo et equo pedica vincendo percontatus sum: „Qualis tandem vir ille Santer est?"

Payne respondit: „Vir vere honestus. Ei multum debebimus, si reapse id acciderit, quod nobis pollicitus est."

„Eumne iam diu nostis?"

„Non, quodam tempore ante eum primum vidimus."

„Ubi?"

„In Castello Lugdunensi, ad Arcansam flumen sito. Sed

qua de causa tantopere interrogas, quis sit? Num fortasse tibi quoque notus est?"

Tergiversatus sum: "Num eum percontarer, si mihi notus esset, domine Payne?"

Annuit: "Hem, recte dicis!"

"Cum dixeris nomen eius vos tueri atque ego vobiscum sim, ego quoque, ut ita dicam, in eius tutela sum. Itaque enim eum cogitare debeo. Nonne?"

"Debes. Et nunc asside nos et indulge tibi! Estne tibi aliquid, quo famem toleres?"

"Carnem."

"Nobis plus est. Nisi fames tua expleta erit, a nobis plus accipere poteris."

Primum illos tres viros errones habueram. Tum autem, cum eos diligentius observare possem, magis magisque animus inclinabat, ut eos homines honestos haberem, id est, homines, qui vixdum in occidente honesti ducuntur. Cum aqua loco claro fluminis hausta carnem nostram comedebamus, a vestigio ad verticem me contuebantur. Tum Payne, qui omnino solus pro iis loqui videbatur, dixit:

"Perdidistine igitur laqueos et pelles tuas? Dolendum est. Quo nunc vesci vis?"

"Primum venando."

"Suntne sclopeta tua bona? Video tibi simul duo esse."

"Satis bona sunt. Haec vetus bombarda tonans [1] glandes mittit, atque ad grandinem plumbeam mittendam sclopetum parvum mihi est."

"Mirum es caput. Duo sclopeta tecum portas, alterum ad glandines mittendas, alterum ad grandinem. Sed sclopetum geminatum capi solet, cuius altera fistula grandini, altera globulis destinatae sunt!"

"Recte dicis, sed hoc vetere instrumento iaculatorio [2] assuetus sum."

[1] bombarda tonans – Donnerbüchse
[2] instrumentum iaculatorium – Schießzeug

Payne quaerere pergebat: „Quid illic ad Rivum Pecum facere cogitas, domine Jones?"

„Nihil insolitum. Dicitur ibi facilius esse venatu quam hic."

„Si putas Apaches te ibi venari sinere, tibi bene relatum est. Cave credas illas nugas. Hic tantum laqueos et pelles amisisti, illic autem facile tuam ipsius pellem perdere potes. Nonne fieri potest, quin illuc tendas?"

„Non ita."

„Ergo nobiscum veni!"

Mirationem simulans dixi: „Vobiscum?"

„Ita est."

„Ad Tituminum Colles?"

„Profecto."

„Quid illic faciam?"

„Hem! Nescio, an mihi liceat id tibi dicere. Quid vobis videtur, Clay et Summer?"

Postquam alter alterum quaerens aspexit, Clay:

„Res", inquit, „dubia est. Dominus Santer, qui nobis praedixit, ne de hac re loqueremur, etiam dixit se plures viros idoneos sibi adiungere velle. Fac, quod vis!"

Payne annuit: „Εἶεν. Si dominus Santer alios conducit, etiam nos ei aliquem adducere possumus. Tune nunc igitur nihilo teneris, domine Jones?"

Respondi: „Nihilo."

„Tempusne habes?"

„Quantumlibet."

„Velisne partem habere in re, quae pecuniam, multum pecuniae afferre potest?"

„Cur non? Pecuniam unusquisque libenter facit; et si multum vel etiam plurimum est, non est, cur socius non sim. Tantummodo antea scire debeo, de qua re agatur."

„Recte dicis, et necessaria comperies. Proprie res secreta est, sed tu mihi places. Tibi est vultus tam honestus et apertus, ut nos sane non circumscriberes et fraudares."

„Age, homo honestus profecto sum. Mihi credas."

„Credo. Ergo, tendimus ad Tituminum Montes, ut ibi palacurnas quaeramus."

Clamavi: „Palacurnas! Suntne ibi aliquae?"

Payne me hortatus: „Noli tanta voce clamare!" vultu praestantiae perrexit: „Nonne, haec res te tangit? Ita est Sunt ibi aliquae."

„Ex quo id audistis?"

„Ex ipso Santero."

„Easne vidit?"

„Non vidit, nam si res ita se haberet, caveret, ne nos secum duceret, sed nidum sibi soli haberet."

„Ergo non vidit? Tantum conicit? Hem!"

„Non conicit, sed scit. Etiam locum quasi novit, ubi palacurnae positae sunt, sed non locum exactum."

„Mirum est."

„Ita est, mirum, attamen verum et iustum. Tibi rem explicabo perinde, ac nobis eam rettulit. Iam de quodam Vinnetu audisti?"

„Dicisne regulum Apachium? Audivi."

„Estne tibi notus quidam Vetus Catabolochir?"

„Etiam de eo mihi narratum est."

„Ambo, qui necessarii sunt, antea aliquando unâ ad Tituminum Colles fuerunt. Pater Vinnetus etiam aderat atque alii quoque rubri et albi. Dominus Santer sermonem eorum captans audivit Vinnetum cum patre in montes tenturum esse palacurnas petitum. Si inde sine mora afferri possunt, ut et quando vis, eas, ibi abundanter sitas esse necesse est. Concedisne?"

„Certe."

„Nunc audi reliqua! Dominus Santer deinde in speculis fuit, ut ambos Apaches sequens locum venae reperiret. Intelleges id ei fraudi non esse; nam quid isti homines rubri auro faciant, quo omnino uti non possunt? Id insumere nesciunt."

„Contigitne ei?"

„Non prorsus. Eos secutus est. Etiam sororem Vinnetus secum duxerant. Santero vestigia eorum persequenda erant, in quibus persequendis semper tempus amittitur. Cum ad locum repertionis veniet, negotio iam transacto redibant. Res iniucunda?"

„Omnino non iniucunda!"

„Nonne? Cur?"

„Necesse erat Santerum rubris haud dubie praetermissis vestigiis eorum, quae eum ad palacurnas tulissent, procedere."

Payne admirans: „Papae! Verum est!" inquit. „Non es homo obtusus, ut audio, ut nobis usui esse possis. Tum temporis sane quidem secus accidit, quod valde doleo. Santer putavit eos palacurnas secum portare et in eos globulos misit, ut hoc aurum iis demeret."

„Icitne bene? Erantne mortui?"

„Senex et puella immo vero. Tumuli eorum nunc illic supra in montibus siti sunt. Santer etiam Vinnetum percussisset, nisi ei fugiendum fuisset, quod Vetus Catabolochir subito intervenit. Qui Santerum cum aliquot albis et rubris sociis insectatus est et usque ad Kiovas propulit, quorum regulo Santer ad extremum amicissimus est factus. Postea Santer ad Tituminum Colles revertit, compluries, immo crebro, et quamquam omnia penitus perscrutatus est, numquam quicquam invenit. Nunc bona cogitatio ei subiit, ut hominibus munus sui adiuvandi in quaerendo mandaret, quoniam complures plus vident quam unus. Illi homines nos tres sumus, et si vis, tibi licebit nobiscum equitare."

„Speratisne tandem vos bene successuros esse?"

„Haud parum. Rubri tam celeriter a loco repertionis reverterunt, ut omnino non longe abest a vestigio, ubi dominus Santer in eos incidit. Ergo paulum viae explorandum est. Mirum, nisi aurum inveniremus. Satis enim vacamus. Multas septimanas multosque menses quaerere possumus, nemo enim homo nos propulsabit. Quid sentis de hac re?"

„Hem! Revera mihi non placet."
„Qua de causa?"
„Cruentata est."

Payne animo incitatus dixit: „Noli esse tam stupidus! Num nos vel tu eum hausimus? Num nostra vel tua est culpa? Ne minima quidem! Quid nos attinent duo rubri globulis percussi, cum omnes excidantur et exstinguantur? Quid factum sit, nihil nostra refert. Nos auro quaesito, invento, impertito vitam agemus ut Astor et alii milionarii."

Ita statim cognovi, quibuscum hominibus mihi res esset. Non quidem inter homines nequissimos esse videbantur, quibus iam tam saepe occurreram, sed Indiani vita ab iis non pluris aestimabatur quam illa bestiae ferae, quam venari licet quamque unusquisque ad libidinem globulo conficere potest. Nondum grandes natu erant neque sicut viri periti et prudentes agebant, sin aliter non tam celeriter facie mea honesta adducti parati fuissent ad me, qui iis ignotus erat, in secreta sua inducendum atque etiam sodalicium mihi offerendum.

Haud dubie necesse non est me dicere, quantopere hoc conventu stupefactus fuerim et quam exoptatus mihi fuerit. In eo erat, ut Santer rursus in conspectum veniret! Tunc quidem mihi efficiendum erat, ne iterum me effugeret. Nihil autem ostendens et cervicem iactans, quasi dubitarem, dixi:

„Palacurnas libenter quidem haberem, sed puto nos eas omnino non nacturos esse, etsi eas inveniremus."

Payne clamavit: „Quae opinio! Si eas invenerimus, eas enim habebimus!"

„Tantum quaerendum est, quam diu! Suspicor eas nobis detractum iri."

„A quo?"
„A Santero."
„A Santero? Male sanus esse videris."
Opposui: „Nostine eum?"

„Ea ratione revera."

„Atque id, quamquam eum brevi ante cognovisti!"

„Santer est homo honestus. Facere non potes, si eum contemplatus es, ut de bona mente eius dubites. Praeterea ab omnibus in castello laudabatur, ex quibus eum quaesivimus."

„Ubi nunc versatur?"

„Heri a nobis digressus est, ut, dum nos recta via ad Tituminum Colles imus, ad Divortium Salsum [1] Rubri Fluvii [2] equitaret, ubi vicus Tanguae, reguli Kiovarum, situs est."

„Quid ibi aget?"

„Tanguae nuntium maximi momenti afferet, eum dico, Vinnetum mortuum esse."

„Quid ais? Vinnetu mortuus est?"

„Est. A Siuxensibus sclopeto interemptus est. Inimicissimus erat Tanguae. Ergo Kiova laetitia efferetur. Itaque dominus Santer a via nostra declinavit, ut Tanguae hunc nuntium afferret. Apud Tituminum Colles rursus Santerum conveniemus. Est probus homo liberalis [3], cui in animo est nos divites reddere, et sine dubio tibi confestim placebit."

„Spero, sed etiam cavebo!"

„Ab eo?"

„Ab eo."

„Et tibi dico nihil causae esse, cur ei diffidas."

„Atque ego tibi dico me quidem constituisse me vobis applicare, sed providebo. Qui propter aliquot palagas, quas secum ferebant, duos homines interfecit, qui ei nihil mali intulerunt, ab eius natura profecto non abhorret etiam nos auro invento interficere, ut sibi soli servet."

„Domine Jones, quid – quid putas –!"

Payne enuntiato non ad finem adducto perterritus defixis oculis me intuebatur. Etiam Clay et Summer perturbati frontem contraxerunt.

---

[1] DivortiumSalsum – Salt Fork [2] Ruber Fluvius – Red River
[3] homo liberalis – gentleman

Perrexi: „Immo non solum fieri potest, sed etiam verisimile est eum vos secum duxisse eo consilio, ut primum vos cum eo quaereretis, deinde autem thesauro reperto ille vos interficeret!"

„Delirare videris!"

„Neutiquam. Si rem recte et sine opinione praeiudicata pro Santero consideraveritis, vos socii coniecturae meae mihi adiungetis. Primum considerate illum Santerum amicum Tanguae esse, qui notus est maximus et maxime implacabilis osor omnium facierum pallidarum! Qui albus amicus illius rubri redditus esse potest?"

„Nescio. Solum dic, quomodo de hac re iudices, domine Jones!"

„Qui amicus inimici omnium alborum est, ostendisse videtur se etiam nihil curare vitam albi, ut satis causae sit, cur aliquis quam cautissimus adversus eum sit. Utrum recte dico an non?"

„Ita quidem sonat, ut probari possit. Potesne alia inferre?"

„Iam dixi."

„Santerumne duos sclopeto interfecisse rubros? Haec mea sententia non est causa, quod ei diffidamus et hominem malum eum ducamus."

„Atque ego contrarium dico et vos iterum moneo. Ea ipsa de causa, quod Santer solâ auri cupiditate adductus sine dubitatione duos homines occîdit, iure iurando affirmo nos ab ipso momento, quo aurum habebimus, in vitae periculo versaturos esse."

Payne respondit: „Exspecta, domine Jones!"

„Sane quidem exspectabo."

Payne vultum praestantiae praebens perrexit: „Multum interest, utrum in Indianos an in albos glandes emittantur."

Contendi: „Fortasse omnino, sed non pro homine auri capto. Mihi credite!"

Haud minus assidue Payne oblocutus est: „Hem! Etiam

si omnino recte diceres, non autem, si res ita se habet. Dominus Santer, ut iam bis dixi, plane homo liberalis est."

„Me iuvabit, nisi vos fefelleritis."

„Quovis pignore tecum contendam, domine Jones. Si dominum Santerum demum aspexeris, oculi statim tibi dicent eum dignum esse, cui totum te committas!"

„Εἶεν! Tenet me igitur magna cupiditas illius temporis, quo eum videbo."

Tum Payne indignatus est.

„Refertus es dubitatione et suspicione, sicut lacuna gyrinis [1] et ranis referta. Si revera arbitraris periculum instare, perfacile scilicet tibi est evitandum."

„Vosne non comitando ad Tituminum Colles?"

„Ita est. Tibi enim licet te abstinere. Nondum omnino scio, an domino Santero placiturum sit, ut te nobiscum adducamus. Putavi me tibi gratum facere."

Payne hoc voce fere aspera dixit. Vere aegre ferebat, quod ei de persona Santeri fidem abrogabam. Itaque cessi.

„Verum mihi gratum fecisti, pro qua re magnas gratias tibi ago."

„Ergo gratiam tuam alio modo refer ac criminando hominem liberalem, quem nondum vidisti! Ceterum ne diutius altercemur, sed rem ad tempus in medio relinquamus!"

Cum hac re ita expedita de aliis rebus loquebamur, mihi contigit, ut malam animi affectionem, quam suspicione mea attuleram, rursus delerem.

Certe mihi assensi essent, si aperte eos certiores facere potuissem. Sed id audere mihi non licebat. Homines erant imperiti et creduli, qui forsitan mihi magis detrimento quam usui esse possent.

Postea cubitum iimus. Quamvis locum, ubi eramus, tutum ducerem, antea regionem diligenter exploravi, et

[1] gyrinus – Kaulquappe

cum nihil, quod suspicionem movebat, invenissem, praetermisi suadere, ut invicem vigilaremus. Illi autem tam incauti erant, ut omnino non in hanc cogitationem inciderent.

Postero mane una ad Tituminum Montes profecti sumus illis non coniectantibus hanc regionem ab initio meum quoque destinatum fuisse.

Dies perpetuo cum animi motu et sollicitudine transiit. Comites se tutos ducebant, cum putarent sibi Kiovas occurrentibus tantum nomen Santeri appellandum esse, ut pro amici haberentur. Mihi autem persuasum erat rubros me, quamquam hanc synthesin gerebam, statim hostem cognituros esse. Isti tres omnem cautionem inutilem existimabant, neque a me iis obloquendum erat, ne eos ad diffidentiam excitarem aut certe saltem indignationem eorum ad me converterem. Bene accidit, ut per totum diem neminem hominem videremus.

Vesperi in prataria aperta consederamus. Illi tres libenter ignem fecissent; sed ignis alimenta non inventa sunt, de qua re mecum tacitus gaudebam. Omnino non erat, cur ignis fieret; nam frigus non erat, neque quicquam nobis erat, quod torreri posset. Cum postridie mane, priusquam equis vectari pergeremus, ultimam carnem siccam comedissemus, nos venari opus erat. De hac re Payne mihi verbum dixit, quod me delectaret.

„Pagideutes es, neque venator, domine Jones. Dixisti quidem te sclopetare scire, sed haud minimum in hac re valere videris. Potesne percutere leporem campestrem [1] a centum passibus praeter te transcurrentem?"

Dissimulans: „A centum passibus?" inquam. „Hem, profecto longius abest. Nonne?"

„Aliquid tale putavi fore! Eum non percuteres. Denique veterem et gravem bombardam tonantem prorsus nequiquam gestas. Tali instrumento turrem campanariam quidem disturbare potes, non autem occîdere feras minu-

[1] lepus campester – Präriehase

tas. Sed id tibi dolendum non est; nam nobis curae eris."

„Nonne melius me ices?"

„Scilicet! Nos venatores pratariae sumus, viri vere occidui, tenesne?"

„Id non satis est; nondum sufficit."

„Itane? Quidnam deest?"

„Bestiae ferae. Quamvis promptus sis in sclopetando, tamen fame prememur, nisi ferae hic inventae erunt."

„Noli tibi struere sollicitudinem de his. Quasdam inveniemus."

„Hicine in zavana? Hic solae antilopae reperiuntur, quae nos non tam prope accedere sinent, ut ad glandis coniectum veniamus."

„Quam prudenter loqueris! Nimirum acu fere tetigisti. Apud Tituminum Colles silvam habebimus, ergo etiam feras, ut dominus Santer dixit."

„Itane? Et quando eo perveniemus?"

„Fortasse circiter meridiem, si, ut spero, nos recta via equitaverimus."

Nemo me melius sciebat nos recte equitare atque ad Montem Palagarum ante meridiem perventuros esse. Ego re vera dux eram, ut alii id non cognoscerent. Illi mecum vehebantur neque ego cum illis.

Nondum sol culmen ascenderat, cum a meridie silvestria loca superiora ex planitie assurgentia conspexi.

Clay interrogavit: „Num illi Tituminum Colles sunt?"

„Sunt", inquit Payne. „Santer enim diligenter descripsit, quam speciem homini a septentrionibus appropinquanti praebeant. Et quae ante nos videmus, cum descriptione congruit. Post semihoram ad locum, quem petimus, perveniemus."

Summer oblocutus est: „Nondum."

„Quid?"

„Oblitus es Tituminum Colles a septentrionali parte equitibus inaccessos esse. Ibi penetrare non poterimus."

„Id satis scio. Solum dicere volui nos semihora eo perventuros esse. Tum Colles circumvehemur, dum a parte meridiana vallem inter eos inferentem offenderimus."

Audivi Santerum iis loca profecto optime descripsisse. Ut comperirem, quanta esset subtilitas, percontatus sum:

„Nonne in illam vallem Santer vos vult convenire, domine Payne?"

„Non in illam vallem, sed illuc in iugum."

„Nobisne cum equis enitendum est?"

„Est."

„Estne tandem illic via?"

„Revera non, sed alveus. Equitare sane quidem ibi non potes, sed nobis ascendendum et equi post nos ducendi sunt."

„Quorsum? Num necesse est nos illuc eniti? Nonne sub radicibus manere possumus?"

„Non ita, locus, ubi nobis quaerendum est, supra situs est."

„Ergo satius esset equos saltem infra relictum iri."

„Ineptiae! Cognosci potest te tantum pagideutam esse neque virum occiduum. Fortasse multae septimanae praeteribunt, priusquam supra invenerimus, quod quaerimus. Num equi tam diu in valle relinquere possumus? Necesse esset semper aliquem custodem apud eos esse. In altitudine autem prope sunt neque proprio custode eorum opus erit. Nonne id intellegis?"

„Immo vero! Qui locum non novit, talia interrogaverit."

Payne perrexit: „Ceterum illic omnino non molestum erit. Iam dixi ibi sepulchra reguli Apachium et filiae eius esse."

„Et prope haec sepulchra considemus?"

„Considemus."

„Num etiam noctu?"

Gravissima de causa interrogavi; nam ad sepulchrum Intsu-tsunae mihi fodiendum erat, ut assequerer testamentum Vinnetus. Hac in re testibus mihi opus non erat.

Sed tum audivi nos ibi consessuros esse, quod aegerrime ferebam. Fieri poterat, ut tres comites insita multorum hominum verecundia locorum sepulturae movebantur, ut noctu quidem propinquitatem amborum sepulchrorum vitarent. Atque etiam id mihi non sufficiebat. Noctu in fodiendo videre non poteram et facile aliquid perdere. Praeterea tenebris obductis nullo pacto fieri poterat, ut foveam ita rursus implerem, ut primo mane nullum vestigium eius inveniretur.

Payne interrogationem meam repetivit: „Num etiam noctu? Qua re id scire vis?"

„Hem! Non cuivis homini libet noctu prope sepulchra dormire."

„Ah, num times?"

„Non timeo!"

„At vero! Audistisne, Clay et Summer? Dominus Jones mortuos timet. Ei pavor est duorum rubrorum. Putat fore, ut species eorum sibi obviae fiant et in tergum suum insiliant. Hahahahahaha!"

Payne cachinnum edidit et duo alii concinerunt. Ego id tacitus ferebam; nam mihi curandum erat, ut in sententia manerent me timidum esse; aliter fortasse interrogationes meas ad alias rationes revocavissent, in quas eos inducere non debebam.

Inter hanc altercationem tantopere locis superioribus appropinquaveramus, ut in occidentem iter nobis flectendum esset ad ea ab hac parte circumequitanda. A parte meridiana rursus ad sinistram tendentes in vallem in montes ferentem pervenimus, quam secuti sumus. Postea fauces obliquae prius compluries memoratae apertae sunt, in quas sursum equitavimus, dum in duas partes divisae sunt. Ibi descendimus et equos nobiscum ducentes in canali saxeo enixi sumus usque ad culmen, cui anguli acuti erant quodque nobis transeundum erat.

Consulto ultimus ibam. Payne primus escendebat. Aliquotiens constitit, ut de descriptione consideraret, quam

Santer ei de locis dederat. Tum coniectura semper rectum consecutus est. Memoria bona ei erat. Tum ab altera parte rursus degrediens per mediam silvam iit, dum arbores apertae sunt. Ibi Payne gradus rursus stetit.

„Locum nacti sumus, planissime! Ecce duo sepulchra. Videtisne ea? Advênimus. Nunc solum opus est Santerum venire."

Revera, aderamus! Ante nos monumentum erat Intsutsunae, qui olim regulus Apachium fuerat, tumulus multiplici circulo lapidum circumdatus, cuius in interiore parte bombarda argentea excepta medicina et armis ornatus in equo sedens quiescebat. Et iuxta assurgebat pyramis lapidum cum cacumine arboris ex culmine eius prominente, ad quam annixa Nso-tsi ultimum somnum dormiebat. Semel atque iterum cum Vinnetu inter expeditiones nostras ibi fueram, ut memoriae duorum mortuorum carissimorum honorem tribueremus, et tum sine eo, qui interim etiam occiderat. Locum carum etiam sine me visitaverat, cum in aliis terris eram. Quae cogitationes tum post frontem eius abditae essent, qui sensus animum eius moverent! Imprimis duo: Santer et vindicta! Ille vir et desiderium talionis olim totum animum eius tenuerant. Olim certe, dubium autem erat, an etiam postea.

Vinnetui non contigerat, ut auctorem facinoris nancisceretur, ut in eum animadverteret. Tunc sicarium exspectans ibi stabam. Nonne ius habebam heredem esse amici, heredem quoque vindictae eius? Nonne etiam ego in desiderio fueram ultionis? Nonne peccarem erga Vinnetum et duos mortuos, si Santero ibi capto parcerem? Sed tum animo ultima amici verba audivi: ‚Carlille, Salvatorem credo. Vinnetu Christianus est. Vale!'

Molestum erat, quod etiam altera vox ad aures meas permanavit, vox Paynei, qui mihi succlamavit:

„Quidnam stas duos tumulos intuens! Num iam umbras vides, quas timeas? Si id iam luce clara fit, quid demum vesperi et noctu fiet!"

Non respondens equo in rariorem silvam ducto stratum et frenos detraxi eumque admisi. Deinde ex more loca vicina investigare aggressus sum. Cum redibam, tres comites interim strati erant. Ad reguli sepulchrum, eo ipso loco, sedebant, ubi fodere animo agitaveram.

Payne interrogavit: „Ubinam tu vagaris? Iam palacurnas, opinor, quaesivisti. Cave hoc facias! Tantum communes quaeremus, ne unus quilibet locum inveniat, quem alios celare possit."

Haec vox mihi grata non erat. Haud quidem sciebant, quis essem, sed eos hoc modo mecum loqui sinere non debebam. Itaque non quidem contumeliose, at acriter respondi:

„Utrum solum audiendi causa interrogas, domine, an, quod putas te in me dominari posse? In utraque re te moneo me aetatem post me habere, qua quis se castigari patiatur. Haud dubie mihi licet ire, quo libet, atque modo discessi inspectum, num hic in tuto simus. Si revera viri occidui estis tam strenui, ut dicitis, scitote numquam vos in silva considere oportere, ut non videritis, utrum soli essetis necne. Cum vos id neglexeritis, ego id facere volebam, ut vere laude dignus sim, sed non voce, quam tibi sumas, domine Payne."

Cedens dixit: „Teneo! Quaesivistine vestigia? Scisne tandem ea invenire?"

„Videtur."

„Atque ego te iam palacurnas quaerere putavi!"

„Tam stultus non sum."

„Cur stultitiae esset?"

„Quod nescio, a quo latere, in quam partem hinc mihi quaerendum esset. Id solus Santer scit, dummodo revera aurum hic inveniatur, quod valde in dubio pono. Profecto mirum videtur, quod vos, viri occidui experti, non iam dudum in hanc cogitationem incidistis!"

„Quid ita? Noli ambages narrare! Potius plane loquere! Aurum hic iacuit!"

„Concedo."

„Quis, putas, id asportavit?"

„Vinnetu."

„O! Qui ista tibi incidit suspicio?"

„Mihi magis placet interrogare, qui potuerit, ut tibi non incideret. Ex eo, quod audivi, Vinnetu Indianus erat, quo in zavana non solum fortior, sed etiam prudentior, callidior numquam erat."

„Id non modo tu non nescis, sed nemo nescit."

„Ergo hanc veniam mihi da, ut deliberes! Vinnetu cum patre et sorore huc venit aurum petitum. Tum oppressi sunt, et ilico, ut erat vir prudens, cognovit aliquem rem secretam odoratum esse. Ei suspicandum erat Santerum, qui eum effugerat, postea rediturum esse, ut porro thesauros occultos quaereret. Quid tu fecisses, si eius loco fuisses, domine Payne? Num aurum hic reliquisses?"

Ille protulit: „Malum!"

„Age responde tandem!"

„Hoc scilicet est cogitatum, sed vilissimum, miserrimum cogitatum!"

Perrexi: „Si Vinnetum hominem stultum ducitis, hic per me palagas quaerite, sed nolite mihi obicere, quod clam vobis eas exquiro! Non committam, ut tam stultus existimer."

„Putasne igitur hic nihil inveniri posse?"

„Mihi persuasum est."

„Cur in hac re una equo vectus es?"

Cum verum ei dicere nequirem, verbis me expedivi.

„Quod in eam cogitationem, quam tibi nunc dixi, proxime veni."

„Ergo usque ad hoc tempus aeque stultus eras ac nos! Concedo opinionem tuam non sine specie veritatis esse, sed multa quoque contra afferri potest."

Quaesivi:

„Quid?"

„Tantum uno exemplo utar: Latibulum tam bonum

erat, ut Vinnetui non erat pertimescendum, ne inveniretur. Num esse non potest?"

„Immo vero!"

„Bene dicis! Etiam alia tibi opponere possum, sed ea remittam. Exspectemus, dum dominus Santer venerit, et audiamus, quid ille de hac re iudicaturus sit!"

„Quando tua existimatione adesse poterit?"

„Nondum hodie, sed cras."

„Crasne? Fieri non potest. Novi enim Bracchium Salsum Rubri Fluvii, quo Santer te auctore equitavit. Si valde festinaverit, si citissime, perendie vesperi huc advenire poterit. Quid faciamus usque ad id tempus?"

„Venabimur. Carne nobis opus est."

„Hem! Censetisne, ut vos venantes comiter?"

Hanc interrogationem consulto posui. Volebam, ut euntes me ibi relinquerent. Sed mihi non fauste evênit; nam dixi:

„Verisimile est vos omnia ad irritum redacturos esse. Tui non indigebimus. Cum Clay ibo et puto nos aliquas feras necaturos esse. Tu cum Summer remanere potes."

Ambo, quos commemoravi, sclopetis captis abierunt. Num Payne secreto cogitabat me custodire? Esse poterat, tantum in hac re me certe vafriorem iudicare debuisset, quam me iudicare videbatur. Verbum «pagideutae», ut exemplo utar, semper contemptim proloquebatur, ergo satis imperitus erat, ut nullo modo secum reputaret pagideutam potissimum omnino nihil consequi posse, nisi etiam bonus sclopetarius esset, ad summam utilis vir occiduus.

Payne cum Clay per totum tempus postmeridianum silvam pervagabatur cum eo eventu, ut sub vesperum miserum lepusculum perferrent, quo quattuor personae saturarentur. Postero mane cum Summer abiit. Tota praeda venatica ex nonnullis palumbibus constabat, qui erant tam veteres, ut vix eos comedere possemus.

His verbis se purgavit: „Nobis sunt res adversae, ingen-

413

tes res adversae. Nullae ferae in conspectum veniunt!"

Cavillatus sum: Si multas res adversas tuas assare et comedere possemus, eas laude afficerem. Isti palumbes profecto iam aetate Methusalem in vita erant. Perincommode accidit, quod tam novelli occiderunt!"

Fremuit: „Visne me ludibrio habere?"

„Nolo, nam facile intellegere potes ventrem meum plane ab iocis abhorrere."

„Ergo ostende te mihi praestare, si potes!"

„Esto, carnem assandam afferam!"

„Animo suspenso exspecto, quid apportaturus sis!"

„Leporem vel columbam antediluvianam omni tempore inveniam!"

Ambobus sclopetis captis abii. Dum lente discedo, eum cum risu vocantem audiebam:

„En, illic cum immani ballista[1] avolat. Aliquot veteres arbores prosternet, sed ne murem quidem feriet!"

Plura non audivi. Utinam constitissem, ut auscultarem! Vel plura audivissem, cum alia tum aliquid, quod multum mea interfuisset. Ut postea comperi, revera sibi persuasum habuerant me nullam feram icturum esse. Cum me superare vellent, iis rursus fortunam periclitari in animo erat, ut mihi inani venienti magnas praedas exhibentes illudere possent. Itaque post me item discesserunt, omnes tres. Tum locus derelictus erat, ut fodere potuissem. Testamento Vinnetus reperto, lecto, in sacculum inserto etiam tum certus fuissem me aliquam feram necaturum esse. Qui aliter tum omnia accidissent! Sed esse non debebat.

Pridie et hoc die eadem via venatum descenderant, qua ascenderamus. In hac regione, id est in meridiem versus, omnes feras pepulisse videbantur. Itaque in septentriones me verti et decursum ibi situm degressus ad campum pratensem, per quem tum temporis Kiovas pertraxeramus, ut iis in faucibus angustis ultra patentibus

---

[1] ballista – hier: ‚Böller'

insidiaremur. Ibi iam multos annos nemo homo fuisse videbatur, ut sperare possem me prospere globulum emissurum esse. Sed meridies erat, atque ita tempus diei non opportunum, quo fiebat, ut contentus essem, cum post horam duas gallopavas [1] pingues cecidissem. Cum hac praeda ad cubile reverti.

17. DE TESTAMENTO APACHIS.

Cum eo veni, nemo homo aderat. Ubi illi tres erant? Subierantne virgulta speculatum, quid apportaturus essem? An rursus una venatum ierant? Vocans nullum responsum tuli.

Hem, si reapse abissent! Sed cautio mihi adhibenda erat et loca, quae circumiacebant, quam ocissime exploravi. Tum certum habebam eos sane discessisse et celeriter opus suscipiendum erat!

Cultro destricto exacte a parte tumuli reguli ad occidentem spectante proxime marginem eius caespitem circumcîdi, ut postea eum rursus insererem, ut me fodisse conspici non posset. Glaebas igitur circumiacere non oportebat. Itaque stragulo iuxta me strato terram effossam diligenter superimposui, ut postea scrobem, qui fiebat, denuo implerem.

Tum interdum auscultans, num passus aut voces eorum percipi possent, concitate laboravi; nam unoquoque temporis puncto illi tres redire poterant. Quo eram animo concitato, quem haud prorsus coercere poteram, facile quidem fieri poterat, ut aures non essent tam acutae, ut solebant.

Scrobis in opere crescebat, iam unum fere metrum altus erat. Tum culter lapidem offendit. Cum hunc et alterum sub eo iacentem submovissem, parvum et quadratum spatium prorsus siccum conspexi, cuius latera ex

[1] gallopava – Truthenne

lêvibus lapidibus constabant. Humi corium crassum et complicatum iacebat. Testamentum Vinnetus amici et fratris. Proximo momento id in pera haerebat, et scrobem complere maturabam.

Id vel citissime processit. Terram de stragulo paulatim infudi et pugno festucavi et caespitem circumcisum denique insuper posui. Nec homo ita videre poterat ibi scrobem fossum esse.

Deo gratias! Res bene successerat – id mihi quidem videbatur. Subauscultans sonitum non levissimum percepi, ut tempus mihi esset corii aperiendi. Complicatum erat altero angulo contra alterum verso sicut involucrum epistulare. In eo alterum erat corium, cuius angulos inflexos Vinnetu nervis cervinis consuerat. Eo insecto testamentum nactus sum, quod ex compluribus scidis atramento arte completis constabat.

Dubitabam, utrum id abderem an ilico id legere mihi liceret. Cur id conderem? Non enim erat causa, cur id facerem. Quid tres comites revertentes et me legentem videntes contra id repugnarent? Num sciebant. quid esset? Epistula vel aliquid aliud, quod iam diu mecum ferebam. Iis ne ius quidem erat scidam sciscitare. Et si id facerent, respondere possem, ut mihi placebat. Atque insuper quasi impulsus sum, ut comperirem, quid Vinnetu scripsisset. Klekhi-Petra ut multa alia, etiam hanc artem eum docuerat. Modo Apachi non multae occasiones eius exercendae fuisse videbantur.

Cum interdum adnotationem in codicillo meo descripsisset, litteras eius noram. Neque elegantes neque politae, sed firmae erant. Aequabant illas pueri discentis quattuordecim annorum, qui operam dedit, ut eleganter scriberet.

Cum id mittere nequirem, consedi et paginas explicavi.

Profecto, hae Vinnetus litterae erant, omnes litterae accuratissime aequa magnitudine et positione, non ut scriptae, sed studio singulae delineatae et pictae! Ubi has litteras scripserat et quantum temporis in scribendo consumpserat? Oculos implevi et lacrimae mihi obortae sunt. Iis praepropere abstersis legi:

„Carissime et optime frater!

Tu vivis, et Vinnetu, qui Te amat, mortuus est. Sed animus eius Tecum versatur. Manu eum tenes; nam his paginis ad Te loquitur. Sine eas pectore Tuo niti!

Testamentum fratris rubri comperies et multa verba eius leges, quae numquam obliviscêris. Primum autem Tibi dicet, quid maxime sit necessarium. Plurimum videbis auri, quo facies, quod animus meus Tibi nunc dicit. In Nugget Tsil latuit, sed Santer, sicarius, id petebat. Itaque Vinnetu ad Deklil-to[1] id asportavit, ubi olim una mecum fuisti. Accipito locum, ubi situm sit! Equo per Indeltsetsil[2] ascende usque ad Tse-sos[3] apud aquas cadentes situm. Ibi ex equo descende et nitere – – "

Hactenus legeram, cum post me vocem audivi:

„Καλὴν ἡμέραν, domine Catabolochir! Versari videris in litteris colligendis?"

Conversus vidi me modo stultissime et indiligentissime fecisse. Decem passus post me gallopavas atque etiam sclopeta deposueram. Dextro latere ad sepulchrum applicato, ergo tergo ad viam ex valle acclivem verso sedebam. Culpa erat in hac neglegentia, quae nihil excusationis habebat, studium testamenti Vinnetus. Itaque videre non potueram illum, qui mecum loquebatur, furtim post me ad sclopeta venisse, quae tum non iam contingere poteram; nam istic stans bombardam suam in me converterat. Uno impetu exsilui; nam vir nemo alius erat ac – Santer.

Puncto temporis ambae manus erant – ubi? Ad balteum, ut pistolium versatile stringerem? Id agitabam, sed cum antea humi genibus nixus eram, ut foveam facerem,

---

[1] Deklil-to – Aqua Obscura [2] Indeltse – Pinetum
[3] Tse-sos – Rupes Ursorum

zona cum rebus in ea affixis me impediverant et usserant, ut credens me in tuto esse tam temerarius essem, ut eam solvissem. Nunc illic humi iacebat et prope eam culter, ut ad tempus tela mihi non essent. Santer, qui me frustra manus moventem videbat, irridens minatus est:

„Ne loco processeris neu arma ceperis, alioquin extemplo globulos mittam! Prompte et serio id dico!"

Santer oculis micantibus ita me intuitus est, ut cognoscerem me, si id facerem, revera globulum ex fistula sclopetaria in me versa coniectum iri. Adventus eius inexspectatus me prorsus oppresserat, sed tum rursus aequi animi eram. Immotus stans oculos in eo fixi.

Perrexit: „Nunc demum meus es! Videsne manum meam in ligula esse? Eam paululum tangendo globulum in caput tuum conicio, ne dubita! Noli igitur ullos artus movere, aliter in Orcum te mittam! In te cautio adhibenda est. Num me exspectavisse videris, eho?"

Animo tranquillo respondi: „Nondum."

„Ita est, putasti me cras vesperi demum venire posse. Sed haec ratio falsa fuit."

Hoc homo sceleratus cognoverat. Ergo iam cum sociis locutus erat. Ubi erant? Quod aderant, animum tranquillavisset, nisi iam tranquillus fuissem. Quicumque, quaecumque, qualescumque erant, homicidae non erant, ut mihi non timendum esset, ne coram iis a Santero necarer, nisi tantum nunc eum lacesserem. Itaque immotum corporis habitum servabam, dum ille implacabili odio incensus loqui pergit.

„Cum ad Divortium Salsum[1] Rivi Rubri tenderem, ut Tanguam certiorem facerem Apachem, istum canem, tandem mortuum esse, incidi in manum Kiovarum, ut prius adsim. Infra Payneum offendi, qui mihi dixit se quendam dominum Jones secum duxisse. Cum acciperem illi Jones duo esse sclopeta, alterum magnum, alterum parvum, haec verba suspicionem meam moverunt, ut eum illum

[1] Divortium Salsum – Salt Fork

virum diligenter describere iuberem. Tum mihi exploratum erat, quis esset. Etsi stultum quidem se esse simulaverat atque etiam usitatam synthesin linteam caeruleam gerebat, tamen non alius esse poterat ac Vetus Catabolochir. Ita sursum ascendi, ut me occultarem et eum a venando reversum comprehenderem, sed iam aderat. In te foveam facientem spectabamus. Dic, cedo, qualem chartam manu teneas!"

„Sartoris rationem."

„Audi, cave credas te me ridere posse. Quid est?"

„Sartoris ratio. Huc ades, ut oculos in eam convertas!"

„Cavebo. Antea firmius mihi detinendus es. Quid tandem nunc hic agitas apud Colles Tituminum, quos Apaches Nugget Tsil appellabat?"

„Thesauros ex terra eruo."

„Ah, id mecum cogitavi!"

„Sed solas sartoris rationes invenio."

„Eas diligenter inspiciam. Te diabolus profecto praebet, ubicumque esse non debes. Nunc demum scite fecit. Actum est de te."

„Aut de te; nam alteri nostrum fatalis dies veniet, hoc certum est."

Stridit: „Cani audax! Revera, hic canis etiam moriturus frendit. Sed impotens stridor dentium te non servabit. Itero: actum est de te! Atque ossa aurea, quae hic eruere volebatis, nobis auferemus!"

„Auferte ea, per me licet, atque oleum et operam perdite!"

„Noli ludificari! Dixisti quidem nihil iam copiae auri exstare, sed charta, quam in manu tenes, certe nos docebit."

„Fac tandem eam petas!"

„Petam, eam accipiam, confestim tibi probabo. Adesto animo, quid tibi dicturus sim! Si vel minime te moveris neque morem mihi gerere volueris, malleolum[1] premam.

---

[1] malleolus – Hahn (am Gewehr)

Alii fortasse tantum minitarer. Sed tu es scelus tam periculosum, ut fieri non possit, quin res in serium mihi vertenda sit."

„Id ipse non ignoro."

„Bene facis, quod id concedis. Ergo venite eum vinctum!"

Haec verba ad latus locutus erat, ubi Payne, Clay, Summer post arbores haeserant. Tum processerunt et lente ad me accesserunt. Payne se purgare conabatur, dum lorum ex funda extrahit.

„Domine, admirati audivimus te Veterem Catabolochira esse. Cur mendacio nos fefellisti? Cum nobis verba dare velles, nobis nunc ligandus es. Cave resistas! Nihil proficeres; nam Santer confestim glandem mittet. Ne dubita!"

Santer clamavit: „Noli blaterare!" mihique imperavit: „Omitte chartam atque ei manus porrige!"

Sibi persuaserat se me firmum habere, ego autem tum sciebam me non eius fore, sed eum meum. Tantum occasio praebita celeriter et fortiter utenda erat.

Santer mihi minatus est: „Quid vero? Nonne incipies, aliter globulum mittam. Abice chartam!"

Eam de manibus dimisi.

Porro imperavit: „Cedo manus!"

Specie oboedienter Payneo manus porrexi, sed ita, ut ille, cum eas constringere vellet, inter me et Santerum staret.

Santer eum inclamavit: „Amove te istinc, amove te! Sclopeto meo enim obstas! Si sclopetare – "

Persequi loquendo nequibat; nam modo valde inurbane interpellatus est. Tantum aberat, ut vincirer, ut corpus Paynei comprehenderem, eum tollerem, in Santerum conicerem, qui ad latus quidem saliturus erat, sed sero. Ei deiecto sclopetum manu emissum est. Puncto temporis aderam et genibus in eo nixus eram. Ictu pugni in breve tempus eum sopivi. Tum aeque celeriter surrexi et acerbius in socios Santeri invectus sum: „Istud indicium est, quo demonstratur me reapse Catabolochira esse! Vim mihi inferre voluistis. E vestigio tela vestra abicite, alioquin sclopetabo! Ea de manibus dimittite! Ego quoque hoc serio dico!"

Pistolium versatile Santero ex zona evulsum in tres ‚viros vere occiduos' converti, qui sane statim morem gesserunt.

„Considite, illic iuxta sepulchrum filiae reguli – cito, cito!"

Ierunt et consederunt. Eos illo ipso loco collocaveram, quod ibi telum propinquum non erat.

Perrexi: „Nunc quieti residête. Nihil mali vobis fiet; nam decepti estis. Sed vobis fugam temptantibus aut resistentibus morte stabit!"

Payne membra perfricans conquestus est: „Id quidem terribile est, horrendissimum. Erat, quasi pila per aera ferretur. Puto mihi diversa fracta esse!"

„Tua ipsius culpa est. Cura, ne peius accidat! Unde tibi est lorum?"

„A domino Santer."

„Tibine plura sunt?"

„Ναί."

„Cedo!"

Payne ea ex funda extraxit mihique dedit. Iis Santero manus in tergum reiectas constrinxi.

Vultu torvo ridens: „Age, ille bene iacet", inquam. „Num te quoque vinciam?"

Payne respondit: „Gratias, domine! Id mihi plane sufficit. Hic prorsus quietus ero, quamdiu tibi placebit."

„Id optime facis; nam ut intellegis, iocum in seria verto."

„Iocum tuum accipere omnino abnuo! Atque nos te pagideutam esse duximus!"

„Hac in re non maxime erravistis; nam in bono pagideuta multo plura requiruntur, quam conicere videmini.

Quonam loco venatio vestra est? Necavistisne aliquid?"

„Ne minimum quidem!"

„Ecce duae gallinae! Eas apportavi. Si modeste vos gesseritis, postea eas assare et una comedere poteritis. Spero vos mox intellecturos esse vos istum Santerum prorsus perperam iudicasse. Non maius est scelus sub divo quam ille. Continuo cognoscetis; nam video eum expergisci."

Santer se movit, animum recepit, oculos sustulit. Videns me ante se stantem et cingulo me circumdantem atque etiam videns tres socios inermes ad sepulchrum Indianae sedentes territus exclamavit:

„Quid hoc est? Ego – ego – vinctus sum!"

Annui: „Ita est. Vinctus es. Condicio simplici modo alia reddita est. Spero te non repugnaturum esse."

Furenter stridit: „Canis!"

„Sile! Noli sortem tuam in peius mutare!"

„Abi in malam crucem, furcifer!"

Tum curiose socios suos adspexit eosque inclamavit: „Num quid foris effutistis?"

Payne asservavit: „Non ita."

„Certe vobis melius erit id non fecisse!"

Verbis Santeri attentus factus quaesivi: „Quid rei est? Quid dicere non debent?"

„Nihil!"

„Oh! Cedo, aliter evincam, ut loquaris. Ergo?"

„Per speciem coactus respondit: „Pertinet ad aurum."

„Quomodo ad aurum?"

„Ad locum, ubi verisimiliter occultatum est. Id tibi antea dixi et putavi eos id effutisse."

Payneum interrogavi: „Itane res se habet?"

Responsum eius: „Verum est."

„Santer revera nihil aliud dicit?"

„Non."

„Ne mentitus sis! Moneo te mendacio, quod fortasse dixeris, vel insidiis non mihi, sed tibi ipsi damnum adlaturum esse."

Payne nonnulla temporis puncta cunctatus asseveravit:

„Mihi crede, domine! Non mentitus sum. Dominus Santer tantum aurum dixit."

„Tamen tibi non credo. Integritas tua non sincera est et in vultu tuo dolus imminet. Sed hoc modo non consequeris, quod vis. Iterum te admoneo, ut verum dicas, domine Payne. Estne Santer vobiscum locutus de Kiovis, cum infra in valle vos convenit?"

„Est."

„Solus erat?"

„Erat."

„Inciditne revera in rubros?"

„Ita est."

„Neque igitur ad Divortium Salsum fuit?"

„Ibi non fuit."

„Eratne manus magna, in quam incidit?"

„Sexaginta bellatores."

„Quis iis praeest?"

„Pida, filius Tanguae reguli."

„Quo nunc profecti sunt?"

„Domum, in vicum suum."

„Estne reapse verum?"

„Ita est, ut dixi, domine!"

„Sicuti libet, domine Payne. Trahit sua quemque voluptas, saepe autem cruciatus suus. Si mihi mendacium prolocutus eris, postea sine ulla dubitatione te paenitebit. Quod ad aurum attinet, frustra equo huc vectus es. Nihil invenies; nam non iam exstat."

Testamentum Vinnetus adhuc humi iacens sustuli, in duo involucra coriacea inserui, condidi.

Payne oblocutus est: „Dominus Santer id melius scire videtur quam tu."

Breviter affirmavi: „Nihil sane scit."

„Scisne tu tandem, ubi aurum situm sit?"

„Fortasse."

„Nobis dic!"

„Mihi non licet."

Invitus Payne ira elatus dixit: „Ita est, domine! Non servis nostro emolumento. Non es sodalis aliorum studiosus."

„Aurum tuum non est."

„Nostrum autem esse posset; nam dominus Santer id nobiscum reperire vult, ut nobiscum partiatur."

„Num iste, qui nunc captivus meus est?"

„Quid ei inferre potestis? Dominus Santer mox libertatem recuperabit."

„Haud facile. Quin etiam facinora sua morte luere debet."

Tum Santer cachinnum irridentis edidit, ut me ad eum converterem.

„Haec postea tibi minus ad risum erunt. Quid me nunc de te facturum esse putas?"

Saeve mihi arridens dixit: „Nihil."

„Quis impediet, quin globulo cerebrum tibi transfigam?"

„Tu ipse. Notum enim est Veterem Catabolochira vereri hominem interficere."

„Equidem non sum is, qui temere hominem interficiat. Sed tu multimodis mortem meritus es. Etiam paucis ante septimanis sclopeto te necavissem, si in te incidissem. Sed Vinnetu mortuus est, Christianus occidit. Cum eo etiam vindicta sepulta sit."

„Noli incredibilia loqui! Vetus Catabolochir caedem edere non audet. Agere non potes, ut velis. Sic res se habet!"

Hoc proterve dictum erat. Id solum ex eo intellegere poteram, quod animo obstinato erat; nam haud sciebam, quod ille sciebat. Itaque aequo animo dixi:

„Propter me maledicta in me congerite! Homo tui generis iram mihi movere non potest. Dixi quidem vindictam cum Vinnetu sepultam esse, sed inter vindictam et poenam discrimen est. Christiani a vindicta quidem abhorrent, attamen postulant, ut omnis culpa puniatur. Omne scelus expiari debet. Ergo te non ulciscar; attamen te poenam effugere non licet."

„Au! Omnino non interest, utrum poenam an vindictam dicas! Ridiculum est! Ulcisci non vis, sed poenas a me petere vis, ut videtur, me occîdere. Caedes caedes est. Noli iactare fidem tuam Christianam!"

Etiam tum nihil motus sum, sed aequus manebam.

„Falleris. Non cogito de peccando in vita tua. Te in proximum castellum translatum iudici tradam."

„Ah, idne consilium tuum est?"

„Revera."

„Quomodo id facere vis, domine?"

„Id meum est!"

„Etiam meum, opinor; nam puto necesse esse me quoque unâ esse. Verisimile est rem inversam fore, ita enim, ut ego te abducam. Et cum ego non sim Christianus tam pius quam tu, tum non in animum inducam de vindicta desistere. Ceterum iam adest, iam adest! Vide eam venientem!"

Santer laetus haec verba clamavit, neque mira laetitia eius vana erat; nam clamor eius victus est ululatu hoc momento circum nos edito, et simul a dextra et sinistra, a fronte et tergo multi homines rubri Kiovarum coloribus bellicis infecti apparuerunt, qui sicut angues provolantes me in medium acceperunt.

A Payneo mendacio deceptus eram. Santer Kiovas ad Nugget Tsil secum adduxerat. Ab eo certiores facti de Vinnetus morte statim statuerant hunc casum eo loco agitare, quo loco pater et soror eius sepulti erant. Hic mos erat vere Indianus. Haec apte cum mente homicidae congruebant, cui etiam laetitia contigit, ut me, amicum Vinnetus, in his Tituminum Collibus caperet.

Incursio, quamvis subita facta esset, me nequaquam turbavit. Statim me defendere constitueram, ut pistolium caperem; sed me a sexaginta bellatoribus circumventum videns arma rursus in zonam inserui, cum fugere nequirem et frustra restitissem. Resistendo condicionem meam potius deteriorem facere poteram. Tantum adversarios proxime stantes et manus ad me tendentes reppuli voce magna dicens:

„Vetus Catabolochir Kiovarum bellatoribus se tradet. Adestne Pida, regulus iuvenis eorum? Ei, ei soli ultro me tradam."

Rubri a me recedentes Pidam circumspectabant, qui incursioni subitae non interfuerat et opperiens sub arboribus proximis stabat.

Santer, quem satellites interim solverant irridens: „Ultrone?" inquit. „Hic homo, qui grandiloquus sibi nomen Veterem Catabolochira tribuit, etiam nunc de libero arbitrio loquitur! Ridiculum est. Se tradere debet, aliter prosternetur. Instate modo!"

Sed valde cavebat, ne ipse in me invaderet. At Kiovae vocatum eius audientes rursus me petebant, non autem cum telis, sed cum manibus; nam me vivo potiri volebant. Quamquam, quantum in me erat, contra eos me defendebam, diu impetum nimii numeri non sustinens deiectus essem, nisi Pida imperavisset:

„Consistite, recedite a Vetere Catabolochire! Se mihi tradere vult!"

Illis a me recedentibus Santer iratus clamavit:

„Cur ei parcatur? Tot verberibus et ictibus afficiatur, quot bracchia et pugni sunt. Instate modo! Ego impero!"

Ilico regulus iuvenis ad eum accessit.

„Tune hic imperare vis? Nonne scis, quis dux sit horum bellatorum?"

„Tu es."

„Et quis tu es?"

„Amicus Kiovarum, cuius arbitrium, ut spero, aliquid est!"

„Amicusne? Quis tibi hoc dixit?"

„Pater tuus."

„Verum non est. Tangua, Kiovarum regulus, numquam vocabulo amici erga te usus est. Nemo alius es atque facies pallida, quae apud nos admittatur."

Libenter brevi tempore huius iurgii usus essem ad perrumpendum et evadendum. Fortasse id mihi etiam contigisset, cum rubri animos magis in Santerum et Pidam quam in me intenderent. Sed ita sclopeta mea mihi relinquenda fuissent. Sed id nolebam. Tum Pida ad me accedens dixit:

„Vetus Catabolochir captivus meus esse vult. Tradetne ultro, quaecumque secum fert?"

Respondi: „Tradam."

„Et se ligari sinet?"

„Sinam."

„Age, arma tua mihi dede!"

In sinu gaudebam, quod Pida hoc modo me interrogaverat; nam hoc ostendit eum me recte censere. Ei pistolia versatilia et cultrum dedi. Santer carabinum Henrici ursicidale cepit. Pida id conspiciens eum interrogavit:

„Quo iure haec sclopeta surripis? Ea depone!"

„Id animo non agito! Mea sunt."

„Catabolochiris fuerunt, qui se mihi dedidit. Ergo cum eo mea sunt facta."

„Et propter quem eum cepisti? Solum propter me. Iam in potestatem meam eum redegeram. Meus erat et cum eo omnia sua. Neque eum missum faciam neque insigne carabinum Henrici."

Tum Pida minans manum sustulit atque iterum imperavit:

„Ea rursus depone! Ilico!"

„Non ita!"

Iuvenis regulus suis imperavit: „Ea ei adimite!"

Santer contumacem se praebens sicut vir, qui se defendere cogitet, audacter dixit: „Num mihi manus et vim inferetis?"

Pida repetivit: „Ea ei adimite!"

Santer videns, quot manus contra eum sublatae essent, arma abiecit et dixit:

„Ecce ea! Vestra sunt, sed non in omne tempus! Apud Tanguam conquerar!"

Cum contemptu, qui audiri posset, Pida respondit: „Id facias licet!"

Duo sclopeta ei lata sunt, et mihi manus porrigendae erant, ut rursus constringerentur. Quae dum geruntur, Santer propius veniens dixit:

„Tum cum diabolo habe sclopeta, sed quaecumque in funda eius sunt, mea sunt, imprimis quae hic – !"

Simul manum ad fundam porrexit, in quam testamentum Vinnetus inserueram.

Eum increpui: „Recede!"

Santer, cum vocem meam audiebat, perterritus resiluit, sed celeriter ad se rediit et mâlis alienis ad me risit.

Malum, quae audacia huius hominis nequam! Captus et sciens se animam agere ut canis catenarius in me invehitur! Nihil autem proficies. Scire volo, quid istic effoderis et antea legeris."

„Conare id mihi abripere!"

„Id sane quidem faciam. Concedere non cunctor hanc rem tibi acerbum dolorem inusturam esse, si hunc thesaurum obtinuero, sed aequo animo feres."

Rursus propius accedens ambas manus ad me tetendit. Nondum prorsus ligatus eram, cum vix demum lorum circum primam alterius palmae partem nexum esset et in eo esset, ut tum etiam altera circumplicaretur. Uno celeri et acri impetu manus liberavi et sinistra Santerum pectore apprehendi et dextro pugno ei caput percussi, ut corrueret et torpidus sicut caudex iaceret.

Rubri in circuitu clamabant: „Uff, uff, uff!"

Tum Kiovas manus offerens invitavi: „Nunc me rursus ligate!"

Pida me laudavit: „Vetus Catabolochir merito nomen

suum gerit. Quid est, quod iste Santer a te petat?"

Respondi: „Chartam loquentem."

Quid revera esset, me dicere non oportebat.

„Santer de thesauro est locutus!"

„Au! Ipse nondum scit, quid litteris mandatum sit. Cuiusnam ceterum sum captivus, tuus an eius?"

„Meus es."

„Curnam sinis Santerum vim mihi afferre, ut me privet?"

„Bellatores rubri tantum arma tua petunt. Omnia alia iis opus non sunt."

„Num haec est causa, quod ea isti homini des? Num captivus Pidae tantopere praesidio caret, ut cuilibet homini perdito fundam eius expilare liceat? In deditionem tuam veniendo te bellatorem et regulum honore affeci. Num nunc oblivisci vis me esse virum, a quo iste Santer tantum calce percuti possit?"

Indianus virtuti et animo etiam inimicissimi honorem tribuit. Ego apud rubros non homo ignavus habebar et Pidam tum, cum eum ex pago eius abripueram, ut Samuelem Hawkens servarem, clementer tractaveram. Hac re confidebam, et statim apparuit Pidam spem meam non destituere. Omnino non infeste oculis me lustravit.

„Vetus Catabolochir fortissimus omnium venatorum alborum est. Isti autem, quem ad terram afflixisti, duae sunt linguae, quarum altera aliud loquitur atque altera, et duo vultus, qui modo hanc et modo illam speciem habent; ei non licebit manum in fundas tuas demittere."

„Gratias tibi ago. Dignus es, qui sis regulus, et olim inter viros clarissimos Kiovarum eris. Bellator generosus hostem interficit, sed eum non minorem facit."

Videbam, quantopere haec verba animum eius ad superbiam inflarent, et misericordia paene commotus dixit:

„Ita est, hostem interficit. Veteri Catabolochiri moriendum erit, neque solum moriendum, immane discruciabitur."

"Sive me discruciabitis sive me interficietis, nulla lamenta ex me audietis! Sed hunc hominem a me repellite!"

Manibus constrictis mihi recumbendum erat, ut pedicae mihi inicerentur. Interea Santer ex stupore refectus surrexit, ad me accessit, calcem mihi impegit, dum clamat:

"Me percussisti, canis! Id lues! Fauces tibi elidam!"

Cum corpus inclinabat, ut collum meum caperet, Pida eum inclamavit: "Sta, noli eum tangere! Interdico tibi!"

"Tibi non licet mihi aliquid interdicere! Istud scelus, quod implacabili odio a me dissidet, me percutere est ausum. Itaque nunc sentiet, quomodo – ."

Santer enuntiatum perficere non potuit, quod genibus subito ad corpus attractis pedibus ei, qui talem impetum non exspectaverat, tam vehementem ictum intuli, ut longe proiceretur et retrorsus praeceps cadens denuo corrueret. Tum prae rabie rudivit sicut bestia fera. Celeriter quidem exsilire volebat, ut denuo in me se coniceret, sed nequibat, cum artus dolerent. At Santer, qui modo leniter se erigebat, etiam tum nondum praesentem vindictam renuntiavit, sed pistolium versatile strictum in me vertens clamavit.

"Hora suprema tua accessit, carcer! Descende in loca inferna, ubi esse debes!"

Cum Indianus iuxta eum stans manum eius comprehendisset, globulus, cum tamen ligulam pressit, deerravit.

Santer in rubrum vehementer invectus est: "Cur me impedis? Facere possum, quodcumque volo, atque isti sceleri, quod primum me percussit et tum conculcavit, moriendum est."

Pida accedens et monens manum umero eius imponens dixit:

"Minime, tibi non licet facere, quod vis! Vetus Catabolochir meus est, neque cuiquam alii eum tangere licet.

Vita eius mea est, neque cuiquam alii licet eam ei eripere."

Sed Santer contendit: „Sed iam diu ultione mea tenetur."

„Id ad Pidam nihil attinet. Patri meo nonnullam operam praestitisti, pro qua patebatur te interdum nobiscum esse. Haud aliter res se habebat. Noli nimium tibi sumere! Tibi dico: Si Catabolochiri vim attuleris, mea ipsius manu morieris!"

Timefactus Santer interrogavit: „Quidnam tandem ei fiat?"

„De hac re consilium habebimus."

„De qua re consilium habendum est? Liquet enim, quid vobis faciendum sit!"

„Quid?"

„Vos eum interficere debere."

„Id fiet."

„Sed quando? Venistis, ut mortem Vinnetus, hostis vestri maximi, celebraretis. Quomodo id potius facere poteritis, quam hoc ipso loco Veterem Catabolochira, amicissimum eius, cruciando usque ad necem."

„Id nobis non licet."

„Cur non?"

„Quod nobis in pagum nostrum ducendus est."

„In pagum vestrum? Quorsum?"

„Ut eum ad Tanguam, patrem meum, ducam. Cum Vetus Catabolochir olim genua eius perfregerit, eius igitur est. Tanguae destinandum est, quomodo ei moriendum sit."

„Amentiae est eum antea in pagum vestrum ducere! Haec est stultitia, qua maior esse non potest!"

„Tace! Pida, regulus iuvenis Kiovarum, stulte nihil facit!"

„Tamen stultitia est! Nonne tandem cognovisti, quotiens iste Vetus Catabolochir iam captus esset? Et semper dolo effecit, ut rursus evaderet. Nisi eum ilico interficeritis, sed diu eum vobiscum traxeritis, mox rursus elabetur."

„Nos non effugiet. Eum ita tractabimus, ut bellator tam probatus tractandus est, attamen tantopere vigilabimus, ut effugere nequeat."

„Malum, quod eum insuper ut virum clarum tractabitis! Nonne eum vero sertis circumligabitis et insignibus ornabitis?"

„Pida nescit, quid sint insignia, sed scit nos erga Veterem Catabolochira aliter nos gerere debere, ac erga te nos gereremus, si noster esses captivus.

„Esto, esto! Iam mihi quaedam explorata sunt. Mihi quoque aliquid iuris, vel magni iuris est adversus eum. Tantum propter vos eum missum facturus eram, ut vita eius penes vos esset. Sed nunc alia mihi mens est. Vester non magis est quam meus, et si vobis in animo est eum pro viro claro habere, mihi curae erit, ne melius se habeat. Licet vos fallat, vos effugeret, ego autem providebo, ut re vera poenas luat, quibus de me sit dignus. Si eum in pagum vestrum ducetis, ego una equitabo.

„Pida te una nobiscum venire vetare nequit, sed iisdem verbis reddit: Si vim ei attuleris, ipsa Pidae manu mors tibi inferetur! Et nunc consilium habebimus, quid sit faciendum."

„Continuo vobis dico consilio opus non esse."

„Sententiâ Santeri opus non est. Non est particeps contionis virorum nostrorum."

Pida aversus cum vetustissimis ex bellatoribus electis, quos in consilium adhibuit, seorsum consedit. Alii circum me conquexerunt et alius alii verba tam lenia insusurraverunt, ut ea non acciperem. Profecto admodum laeti erant et perinde superbiebant, quod Veterem Catabolochira ceperant. Me per cruciatum necare iis magno honori erat et gloriae, cui gloriae eorum certe unaquaeque tribus invideret.

Simulans me eos prorsus neglegere clam unumquodque os et id, quod ex eo cognosci poterat, spectabam.

Non erat odium exacerbatum, furiosum, immoderatum. Tum temporis, cum mihi nondum erat gloria viri occidui et regulum eorum tam graviter sauciaveram, immo vero sclopetando mancum feceram, tum praeter modum in me saevivererant. Ex eo tempore multi anni praeterierant et ira maxima conticuerat. Nobilis vir occiduus factus saepe ostenderam hominem rubrum a me tantidem aestimari, quanti album. Summum Tangua, regulus, pariter saeve me oderat ac antea, quod scilicet debilitate eius est effectum, cuius auctor ego fueram. Eam quidem sui ipsius culpam esse haud dubie non concessit.

Fieri non potuit, quin mihi magni momenti esset, quod tum temporis Pidam, quamquam mihi simultas erat cum eo, tam clementer tractaveram. A Kiovis nunc magis Vetus Catabolochir multorum sermonibus celebratus haberi videbar quam ille albus, quem regulus eorum coegerat, ut in crura sua globulos mitteret. Id cognovi ex conspectu, quem in me convertebant quemque reverentiae plenum appellare velim. Qua re vero non licebat me induci, ut, quod attinebat ad praesentem condicionem meam, aliquid sperarem. Quanticumque me aestimabant, tamen multum aberat, ut venia mihi ab iis exspectanda esset. Alium fortasse missum fecissent, sed non me, cuius comprehensio et occisio invidiam omnium aliarum gentium erga eos moveret. Eorum sententiâ supplicio inevitabili pali tormentorum destinatus eram, et sicut albus exspectatione maxime intentus in theatro sedet, si opus magni poetae vel compositoris primum editur, aeque cupidi erant videndi, quomodo Vetus Catabolochir tormenta sublaturus esset, quae oppetebat.

Quamquam id mihi clarum erat, ne minimum quidem anxius eram de me, immo vero ne sollicitus quidem. Quae pericula adhuc non sanus effugeram! Etiam tum non sic afficiebar, ut mihi desperandum esset. Homini usque ad extremum sperandum est, at enim omnia sunt facienda, ut spes re comprobetur. Quod qui non facit, scilicet occidit.

Santer eos tres, qui adhuc sodales mei fuerant, assederat eisque suppressa voce et sedulo persuadere temptabat. Praesagivi, quid argumentum verborum eius esset. Saepe audiverant de Vetere Catabolochire, ut scirent illum virum non esse hominem perditum, non hominem sceleratum. Itaque Santeri ratio erga me eos nullo pacto delectavisse poterat. Insuper se ipsos incusare videbantur, quod eo auctore me mendacio fefellerant, quod mihi non dixerant Indianos in propinquo esse. Ergo eorum culpâ revera erat factum, ut comprehensus essem, Quae res eos pungebat, ut opinor; nam homines improbi non erant. Nunc Santer innitebatur, ut iis rem ita explicaret eos se ipsos incusare non debere.

Consilium Kiovarum longum non erat. Cum rubri, qui ad consilium admissi erant, surrexerant, Pida suis nuntiavit:

„Kiovarum bellatores hic non manebunt, sed in pagum suum proficiscentur, cum cibum sumpserint. Parent, ut brevi tempore avehantur!"

Ego talia exspectaveram, non autem Santer. Stupefactus exsiluit et Pidae appropinquans interrogavit:

„Vultisne discedere? Sed constitutum erat, ut hic aliquot dies nobis manendum esset!"

Regulus breviter respondit: „Saepe aliquid constitutum est, quod postea mutatur."

„Mortem Vinnetus celebrare vobis in animo erat."

„Id faciemus, tantum nondum hodie."

„Quandonam?"

„Id per Tanguam comperiemus."

„Sed quaenam vobis sunt causae, cur sententiam tam repente commutaveritis?"

„Pida rationem tibi reddere non debet, tamen causas tibi dicere vult, quod tum etiam Vetus Catabolochir eas audiet."

Sed potius ad me quam ad Santerum versus Pida perrexit:

„Huc venientes morte Vinnetus, Apachium reguli, exsultatum nesciebamus Veterem Catabolochira, amicum et fratrem eius, in manus nostras incasurum esse. Hoc casu gravissimo, qui incidit, gaudium nostrum augetur. Vinnetu hostis noster erat, attamen vir ruber. Vetus Catabolochir etiam hostis noster est et insuper facies pallida. Mors eius in tentoriis nostris etiam exsultationem maiorem efficiet quam illa Vinnetus, atque filii et filiae Kiovarum decessum adversariorum clarissimorum eodem tempore celebrabunt. Hic exigua pars bellatorum nostrorum est, neque ego aetate satis provectus sum, ut statuam, quomodo Veteri Catabolochiri sit moriendum. Praeterea tota gens congreganda est, et necesse est Tanguam, regulum summum et maximum natu, vocem attollere, ut dicat, quid sit faciendum. Itaque hîc non manebimus, sed domum reverti maturabimus; nam fratres et sorores non satis mature audire possunt, quid acciderit."

„Sed non est locus magis idoneus ad Catabolochira per cruciatum necandum quam is, ubi nunc sumus!"

„Id Pida quoque scit. Num iam certum est ei alio loco moriendum esse? Nonne postea huc reverti possumus?"

„Id fieri non potest, quod Tangua, qui tum sine dubio adesse volet, equo vehi nequit.

Pida dixit: „Tum duobus equis vehetur. Quidquid ceterum statuat, ad omnes casus Vetus Catabolochir hîc humabitur."

„Etiamne, si infra ad Divortium Salsum ei moriendum est?"

„Etiam ita."

„Eumne hominem mortuum allatum iri?"

„Ita est."

„A quo?"

„A me."

„Comprehendendum non est! Quid causae esse

potest, cur bellator ruber ratione praeditus tantum laboret de cadavere albi canis mortui!"

„Tibi dicam, ut Pidam, regulum iuvenem Kiovarum, melius cognoscas, quam eum nosse videris, atque ut Vetus Catabolochir comperiat, quantopere ei gratias agam, quod me tum temporis non necavit, sed commutavit cum facie alba."

Et iterum potius ad me versus quam ad Santerum dixit:

„Vetus Catabolochir hostis noster quidem est, sed bellator ingenuus. Olim Tanguam infra ad Pecus Flumen interficere potuit, non autem fecit, sed solum eum claudum fecit. Atque ita semper se gessit. Omnes viri rubri, cum id sciant, ei honorem tribuere debent. Mors eius evitari non quit, Sed ita uti vir bello insignis morietur, cum ostendit supplicia, quae nullusdum homo est passus, sibi nullam vocem doloris elicere posse. Et cum mortuus est, corpus eius non in fluvio a piscibus devorari aut in prataria a lupis et vulturibus lacerari oportet. Regulus probatus, ut est, monumentum accipere debet, quod nobis, qui eum superavimus, honori est. Et ubi vis illud monumentum collocari? Pida audivit Nso-tsi, filiam pulchram Apachium, eum olim amore complexam esse. Itaque corpus eius iuxta illius quiescat, ut anima eius in aeternis saltibus venatoriis cum illius se coniungere possit. Haec est gratia, quam Pida adversario refert, qui olim vitam ei condonavit. Fratres rubri verba mea exaudierunt. Consentiuntne mecum?"

Cum suos oculis interrogantibus circumspiceret, ex omnium oribus probans excidit vox: „Howgh, howgh, howgh!"

Profecto, hic Kiova iuvenis erat homo singularis et pro condicionibus suis liberalis! Me tum non mordebat, quod tam definite de supplicio meo loquebatur, sed erga eum gratus esse debebam, quod haec mors tam terribilis, mihi igitur tam honesta futura erat, et quod ei in animo erat me iuxta Intsu-tsunam et Nso-tsi sepelire, tali verecundia erat, qualis apud rubrum inveniri posse non creditur. Dum bellatores eius vocem affirmativam „Howgh" edunt, Santer cachinnum magnum tollens mihi succlamavit:

„Homo, tibi quidem a me gratulandum est, quod in Aeternis Saltibus Venatoriis nuptias facies cum bella Indiana! Utinam mihi quoque tam bene esset! Vellem mihi saltem liceret hospiti adesse, cum re ipsa non sim sponsus! Nonne me invitabis?"

Lentus dixi: „Te invitato opus non est; nam me multo prius ibi eris."

„Ah, mene prius ibi fore? Desperasne igitur nondum de salute tua? Bene facis, quod id tam aperte confiteris. Ego te tenebo, ne dubita!"

Tum Indiani profecti sunt descensum in vallem, ubi equos reliquerant. Pedes mei soluti sunt, ego ipse autem ad duos rubros alligatus sum, inter quos mihi erat eundum. Pida duo sclopeta mea sibi iniecit. Santer cum tribus aliis albis sequebatur, qui equos suos ducebant, quoniam bestias nostras nobiscum sursum duxeramus, cum Kiova lorum meae bestiae caperet.

Sub monte primo rursus consêdimus. Indoandres nonnullis ignibus accensis carnem ferinam assaverunt, quam secum tulerant. Iis etiam caro siccata in hippoperis erat. Ego accepi carnem eximiam et tam magnam, ut eam vix consumere possem, attamen eam comedi, cum magni mihi interesset vires servare. Vincula manuum quidem mihi solvenda erant, ut ederem, sed inter hoc breve tempus tam bene custoditus sum, ut non inciderem in cogitationem fugiendi. Deinde, cum comederamus, me supra equum meum deligato ad pagum Kiovarum vectati sumus.

Foris in planitie in ephippio sedens circumactus sum, ut conspectum extremum ad Nugget Tsil converterem. Iterumne viderem sepulchra Intsu-tsunae filiaeque eius? Sperabam. Atque id ut vir liber!

Cum via, quae hinc ad pagum ad Divortium Salsum

Rubri Rivi situm fert, legentibus nota sit, non est, cur eam verbis depingam. Praeterea in itinere nihil evenit, quod memoratu erat dignum. Rubri severe me custodiverunt, et si id non fecissent, tamen omnis fugiendi conatus irritus esset factus, quod Santero fidem servanti curae erat, ne mihi minima occasio praestaretur ad fugiendum. Enixe operam dabat, ut vectationem mihi quam molestissimam redderet, incommodum mihi afferret, stomachum mihi moveret. Quod ad stomachum attinet, conatus eius irriti erant, quod ludificatione, quam in me congerebat, lacessi non poteram. Aequum animum firmum ei opposui neque umquam quidem ei gratum feci, quod ei respondebam. Atque alii conatus eius a Pida reiecti sunt, qui condicionem meam doloris pleniorem fieri, quam utique necesse erat, non sinebat.

Payne, Clay, Summer ab Indoandribus paene prorsus neglecti sunt, ut Santer iis sequendus esset. Animadverti quidem eos libenter mecum locutos esse, quod Pida verisimiliter non vetuisset, sed Santer id semper impedire sciebat. Eius scilicet multum intererat prohibere, ne occasionem nanciscerer eos docendi. Ceterum eos nequaquam pro sodalibus habebat. Voluerat eos se in auro quaerendo adiuvare, et mihi persuasum erat futurum fuisse, ut ab iis liberaretur, ut primum repertum esset. Si parum feliciter cessisset, ne triplicem necem quidem exhorruisset. Tum autem condicio mutata erat. Ut mea fert opinio, eum certiorem fecerant me putare Vinnetum palacurnas removisse, et eius sententiâ paginae, quas in manibus meis viderat, documento erant, ut conicio, hanc opinionem veram esse. Quodsi aurum alibi situm erat, id nequiquam ibi quaerebatur, neque iam adiutoribus ei opus erat. Itaque ei Payne, Clay, Summer tum oneri erant, quod gratissimum deposuisset. Sed quomodo? Poteratne eos temere missos facere? Non ita. Eos secum ducere cogebatur. Id autem solum eo consilio fecit, ut primo quoque tempore se ab eis liberaret.

Animo fingi potest futurum esse, ut Santer inde ab hoc tempore eniteretur et contenderet ad paginas meas, quas – non prorsus falso – descriptionem loci, ubi aurum Apachium nunc conditum erat, ducere videretur. Vehementer optabat, ut eas in manus suas acciperet. Manifesto eas mihi auferre Pidae causa audere non poterat. Duae igitur rationes eas accipiendi ei erant: aut altera mihi dormienti eas furandi, aut altera exspectandi, dum in pagum Kiovarum adveniremus, ut Tanguam adduceret, ut eas sibi addiceret. Ei omnino difficile non erat alterutrâ viâ propositum assequi. Paginae adhuc in pera erant. Quo eas abderem? In aliquem locum vestitus? Id clam facere debuissem, ergo si solus fuissem. Sed tum quidem semper vinctus eram. Et cum regulo multam operam navavisset, pro qua Tangua erga eum gratus se praebebat, Santero facile erat ad Tanguam movendum, ut paginas mihi ademptas sibi daret.

Qua ex re capitis dolorem capiebam. Mihi ipsi, meo nomini, meae vitae non timebam, eo magis autem hereditati Vinnetus mei.

18. IN PAGO KIOVARVM.

Kiovarum pagus adhuc eodem loco ut antea situs erat, id est ibi, ubi Divortium Salsum in ramum septentrionalem Rubri Fluvii effunditur. Ramus septentrionalis nobis transgrediendus erat, atque id fecimus loco, ubi vadum erat. Tum, cum nobis adhuc nonnullas horas vectandum erat, Pida duos viros praemisit, qui nos mox adventuros esse nuntiarent. Qualem commotionem, qualem laetitiam necesse erat hic nuntius afferret manum redeuntem Veterem Catabolochira captivum secum ducere!

Adhuc in prataria aperta eramus et multum aberat, ut

silvam ad ripas duorum fluviorum sitam videremus, cum iam equites equis concitatis ad nos vecti sunt, non turmis factis, sed singuli vel bini et terni, sicut ex velocitate diversa equorum sequebatur. Kiovae erant, quorum quisque primus Veterem Catabolochira videre volebat.

Nemo ex iis neglexit nos magno clamore vel voce scissa salutare, breviter oculos curiosos in me conicere, deinde a tergo continuari. Nequaquam admirationem habebam et ore aperto aspiciebar, quod loco cultiore sine dubio accidisset.Rubri superbiores sunt, quam ut gaudium, quod capiunt, vel animi commotio eorum emineat.

Ita caterva nostra a minuta in minutam maior fiebat, ut non moleste ferrem, atque cum tandem silva ante nos erat, quae hic ad Divortium Salsum laciniam angustam efficiebat, circiter ad quadringenti Indiani circum me erant, omnes bellatores puberes. Pagus et spatio et incolis auctus esse videbatur.

Sub arboribus tentoria collocata erant, in quibus tum non quisquam homo versabatur; nam omnes, qui ibi habitabant, in propatulo agitabant, ut nos venientes viderent. Erat ibi frequentia adulescentium semimaturorum, puellarum, liberorum. Illi, qui non tam continentes esse debebant quam bellatores austeri et taciturni, hac licentia tam abunde utebantur, ut libentissime aures clausissem, si id manibus ligatis fieri potuisset. Clamabant, laetitia exsultabant, rudebant, ridebant, vagiebant, ne longus sim, strepitum edebant, ex quo intellegi posset, quantopere exspectatus his hominibus venirem.

Tum Pida, qui praevehebatur, subito manum sublevatam celeriter in transversum movit, et ilico strepitus obmutuit. Altero signo ab eo dato equites semiorbem fecerunt, cuius in medium me acceperunt. Pida equum iuxta me sustinuit, cumque eo duo rubri, quorum munus peculiare erat non a meo latere discedere. Etiam Santer se admovit. Regulus iuvenis simulabat se eum omnino non videre.

Cum magno tentorio adequitabamus, ante aditum Tanguam partim sedentem, partim cubantem conspexi, qui nimis consenuerat et macie confectus erat, cuius ex oculorum caveis conspectum in me coniecit acutum sicut pugionem, acrem sicut cultrum venatorium, implacabilem – accurate ut Tangua cuiusque capilli longi valde cani erant redditi.

Pida ex equo desiluit. Bellatores eius, cum idem fecerant, arte nos circumsteterunt, cum unusquisque audire vellet, quibus verbis Tangua me salutaturus esset. Me a bestia vectrice resoluto primo pedes meos liberos esse sinebant, ut stare possem. Me ipsum tenebat cupiditas primae appellationis senis, sed diu eam exspectare debebam.

A summo ad imum me contemplatus est, tum ab imo ad summum, iterum iterumque. Erat vultus atrox, qui sollicitudinem mihi struere posset. Tum oculos operuit. Nemo homo loquebatur. Altum silentium erat, quod tantum strepitu equorum post nos stantium ruptum est. Modo silentium interpellaturus eram, quod mihi molestum erat, cum Tangua oculos non aperiens lente et sollemniter dixit:

„Flos rorem exspectat; cum non veniat, caput demittit et languescit. Iam moriturus est, cum tandem (ros) venit!"

Iterum aliquamdiu silebat. Deinde denuo orsus est: „Bubalus pedibus nivem radit, sub qua graminis herbam non invenit. Esuriens ver rudendo arcessit, cum apparere nolit. Macrescit, tuber amittit, robur eius minuitur, ut paene intereat. Inopinato ventus tepidus spirat, ut vicinus morti tamen ver conspiciat."

Rursus mora est facta. Eam inusitatis deliberationibus consumpsi.

Quale tandem caput mirum, quod comprehendi non potest, est homo! Qua re isti Indiano, quamvis me fodicasset, pupugisset, sugillasset sicut numquam antea quisquam alius, quamvis odio mei arsisset, me insectatus esset, vitae meae insidiatus esset, qua re ei haec omnia pensaveram? Indulgentiâ. Tantum aberat, ut eum sclopeto interficerem, ut ei glandem in crura misissem, atque etiam id solum necessitate coactus. Et tum, cum ante me iacebat ut reliquiae bellatoris, cutis hominis ossibus crepantibus obducta, et fusca voce velut in somnio, velut ex sepulchro verba faciens, eius me miserebat, ut cuperem me illo tempore glandem in eum omnino non misisse. Hoc sentiebam et optabam, quamvis scirem eum paene sitienter ultionem expetere et hoc tempore oculos tantum opertos habere laetitiâ, voluptate effusâ, quod nunc demum, demum sitim cruoris mei explere posset. Mehercle, homo interdum valde mirum est caput, praesertim si est – Germanus!

Tum Tangua denuo locutus est, ut nihil nisi labra pallida moveret.

„Tangua erat flos et erat bubalus esuriens. Ultio, quamquam eam desiderabat et magno mugitu repetebat, non venit. In dies, in septimanas, in menses contabescebat; etiam tum ea cunctabatur. Iam mors languescendi ei imminebat, cum tandem apparuit!"

Cum haec omnia illo modo dixisset, tum subito oculos pandit, se erexit, quoad crura immobilia id permittebant, bracchia macra digitis longe divaricatis ad me porrexit voce scissa clamans:

„Mehercle, venit, venit! Adest, adest! Tangua eam hic videt, proxime ante se! Canis, quomodo, quomodo morieris!"

Fessus relapsus oculos rursus operuit. Nemo silentium rumpere est ausus. Etiam Pida, filius tacebat. Longiore mora interiecta demum Tangua palpebris apertis iterum interrogavit:

„Quomodo iste bufo foetidus in manus vestras venit? Tangua scire vult."

Santer hanc ansam ilico cepit. Non exspectans, quid

Pida, cuius fuisset, responsurus esset, celeriter rettulit:

„Ego optime scio. Tibine dicam?"

„Loquere!"

Santer in narrando non neglexit merita sua maxime illustrare. Nemo eum interpellavit. Pida maiores spiritus gerebat, et meâ nihil intererat, utrum iste homo se laudaret necne. Cum finem dicendi fecisset, addidit:

„Facile igitur intellegi potest vos mihi debere, quod nunc istum ulcisci potestis. Concedisne?"

Senex annuit: „Concedo."

„Velisne me ideo gratum facere?"

„Si potero."

„Potes."

„Ergo dic, quid cupias!"

„Chartam loquentem, quae in pera Veteris Catabolochiris est, habere velim."

„Tibine ademit?"

„Non ita."

„Cuius est?"

„Eius non, sed invenit. Ego autem ad Tituminum Colles vectus sum, ut eam quaererem. Iste enimvero prior venit."

„Tua sit. Eam ei deme!"

Santer, qui laetus erat, quod tantum consecutus erat, mihi appropinquavit. Ego nihil dicens neque me movens minaciter os et oculos eius intuebar. In pavorem adductus est, ut cunctaretur manus mihi afferre.

„Audisti, quid regulus mandaverit, domine", mihi inquit.

Cum non responderem, addidit:

„Domine Catabolochir, optimum tibi est te non recusare. Ergo id patienter fer! Nunc manum in peram tuam inseram."

Homo nequam propius accedebat et manus tendebat, cum ei pugni, quamquam constricti erant, tanto impetu mento impegi, ut retrorsum corrueret.

Nonnulli rubri obstupefacti clamaverunt: „Uff!"

Tangua autem aliter iudicabat; nam iratus clamavit:

„Hic canis etiam vinctus se defendit! Eum ita vincite, ut se movere nequeat, et tum chartam loquentem ex perula eius eximite!"

Tum demum Pida, filius eius, primum loqui coepit.

„Pater meus, magnus Kiovarum regulus, sapiens et iustus est. Aures filio praebebit."

Cum senex antea quasi animo exsulans, quasi rebus humanis exemptus locutus esset, oculi eius tum clariores sunt redditi. Pidam argute aspexit, atque etiam vox eius alia erat, non iam tam obtusa, cum respondit:

„Cur filius haec verba facit? Estne iniustum, quod facies pallida poposcit?"

„Est."

„Qua de causa?"

„Non Santer Veterem Catabolochirem vicit, sed nos id fecimus. Vetus Catabolochir omnem defensionem renuntiavit neque quemquam nostrum violavit, sed ultro mihi se dedit. Cuius igitur captivus est?"

„Tuus."

„Cuius igitur equus, arma omniaque, quae secum ferebat, sunt?"

„Tua."

„Mehercle mea sunt. Magnam et pretiosam praedam feci. Unde iste Santer chartam loquentem sibi poscere potest?"

„Quod eius est."

„Potestne probare?"

„Potest. Ad Tituminum Colles equitavit, ut eam quaereret, Vetus autem Catabolochir eum praevenit."

„Si eam quaesivit, necesse est eam noverit, necesse est sciat, quid contineat. Pater dicat, utrum res ita sit necne!"

„Ita est."

„Itaque Santer nos certiores faciat, quae verba charta loquatur."

„Vero, id faciat! Si potuerit, chartam novit, ut eius sit!"

Haec postulatio Santerum in angustias non parvas adduxit. Sane quidem secum cogitare poterat id, quod chartae continebant, attinere ad aurum in Nugget Tsil occultatum, sed si, cum id dixisset, aliquid aliud appareret, futurum esse, ut gratiam amisisset. Et si revera ita esset, liceretne ei id dicere? Eius enim interesse debebat se solum rem secretam nosse, simulatque certe sublatus essem. Itaque tergiversatus est:

„Quod charta loquente continetur, nullius alterius hominis ac solum meâ interest. Eam meam esse eo probavi, quod tantum eius causa in Tituminum Colles equitavi. Modo casu accidit, quod Vetus Catabolochir eam ante me invênit."

„Prudenter locutus es", inquit Tangua. „Santero charta loquens detur. Eius est."

Tum tempus erat me quoque verbum dicere, quod ex vultu Pidae cognoscebam eum adductum esse, ut nihil de resistendo cogitaret.

Dixi: „Revera, prudenter locutus est, non autem verum. Santer non eius chartae causa in Tituminum Colles venit."

Senex, qui voce mea intonante cohorruit, sicut vir, qui periculo terretur, acerbe me increpuit:

„Canis foetidus latrare incipit, sed usui ei non erit."

Perrexi: „Pida, regulus iuvenis et fortis, antea dixit Tanguam iustum et sapientem esse. Si verum dixerit, Tangua integrum se praebebit."

„Verum est."

„Ergo dic, num exspectes, ut mendacia dicam!"

„Non ita. Vetus Catabolochir periculosissima est facies pallida et inimicissimus, sed numquam bisulci lingua locutus est!"

„Ita tibi dico neminem alium hominem nisi me solum scire potuisse, ubi esset charta quidque contineret. Santer de hac re nihil suspicabatur, neque ego, sed iste intervenit, cum inventa erat. Spero te mihi crediturum esse."

„Tangua putat Veterem Catabolochira non mentiri. Sed etiam Santer affirmat se verum dixisse. Qui Tangua in hac re iudicet, si iustus esse vult?"

„Res bene se habet, si iustitia cum prudentia iungitur. Santer saepe ad Tituminum Colles fuit. Ibi aurum quaesivit, quod non inveniret. Id Tangua non ignorat, quoniam ei concessit, ut quaereret. Santer etiam nunc quidem non venit nisi propter aurum."

Santer in me invectus est: „Mendacium dicis!"

Asseveravi: „Verum dico. Tangua ex tribus aliis faciebus pallidis requirat. Santer eos secum duxit, ut in quaerendo se iuvarent."

Senex id fecit, ut Payne, Clay, Summer concedere deberent rem ita se habere, sicut dixeram. Deinde Santer irato animo extremum periculum fecit.

„Attamen chartae causa veni! Cum vero obiter ibi etiam palacurnas quaerere vellem, hos tres viros mecum ducerem, ut me adiuvarent, sed de hac charta iis nihil dixi, quod mihi soli de ea scire licebat."

Haec res rursus animum reguli senis perturbavit, ut morose exclamavit:

„Uterque igitur recte monet! Quid Tangua faciat?"

Respondi: „Sanae mentis sis! Santer mihi ad nonnullas interrogationes respondeat. Estne tantum una charta, an complures sunt?"

„Complures", inquit. Id me ad sepulchrum sedente et legente, opinor, viderat.

„Quot? Duae – tres – quattuor – quinque?"

Silebat, cum futurum esset, ut, si nunc non recte dixisset, coargutus esset.

Gaudio exsultans clamavi: „Ecce, silet! Nescit."

„Paginas non dinumeravi. Quisnam ad talia attendit?"

„Si hae chartae tam immensi momenti apud eum sunt, non ignorabit, quot paginae sint. Sed Santer, quodsi antea scivisset et deinde postea oblitus esset, saltem certo dicere poterit, utrum atramento an plumbo completae sint. Sed opinor eum etiam de hac re rursus taciturum esse."

Haec verba acerbissimis facetiis dixi, ut eum ad celere impellerem responsum. Exspectabam eum verum coniecturum non esse, quod in occidente fero in solis castellis atramentum invenitur atque multo potius fit, ut aliquis graphium secum ferat. Haec cogitatio recta erat; nam dicto meo acerbo ilico rettulit inconsulte affirmans:

„Scilicet id scio; nam talia non oblivisceris. Hae chartae graphio scriptae sunt."

Fidei causa iterum interrogavi: „Nonne falleris?"

„Non fallor. Graphio, non atramento scripta sunt!"

„Age! Quis bellatorum, qui adsunt, chartas loquentes facierum pallidarum vidit, ut atramentum a plumbo distinguere possit?"

Erant nonnulli, qui sibi hoc discrimen cognoscere posse viderentur. Ceterum videlicet etiam Payne et Clay et Summer aderant. Itaque Pidam invitavi:

„Regulus iuvenis Kiovarum chartas ex sacculo meo depromat, ut spectentur, sed caveat, ne eas Santero monstret."

Pida ita fecit curans, ut tres albi versus videre quidem, sed tamen legere non possent. Affirmaverunt eas atramento scriptas esse et Tangua et Pida hanc sententiam probaverunt, quamvis, opinor, haud multum de hac re scirent.

Santer tres sodales increpuit: „Stipites! Utinam vos neglexissem! Vos ne scitis quidem, quid sit atramentum et quid graphium!"

„Heus, neque tamen sumus tam stulti, ut dicis", inquit Payne.

„Est atramentum atque atramentum manebit."

„Revera, et in hoc atramento et luto nunc haeretis neque tam facile ex eo evadetis!"

Neque vero, ut mentirentur, dicere est ausus. Tum

Pida chartas rursus in involucra coriacea inserens ad patrem se contulit.

„Vetus Catabolochir adversarium coarguit. Pater nunc sciet, an Santer ius harum litterarum habeat."

Senex iudicavit: „Eius non erant, sed Veteris Catabolochiris!"

„Litterae nunc meae sunt; nam Vetus Catabolochir meus est captivus. Cum duo viri de iis contendant, maximi momenti esse videntur. Eas bene condam in medicina mea."

Pida eas condidit, quae res mihi qua ingrata, qua grata erat; ingrata, quod chartae optime apud me ipsum depositae erant. Quomodo iis potirer, si fuga me eriperem? Attamen etiam grata, cum Santero diffiderem. Si mihi licuisset eas retinere, probabiliter ei incidisset cogitatio, ut eas, si non me dormiente, attamen per vim mihi auferret, quoniam ego vinctus haud efficaciter me defendere poteram. Ita scilicet fortasse praestabat regulum iuvenem paginas possidêre, cui manus ab eo inferendae non erant. Utique tum ad Pidam dixit, atque id tali modo, quasi deinde commentarios iam abnueret:

„Vero, retine litteras loquentes! Tibi non proderunt, cum legere non possis. Equidem eas libenter possedissem, quod mihi magni momenti sunt, sed etiam eis facile carere possum, quod ea, quae continent, non ignoro. Venite, domini! Nobis hic iam nihil est negotii, ut videamus, ubi tecto recipiamur."

Cum Santer cum Payne et Clay et Summer se amoveret, nemo adductus est ad eos remorandos. Postquam de litteris diiudicatum est, exspectabam eos mihi operam daturos esse. Ita quoque accidit, sed Tangua antea filium interrogavit:

„Vetus Catabolochir chartas loquentes adhuc secum fert. Nonne perulas eius expilavistis?"

Pida respondit: „Non. Magnus est bellator. Eum quidem interficiemus, sed nomen et fortitudinem eius manibus ei in perulas inserendis non fodicabimus. Nobis sunt arma eius. Hoc satis est. Omnia alia enim moriens mihi relinquet."

Exspectavi senem cum eo non consensurum esse, sed erravi; nam superbis et iucundis, immo vero piis fere oculis filium aspiciens dixit:

„Pida, regulus iuvenis Kiovarum, generosus est bellator. Etiam maximis inimicis parcit! Eos quidem interficit, sed ignominia eos non notat neque polluit. Nomen eius etiam maius et clarius erit quam illud Vinnetûs, Apachium canis. Itaque ei concedam, ut cultrum in cor Veteris Catabolochiris infigat, si captivus ita excruciatus erit, ut anima eum fugitura sit. Pida gloriari possit faciem pallidam periculosissimam et clarissimam sua manu mortuam esse. Nunc seniores arcessantur, ut consultemus, quando et quomodo hic canis albus et mordax vitam positurus sit! Interea ad arborem mortis alligetur!"

In eo erat, ut, qualis arbor illa esset, ilico comperirem. Ad magnam pinum ductus sum. In circuitu quater quaterni pali festucis adacti sunt, quorum finem sub vesperum demum didici. Haec pinus arbor mortis appellabatur, quod ad eam captivi alligabantur, qui tormentis morituri erant. Ex ramo infimo lora, quae opus erant, pendebant. Ego ad arborem alligatus sum pariter ac quondam Vinnetu paterque eius, cum in manus nostras et Kiovarum inciderant. Duo bellatores armati a dextra et sinistra ante me consederunt. Interim ante tentorium reguli, contra Tanguam, seniores in orbem dimidiatum constiterunt, ut de sorte mea, vel potius, cum ea iam destinata esset, de mea mortis ratione consilium haberent. Antequam id coeperunt, Pida ad me venit, ut lora excuteret, quae atrociter adstricta erant. Iis paulum laxatis ad custodes dixit:

„Severe Veterem Catabolochira observare et custodire debetis, neque eum excruciare. Magnus est regulus alborum neque umquam sine causa bellatori rubro dolorem fecit."

Tum rursus se amovit, ut consilio interesset.

Ego tergo ad truncum applicato rectus ad arborem alligatus stabam et videbam multitudinem mulierum, puellarum liberorumque advenientium, ut me intuerentur. Bellatores longe aberant. Quin etiam pueri parvulis exceptis iam superbiores erant, quam qui studio spectandi mihi molesti essent. Odium ne ex unius quidem oculis perspexi, sed tantum humanitatem existimatione mixtam. Venatorem album videre volebant, de quo tantum audierant cuiusque mors spectaculum iis praebitura erat, quam crudele et animos commovens fortasse nondum experti erant.

Inter eas Indiana iuvenis mihi conspicua erat, quae nondum squova[1], id est uxor, esse videbatur. Animadvertens oculos meos in se coniectos esse secessit, ibi ab aliis seiuncta constitit furtimque me inspexit, quasi puderet eam, quod inter spectatores quodam stupore defixos steterat. Non ita pulchra erat, attamen neutiquam deformis. Dulcis appellari poterat. Lineamentorum eius tenerorum venustas mitibus, severis, apertis oculis aucta est. Hi oculi mihi acriter memoriam Nso-tsiae attulerunt, etsi aliter sororis Apachis similis non erat. Subito animi motui obsequens comiter ei adnui. Tum erubuit usque ad capilli verticem, se avertit, discessit. Brevi tempore interiecto parumper cunctatus est, ut rursus me circumspiceret. Tum in introitu unius ex maioribus et melioribus tentoriis ex oculis elapsa est.

Meos custodes interrogavi: „Quis erat filia iuvenis Kiovarum, quae sola ibi stabat, et nunc abiit?"

Cum iis non interdictum esset, ne mecum loquerentur, alter respondit.

„Illa erat Kakho-Oto[2], filia Sus-Homasae[3], qui iam puer honore unius pennae in capillo gerendae affectus est. Placetne tibi?"

---

[1] squova – ita reddidi: Squaw   [2] Kakho-Oto – Coma Fusca
[3] Sus-Homasa – ‚Una Penna'

Quamvis haec interrogatio in mea condicione et a rubro nescio quomodo diceretur, occurri: „Placet."

Addidit: „Squova iuvenis reguli soror eius est."

„Pidaene squova?"

„Ita est. Patrem eius, qui unam magnam pennam in capillo gerit, ibi in consilio sedentem vides."

Tum colloquium breve ad finem perductum erat. Eventus ex eo secuti sunt, quos omnino non cogitaveram.

Consilium longum erat, plus duas horas. Tum adductus sum, ut sortem meam comperirem. Mihi verbosae orationes de universis sceleribus alborum et deinde praecipue de meis audiendae erant. Tangua sine fine rettulit de illius temporis inimicitiis nostris et finem fecit dicendi, cum narravit de cruribus suis debilitatis. Neque omissum est me postea Samium Hawkens liberavisse et Pidae vim attulisse. Ut breviter dicam, talis peccatorum index mihi erat audiendus, ut nullam veniam aut clementiam sperare possem. Sed multo longior erat catalogus cruciatuum mihi imminentium. Non puto inter omnes albos semper ab Indianis per cruciatum necatos quemquam fuisse, qui tam formidulosa et et lenta morte perierit, quae mihi immineret. Superbire debebam cruciatibus electis; nam certissimum signum erant existimationis, quam apud hos homines iucundos collegeram. Tantum solacio mihi erat, quod tempus gratiae mihi praebebatur, quod manipulus Kiovarum domi non erat. Cum summa voluptate videndi Catabolochira morientem privari non deberet, exspectandum erat, dum domum rediret.

In iudicio pronuntiando ita me gessi, sicut viro mortem non timenti convenit, sed dixi, quod mihi dicendum erat quam brevissime et cavi, ne enuntiarem quicquam, quo rubri iniuriam sibi illatam putarent.

Haec ratio contraria erat ei, quae in talibus rebus moris erat, cum apud Indianos pro animo habeatur, si damnatus omni modo carnifices suos exacerbare studet. Id non feci propter Pidam, qui me tam liberaliter habebat atque etiam propter rationem omnium Kiovarum. Cum ab iis longe aliter exceptus eram ac ex natura eorum et ex inimicitiis inter eos et Apaches exspectari poterat: Alius haud dubie timere debebat, ne haec tranquillitas ignaviae duceretur, non autem Vetus Catabolochir.

Cum abducebar, ut rursus ad arborem mortis alligarer, praeteribam tentorium, quod Sus-Homasae senis erat. Filia eius in introitu stabat. Inconsiderate eam interrogavi:

„Nonne iuvenis soror rubra valde gaudet, quod Vetus Catabolochir malus prehensus est?"

Confusa est sicut antea, cum ei adnuerem, et parumper respondere cunctabatur.

Tum rettulit: „Vetus Catabolochir malus non est."

„Unde scis?"

„Omnes sciunt."

„Quanam de causa me interficere vultis?"

„Tanguam debilitasti neque iam facies pallida es, sed Apaches."

„Facies pallida sum semperque ero."

„Non, Intsu tsuna te tum temporis in Apachium numerum ascivit et te etiam regulum eorum fecit. Nonne quondam cum Vinnetu germanitatem alterno sanguine bibendo sanxisti?"

„Id sane quidem fecimus, sed numquam ullus Kiova a me iniuria affectus est, nisi ipse me coegit. Id Kakho-Oto numquam obliviscatur!"

„Quid? Vetus Catabolochir nomen meum novit?"

„Id percontatus sum, quod vidi te filiam esse magni et nobilis bellatoris. Utinam plures aestates pulchras videas, quam horae mihi restant!"

Processi. Custodes mei nihil impediverant, quin cum ea loquerer. Alium captivum sine dubio non tanta observantia coluissent. Id non modo Pidae naturâ et animo effectum erat, sed certe etiam ex eo sequebatur, quod pater eius alius erat redditus. Et haec mutatio non orta erat ex senectute, quae aut hominem mitiorem facit, aut eum virtute privat, sed animus filii non minimum auctoritatis apud patrem habuerat. Surculus nobilis veteri stirpi novam virtutem et meliores sucos tribuit.

Me rursus alligatum non modo bellatores, sed etiam mulieres et liberi fugiebant. Quod attinet ad hanc rem, mandatum datum esse videbatur, quae res mihi accepta erat; nam gratum non est, si quis ut rara res, quae ostentatur, ad arborem alligatus admirationem habet, etsi tantum mulierum et liberorum.

Postea ‚Comam Fuscam' ex tentorio egredientem videbam. Vas fictile planum manu tenens ad me vênit.

Interrogavit: „Pater mihi permisit, ut cibum tibi suppeditarem. Accipiesne eum?"

Respondi: „Libenter. Sed manibus uti non possum, quod vinctae sunt."

„Te solvi necesse non est. Te iuvabo."

Carnem bubalinam assam et in partes concisam attulerat. Cultro, quem in manu tenebat, frusta carnis arripiebat atque ad os meum afferebat. Veterem Catabolochira a iuveni Indianâ sicut infantem cibatum! Quamquam condicio mea non erat invidenda, id ridere poteram. Me pudere huius rei non debebat; nam non domina Anglica delicata neque dominula Hispana mihi auxilio erat, sed Indiana Kiovarum, quae a talibus casibus aliena non erat.

Ambo custodes serii erant spectatores. Cum ultimum frustum comêdissem, alteri videbatur bonam puellam remunerari ea prodendo, quae taceri debebant.

„Vetus Catabolochir dixit ‚Comam Fuscam' sibi admodum placere."

Kakho-Oto probans oculos in me coniecit. Puto me aeque fere erubuisse atque illam. Tum se vertit, ut discederet. Sed post paucos gradus rursus ad me versa interrogavit:

„Hicine bellator verum nunc dixit?"

Ad veritatem confessus sum: „Ab eo interrogatus, num mihi placeres, dixi: ‚Ita est.'"

Eam abeuntem oculis prosequebar.

Sero tempore postmeridiano Payne vidi inter tentoria ambulantem.

Custodes interrogavi: „Licetne mihi cum illâ facie pallidâ loqui?"

Responsum erat: „Licet. Sed nequaquam de fuga loqui debes!"

„Id bellator ruber timere non debet."

Payne a me vocatus lente et cunctanter accessit sicut vir, qui non satis sciat, utrum ei liceat necne.

Eum hortatus sum: „Huc ades modo! An mecum loqui vetitus es?"

Confessus est: „Dominus Santer id nolit."

„Id mihi persuasum est. Timet, ne vos meliora doceam."

„Etiamnunc perperam de eo iudicas, domine Shatterhand!"

„Non ego, sed vos!"

„Vir nobilis est!"

„Naturae humanae cognitione vix imbutus es. Ego tibi firmissimis argumentis contrarium probare possum."

„Ea audire nolo, quandoquidem ei inimicus es."

„Sane quidem tam inimicus, ut ei satis sit causae, cur a me caveat."

„A te? Hem! Domine, des veniam, oro, quod apertus sum, sed a te quemquam cavere non iam necesse est."

„Quod constituerunt mihi hic moriendum esse?"

„Certe."

„Inter id, quod constitutum est, et id, quod vere accidit, magnum est discrimen. Quamquam iam saepe mihi moriendum esse decretum erat, etamnunc vivo. Sed dic: Num reapse credis Veterem Catabolochira hominem tam malum esse, quam Santer dicit?"

„Hac in re omnia credo aut nihil. Inimici estis. Nihil meâ interest, quis verum dicat, utrum ille an tu."

„Ita me saltem non decipere et mendacio fallere debuistis, tum temporis in Tituminum Collibus, cum me Kiovarum praesentiam celabatis. Si fidelior fuisses, nunc non captivus hic essem."

„Num sincerior fuisti?"

Contra interrogavi: „Num vos decepi vel etiam fraudavi?"

„Tibi nomen tribuisti Jones", inquit.

„Hancine rem fraudem vocas, domine Payne? Ne dolum quidem dicere velim, quod nomen tacui aliudque mihi dedi, sed pura erat necessitas. Santer est vir, qui multos homines interfecit, fraudator grandis, homo admodum capitalis. Vitae meae insidias struit. Num vobis, qui comites eius eratis, in hac re dicere debebam, quis essem, et in Tituminum Colles tendere?"

Murmuravit: „Hem!"

„Hemne? Veniam mihi des, oro, domine Payne, sed si etiamnunc dubitas, utrum verum dicam necne, admiror te."

„Nihilominus nobis verum dicere debebatis. Tum tibi sine dubio fidem habuissemus."

„Minime vero! Num nunc mihi creditis, cum scitis mihi nomen celandum fuisse, quod Vetus Catabolochir sum, et, quod maxime rem continet, postquam vidistis et accepistis, quomodo Santer me tractaret?"

„Dominus Santer vim tibi afferre non vult."

„Quis id dixit?"

„Ille ipse."

„Hac re vos decipere vult. Ardet et flagrat cupiditate me interficiendi."

„Non ita, non mentitur."

„Nonne vides vos etiamnunc cum eo stare, mihi autem diffidere? Itaque eo minus prodesset, si vobis, quis essem, ad Tituminum Colles aperuissem. Sedulo ibi operam dedi, ut vobis tribus mala fide eum agere probarem. Id etiam nunc nondum creditis, cum vestrum, ut estis albi, esse debet mihi, quem rubri enecare volunt, opem ferre!"

„Santer antea dixit se te servare velle."

„Mendacium est, nihil nisi mendacium! Intellego vobis persuadendum non esse. Cum vos circumvenerit, vos calamitate doceri necesse est."

„De calamitate non agitur. Tametsi adversus te aliter se gessit, quod eum consecutus es et vitae eius insidias fecisti, nobis autem ex animo consulit."

Interrogavi: „Etiamne nunc igitur aurum speratis?"

„Speramus."

„Nulla est in Tituminum Collibus, ut vobis iam dixi."

„Tum alibi situm est."

„Ubinam?"

„Nescimus, sed comperiemus."

„A quo?"

„Santer id reperire vult."

„Quomodo? Dixitne vobis?"

„Non ita."

„Rursus vides eum fidelem non esse erga vos!"

„At dominus Santer nobis vero dicere non potest, quid ipse nondum sciat!"

„Scit, vel penitus scit, quomodo saltem locum invenire possit, ubi palacurnae nunc sitae sunt!"

„Cum id tam certo dicas, te ipsum quoque id scire necesse est."

„Sane quidem."

„Ergo mihi dic!"

„Id fieri non potest!"

„Ah! Videsne te ipsum non fidelem erga nos esse? Et tum vis nos tecum stare?"

„Fidelis essem erga vos, si vobis confidere possem. Mihi nihil obicere potestis; nam vos ipsi me cogitis, ut taciturnus sim. – Quonam tentorio recepti estis?"

„Una habitamus in tentorio, quod Santer nobis elegit."

„Habitatne vobiscum?"

„Ita est."

„Ubi illud tentorium situm est?"

„Iuxta illud, quod Pidae est."

„Mira narras! Atque id ipse sibi elegit?"

„Elegit. Tangua ei permisit, ut habitaret, ubi vellet."

„Et tum sibi id ipsum tentorium elegit iuxta Pidam situm, qui non tam benevolo animo in eum est ut pater? Hem! Cavete! Facile fieri potest, ut Santer subito abeat atque vos deserat. Tum exspectandum est animum benevolum rubrorum in vos subito mutatum iri. Nunc vos patiuntur, quodsi Santer se abripuerit, vos inimicos ducent. Num – "

Mihi interlocutus est: „Per Deum immortalem! Nunc videt me hic apud te stantem!"

Santer enim, qui nunc ipsum inter tentoria progressus erat, Payneum conspiciens celeriter accessit.

„Illum hominem vehementer timere videris, cui tantopere vos committitis!" acerbe inquam.

„Non timeo, sed non vult nos ad te venire."

„Tum ad eum accurrens pete, ut tibi ignoscat!"

Iam procul Santer clamavit: „Quid hic tibi negotii est? Quis tibi dixit, ut cum isto homine colloquereris?"

Vir aspere increpitus se purgavit, cum dixit: „Me forte praetereuntem allocutus est."

„Id non temere nec casu evenit. Apage te! Mecum venies!"

„At vero, domine Santer, non sum infans et – "

„Tacebis et mecum abibis! Perge!"

Santer Payneum bracchio eius prehenso secum abstraxit. Quae mendacia illis tribus viris rerum imperitis prolocutus erat, quod cum eo faciebant praetereaque ita se ab eo tractari aequo animo patiebantur!

Custodes, qui propterea mihi dati erant, quod mediocriter Anglice sciebant, audiverant, de qua re inter nos collocuti essemus. Et tum rursus apparuit me apud rubros longe alio numero et loco ac Santerum esse; nam alter, qui mihi iam semper responderat, cum alter taciturnus esset, Santero cum Payneo abeunte dixit:

„Illi oves sunt lupum sequentes. Eos devorabit, simulatque fame oppressus erit. Cur non audiunt Veterem Catabolochira monentem, qui iis bene vult?"

Paulo post Pida venit, ut mea vincula examinaret simulque sibi persuaderet me nihil queri. Monstravit palos, qui quaterni festucati erant.

„Vetus Catabolochir longâ standi morâ fessus sit. Noctu hîc inter palos iacebit. Velitne fortasse iam nunc recumbere?"

Recusavi his verbis:

„Nolo. Adhuc ferre possum."

„Tum post cibum vespertinum sumptum fiat. Pratereâne venator albus aliquid vult?"

„Volo, aliquid rogo."

„Mihi dic, quid roges! Si facere possum, concedam."

„Te monere velim, ut a Santero caveas."

„A Santero? Ille comparatus cum Pida, filio Tanguae reguli, est illuvies!"

„Verissime. Sed etiam illuvies observanda est, si insessura est. Audivi eum nunc iuxta te habitare."

„Ita est, tentorium vacabat."

„Cave, ne in tuum veniat! Id ei in animo esse videtur."

„Pida eum eiciet!"

„Id facere poteris, si apertus venerit. Quid autem, si te non sentiente clam arrepserit?"

„Pida sentiret."

„Etsi non in tentorio eris?"

„Tum squova mea inesset, quae eum expelleret."

„Santer chartam loquentem, quam tibi sumpsisti, petit."

„Non accipiet."

„Spero. Fortasse mihi permittes, ut eam semel contempler?"

„Nempe eam iam vidisti et legisti."

„Non omnem."

„Tum eam omnem videbis, at non nunc; nam iam tenebrae oboriuntur. Cras mane, si diluxerit, Pida eam tibi afferet."

„Gratias tibi ago. Et nunc etiam hoc unum scito: Santer non solam chartam loquentem petit, sed etiam sclopeta mea. Cum clara sint, ea libenter vult. Cuius in manibus nunc sunt?"

„In meis."

„Tum ea bene custodi!"

„Sclopeta optime deposita sunt. Etiamsi Santer luce clara tentorium meum iniret, ea non videret. Ea duabus lodicibus involuta sub cubili meo posui, ne forte umescerent. Inde ab hoc tempore mea sunt. Pida, quod attinet ad gloriam possidendi carabinum Henrici, tibi succedet, et ad hoc Vetus Catabolochir eum adiuvabit."

„Si potero, libentissime."

„Sclopeta intentis oculis contemplatus ursicidali glandes mittere possum, neque vero carabino. Monstresne mihi ante mortem, quomodo sit onerandum?"

„Monstrabo."

„Gratias tibi ago. Hoc arcanum mihi prodere non debes. Si mihi non diceres, carabinum mihi inutile esset. Cum id nihilominus dicas, curabo, ut usque ad carnificinae initium accipias, quaecumque appetiveris."

Abiit inscius, ad quam spem me excitavisset. Ut aperte confitear, speraveram me ex praesentia Paynei, Clay, Summeri fructum capere posse. Etsi non ita amici mei esse volebant, tamen, ut erant albi, eorum erat pro viribus me tueri. Si id facerent, aliqua occasio offerretur efficiendi, ut arbore mortis solverer. Utinam demum manus vinculis liberatae essent! Tum neutiquam quisquam me retinere poterat. Sed, quod maxime dolebam, huius rei memoria mihi deponenda erat. Ex ratione Paynei intellexeram auxilium ab illis hominibus exspectandum non esse. Ergo facere non poteram, quin in me solo niterer. Sed etiam ita via invenienda erat supplicii effugiendi. Utinam semel manus mihi libera esset inque eâ culter! Non erat, cur id fieri non posset, immo vero ne difficile quidem erat. ‚Fusca Coma' mihi venit in mentem, quae mecum dolere videbatur, atque sciebam, quot albis iam contigisset, ut tali misericordia ad fugiendum abuterentur. Non quo talia a primo consilium meum fuisset, ut ea de causa eam quaesivissem et tum allocutus essem! Tantum nunc haec res mihi succurrit. Sane utcumque res accideret, abeundum mihi erat! Abeundum, abeundum, etiam si extremo temporis puncto, priusquam ad arborem cruciatus alligarer, ad extremam rationem mihi confugiendum erat!

Et hoc tempore Pida venit a me petitum, ut sibi usum carabini explanarem! Nihil malle poteram. Si me sibi monstrare volebat, quomodo sclopetum onerandum esset, necesse erat eum manus meas solvere. Tum manu ad cultrum in zonam eius reconditum porrecta et loris pedum persectis non iam constrictus essem mihique esset carabinum polybolum[1]. Periculum quidem erat, sed plus audere poteram quam vitam periculo obicere, quae hîc utique in discrimine erat?

Nimirum praestitisset, si occasio dolo effugiendi mihi data esset, ut non glandibus vel omnino telis rubrorum me obicere deberem. Usque tum non erat talis spes. Fortasse postea aliqua erat. Etiam satis temporis habebam.

Noctu igitur mihi procumbendum erat! Circum arborem sedecim pali demissi erant, quaterni a quoque quattuor laterum, ut satis essent ad quattuor captivos, et ex eorum compositione perspexi, quomodo quis ad eos alligaretur. Si quis se inter eos prostraverat, manus et crura ad singulos palos alligabantur. Tum ita iacebat, ut brachia et crura longe divaricata essent, quae positio revera incommoda non temere, opinor, aliquem somnum capere sinebat, quae autem Indianis fidem faciebat captivum, etsi non custodiebatur, solvi nequire.

[1] polybolus, -a, -um – mit vielen Geschossen, vielgeschossig

19. AD ARBOREM MORTIS ALLIGATVS.

Me talia meditante tenebrae obortae erant et ante tentoria ignes lucere incipiebant, apud quos squovae[1] cibum vespertinum coquebant. Iterum ‚Coma Fusca' cibum et aquam mihi apposuit. Fieri non potuerat, quin patrem adduceret, ut hanc veniam a Tangua peteret. Tum quidem inter nos collocuti non sumus. Tantummodo cum ibat, gratias egi. Deinde custodibus meis duo alii successerunt, qui non duriores mihi se praebuerunt quam priores. Me ex iis sciscitato, quando cubitum mihi eundum esset, dixerunt Pidam venturum esse, ut praesens esset.

Primus autem pro iuvene regulo alius graviter et leniter incedens appropinquavit – ‚Una Penna', pater ministrae meae. Ante me substitit et ad plenam minutam tacitus me intuitus custodibus imperavit:

„Fratres se amoveant, dum eos citavero! Cum facie pallida loquar."

Cum ilico paruissent, apud Kiovas multum auctoritate valere videbatur, quamquam non erat regulus. Cum abissent, Sus-Homasa ante me consedit, et rursus aliquantum temporis praeteriit, priusquam graviter est orsus:

„Facies pallidae, quamquam iis trans aquam magnam habitantibus satis magni agri erant, transvecti sunt, ut montes, valles, planities nobis raperent."

Deinde tacuit. Verba eius more Indianorum erant praefatio, ex qua conclusi ei aliquid magni momenti mecum agendum esse. Quid erat? Paene praesagivi. Sperare videbatur me responsurum esse. Me autem tacente post intervallum perrexit:

„A viris rubris hospitaliter recepti sunt, sed hoc hospitium furto, rapinâ, caede rependerunt."

Iterum intercapedinem fecit.

„Etiam hodie tantum id agunt, ut nos decipiant et lon-

[1] squova – Squaw

gius repellant, et si id iis dolo non contigit, vim adhibent."

Rursus moram interiecit.

„Vir ruber, si album videt hominem, certus esse potest inimicissimum in conspectu suo esse. An sunt facies pallidae, quae nobis non sint inimicae?"

Bene cognovi, quorsum haec praefatio spectaret, ad me, ad me ipsum. Cum etiam tum aliquid dicere cunctarer, aperte interrogavit:

„Nonne Vetus Catabolochir mihi respondere vult? Nonne albi ita nobiscum fecerunt?"

Concessi: „Fecerunt, ‚Una Penna' verum dicit."

Nonne inimici nostri sunt?"

„Sunt."

„Num inter eos sint, qui non tam inimici nobis sint quam alii?"

„Sunt."

„Vetus Catabolochir mihi aliquem nominet!"

„Tibi complura, immo vero multa nomina dicere possum, id autem mittam; nam si oculos aperueris, unum ex iis ante te stantem videbis."

„Ego solum video Veterem Catabolochira."

„Eum dico."

„Dicisne igitur te album, qui non tam hostiliter adversus nos se gerat quam alii? Nonne saepius interfecisti aut vulnerasti?"

„Feci, sed tantum, cum coactus eram. Non insignis Indianorum inimicus quidem sum, ut tu dicis, sed amicus sincerus phyles rubrae, quod saepe probavi. Ubicumque facere poteram, rubris opitulabar atque imprimis etiam eos ab iniuriis facierum pallidarum defendebam. Si iustus esse vis, id tibi concedendum est."

„‚Una Penna' iustus est."

„Tum probationem facere pergam. Recordare Vinnetus! Nos sicut amici et fratres inter nos fuimus! Nonne Vinnetu erat vir ruber?"

„Erat, etsi inimicus noster erat."

„Apaches inimicus vester non erat, sed vos eum inimicum fecistis. Sicut Apaches suos amabat, ita omnes amabat Indianos. Studebat cum omnibus pacem servare et ubique pacem facere, fratres eius rubri autem alter alterum lacerare et consumere malebant, quae res angori, maerori ei erat, id quod eum semper vexabat. Et sicut ille sentiebat et iudicabat, ita ego quoque sentiebam et iudicabam. Quaecumque faciebamus, ex amore et cura nostra phyles rubrae exsistebant."

Ego aeque lente et graviter locutus eram ac ille. Me deinde tacente Kiova capite demisso complures minutas cum silentio sedebat. Tum eo rursus sublato dixit:

„Vetus Catabolochir verum dixit. Sus-Homasa, ut est iustus, etiam honesta inimicorum agnoscit. Si omnes viri rubri ita essent, ut erat Vinnetu, omnesque facies pallidae sibi exemplum sumerent, quod Catabolochir edit, rubri et albi populi sicut fratres una habitarent, inter se amarent, alius alii opem ferrent, ut in terra locus esset omnibus liberis eius. Sed periculosum est edere exemplum, quod nemo sequi possit: Vinnetu mortuus est glande inimici percussus et Vetus Catabolochir ad supplicium dabitur."

Tum mentio inciderat de ea re, quam petiverat. Cum mihi in rem videretur eius verbis non obsequi, tacebam. Itaque perrexit:

„Vetus Catabolochir vir fortissimus est. Multa et magna tormenta ei perpetienda sunt. Infirmumne se praebebit invidentibus voluptati?"

„Non ita. Si quando mihi moriendum erit, mortem subibo ut vir, cui honeste sepulchrum strui possit."

„Si tibi moriendum erit? Putasne mortem tuam incertam?"

„Ita est."

„Sincerissimus es!"

„Fallamne te mendacio?"

„Non ita. Sed haec sinceritas tibi periculosa est!"
„Vetus Catabolochir numquam ignavus fuit."
„Estne igitur spes tua in fuga sita?"
„Est."
Haec simplicitas ei multo mirabilior erat quam prior. Ambas manus tollens emisit: „Uff, uff!"
„Usque nunc indulgentia tractatus es. Maior severitas in te adhibenda est!"
„Severitatem non timeo, terrorem mihi non incutit. Quin etiam superbus sum, quod verum te non celavi."
„Nemo nisi Vetus Catabolochir tam audax esse potest, ut aperte et ingenue confiteatur se fugam capessere velle. Quae res non modo audax, sed temeraria erat!"
„Non erat. Vir temerarius aut non satis intellegenter aut desperanter agit, quod nihil iam boni sperat. Sinceritatis meae autem vera est ratio et finis proprius."
„Finis?"
„Finis. Eum tibi dicere non possum, sed eum ipse deprehendere debes."

Quod ei dicere non debebam, erat hoc: Utique venerat, ut filiam mihi uxorem offerens me servaret. Si id probassem, interfectus non essem, sed libertatem recuperavissem et insuper uxorem aetate florentem, Kiova autem fieri debuissem. Id probare nequibam, ut non possem non repellere ‚Unam Pennam' cum condicione eius, qua re fieri non poterat, quin non modo pungeretur, sed etiam ulciscendi cupiditate inflammaretur. Ad id praecavendum nude dixi me mortem meam non tam inevitabilem ducere quam illum. Id erat: Noli filiam tuam mihi offerre; nam sic quoque me servabo maritus Indianae non factus! Si haec verba tecta intellegeret, ipse offensionem effugeret atque ego odium et ultionem eius. Et reapse de hac re cogitabat, sed in rectam quidem cogitationem non incidit; nam vafre superior dixit:

„Vetus Catabolochir tantum sollicitudinem sui nobis afferre vult, quamquam scit se evadere nequire. Infra se positum esse ducit confiteri se occidisse. Sed animus Sus-Homasae ita dubius non fit. Tibi moriendum esse non ignoras."

Contendi: „Non ignoro me effugiturum esse!"

Affirmavit: „Per cruciatum necaberis!"

„Evadam!"

„Fieri non potest, ut effugias; nam si Sus-Homasa id fieri posse putaret, ipse hic se consideret, ut te custodiret. Non igitur effugies, sed nimirum fieri potest, ut mortem effugias."

Cum ruber perstaret in hac re interrogavi: „Quomodo?"

„Auxilio meo."

„Auxilii non egeo!"

„Tu etiam multo superbior es, quam putaveram. Quis auxilium reicit, quo vitam sustinere possit?"

„Cui hoc auxilio opus non est, quod scit semetipsum servare."

„Perseveras in superbia tua et perire mavis, quam ut gratiam alicui debeas. Sed Sus-Homasa gratiam non postulat. Te liberum videre cupit. Scisne ‚Comam Fuscam' filiam meam esse?"

„Scio."

„Eam valde miseret tui."

„Ergo Vetus Catabolochir, opinor, homo valde miserandus et deplorandus est, non bellator fortis. Miseratio enim pro iniuria accipitur!"

Consulto tam aspere locutus sum, ut eum ab hoc consilio revocarem, Neque id mihi contigit. Molliter asseveravit:

„Te offendere Sus-Homasa noluit. Kakho-Oto etiam, priusquam te vidit, multum de te cognovit. Sciens Veterem Catabolochira maximum esse bellatorem album, te servare velit."

„Quae res demonstrat ‚Comae Fuscae' animum benevolum esse. Sed neutiquam fieri potest, ut me servet."

„Nequaquam fieri non potest, quin facile. Mores virorum rubrorum nosti, sed hic tibi ignotus esse videtur, quem in tuam utilitatem converses, cum ‚Comae Fuscae' eam tibi placere dixeris."

„In errore versaris. Id ei non dixi."

„Sed mihi professa est. Neque umquam filia falsum mihi dixit."

„Tum confusio subest. ‚Coma Fusca' mihi aliquid edendum dedit. Tum custos interrogavit, num mihi placeret, atque ego id affirmavi. Ita erat."

„Id idem valet. Profecto tibi placuit. Scin' illum ad tribum pertinere vel in tribum ascisci posse, qui unam ex filiabus eius squovam ducat?"

„Scio."

„Etsi antea inimicus aut captivus tribus fuerit?"

„Scio."

„Et ei remissum iri culpam et vitae eius temperatum iri?"

„Id quoque mihi notum est."

„Uff! Tum me intelleges."

„Ita est, te intellego."

„‚Coma Fusca' tibi placet, et tu ei places. Eamne squovam ducere vis?"

„Nolo."

Silentium profundum et vexans esse coepit. Id non exspectaverat. Ego supplicio destinatus eram atque illa una puellarum maxime expetendarum, filia unius ex bellatoribus illustrissimis tribus, attamen eam repudiavi! Poteratne tale quid fieri? Postremo breviter et aspere interrogavit:

„Quippini?"

Num ei causas veras dicere poteram? Quod Europaeus eruditus condiciones posteras in discrimen dare non potest, cum puellam rubram ducit? Quod tali viro conubium cum Indiana non praebet id, quod ei praebiturum sit et praebere debeat? Quod Vetus Catabolochir non est in numero illorum alborum hominum sceleratorum, qui squovam rubram ea tantum ratione ducant, ut eam postea deserant, quibus saepe etiam in unaquaque tribu alia est uxor? Num has et multas alias causas, quas animo comprehendere nequibat, nominare poteram? Nequibam. Mihi causa afferenda erat, quam intellegeret et comprehenderet, itaque respondi:

„Frater ruber affirmavit se Veterem Catabolochira magnum bellatorem putare. Sed falsum esse videtur."

„Verum est."

„Attamen feminae salutem debeam? Acciperetne id Sus-Homasa?"

Perturbatus clamavit: „Uff!" Tum silebat. Haec causa ei illustris esse videbatur, aliqua ex parte saltem. Brevi tempore interiecto interrogavit:

„Quid Vetus Catabolochir de Sus-Homasâ sentit?"

„Eum esse magnum, fortem, usu peritum bellatorem, cui tribus in pugna possit confidere."

„Amicus meus esse velis?"

„Libenter!"

„Et quid de Kakho-Oto dices, quae filia minor est?"

„Flos est venustissimus et optimus inter Kiovarum filias."

„Estne viro digna?"

„Cuicumque bellatori permittes, ut eam squovam ducat, superbire potest."

„Eamne igitur non reicis, quod me aut eam spernis?"

„Id a me aberit! Sed Vetus Catabolochir vitam suam protegere potest, eam armis acquirere potest, sed eam feminae debere non potest."

Adnuit: „Uff, uff!"

„Num quid Vetus Catabolochir faciat, quod unusquisque, qui id ad ignem campestrem narrari audiverit, naso suspendet?"

„Non faciat."

„Num de Vetere Catabolochire dicatur: A morte profugit et in manus lepidae et aetate florentis squovae incidit?"

„Non ita."

„Nonne meum est famam et auctoritatem servare, etiam si necesse est meam vitam hoc modo exstingui?"

„Est."

„Ergo comprehendes me condicionem tuam aspernari debere. Sed gratias tibi ago, atque etiam ‚Comae Fuscae', pulchrae filiae tuae, gratias ago. Vellem, me alio modo ac solis verbis vobis gratum praebere possem."

„Uff, uff, uff! Vetus Catabolochir plane vir est. Doleri debet, quod ei moriendum est. Quod ei proposui, sola erat via eum servandi. Sed intellego bellatorem fortem id accipere nequire. Si id filiae dixero, ea quoque ei non suscensebit."

„Enimvero, hoc ei dic! Dolerem, si sentiret me propter eam propositum tuum repudiasse."

„Nunc etiam magis te amabit et diliget quam adhuc, atque si ad arborem tormentorum alligatus stabis et omnes alii aderunt, ut cruciatus tuos videant, in angulo profundissimo et obscurissimo tentorii sui sedens faciem velabit. Howgh!"

Post hoc verbum asseverationis surrexit et se amovit, ut non iam commemoraret se me custoditurum esse. Custodes, cum abierat, loca sua rursus occupaverunt.

Deo gratias, ex hac re evaseram! Scopulus fuerat, ad quem spes salutis facile allidi potuerat; nam si ‚Unam Pennam' inimicum mihi fecissem et eius iracundiam in me accendissem, vigilantia eius mihi periculosior quam quodlibet aliud impedimentum fuisset.

Cum paulo post Pida accesserat, mihi corpus prosternendum erat. Bracchiis et cruribus longe divaricatis opertorium convolutum ut cervical accepi et altero tectus sum.

Pida vix digresso alter salutator se ostendit, cuius adventu gavisus sum: Equus morulus meus aderat, qui in propinquo pastus erat neque ceteris equis se aggregaverat quique, postquam blande me circumfremuit, haud procul a me corpus prostravit. Custodes eum non prohibebant, quoniam equus me solvere et abducere nequiret.

Haec fides bestiae magni meâ intererat. Si umquam fuga me eripere possem, probabiliter id noctu mihi contingeret, et si equus semper, sicut hodie, vesperi ad me veniret, necesse non erat me alio mihi ignoto uti neque difficilem et molestam operam in eo quaerendo consumere.

Ita factum est, ut suspicatus eram, ut dormire nequirem. Bracchia et crura diducta dolere coeperunt et torpuerunt. Cum somno coniveram, perbrevi rursus somno solvebar, et mihi erat, ut ita dicam, redemptio, quod prima luce erectus rursus ad arborem alligabar.

Si id multas noctes continuaretur, necessario, quamquam bene alerer, vires me defecturae essent. Sed aliquid dicere mihi non licebat; nam de insomnia queri Veteri Catabolochiri ignominiae fuisset.

Mirabar, quis mihi ientaculum daturus esset. Num ‚Coma Fusca'? Non temere; nam patrem eius reppuleram! Attamen venit. Nullum dixit verbum, tantum ex oculis eius cognovi eam mihi non quidem suscensere, sed maerere.

Cum Pida accessisset, ut me inspiceret, comperi eum cum caterva bellatorum venatum equo vecturum et vespere demum reversurum esse. Brevi post equis admissis eos in pratariam evehentes videbam.

Nonnullae horae praeterierant, cum Santer inter arbores exortus est. Equum stratum manu ducens et sclopeto instructus rectâ viâ ad me venit.

Orsus est: „Cum venatum ire velim, meum esse puto te certiorem facere, domine Catabolochir. Verisimile est me illic foris Pidam convenire, qui adeo tibi cupit atque a me animo tam alieno est."

Quamquam responsum exspectabat, me eum neque audivisse neque vidisse simulabam.

„Obsurduisse videris, eho?"

Iterum non respondi.

„Sollicitus sum non solum propter te, sed etiam meâ causâ!"

Eum increpui: „Apage, scelus!"

„Oh, loqui igitur potes, neque audire? Dolendum est, valde dolendum! Nonnulla te rogare volui."

Dum proterve in vultum meum intuetur, eius vultus mirum, dicere velim, diabolice exsultantem aspectum praebebat. Certum erat eum aliquid me celare.

Repetivit: „Revera, nonnulla te rogare volebam. Gauderes, si audires, domine Catabolochir."

Oculos in me convertit erectus exspectatione, si quid dicturus essem. Cum id non fieret, risit:

„Hahahae, qui hic erit aspectus! Clarissimus Vetus Catabolochir ad arborem mortis alligatus, et Santer scelus vir liber! Sed quod multo maius est, domine. Num silva tibi nota est, hem, dico, quoddam pinetum sive Indeltsetsil?"

Hoc verbum paene spiritum mihi elisit. Erat enim in testamento Vinnetus. Sentiebam oculos meos corpus eius penetrare conari.

Risit: „Ah, me intuetur, quasi loco oculorum pugiones ei in capite essent. Vero, tales silvae esse dicuntur, sicut audivi!"

Dentibus stridens: „Scelus, unde scis?" inquam.

„Unde et Tse-sos mihi est. Num id nosti?"

„Mehercle! Ego – "

Me interpellavit: „Exspecta, exspecta! Quaenam res mira est id, Declil-to, vel vox ei similis? Velim – "

Clamavi, non ita, clamitavi, non, vociferatus sum: „Homo improbissime! Chartas, quae – "

„Malitioso et exsultanti cachinno me interpellavit: „Profecto, Eae mihi sunt!"

„Furtum Pidae fecisti!"

„Stulte dictum! Tantum mihi attuli, quod meum est.

Num id furtum facere dicis? Teneo chartas, eas teneo cum omnibus rebus, quae ad eas pertinent."

Mei non compos custodibus acclamavi: „Tenete eum! Deprehendite eum!"

Celeriter equum conscendens risit: „Eos me tenere? Periclitamini tandem!"

Ululavi: „Detinete eum! Pidae furtum fecit! Santer evadere non debet – – "

Verba mea contentione me arbore exsolvendi debilitabantur. Cum Santer equo admisso avehebatur, custodes quidem exsiluerunt, sed nihil aggressi sunt, quam ut intellegentiâ carentes torpentibus oculis in eum intuerentur. Testamentum Vinnetus! Ultima voluntas fratris rubri rapta erat! Illic foris fur iam per campum apertum equo citato vehebatur, neque ullus homo parabat eum insectari!

Animi non compos trahebam, trahebam, omni ope lorum trahebam, quo ad arborem astrictus eram. Non memineram id perrumpi paene nequire neque ego procedere potuisse, si ruptum esset, quoniam pedes item vincti erant. Etiam dolores manuum commissurarum non sentiebam. Trahebam et clamabam – – tum subito praeceps humi procubui. Lorum diruptum erat.

Custodes clamaverunt: „Uff,uff! Vetus Catabolochir liber est!"

Me prehendebant, ut me tenerent.

Vociferatus sum: „Mittite me, mittite me! Haudquaquam fugere volo, tantum liber esse, ut Santerum insecter et teneam! Pidae furtum fecit!"

Clamor meus totum pagum conciverat. Omnes convolaverunt, ut me domarent. Id pro rata parte facile erat, quod adhuc pedibus haerebam et sescentae manus ad me porrigebantur. Sed tamen sine plagis et percussibus a me illatis et cicatricibus et tuberibus ab iis acceptis res composita non est, donec rursus manibus firmiter ad arborem haesi.

Rubri loca, ubi eos iceram, fricuerunt, sed mihi ea de re haud gravissime ferre videbantur, sed solum dixerunt se mirari, quod lorum rupissem.

„Uff, uff, uff – se exsolvit – nemo homo id fieri posse putaverat!"

Tales similesque voces admirationis missae sunt, Et tum demum dolores in manuum commissuris sentiebam, quae sanguinem fundebant, quod lorum, priusquam ruptum erat, carnem usque ad ossa incîderat.

Eos graviter increpui: „Quid hic stantes oculis defixis me intuemini! Nondum comprehendistis, quid dixerim? Santer Pidae furtum fecit. Celeriter equos conscendite! Santerum reprehendite!"

Sed nemo paruit. Mei non compos usque continenter clamitavi, dum tandem venit aliquis, qui magis sapiebat quam alii, ‚Una Penna'. Qui spectatoribus stupide oculos circumferentibus dimotis ad me accessit, ut interrogaret, quid accidisset. Ei dixi.

Satis superque percontatus est: „Chartula loquens estne igitur nunc Pidae?"

„Profecto, profecto! Tu enim etiam assedisti, cum ei addicta est!"

„Neque ignoras Santerum cum ea aufugisse neque reverti velle?"

„Scilicet, scio!"

„Ergo Tangua nobis interrogandus est, quid sit faciendum; nam princeps est regulus."

„Propter me eum rogate, rogate! Tantum ne cunctati sitis, sed properate, properate, properate!"

Sed ‚Una Penna' tamen manebat, cum lorum a me diruptum humi iacentem videret, quod corpore inclinato consideratus cervices iactavit et proximum rubrum interrogavit:

„Hocine est lorum, quod dirupit?"

„Est."

„Uff, uff! revera, est Catabolochir! Atque huic viri

moriendum est! Cur non est bellator ruber, non Kiova, sed facies pallida?"

Tum demum lorum secum ferens abiit. Alii, praeter custodes, eum secuti sunt.

Suspenso animo et impatientia conficiente exspectabam, quando furem insecuturi essent. Minime! Brevi tempore interiecto vita pagana sicut antea continuabatur. Qua re in rabiem agi poteram. Tum a custodibus petivi, ut percontarentur. Cum iis non liceret abire, alium advocaverunt, per quem certior sum factus Tanguam interdixisse, ne insectarentur. Chartam loquentem nullius momenti esse, quod Pida nec eam legere ne ea uti sciret.

Perturbatio, indignatio, immo vero ira mea cogitari possunt. Dentibus stridi, ut custodes solliciti oculos ad me attollerent, neque multum afuit, quin contemptis doloribus, qui hoc modo mihi afferebantur, vincula rumperem. Quasi saevitiâ inflammatus gemebam. Sed quid prodesse et iuvare poterat? Nihil, nihil sane! Aequo animo id mihi ferendum erat. Cum id tandem intellexissem, nisus sum, ut saltem exteriorem tranquillitatem exhiberem.

Ita tres fere horas praeterierant, cum vocem muliebrem clamantem audivi. Antea videram quidem, sed nimis neglexeram ‚Comam Fuscam' ex tentorio egressam abisse. Tum effuso cursu et vociferans revertit, in ostio evanuit, tum rursus cum patre, qui pariter vociferans cum ea cursu se proripuit, apparuit. Quicumque adstabant, pone eos cucurrerunt. Ibi aliquid magni momenti accidisse videbatur, quod fortasse chartas surreptas attingebat!

Haud ita multo post ‚Una Penna' protinus ad illum locum accurrit, ubi ego ex arbore pendebam, iam ex longinquo me inclamans:

„Vetus Catabolochir omnia scit. Estne etiam medicus?"

Sperans me ad aliquem aegrotum ductum iri affirmavi: „Est", cum, si ita res se haberet, resolvendus essem.

„Scisne igitur aegrotos sanare?"
„Scio."
„Nonne autem mortuos ab inferis excitare?"
„Estne aliquis mortuus?"
„Est, filia mea."
Territus interrogavi: „Tuane filia? ‚Coma Fusca'?"

„Non ita, sed soror eius, squova iuvenis reguli Pidae. Vincta humi iacens se non movebat. Incantator, qui eam perscrutatus est, dixit eam mortuam esse occisam a Santero, chartae loquentis raptore. Vetus Catabolochir reddetne ei vitam?"

„Deduc me ad eam!"

Ilico solutus sum. Tum manus meae astrictae et pedes ita legati sunt, ut ire quidem possem, sed non fugere. Hoc modo per pagum ad tentorium Pidae deductus sum. Gratissimum mihi erat, quod hoc tentorium et situm eius cognovi, quia in eo duo sclopeta mea erant. Area plena erat virorum, feminarum, liberorum rubrorum, qui venerabundi transitum mihi dabant, quo transire possem.

Cum ‚Una Penna' in tentorium intravi, ubi ‚Coma Fusca' et homo senex et deformis iuxta corpus humi iacens, quod mortuum putabatur, incoxabant. Ille senex incantator erat. Ambo surrexerunt cum me intrantem videbant. Ita, ut non conspici posset, spatium percurri. Ah, ibi a sinistra ephippium cum strato iacebat, ex una perticarum lateralium pistolia versatilia mea pendebant, et super iis in palo infixus erat culter venatorius! Tentorii dominus etiam has res suas sustulerat. Cogitari potest, quantopere hac re gavisus sim.

‚Una Penna' me rogavit: „Vetus Catabolochir oculos in mortuam convertat, num vitam ei rursus reddere possit!"

Confestim in genua procubui, ut feminam manibus vinctis perscrutarer. Post haud mediocre tempus tandem cognovi sanguinem eius adhuc fluere. Pater et soror eius animo suspensi oculos in vultu meo defixerant.

„Mortua est, neque ullus homo mortuos suscitare scit",

inquit incantator, qui debilia vestigia vitae in corpore puellae mente alienatae non animadverterat.

Contendi: „Vetus Catabolochir scit."

‚Una Penna' laetus celeriter interrogavit: „Tune scis?"

‚Coma Fusca', cum ambas manus umero meo imponeret, rogavit: „Suscita eam, o suscita eam!"

Repetivi: „Sane quidem, id facere scio, et faciam, sed si velitis vitam referri, nemini homini licet apud mortuam esse nisi mihi soli."

Pater interrogavit: „Nobisne igitur exeundum est?"

„Est."

„Uff! Scisne quid postules?"

Quamquam id non ignorabam, percontatus sum: „Quid?"

„Hic arma tua sunt. Si ea acceperis, liber eris. Polliceberisne te iis abstenturum esse?"

Fingi potest, quam grave mihi esset respondere. Cultro vincula discindere poteram. Pistoliis versatilibus et carabino sumptis eum videre cupiebam, qui tam stolide ferox esset, ut me aggredi auderet. Non ita! Tum res ad arma venire poterat, quod, quantum poteram, vitare volebam, praetereaque fastidiebam animi debilitate mulieris ad talem finem abuti.

Sed eo ipso momento aliud mihi succurrit. In pelle, quae erat tenta, ut a muliere tractari posset, varia instrumenta, acum, terebram et alia eiusdem generis iacebant, inter ea etiam duos, tres cultellos, qui ab Indianabus ad validas et firmas nervorum suturas dissolvendas adhibeantur. Hae laminae plerumque acutissimae sunt. Tantum talibus cultris mihi opus erat, ut me liberarem. Itaque bene sperans dixi:

„Promitto. Etiam, ut ex toto certi sitis, arma vobiscum efferre potestis!"

„Non, opus non est. Vetus Catabolochir promissi fidem praestat. Sed id nondum satis est."

„Quid praeterea opus est?"

„Possis, quandoquidem arbore solutus es, etiam sine armis alio modo in fugam te conicere. Mihine promittes te id nunc non facturum esse?"

„Promitto."

„Rursus ad arborem mortis reversurum esse et vinctum iri?"

„Fidem tibi do!"

„Ita mecum exite! Vetus Catabolochir non est homo mendax sicut Santer, ei confidere possumus."

Cum Rubri ex tentorio discesserant, mihi summum erat unum ex cultellis replicationi sinistrae manicae globulis constrictae inserere. Tum uxorem curavi.

Maritus eius venabatur. Hac occasione Santer usus erat, ad penetrandum apud eam. Postea iam laxum tempus praeterierat, atque etiamtum animo defecta iacebat. Haec non animi defectio esse poterat terrore effecta, sed erat torpor, cuius erat profundior ratio. Itaque caput eius tangens sensi calvam circa sagittalem suturam valde tumidam esse. Cum illum locum pressissem, mulier vehementem gemitum edidit. Identidem pressi, dum oculos aperiret et in me converteret, primo truces, tum autem nomen meum mihi insusurravit: „Vetus Catabolochir!"

Interrogavi: „Mene nosti?"

„Novi."

„Delibera! Noli iterum animo relinqui, ne moriaris! Quid accidit?"

Verba mea, quibus eam monerem, ne moreretur, profuerunt. Operam dedit, vires intendit, me adiutore surrexit ad sedendum manusque capiti dolenti imposuit.

„Sola eram. Vir albus intravit et medicinam postulavit. Cum eam ei non darem, plagas mihi inflixit."

„Ubi medicina erat. Deestne?"

Squova oculis in perticam coniectis perterrita, etsi voce lassa, exclamavit:

„Uff! Deest! Eam cepit! Cum me verberaret, collapsa sum. Neque quicquam aliud scio."

Tum demum mihi succurrit Santerum hoc die gloriatum esse sibi litteras cum omnibus accessionibus esse. Ergo paginas scriptas cum tota medicina, in qua Pida eas reliquerat, abstulerat. Pidam regulum medicinâ privaverat, quae res erat damnum paene irreparabile! Omnes terras, omnia maria ei movenda erant ad eam recuperandam.

Interrogavi: „Satisne es valida ad vigilandum? An iterum collabêris?"

„Non collabar", inquit femina. „Tu vitam mihi redddisti, gratias tibi ago!"

Tum surrexi et ianuam pelliceam aperui. Pater et filia prope stabant, paulo seorsum pagani.

Ambos vocavi: „Intrate! Mortua revixit."

Quantum gaudium haec verba moverint, me dicere opus non est. Patri et filiae, atque postea etiam omnibus Kiovis persuasum erat me vere miraculum edidisse. Non erat causa, quod iis obloquerer. Fomenta proposui et monstravi, quomodo paranda essent.

Quantum gaudium, tanta nimirum erat ira medicinae amissae. Tangua casu adverso nuntiato tum demum catervam bellatorum latronem insectari iussit et complures nuntios dimisit, qui Pidam quaererent.Ego ab ‚Una Penna' rursus ad arborem ductus alligatus sum. Laudem meam ad caelum efferebat et gratiâ exsultabat, nempe ut est mos Indianorum.

Mihi affirmavit: „Tibi etiam multo maiores cruciatus parabimus, quam antea in mente agitabamus. Dicent numquam antea hominem tam vehementer passum esse quam te, ut in Aeternis Saltibus Venatoribus maxima et summa omnium facierum pallidarum sis, quibus ibi introire licebit."

‚Gratias!' cogitavi, magna autem voce dixi:

„Si Santerum ilico insectati essetis, sicut postulavi, in manus vestras incidisset. Nunc autem verisimiliter evadet!"

„Eum capiemus! Vestigium eius expressum erit."

„Vero, si eum persequi possem!"

„Id facere potes!"

„Ego? Ego enim captus et vinctus sum!"

„Te cum Pida avehi sinemus, si promiseris te cum eo reversurum esse, ut per cruciatum neceris. Dic, num id facere velis!"

„Nolo. Si mihi moriendum est, tum potius quam primum. Vix exspectare possum."

„Mehercle, te virum fortem esse scio et iterum audio; nam solus vir fortis talia verba dicere potest. Nos omnes dolemus, quod non es Kiova."

Abiit, atque ego eram tam modestus, ut ei non dicerem querelam eius ab animo meo non probari. Mihi etiam in animo erat omnes admiratores meos proxima nocte relinquere, atque id ut non valedicerem.

Pida, qui celeriter repertus est, equo admisso, qui sudore diffluebat, in pagum vectus est. Primum in tentorium suum iit, tum ad patrem, tandem apud me apparuit. Simulabat se tranquillum esse, valde autem operam dare videbatur, ut perturbationem occultaret.

Orsus est: „Vetus Catabolochir squovam, quam amo, ab inferis excitavit. Gratias ei ago. Novitne, quaecumque acciderint?"

„Novi. Quomodo squova valet?"

„Caput ei dolet, sed aqua ei prodest. Mox rursus valebit. Sed anima mea aegra est neque prius sanari potest, quam medicinam recuperavero."

„Cur me monentem non audivistis!"

„Vetus Catabolochir semper recte dicit. Si bellatores nostri ei hodie quidem obsecuti essent et latronem ilico insectati essent, Santer certe nunciam rursus adesset."

„Pidane insectationem ingredietur?"

„Ingrediar. Mihi festinandum est et modo ad te veni ad valedicendum. Nunc mors tua rursus prolatabitur, quamquam celeriter mori velis, sicut ‚Una Penna' mihi dixit.

Tibi exspectandum est, dum revertero."

„Libenter."

Id reapse sincere dixeram, sed ille id secundum suam notionem interpretatus et me consolatus est.

„Non bene se habet, si mortem tam diu ante oculos habes, sed iussi tibi hoc tempus quam maxime levari. Etiam magis levetur, si facere velis, quod ego tibi nunc commendare velim."

„Quid est?"

„Visne una cum Pida equo vehi?"

„Volo."

„Uff! Id opportune dicis; nam tum furem haud dubie prehendemus. Te statim solvemus atque arma tibi dabimus."

„Opperire, ne adhuc feceris! Condiciones meas feram."

„Quas condiciones?"

„Eam, ut vir liber unâ equitem."

„Uff! Id fieri non potest."

„Tum hîc manebo."

„Liber quidem eris, dum aberimus, tum autem mecum reversus rursus captivus noster eris. Nihil aliud a te postulamus, quam ut fidem nobis des te in itinere non effugiturum esse."

„Mene igitur vultis tantum vobis ducere, quod nullum vestigium me fugit? Hic manebo. Cane sagaci Vetere Catabolochire abuti non poteris."

„Nonne a tua sententia discedes?"

„Non discedam."

„Cum toto animo considera! Tum fieri potest, ut furem medicinae meae non capiamus."

„Res tibi male se haberet. Me sane non effugeret, si eum comprehendere vellem. Sed unusquisque sibi ipse petat, quod ei surreptum est."

A spe destitutus, cum me non intellegeret, caput concutiens mihi affirmavit:

„Pida libenter te secum duxisset, ut se gratum tibi praeberet, quod squovae eius vitam reddidisti. Non stat per me, ut nolis."

„Si revera gratiam mihi referre vis, facere potes, quod volo."

„Dic mihi, quae sint!"

„Cogito de tribus faciebus pallidis, quae cum Santero venerunt. Ubi sunt?"

„Adhuc in tentorio suo."

„Liberine?"

„Non. Ligati sunt. Amici erant illius viri, qui Pidae medicinam rapuit."

„Sed culpâ vacant."

„Id dicunt, sed Santer nunc inimicus noster est, atque amici inimici mei mei sunt inimici. Ad arborem mortis alligabuntur, ut tecum moriantur."

„Atque ego assevero eos facinoris Santeri prorsus ignaros fuisse!"

„Id ad nos nihil attinet. Si te audivissent! Pida scit te eos monuisse."

„Pida, iuvenis regulus fortis et nobilis Kiovarum audiat, quid ei dicturus sim: Ego, cui per cruciatum moriendum est, non pro me precatus sum, sed pro iis precor."

„Uff! Quae sunt preces tuae?"

„Vindica eos in libertatem!"

„Pidane sinat abeant, cum equis et armis? Quomodo id facere potest?"

„Eos mitte, squovae tuae causa, quam caram habes, ut mihi dixisti!"

Se avertit a me. In animo diu secum pugnavit, tum rursus ad me conversus dixit:

„Vetus Catabolochir non est sicut aliae facies pallidae, omnino non sicut alii homines. Mirandus est. Si sibi rogavisset, fortasse parati fuissemus ei occasionem dare mortis effugiendae. Ei licuisset cum fortissimis et validissimis bellatoribus nostris de vita dimicare. Sed cum nolit quicquam sibi donari, pro aliis rogat."

„Id facio, etiam precem meam repeto."

„Vero, liberi sint, sed tum ego quoque condicionem fero."

„Eam dic!"

„Tibi ipsi nihil, revera nihil sane condonabitur! Pro uxore servata gratiam exigere non iam potes. Pares rationes inter nos habemus."

Confirmavi: „Esto! Pares rationes habemus!"

„Ita illos tres nunc missos faciam. Sed pudor iis iniciatur. Tibi non crediderunt neque te audiverunt, nunc ad te veniant, ut tibi gratias agant. Howgh!"

Cum his se convertit, et tum eum tentorium patris intrantem videbam, quippe qui scire deberet, quid filius mihi pollicitus esset. Brevi post Pida rursus egressus inter arbores ex oculis abiit. Eum revertentem tres albi equis insidentes sequebantur. Eos ad me delegavit, ipse autem non rursus una venit.

Payne, Clay, Summer vultibus hominum vere misellorum induti adequitaverunt.

Primus orsus est: „Domine Catabolochir, audivimus, quid accidisset. Num est res tam terribilis, si quando vetus saccus medicinalis amissus est?"

„Hac interrogatione id, quod sentio, comprobatur vos inscios et rudes esse Occidentis Feri. Bellatori Indiano maxime terribile est medicinam amittere. Id certe scire debebatis."

„Εἶεν! Itaque ergo Pida tam saevus erat, atque itaque vincti sumus. Quae cum ita sint, male agetur cum Santero, si eum comprehenderint."

„Id enim commeruit. Intellegitisne nunc eum vos tantum decipere voluisse?"

„Nosne? Num ad nos pertinet medicina, quacum discessit?"

„Plurimum! Nam in sacco medicinali chartae sunt, quas tam libenter voluit."

„Et quid rationis chartae nobiscum habent?"

„Continent descriptionem exactam loci, ubi palacurnae absconditae sunt."

„Malum! Verumne dicis?"

„Certe!"

„Tum tu quoque locum nosti! Nobis eum dic, domine Catabolochir! Equis vecti scelus sequemur et aurum ei praeripiemus!"

„Ad id faciendum primum non estis homines idonei, tum adhuc mihi non credidistis neque est, quod mihi nunc credatis. Santer vos tantum pro canibus sagacibus secum duxit, qui se iuvarent in indagandis vulpibus aureis. Deinde glandibus vos confecisset. Nun facile vobis carere potest, neque iam opus erat vos elingues reddere, nam in fugiendo colligere poterat rubros vos satellites scelerum habituros et tractaturos esse."

„Bombax! Vivimusne ergo revera propter te? Pida dixit."

„Id ita esse videtur. Vos destinati eratis mecum ad palum cruciatus alligati mori."

„Et tu deprecatus es pro nobis? Neque pro te ipso? Dic, quidnam futurum sit, ut tibi fiat?"

„Cruciabor, nihil aliud."

„Usque ad mortem?"

„Usque ad mortem."

„Sincere nobis dolet, domine! Nonne aliquâ auxilium tibi ferre possumus?"

„Gratias, domine Payne! Apud me omne auxilium irritum est. Bono animo avehimini! Et si ad homines veneritis, referre potestis Veterem Catabolochira non iam in vivis esse, sed apud Kiovas in palo cruciatus e vita excessisse."

„Nuntium supra modum miserrimum! Vellem laetiora de te narrare possem!"

„Id posses, nisi me in Tituminum Collibus mendacio fefellissetis. Vos causa estis comprehensionis meae et meae mortis, quae crudelis et foeda erit. Opto, ut hoc convicium, quod vobis facio, ipsum somnum gravem vobis excutiat. Et nunc vos amolimini!"

In angustias ductus nesciebat, quid responderet. Clay et Summer, qui ne unum quidem verbum dixerant, etiam multo minus sciebant, ut se auferre optimum esse putarent. Reapse nemo gratias egerat, sed id compensaverunt ad me maestis vultibus respiciendo, cum parvum spatium progressi erant.

Nondum ex oculis elapsi erant, cum Pida quoque avectus est, ut non iterum me circumspiceret; atque id iure et merito; nam pares rationes inter nos habebamus. Ille putabat se redeuntem me adhuc vinctum inventurum esse, et mihi persuaseram me eum, si in vestigiis Santeri instaret, vel ad Pecum flumen vel in meridiana regione Gilae fluvii in Montibus Ritae offensurum esse. Quis vinceret, ille an ego?

Cum ‚Coma Fusca' cibum prandii mihi apportaret atque ego valetudinem sororis eius percontarer, audivi dolores plane fere levatos esse. Puella bona tantum carnis mihi porrexit, ut eam consumere nequirem, et priusquam abiit, misericordia commota oculis umidis me aspexit. Cum cognovissem eam aliquid animo agitare, sed vereri me non hortante id dicere, eam exhortatus sum:

„Soror mea iuvenis aliquid mihi dicere vult. Audire velim."

Cum pavore manifesto orsa est: „Vetus Catabolochir iniuriam fecit."

„Quo pacto?"

„Cum non cum Pida equitavit."

„Causa non erat, cur id facerem."

„Magno venatori albo scilicet causa fuisset. Decorum quidem est sine ulla voce ad palum alligatum mori, sed ‚Coma Fusca' opinatur praestare decore vivere."

„Profecto, sed in eo enim erat, ut captivus redirem, ut tamen morerer."

„Id Pida postulare debuit, sed sine dubio secus cecidisset. Fortasse Veteri Catabolochiri in itinere concessisset, ut esset amicus et frater suus et secum calamum pacis fumaret."

„Et nemo sinit amicum et fratrem, quocum calamum pacis fumavit, ad palum cruciatus alligatum mori. Nonne ita sentis?"

„Sentio."

„Recte dicis, sed mihi est sententia peculiaris. – Nonne velis me spiritum ducturum esse?"

Sincere confessus est: „Velim. Sorori enim vitam reddidisti."

„Tum noli nimis timere mihi! Vetus Catabolochir semper scit, quid faciat."

Dum meditans terram intuetur, oculis limis furtim custodes adspexit, morae impatiens gestum fecit. Eam comprehendi. Cupiebat quidem se mecum de fuga loqui posse, sed ei non licebat. Cum palpebras rursus levavisset, subridens ei adnui.

„Oculus iuvenis sororis meae perspicuus et clarus est. Vetus Catabolochir animum eius inspicere potest. Scit, quae cogitet."

„Num ea reapse noverit?"

„Novit, et mox cogitationes eventum habebunt."

„Sit ita, ut dicis. ‚Coma Fusca' id valde gaudebit!"

Qui brevis sermo animum eius elevaverat et audaciam auxerat. In cenando iam plus ausa est. Illa hora, sicut priore die, ignes iam ardebant, sub arboribus tenebrae erant, Cum singula carnis frusta cultro porrigeret, iuxta me stabat. Subito pedem suum insigniter in meo ponens, ut animum meum in verba sequentia sua converteret, interrogavit:

„Veteri Catabolochiri pauca frusta sunt neque iam satiatus erit. Vultne praeterea aliquid habere? Ei id comparabo."

Custodes his verbis nullam vim subiecerunt, ego

autem sciebam, quid diceret. Volebat me sibi responsum dare, quod sane quidem primum ad cibum pertinebat, simul autem describebat rem, qua mihi opus erat ad fugiendum. Eam mihi comparare volebat, ut dixerat.

Respondi: „Soror mea benignissima est, sed ei gratias ago. Satiatus sum et habeo, quaecumque mihi opus sunt. Ut valet squova iuvenis reguli Kiovarum?"

„Dolor magis magisque remittit, sed etiamnunc aquam sibi imponit."

„Optime. Curatione ei opus est. Quis apud eam est?"
„Ego."
„Etiamne hodie vesperi?"
„Etiam."
„Etiam nocte aliquis apud eam esse debet."
„Usque ad mane ibi remanebo."
Vox eius micabat, me comprehenderat.
„Usque ad mane? Tum inter nos rursus videbimus."
„Ita est, tum inter nos videbimus!"

Discessit. Custodes ambiguitatem sermonum alternorum non animaverterant.

In fugiendo primum in Pidae tentorium mihi intrandum erat, ut omnia mea ibi peterem. Post hoc colloquium nostrum mihi persuasum erat ‚Comam Fuscam' ibi affore et me exspectaturam esse. Id gaudebam, simul autem iustas dubitationes mihi iniecit. Si arma atque omnia alia mea, quae praeterea ibi erant, ambabus sororibus praesentibus abstulissem, postero mane haud dubie gravissime vituperarentur. Tacere coactae erant, ne me proderent, attamen earum erat auxilium advocare. Quomodo huic animi repugnantiae remedium inveniri poterat? Tantum ita, ut ambae sorores sua sponte a me vincirentur. Si deinde abissem, clamare poterant, quantum vellent, et interrogatae dicere me subito in tentorio apparuisse et se oppressisse. Non timebam, ne soror ‚Comae Fuscae' dissentiret, quoniam me sui servatorem ducebat.

Praeterea erat deliberatio, qua non tam celeriter

defungi poteram: Exstabatne etiam tum carabinum meum? Non ita, – nam Pida sclopetum, cum vim eius nosset, secum abstulerat. Immo vero – nam Pida, cum id tractare nequiret, certe rogavisset, si in Santero insectando carabino uti voluisset, ut sibi monstraretur, quomodo id tractandum esset, priusquam equo avectus esset. Quid quadrabat, utrum ‚immo vero‘ an ‚non ita‘? Id mihi exspectandum erat. Si carabinum secum abstulerat, primum mihi sclopetum expetendum erat et tum demum Santer.

Tum ambo custodes succedentes ab ‚Una Penna‘ ducti venerunt. Severus quidem erat, sed tamen liberalis in me et ipse me solvit, quod putabat alios vulnera in prima palmae parte usque ad ossa carnem incîdentes neglecturos esse. Cum corpus inter quattuor palos prosternerem, clam dextra manu parvum cultellum ex sinistra manica eduxi. Tum bracchium laevum praebui, ut laqueus circum manus commissuram circumplicaretur. Quo facto, cum in eo erat, ut manus ad palum alligaretur, simulans lorum vulneri dolorem facere eam praepropero motu ad os duxi. Simul laminâ ferreâ, quam dextrâ inter manus commissuram et lorum inserui, illud paene persecui.

‚Una Penna‘ rubrum, qui me ligabat, increpuit: „Cave! Vulnus tetigisti. Vetus Catabolochir non nunc iam cruciari debet!"

Deinde cultellum omisi, ut in herbam decideret, sed locum, ubi iacebat, memoria tenebam, ut eum postea manu prehendere possem. Deinde dextrâ alligatâ pedes secuti sunt. Etiam duo opertoria mihi rursus data sunt, item ut heri, alterum sub capite, alterum super me passum est. Ad extremum Sus-Homasa dixit:

„Hodie Vetus Catabolochir sane fugere non potest. His iuncturarum vulneribus affectus lora rumpere non quit."

Cum his dictis se amoveret, ambo custodes ad pedes meos incoxati sunt. Sunt, qui in discriminibus tam gravibus concitationem suam frenare vix possint, ego autem tum semper tranquillus eram, etiam tranquillior quam alias. Hora praeteriit et altera. Ignes exstincti sunt, solus ille ante tentorium Tanguae reguli situs ardebat. Cum frigus ingrueret, custodes genua ad corpus attraxerunt. Sed haec sessio incommoda erat, ut tandem capitibus ad me conversis corpus prosternerent. Tempus mihi urgebat. Uno impetu lento quidem, sed valido facto – lorum paene persectum laevae manus diruptum est. Hac manu, quae tum soluta erat, ad me attracta cultellum quaerebam, atque reapse eum inveni. Tum superiorem corporis partem in dextrum latus imposui, quod antea facere non potueram, et sinistra manu sub opertorio ad dextram promovi eamque desecui. Ambabus manibus solutis – iam me servatum esse putabam.

Tum ad pedes! Sed quomodo? Ut manus usque ad eos dimitterem, non modo mihi opus erat me erigere ad sedendum, sed etiam prorsus me deorsum movere. Tum secundum capita amborum Indianorum eram. Erantne pervigiles? Aliquotiens me movi, immoti iacebant. Dormiebantne?

Utcumque res erat:

Praestabat celeriter agere, quam forte sero. Opertorio amoto consedi et prolapsus sum. Profecto, rubri dormiebant! Duabus celeribus sectionibus factis – liber eram. Duobus pugnis aeque promptis capitibus impactis – custodes torpidi erant. Quattuor loris dissectis eos ligavi et duos pannos de angulis opertorii abscidi ad eos ut oppillagines iis in os ingerendos, ne somno excitati clamare possent. Laetabar, cum viderem equum meum etiam hoc die rursus in propinquo cubantem. Tum surrexi atque bracchia et crura extendi. Quam iucundum id mihi erat! Cum bracchia agilitatem recuperassent, humi procubui et prorepsi, ab arbore ad arborem, a tentorio ad tentorium. Nihil in pago movebatur, ut ad Pidae tentorium pervenirem. Iam in eo erat, ut velum ostii amoverem, cum strepitum a sinistra audivi. Subauscultabam. Cauti gradus veniebant, et paulo ante me figura muliebris consistebat.

Susurravi: „Esne ‚Coma Fusca'?"

Illa interrogavit: „Tune Vetus Catabolochir?"

Surrexi et respondi:

„Non in tentorio es. Qua de causa?"

„Omnino nemo inest, ne cras mane verbis castigemur. Cum soror, quae aegrotat, mihi curanda sit, eam in patris tentorium duxi."

Proh fraudem muliebrem!

Interrogavi: „Et arma mea usque ad tempus adsunt?"

„Adsunt, sicut die."

„Tum partem eorum vidi. Sed ubi sunt sclopeta?"

„Sub cubili Pidae. Habetne Vetus Catabolochir equum suum?"

„Me exspectat. – Tam liberaliter me tractasti, ut gratiae tibi a me agendae sint."

„Vetus Catabolochir omnibus hominibus bene vult. Reverteturne fortasse?"

„Puto. Tum Pidam mecum ducam, qui amicus fraterque meus erit."

„Eumne insequêris?"

„Insequar, eum conveniam."

„Ita noli de me commemorare! Nemo nisi soror scire debet, quid fecerim."

„Etiam plus fecisses, scio. Dextram mihi porrige, ut tibi gratias agam!"

Eam mihi porrexit.

„Fuga tua feliciter eveniat!" raptim inquit. „Mihi abeundum est, cum soror mihi timeat."

Manu mea, priusquam impedire potui, ad labra arreptâ aufugit. Ego post eam auscultans stabam. O puella bona!

Tum in tentorium ingressus primum temptabundus ad cubile processi. Sub eo in tegumento involuta sclopeta erant, quibus depromptis me indui. Cultri et pistolia versatilia exstabant, etiam ephippium cum hippoperis. Nondum quinque minutis praeteritis tentorium reliqui et ad arborem mortis reverti, ut equum sternerem. Quo facto inclinatus sum ad custodes. Experrecti erant.

„Kiovarum bellatores, quod attinet ad Veterem Catabolochira, fortunâ deserti sunt", voce oppressa ad eos inquam. „Numquam eum ad palum cruciatus alligatum videbunt. Equo vectus Pidam sequar, ut una cum eo Santerum comprehendam, et Pidam pro amico et fratre habebo. Fortasse cum eo ad vos revertar. Hoc Tanguae regulo nuntiantes dicite, ne filii causa sollicitus sit; nam ego eum protegam! Kiovae liberales erga me fuerunt. Meis verbis iis gratias agite et pronuntiate me huius rei semper memorem fore. Howgh!"

Loro prehenso equum meum nigrum abduxi, cum nondum equitare cuperem, ne quemquam excitarem. Cum demum satis longe discessissem, ephippio conscenso in pratariam invectus sum.

20. AD AQVAM OBSCVRAM.

Sciebam viam meam in occidentem ferre, quamquam per caliginem nocturnam vestigia Santeri et Kiovarum cernere nequibam. Ea videre mihi necesse non erat neque omnino ad ea me accommodare volebam. Sciebam Santerum ad Pecum Flumen equitare, quae res mihi satis erat.

In testamento Vinnetus, quantum ego legeram, tria vocabula linguae Apachium reperiebantur, quorum unum, Indeltse-tsil, Santer intellexerat, cum Tse-sos et Deklil-to ei ignota essent. Atque etiamsi vim horum verborum novisset, tamen nesciebat, ubi hoc Saxum Ursi et haec Aqua Obscura quaerenda essent. Longinqua erant illic in Montibus Ritae, ubi semel cum Vinntu fueram. Nos ipsi et saxo et aquae haec nomina imposueramus. Nemo alius igitur nunc, post mortem Vinnetus, nisi ego et duo bellatores rubri, qui nos tum temporis comitati erant, loca significantia noverant. Ambo bellatores rubri nunc aetate provecti erant neque iam ex pago ad Pecum flumen sito exibant. Santero conveniendi erant, si quid cognoscere volebat.

Quis autem ei dicere poterat ei ad eos ipsos eundum esse? – Unicuique Apachi ab eo de Deklil-to et Tse-sos interrogato haec nomina nota erant. Sed nobiscum ibi soli illi ambo senes fuerant. Certum erat Santerum percontaturum esse, cum aliter locum reperire nequiret, atque tantum apud Apaches percontari poterat, quorum unusquisque nominibus commemoratis auditis eum in pagum mitteret.

Sed erant inter Apaches, qui Santerum nossent, et quidem ut inimicum Vinnetus, ut percussorem Intsu tsunae et Nso-tsiae! Poteratne se inferre in pagum?

Quippini? Homo illius generis extrema pro auro audet. Si necesse esset, ambages exquirere poterat. Ipsum testamentum surreptum ei probationi esset, quod in involucro superiore tribûs insigne [1] Vinnetus incisum erat.

Prior quam ille in Apachium pagum venire volebam, eos praemonere, ut ab eo caverent, eumque advenientem ilico prehendere. Nihil aptius facere poteram, praesertim cum equus meus bene curreret, ut difficile non esset me eum, quem insectabar, vincere. Haec ratio me etiam liberavit operâ dandâ, ut admodum animum intenderem vestigiis et vestigiis scrutandis tempus perderem.

Infeliciter accidit, ut equus meus iam postridie claudicaret, ut causam non reperirem. Tertio die demum inflammationem animadverti, quae spinâ acutâ, quam extraxi, effecta erat. Hac re iter nostrum ita moratum erat, ut mihi putandum esset me magnopere post Santerum remansisse.

Nondum ad Pecum Fluvium perveneram et in zavana

[1] tribus insigne – Totem

herba rara vestita eram, cum ante me duo equites exorti sunt, quos recta via obviam habebam. Indiani erant. Quod eques solus eram, vehi pergere non verebantur. Cum inter nos propius accessissemus, alter sclopetum torquens et nomen meum vocans equo concitato ad me vectus est. Yato-Ka[1] erat, Apachium bellator, quem noram. Alterum nondum videram. Salute accepta et reddita interrogavi:

„Video fratres in expeditione vel venatione esse. Quo tendunt?"

Yato-Ka me docuit: „Illuc adversus septentriones in Montes Ventriosorum[2], ut Vinnetus sepulchro honorem tribuamus."

„Scitisne igitur eum mortuum esse?"

„Nobis paucis diebus ante certioribus factis magna eiulatio in pago ad Pecum Fluvium sito edita est."

„Sciuntne fratres me eo moriente praesentem fuisse?"

„Scimus. Vetus Catabolochir nobis omnia referet et nobis praeerit, cum mortem clarissimi reguli Apachium ulciscemur."

„De his postea loquemur. Num vos duo soli profecti estis, ut hucusque ad septentriones equitaretis?"

„Non, nos exploratores praeimus, quod canes Comanchium securim belli effoderunt. Alii magno spatio post nos sequuntur."

„Quot bellatores?"

„Quinquies decem."

„Quis eos ducit?"

„Til-Lata[3], qui ad hoc electus est."

„Eum novi. Vir est maxime idoneus. Vidistisne equites ignotos?"

„Unum."

„Quando?"

[1] Yato-Ka – Pes Celer
[2] Montes Ventriosorum – Gros-Ventre-Berge
[3] Til Lata – Manus Cruenta

„Heri. Facies pallida erat, quae Tse-sos quaesivit. Eam in pagum ad Intam senem misimus."

„Uff! Ille vir Santer est, sicarius Intsu-tsunae et Nso-tsiae. Eum prehendere volo."

Ambo attoniti clamaverunt: „Uff, uff! Sicariusne Intsu-tsunae? Atque nos ignorabamus. Eum non comprehendimus!"

„Hoc nihil ad rem. Sufficit, quod vos eum vidistis. Viam pergere non potestis, sed retro iter vertere et me sequi debetis. Postea vos in Montes Ventriosorum ducam. Mecum venite!"

Yato-Ka assensus est: „Vero, iter vertemus. Sicarius nobis in manum accipiendus est!"

Post aliquot horas ad Pecum Fluvium pervenimus, quo transgresso ab altera ripa viam pergebamus. Simul ambobus Apachibus de concursu Santeri ad Nugget Tsil et de aliis rebus narrabam.

Yato-Ka interrogavit: „Pida igitur, regulus iuvenis, sicarium, qui effugit, equo vectus secutus est?"

„Est."

„Solusne?"

„Bellatores, quos pater ante miserat, sequens celeriter assequetur."

„Scitne Vetus Catabolochir, quanta esset manus?"

„Cum eos avehentes viderem, eos numeravi, decem erant. Ergo una cum Pida undecim sunt."

„Tamne pauci?"

„Ad unum fugientem excipiendum undecim bellatores non parum pauci, potius nimis multi sunt."

„Uff! Bellatores Apachium magnum gaudium capient; nam Pidam et bellatores eius captos ad palos cruciatus alligabimus!"

„Non ita", breviter inquam.

„Nonne? Putasne eos nos effugituros esse? Santer sicarius ad pagum nostrum equitavit. Cum Kiovae eum secuti sunt, ut eum comprehenderent, non poterunt, quin etiam in pagum nostrum venientes in manus nostras incidant."

„Id mihi persuasum est, sed non ad palos cruciatus alligati morientur."

„Cur non? Nonne inimici nostri sunt?"

„Bene me tractaverunt, ut Pida nihilominus nunc amicus meus sit!"

Yato-Ka mirabundus exclamavit: „Uff! Vetus Catabolochir etiamnunc mirus est bellator, qualis semper erat: inimicos tutatur. Num autem Til-Lata consentiet?"

„Certe!"

„Memento eum semper bellatorem fortem fuisse et nunc regulum factum esse! Propter novum honorem ostendere debet se eo dignum esse. Inimico veniam dare ei non licebit."

„Nonne ego quoque regulus Apachium sum?"

„Vero, Vetus Catabolochir est."

„Nonne ego prior regulus factus sum quam Til-Lata?"

„Multis aestatibus prior."

„Ergo ab eo mihi oboediendum est. Si Kiovae in manus eius inciderint, iis nihil inferet, quod haec est voluntas mea."

Fortasse Apaches contra dixisset, sed tum vestigium conspectum est, quod a sinistra parte per vadum fluminis ferebat et tum aeque, ac nobis equitandum erat, ripam dextram Peci Fluminis sequebatur. Descendimus, ut id examinaremus. Homines, qui hoc vestigium fecerant, alius post alium equitaverant, ut numerum suum dissimularent, quod tum solum fieri solet, si cavendum est. Cum appareret eos scire se in hostico esse, collegi Pidam cum Kiovis suis ante nos esse, quamquam cognoscere nequibam, quot equites fuissent.

Aliquanto post pervenimus ad locum, ubi substiterant et ex ordine cesserant. Ita mihi contigit, ut vestigia undecim equorum cognoscerem. Non igitur erraveram et ex Yato-Ka quaesivi:

„Hucine bellatores vestri adverso flumine venient?"

„Ita est, convenient Kiovas, qui tantum undecim sunt, cum Apaches nostri decies quini sint."

„Quam longe viri vestri hinc absunt?"

„Cum tu nos offendisti, dimidii diei vectatione post nos erant."

„Atque Kiovae, sicut ex vestigio eorum cognosco, tantum semihorâ ante nos sunt. Nobis maturato opus est ad eos assequendos, priusquam Apachibus inciderint. Citius vehamur!"

Equum admisi, cum iamiam concursus duarum manuum hostilium fieri posset. Pida meritus erat, ut eum tuerer. Haud ita multo post flumen ad sinistram se flexit, quae res Kiovis nota esse videbatur; nam flexum secuti non erant, sed in directum equitaverant, ut via brevior fieret. Nos, cum idem fecissemus, eos mox ante nos in planitie ad meridiem vectantes videbamus. Nos non animadverterunt, quod nullus ex iis se convertit. Tum constiterunt. Stupidi equos circumegerunt, ut celerrime reverterentur. Postquam etiam nos conspicati rursus parumper constiterunt, ad extremum se recipere pergebant, etsi non recta via ad nos versus.

„Vestros bellatores viderunt", ad Yato-Ka inquam, „et cognoverunt Apaches se numero multo validiores esse. Cum nos autem tantum tres simus, putant sibi nos non timendos esse."

„Ita est, ibi bellatores nostri veniunt. Videsne eos illîc? Kiovas conspicati laxatis habenis equitant, ut eos persequantur."

„Occurrite iis et ‚Manui Cruentae' dicite, ut consistat, donec venero!"

„Cur una venire non vis?"

„Mihi cum Pidâ loquendum est. Pergite! Properate!"

Huic adhortationi morem gesserunt, cum ego ad sinistram me verterem, ubi Kiovae procul nos praetervehi conabantur. Usque ad id tempus longius afuerant, quam ut me cognoscerent. Tum autem, cum iis obviam vehebar, viderunt, quis essem. Pida stridentem terroris clamorem edidit et equum concitavit. Ego autem meum ita flectens, ut me praetervehi nequiret, ei acclamavi:

„Pida consistat; nam eum contra bellatores Apachium tuebor!"

Quamquam modo terrorem exhibuerat, mihi magnam fidem habere videbatur; nam freno equi ducto suis acclamavit, ut pariter subsisterent. Postquam plane ad eum, qui iis praevectus esset, adequitaverunt, imperata eius fecerunt. Quamvis bellator ruber omni condicione sibi temperare debeat, in appropinquando videbam Pidam vix a se impetrare posse, ut dissimularet, quantopere adventus meus animum eius commoveret. Viri eius id multo minus poterant.

„Vetus Catabolochir liber est! Quis eum solvit?"

„Nemo", inquam, „ipse me liberavi."

„Uff, uff, uff! Id fieri non potuit!"

„Sed a me. Sciebam fore, ut me vinculis solverem. Itaque non tecum equitavi, itaque nolui quicquam a te mihi donari, itaque tibi dixi, ut unusquisque sibi ipse peteret, quod furto ei subductum esset. Noli terreri, quod effugi. Cum amicus tuus sim, curabo, ne quid mali ab Apachibus tibi fiat."

„Uff! Visne id revera facere?"

„Faciam. Fidem tibi interpono."

„Pida credit, quod Vetus Catabolochir dixit."

„Habes, quod id fidenti animo facias. Respice! Ibi ante nos Apaches constiterunt, quibus comites obviam misi! Exspectabunt, dum ad eos venero. Vidistisne Santeri vestigia?"

„Vidimus, sed eum assequi nondum potuimus."

„Tendit in Apachium pagum."

„Aliquid tale fore putavimus; nam vidimus cursum vestigii eius, quod secuti sumus."

„Magnum inceptum audax! Fieri non potuit, quin

omnis congressio vestra cum Apachibus vobis certam mortem afferret."

„Scimus, sed Pidae vita in discrimine danda est, ut medicinam recuperet. Nobis pagum circumire in animo erat eo usque, donec nobis contingeret, ut Santerum comprehenderemus."

„Id vobis nunc facilius erit, cum periculum a vobis depellam. Sed tantummodo vos tueri potero, si amicus et frater meus es. Descende! Calamum pacis inter nos fumabimus."

Pida exclamavit: „Uff! Ducitne Vetus Catabolochir, bellator magnus, cui contigit, ut nullo adiuvante e manibus nostris evaderet, Pidam dignum, qui sit amicus et frater eius?"

„Ita est. Contende, ne bellatores Apachium morae impatientes fiant!"

Descendimus et ritu praecepto calamum fumavimus, quo facto Pidam appellavi, ut in re praesenti manens nutum meum exspectaret. Tum equo rursus conscenso ad Apaches equitavi, quos interea Yato-Ka certiores fecerat se mecum congressum esse et quid mihi in praesenti propositum esset. Unusquisque equum loro tenens in coronam dimidiam constiterant, cuius in medio Til-Lata, ,Manus Cruenta', stabat. Illum Apachem bene noram. Gloriae cupidissimus quidem erat, mihi autem semper cupiebat, ut exspectare possem me ab eo de Pida non impugnatum iri. Comiter eum salutavi et addidi:

„Vetus Catabolochir solus venit, sine Vinnetu, Apachium regulo. Cum existimem fratres rubros singula de morte huius clarissimi bellatoris audire velle, iis omnia referam. Primum autem mihi cum iis de Kiovis loquendum est."

,Manus Cruenta' respondit: „Scio, quid Vetus Catabolochir petiturus sit. Yato-Ka mihi dixit."

„Et quid tibi videtur?"

„Vetus Catabolochir regulus Apachium est. Voluntatem eius magni faciunt. Decem bellatores Kiovarum ilico in pagum suum revertantur, ut non diutius hîc morentur. Tum iis nihil mali inferemus."

„Et quomodo Pidae, iuveni regulo eorum, res se habet?"

„Vidi Veterem Catabolochira calamum pacis una cum eo fumantem. Nobiscum veniat et hospes noster sit, quamdiu optabis, ut nobiscum sit, tum autem rursus inimicus noster erit."

„Esto, consentio. Bellatores Apachium mecum iter retro vertent, ut sicarium Intsu-Tsunae et filiae eius capiant. Si id effectum erit, eos ad sepulchrum Vinnetus, reguli mortui eorum ducam. Howgh!"

‚Manus Cruenta' dextram suam dextrae meae ad verba rata facienda iungens affirmavit: „Howgh!"

Tum Pidam nutu et significatione advocavi, qui condicionem Til-Latae probans Kiovas suas domum dimisit. Tum in ripa Peci secundo flumine equitare pergebamus, dum vesperi consedimus.

Cum in finibus Apachium essemus, ignem accendimus et circum eum procubuimus. Ita comedimus, deinde pluribus verbis de morte Vinnetus exposui. Relatio mea alte descendit in animos audientium, qui diu nihil dicentes sedebant et postea singula facta e vivo regulo dilecto, quem admirati erant, petita recordati sunt. Simul ita affectus eram, quasi mortem Vinnetus iterum vidissem, atque cum alii dormiebant, ego diu pervigilabam neque conquiescere poteram. Cogitabam de testamento et de auro, quod in eo commemorata erat. Tum de hoc auro somniabam. Somnium atrox erat. Metallum splendidum, quod montis instar in margine voraginis iacebat, a Santero vatillo in profundum deiectus est. Id fieri sinere nolebam, id servare volebam cumque eo pugnabam, sed eum evincere nequibam. Tum sub nobis solum diruptum est. Ego resilui, sed Santer cum omni auri vi in voraginem dehiscentem praecipitatus est. Sudore diffluens experrectus sum. Cogitavi: Somnia vana sunt. Sed per totum posterum diem animi affectum deicere nequibam huic somnio quandam vim subiectam esse. Attamen tam facile erat ad interpretandum.

Celerrime equitavimus et meridie tantum breviter requievimus, ne sero in pagum perveniremus; nam Santer profecto ibi non diu manebat.

Provecto tempore postmeridiano in propinquum pagi venimus. Ad dextram monumentum situm erat, quod tum temporis Keklih-petrae exstructum erat, et ad id tempus crux ex eo prominebat. Ad laevum erat locus, unde mihi de vita natandum fuerat. Quotiens postea ibi cum Vinnetu stans de illis diebus locutus eram!

Tum itinere dextrorsum in vallem transversam flexo ante nos pagus erat. Sub vespere erat, et ex fumo, qui ex variis tabulatis evolvebatur, cognosci poterat incolas in cena apparanda occupatos esse. Quamvis venientes conspiceremur, Til-Lata manus rotundatas ori admotas sursum clamavit:

„Vetus Catabolochir venit, Vetus Catabolochir! Maturate, bellatores, eum salutare!"

Erant multi motus a tabulato ad tabulatum. Tigna scalaria demissa sunt, atque cum ex equis desilueramus et in pagum enitebamur, sescentae magnae et parvae manus ad me tentae sunt, ut me salvere iuberent, triste salvere iuberent; nam hoc die primum sine Vinnetu veneram.

Pagus, sicut iam supra commemoravi, tantum a parva gentis parte obtinebatur. Illi bellatores erant, qui Vinnetui semper maxime cordi fuerant, cum familiis, atque ita cogitatione comprehendi potest me secundum primam salutationem milies rogitando obtusum esse. Interrogantibus in posterius tempus dilatis primum percontatus sum:

„Adestne Inta? Mihi cum eo sermo instituendus est."

Mihi responsum est: „In cubiculo suo moratur. Eum arcessemus."

„Non ita. Cum aetate provectus et fragilis sit, maneat. Ad eum ibo."

Cum Pida in parvum membrum in saxum incîsum, in quo senex sedebat, inductus sum. Gaudio territus est, cum me videret, et multa verba ad me facere est orsus, quae autem interrupi interrogans:

„Illa mihi postea dic! Aderatne heri facies pallida ignota?"

Inta respondit: „Aderat."

„Nominatimne se appellavit?"

„Non. Dixit se a Vinnetu vetitum esse."

„Quamdiu hic manebat?"

„Illud fere tempus, quod facies pallidae horam appellant."

„Tene petiverat?"

„Ita est, se ad me duci iussit et mihi tribûs insigne Vinnetus in corio incisum mihi ostendit, cuius iussum ultimum exigere deberet."

„Quid te volebat facere?"

„Me lacum describere, quem vos tum temporis Deklilto appellastis."

„Tune ei eum descripsisti?"

„Mihi enim erat faciendum; nam Vinnetu iusserat. Viam illuc ferentem atque etiam loca, quae circum Deklilto iacent."

„Pinetum, saxum, aquas cadentes?"

„Omnia."

„Etiamne viam in adversum montem trans saxum superpendens ferentem?"

„Etiam eam. Animo relaxabar, quod cum aliquo loqui poteram de locis, ubi illo tempore una cum Vetere Catabolochire et Vinnetu, regulo Apachium fui, qui nos reliquit et in Aeternos Saltus Venatorios discessit. Mox eum ibi videbo."

Seni nihil crimini dandum erat, solum tribûs insigne reguli dilectissimi observaverat, atque convenienter fecerat. Praeterea eum interrogavi: „Eratne equus illius faciei pallidae lassus?"

„Omnino non. Cum avehebatur, tam alacer erat, quasi diu acquievisset."

„Hicine sedit?"

„Sedit, sed non diu; nam otio carebat. Fibras interrogavit ad funiculum igniarium faciendum."

„Ah, accepitne aliquas?"

„Accepit."

„Ad quam rem funiculo ei opus erat?"

„Non dixit. Etiam pulver pyrius a nobis ei dandus erat, vel permultum pulveris."

„Ad scloptetandum?"

„Non, sed ad aliquid erumpendum vel displodendum."

„Vidistine, quo tribûs insigne abderet?"

„In sacculum medicinae. Id mirabar, quoniam scio faciebus pallidis medicinas non esse."

Pida iuxta me stans clamavit: „Uff! Ei adhuc est sacculus! Medicina est, quam mihi furatus est."

Inta mirabundus interrogavit: „Furatusne? Num ille vir erat fur?"

Respondi: „Fure etiam peior!"

„Quamquam ei tribûs insigne erat Vinnetus?"

„Id quoque furatus est. Santer erat, qui Intsu-tsunam et Nso-tsiam interfecit."

Senex statuae instar stabat. Eum terrori reliquimus et discessimus.

Ergo nobis non contigerat, ut eum ex fuga retraheremus, immo vero, ne minimam quidem partem spatii, quod nos antecesserat, minueramus. Cum hanc rem moleste ferremus, ‚Manus Cruenta' proposuit:

„Nullo modo hic moremur, sed ilico rursus avehamur. Fortasse eum ita tamen assequemur, priusquam ad Aquam Obscuram pervenerit."

Rogavi: „Putasne te non requiescentem id facere posse? Sane quidem luna lucet, ut noctu equitare possimus."

„Til-Latae requiete opus non est!"

„Et Pidae?"

„Pida prius quiescere non quibit, quam medicinam recuperaverit."

„Esto, tum vero comedamus et deinde integros equos sumamus! Equum nigrum meum hic relinquam. Ego quoque studio discedendi ardeo. Quod Santer pulverem pyrium et funiculum igniarium petivit, indicat eum aliquid displosurum esse, qua re mihi omnia evertere possit. Maturato nobis opus est."

Incolae pagi nos quidem rogabant et orabant, ut maneremus. Volebant me iis de Vinnetu, de extremis eventibus nostris, de morte eius referre. Sed eos ad reditum meum brevi futurum distuli. De hac re se consolari debebant. Iam duabus horis post adventum nostrum integris equis et alimentis abundantes rursus avecti sumus, Til-Lata, Pida, ego et viginti Apaches. Tot comites Til-Lata insteterat, quamvis iis ad praesidium nostrum nobis opus non esset; nam tractus, per quem equitabamus, erat Mimbreniorum, qui consanguinei Apachium erant, ut hostilia ab iis nobis non erant timenda.

Nobis viâ septingentorum chiliometrorum confectâ opus erat, ut ad lacum Aquae Obscurae veniremus, atque id ultimo spatio per difficillima et saxosa loca. Si pro die quinquaginta fere chiliometra aestimarem, id multum esset et plus duabus septimanis nobis opus esset, ut eo perveniremus, quo volebamus.

Non nitebamur, ut Santeri vestigium investigaremus, quod ita tantum tempus trivissemus. Actutum eadem via equitavimus, quam tum temporis cum Vinnetu ingressus eram, sperantes Santerum ita semper ante nos fore, quod Inta ei aliam viam explicare nequierat. Si de ea decederet, nobis bono esset.

In via nihil accidit, quod singillatim mihi commemorandum est, dum die decimo sexto in aliquem incidimus. Equo nobis obviam vehebatur ruber, quem noram. Mimbrenius [1] erat, qui Vinnetui mihique illo tempore carnem suppeditaverat. Ille quoque me ilico agnovit et equo sustento gaudio affectus clamavit:

„Vetus Catabolochir! Quid video! Vivisne, nonne mortuus es, nonne defunctus?"

„Dicorne mortuus esse?"

„Diceris a Siuxensibus globulo deiectus."

Statim coniectavi eum in Santerum incidisse.

Percontatus sum: „Quis id dixit?"

„Facies pallida, quae nobis rettulit, quomodo magnus Vetus Catabolochir et clarissimus Vinnetu vitam amisissent. Ei a me credendum erat, quod tribûs insigne Vinnetus ei erat atque etiam medicina eius."

„Tamen mendacium erat; vides enim me vivum esse."

„Ergo etiam Vinnetu non mortuus esse videtur?"

„Ille revera mortuus est. Sed dic, quomodo albo obviam factus sis?"

„In campo tentorio nostro. Equum suum fessum mutare et ducem ad Deklil-to habere voluit. Sine dubio illud nomen falsum erat, et significavit illam aquam, quae apud nos Sis-tu [2] appellatur. Cum pro eo medicinam Vinnetus promitteret, id accepi, equum integrum eâ permutavi eumque cum filio ad Sis-tu adduxi, quem extemplo locum designatum esse cognovít."

„Te fefellit. Portasne tecum medicinam?"

„Porto, ecce!"

„Nobis eam monstra!"

Pida, cum eam ex hippopêris prompsisset, clamorem laetum edens manum ad eam admovit. Mimbrenius eam restituere nolebat, ut brevis altercatio concitaretur, quam his verbis finivi:

„Haec medicina vere reguli iuvenis Kiovarum est. Vinnetu eam numquam in manibus habuit."

Mimbrenius perseveravit: „Plane erras!"

„Non ignoro."

[1] Mimbrenius – Mimbrenjo   [2] Sis-Tu – Lacus Niger

„Sed ego utique propter hanc pretiosam medicinam cum eo viam longam feci et ei equum meliorem dedi!"

„Ei equo integro opus erat, quod sciebat insectantes post se esse, et tibi mendacium magnum dixit, ut te adduceret ad permutationem faciendam."

„Nisi Vetus Catabolochir id diceret, non crederem. Estne medicina mihi reddenda?"

„Est."

„Esto! Sed tum iter convertam, ut hominem fraudulentum et mendacem vita privem!"

„Tum nobiscum vehere; nam nos quoque eum capitis supplicio afficere volumus!"

Mimbrenius, cum id ei placeret, unâ equitabat. Cum ei breviter attulissemus, quis Santer esset et quibus sceleribus se astrinxisset, fraudatum maiorem in modum paenitebat sicarium equis mutatis adiuvisse; nam eo adiutore et duce Santero potestas facta erat itineris praecipiendi.

Pida beatus erat, quod medicinam, et eam prorsus integram, recuperaverat. Id, quod volebat, equitando consecutus erat. Essetne futurum, ut hoc etiam de me dicere possem?

Postero die ad lacum pervenimus, sed vesperi demum, cum nihil iam videri poterat. Ibi tacentes sub arboribus corpora prostravimus neque ignem accendimus, ne nos Santero ostenderemus, quoniam nesciebamus, ubi vir quaesitus esset; nam Mimbrenio non dixerat, quid ibi vellet, et secundum adventum eum adduxerat, ut ilico reveheretur.

Via nos a Peco Fluvio in obliquum per angulum Novi Mexici in solis occasum et meridiem spectantem tulerat, ut tum in Arizona essemus, in illa fere regione, ubi fines Gileniorum et Mimbreniorum inter se contingunt. Illi tractus plerumque maximam partem vasti et tristes sunt. Saxa, nihil nisi saxa, lapides, nihil nisi lapides. Sed ubi aqua est, fertilia et luxuriantia herbarum incrementa oriuntur, quae quidem non longe ripas cursuum aquarum evadunt. Sol omnia urit, quae non celeriter umorem necessarium supplere possunt. Silvae ibi rarae sunt.

Ibi autem, ubi tum eramus, natura has excepit.

Erat convallis, quae complures fontes habebat, qui fundum eius compleverant, ut lacum effecissent, cuius aqua ad occidentem versus defluebat, cum nos tum ad ripam ad orientem spectantem versaremur. Latera vallis crebris arboribus consita sublime ferebantur, ut lacus profundus et immensus illum colorem austerum traheret, quo inducti eum Aquam Obscuram vocaveramus, cum Mimbrenii eum, sicut pridie compereramus, Lacum Nigrum appellabant. Ex latere septentrionali, quod summum erat, rupes nuda pilae instar prominebat, quae ad perpendiculum directe ex aqua exstabat. Post eam umor multo altiorum culminum silvestrium confluebat, qui per saxa eius emissarium effoderat, per quod aqua sicut ex fistula nassiternae ad triginta metra in lacum decurrebat. Haec erat Aqua Cadens, quam Vinnetu in testamento suo commemoraverat. Super hoc ipso aquae deiectu specum in saxis conspeximus, ad quem tum temporis pervenire non potueramus, cuius aditum Vinnetu autem postea invenisse videbatur. Atque etiam super hoc specu superior pars rupis ut subgrunda sive tabula immensa, quae sine statuminibus in aera tendebat, prominebat tam longa et gravis, ut mirum videretur, quod non iam dudum in profundum ruerat.

A dextra huius rupis et arte ad eam adnixa altera erat, in qua illo tempore ursum horribilem necaveramus. Itaque Vinnetu eam Tse-sos, Rupem Ursi, appellavit. Id, ut vobis rem illustrem.

Cum ante ipsum discrimen essemus, paulum tantum dormire poteram. Vixdum infra apud nos dies appetebat, cum Santeri vestigia quaerere aggressi sumus. Sed nihil repperimus. Itaque decrevi ascendere, ubi, ut mea ferebat opinio, reperiri poterat. Solos Til-Latam et Pidam mecum duxi. Pinetum a Vinnetu commemoratum sursum persecuti sumus, donec in Rupe Ursi stetimus.

„Ibi ex equo descende et conitere – ", in testamento protinus legere nequiveram. Quo mihi enitendum erat? Verisimillimum erat ad specum illic supra situm. Id periclitandum erat. Loca maxime ardua erant, sed procedebamus, altius, altius altiusque, quoad a latere sub specu fuimus. Longius procedere non poteramus. Si ibi via exstabat, ab eâ deerraveramus, quod descriptio Vinnetus mihi non erat. Modo in eo erat, ut iter retro verterem, cum sclopeti iactu audito globulus iuxta me saxum percussit. Deinde vox desuper clamavit: „Canis, esne rursus liber? Putabam solos Kiovas post me esse. Abi in malam rem!"

Alter iactus auditus est, qui iterum me non tetigit. Sursum spectantes Santerum in primo margine specus stantem videbamus. Desuper irridens cachinnavit: „Num testamentum Apachis tibi petere et thesaurum tollere vis? Sero venisti. Ego iam adsum, et funiculus igniarius iamiam accensus est. Nihil auferes, omnino nihil, et insana opera fundata[1] et donationes mihi sumam!"

Postquam cachinnum edens se interrupit, perrexit:

„Video te viam non novisse. Neque illam, quae ultra deorsum fert. Ibi aurum deferam, ut vos non impedire possitis, quin id fiat. Viam longinquam nequiquam fecistis. Nunc quidem ego victor sum, hahahahahaha!"

Quid in hac re erat faciendum? Santer supra erat apud thesaurum, atque nos sursum ascendere nequibamus. Fortasse viam reperiremus, sed tum cum praeda sine dubio iam abisset. De altera via enim locutus erat. Hac in re non dubitabam, globulus ad eum mihi sursum mittendus erat. Solum difficile erat a loco nostro sursum sclopetare. Santer enim ne de loco superiore quidem icerat. Itaque paulum descendi, oblique deorsum, et carabinum de umero dempsi.

Ille vocavit: „Ah, canis sclopetare vult! Id hic male procedit. Tibi prosperius consistam."

[1] opus fundatum – Stiftung

Santer evanuit, sed iam paulo post rursus sublime in tabula apparuit. Tum processit, porro et porro, paene usque ad marginem. Vertigine fere laborabam. Aliquid album manu tenebat.

Clamavit: „Oculos tolle! Hîc testamentum est. Cum id memoriâ teneam, mihi non iam opus est. Lacus infra situs id habeat! Tu id non accipies."

Cum his scidis concerptis resegmina chartae in aera iecit, ut leniter delabentes in aquam inciderent. Illud testamentum pretiosum! Non irâ affectus eram, neque saevitiâ, sed animadverti me aestuare.

In altum vociferatus sum: „Homo improbissime, parumper me audi!"

Superne cavillans dixit: „Revera, te audiam!"

„Intsu tsuna te valere iubet!"

„Gratias!"

„Nso-tsi quoque!"

„Plurimas gratias, gratias!"

„Et iussu Vinnetus tibi hunc globulum mittam. Gratiae tibi agendae non sunt!"

Tunc quidem ursicidale collineavi. Ita iactus certior erat. Mihi contingendus erat. Collineare vix momentum temporis apud me exigit, etiam tum – sed quid illud erat? Contremiscebatne bracchium meum? An Santer se movebat? An rupes lababat? Mihi non contigit, ut Santer in recta grani regione esset. Itaque bombardam deposui, ut ambobus oculis spectarem.

Edepol, rupes titubabat! Fragor gravis et fuscus editus est, ex specu fumus effusus est, et sicut pugno, qui oculis cerni non potest, tusa pars rupis, quae supra specum erat, lente magis magisque labebatur cum Santero in tabula stante, qui bracchia tollens et vociferans opem petebat. Tum, cum momentum gravitatis perierat, saxorum moles cum crepitu, grandine, fragore in profundum deiecta est, deorsum in lacum! Supra, circum mucronem fracturae leves nubeculae fumi pulverei pendebant.

Elingues et horrore perfusi stabamus.

Pida ambas manus tollens clamavit:

„Uff! Magnus Spiritus de sicario iudicavit et rupem sub eo evertit."

Til-Lata deorsum fluctus spumosos lacûs, qui hoc momento instar ingentis et bullantis aëni habebat, ostendens, quamvis aëneo colore esset, prorsus pallidus balbutivit:

„Spiritus malus eum in aquam aestuantem detraxit neque eum rursus reddet usque ad finem omnium rerum. Exsecratus est!"

Ego nihil dicere volebam neque quicquam dicere poteram. Somnium meum, somnium meum! Aurum in voraginem delatum! Et quem finem Santeri! Extremo temporis puncto mihi necessitas remissa est globulum ei mittendi. Ipse de se iudicaverat, vel potius ipse iudicium Dei de se sumpserat. Sui ipsius carnifex factus erat; nam ipse funiculum igniarium accenderat.

Infra ad ripam lacus Apaches cum Mimbreniis stabant commoti gestus agentes. Pida et Til-Lata decurrebant, ut quaererent, num Santer conspici posset. Inceptum irritum! Illum saxorum moles in aqua impresserat et in imo lacu sepeliverat et contexerat. Me, hominem alias corpore vigentem, qui nihil ulla re moveri poteram, vires prorsus defecerunt, ita defecerunt, ut mihi residendum esset. Vertigine correptus sum, ut oculi mihi operiendi essent; tamen rupem nutantem et ruentem ante me videbam et audiebam Santeri implorationes.

Qui id factum erat? Ut opinor, cautionis causa a Vinnetu adhibitae. Mihi id haud dubie non accidisset. Latibulum et id, quod illic supra faciendum erat, ita profecto descripserat, ut ego solus verba eius comprehendere possem, quivis alius autem ea non recte interpretari posset. Minam[1] collocaverat, quam imperitum errore inductum accendere necesse erat, ut semetipsum pessum daret.

---

[1] mina – die Mine (res displosoria) ita Perugini!

Sed quo loco thesaurus erat, aurum? Adhucine supra erat an etiam infra in ima Aqua Nigra iacebat, fragmentis rupis hominibus in perpetuum ademptum?

Et si infra iaceret, ego id non dolebam! Sed quod versus fratris mortui concerpti et dispersi erant, mihi detrimentum erat, quo maius accipere non poteram. Id cogitans extemplo impetum deperditum recuperavi. Me proripui et quam celerrime de monte descendi; nam fortasse nonnulla vel complura resegmina chartae servare poteram. Revera, illic aliquid nitebat, cum in imam vallem perveneram, illic aliquid candore chartaceo e medio lacu nitebat. Actutum vestibus detractis saltu in aquam me inieci, ut iis adnarem. Res ita erat, parvulum resegmen testamenti erat. Lacûs superficiem in omnes partes tranatans tria alia segmenta repperi. Testamenti reliquiae in sole siccavi. Quo facto litteras, quae pallidae erant et diffluxerant, investigabam et persequebar. Ex iis, quae scripta erant, nihil scilicet nascebatur. Manibus pedibusque legi: ‚...alteram dimidiam accipiant...quod paupertate...rupes dirumpentur...Christianus...dispertiant...ultionem nolo...'

Haec omnia erant, paene nihil igitur et tamen satis, ut partem quidem summae testamenti suspicari possem. Haec parva resegmina chartacea sancta asservavi.

Postea, cum constantiam meam recuperaveram, aggressi sumus ad investigationes instituendas. Pars Apachium circum lacum missi sunt, ut equum Santeri quaererent. Reperiendus erat, ne siti et fame conficeretur, si alligatus esset. Ceteri nobiscum ascenderunt, ut nobis in via reperienda ad specum ducente, qui non iam erat, adessent. Complures horas operam perdidimus, dum iterum id, quod ex testamento legeram, ad verbum mecum consideravi. Ultimum enuntiatum, quod maximi momenti erat, his verbis scriptum erat: ‚Ibi descende ex equo et conitere –' Tum conspexi verbum ‚conitere'. Coniteris quidem in montem maxime arduum, plerumque autem hoc verbum alia in re adhibetur. Num hoc loco arborem attingeret? Inquirentes tandem pinum crassiorem et altiorem animadvertimus, quae prope rupem stabat, ad eam inclinata creverat, supra ad unum ex marginibus se applicaverat. Illa esse videbatur. In eam conisus sum. Margo latior erat, quam ab imo conieceram. Pedem in eo posui et eum circum versuram secutus sum. Vero! Haec via recta fuerat! Gradus duo fere metra latus et facile pervius ante pedes positus erat, qui a postico rupis latere lenius sursum ferens tum ibi finem cepit, ubi rupes fracta erat, id est in nova tabula eius. Ibi quidem in vasta mole maiorum et minorum lapidum stabam, attamen solum specûs diruti bene internoscere poteram. Nisi aurum sub id, sed in latera cavi sive etiam altius ad tabulam supremam versus conditum erat, tum in lacu iacebat.

Comites sursum arcessivi, ut me in quaerendo iuvarent. Unumquemque lapidem versantes nihil repperimus, neque ullam significationem neque ullum vestigium. Quamvis omnes viri essemus, qui didicissent et assuefacti essent ex minima nota et exiguo indicio recte concludere, ibi omnis labor irritus, omnis ingenii acies inanis erat. Cum sub vesperum rursus ad lacum deveniebamus, ut ibi pernoctaremus, modo Apaches ad equum quaerendum dimissi revertebantur: eum reppererant. Hippoperas scrutatus sum, nihil cuiusdam momenti continebant.

Quattuor integros dies ad Aquam Obscuram versantes omnem sagacitatem nostram contendimus. Mihi persuasum habeo futurum fuisse, ut aurum reperiretur, si usque ad id tempus supra ad rupem vel in rupe fuisset. Sed infra in profundo iacebat prope ab eo, qui id paene rapuisset, at tum cum eo terra contectus erat. Infecta re in pagum ad Pecum Fluvium situm revertimus, exploratum habentes caedem Intsu tsunae et Nso-tsiae tum demum, demum expiatam esse. –

Ita testamentum Apachis aeque ac auctor eius interiit,

et tota phyle rubra interibit, copiosis facultatibus praedita, sed ut non eo, quo volebat, veniret, non grandes partes, quae eius erant, exsequi posset. Sicut resegmina testamenti sursum acta, ita mobilis et sollicitus et resegminum instar vir ruber per latos campos, qui quondam eius erant, vagatur.

Sed qui inter Montes Ventriosorum ad Metsurium fluvium ante monumentum Apachis stat, dicit:

„Hic conditus est Vinnetu, ruber, sed magnus vir!"

Et si quando ultimum resegmen testamenti in virgultis et aqua situm corruptus erit, homines iuste iudicantes et sentientes ante zavanas et montes occidentis stantes dicent: „Hic acquiescit phyle rubra. Magna non est facta, quod ei magnam fieri non licebat!"

EPILOGVS.

Fabula Vinnetus abundantiam chartularum et epistularum ad me datarum effecit, quae usque continenter adhuc affluit neque finem capere videtur. Quae vis suspicionum et quaestionum! Quis ad eas omnes repondebit? Patientiam peto.

Vero, patientiam; nam lectori, cuius animum, immo vero amorem, Vinnetu meus sibi conciliavit, aperire possum me saepe et multum de optimo amico meo narraturum esse. Illi tres tomi ,Vinnetus' tantum partes electae omnium rerum sunt, quas illis quattuordecim annis amicitiae ad latus eius expertus sum et quae mihi praeterea de eo referendae sunt.

In hunc diem hoc unum:

Apachibus quidem promiseram me reversum eos in Montes Ventriosorum ad sepulchrum reguli mortui ducturum esse, sed haec res ad tempus fieri non posse inveniebatur. December mensis ad finem vergebat. Anni tempus igitur iam longius processerat, quam ut in incultissimas et asperrimas partes Montium Saxosorum equitare audere possemus, quae res minimum duos menses exigeret et nos in multam hiemem introduceret. Et quid hoc rei sit, solus iudicare possit, qui sicut ego olim multas septimanas in illis regionibus in nive alta haeserit. Apaches, qui caelo magis in meridiem spectante et mitiore assuefacti erant, profecto labores, quos obissent, animo concipere nequibant.

Itaque homines morae impatientes in tempus vernum distuli et promisi me usque ad id tempus apud eos commoraturum esse, qua re magnum gaudium iis omnibus attuli. Hoc loco statim addere volo nos tempore verno equo illuc vectatos esse. Nobis plus mensis opus erat usque ad Metsurium fluvium et tempore ipso venimus; nam amicos nostros in nova colonia Helldorfiana habitantes iuvare poteramus ad impetum Ogellalarum reiciendum. Cum concursio subita non tam ad coloniam quam ad bombardam argenteam Vinnetus pertinuisset, quam Ogellalae petebant, omnibus Apachibus probantibus bombardam accepi et postea in patriam ut unam ex antiquissimis rebus memorialibus amici ex vita egressi mecum duxi.

Temporis moram, dum profecti sumus, non sensi. Primum erant celebrationes ferales[1], quae honoris clarissimi et amatissimi omnium Apachium reguli causa actae sunt et multis septimanis fuerunt. Praeterea Mescalariis novus regulus constituendus erat. Mihi summis opibus adnitendum erat, ut Apaches eligeretur, quem munus suum secundum studia pacifica et magnanima mortui amici mei gessurum esse sperare possem. Electus est Til-Lata, qui adversus nomen vir erat intellegens. Praecipue ille ex omnibus rubris, quibus ad dignitatem reguli suffragium ferri poterat, minime opinionibus praeiudicatis rubrae phylae contra albam ducebatur.

[1] celebratio feralis –Leichenfeier

Num ei quidem contingeret, ut auctoritatem excellentem, quam Vinnetu apud ceteras tribus Apachium obtinuerat, retineret?

At vero ex rerum memoria cognosci potest rem aliam fuisse. Singulae Apachium tribus paulatim artam consuetudinem alterius cum alia intermiserunt, quae a Vinnetu sollerter, etsi satis magno opere, servata erat, et cruentis et inutilibus pugnis contra facies pallidas se confecerunt.

Imprimis nomen Hieronymi[1] reguli ex tribu Chiricahuarum cruento graphio in rerum memoriâ civitatum occidentalium inscriptum est.

Testamentum Apachis, quod ad Nugget Tsil effodi, deletum est – dispersum in omnes partes. Sed etiam animi hereditas, quam reliquit, a nullo homine suae gentis accepta est. Nemini omnium excellens virtus eius erat et animus, qui victor erat et ad hoc itaque victoriam promittebat.

Neminine? Profectone nemini?

Fortasse tamen cuipiam!

Id, quod posthac narrabo, documento sit phylen rubram, nisi indicia mentiuntur, tandem, tandem se ad se revocare incipere, sententiam duram igitur modo de ea dictam corrigendam esse. Quo plus autem mihi narrare licet, eo clarior et fulgentior figura illius viri mentem meam subit, quem partes totius gentis suae suscepisse descripsi et talem adamavi, eo magis ille, cuius corpus mihi excelse ad ripam Metsurii fluvii frigido sepulchro inferendum erat, vividam vitam et figuram floridam capit, ille, vir humanissimus Indianorum:

VINNETV,
Apachium regulus!

---

[1] Hieronymus – Geronimo (regulus Chiricahuarum)

Appendix

VERBA TERTII TOMI VINNETVS
Litterarum ordine digesta

Verba asterisco (*) notata a me proponuntur.

A

Abacus (cauponis)	Theke
achates, -ae	Achat
acid. Borussicum	Blausäure
acini passi	Rosinen
Aeterni Saltus Venatorii	die ewigen Jagdgründe
* agellus (Gütchen)	hier: Claim
alcinus, -a, -um	a. d. Elch bezogen, Elch-
alter Gargilius	Sonntagsjäger (cf. Hor.)
Amita Droll(a)	‚Tante Droll'
* amuletum	hier: Medizin des einz. Indianers
* amygdaliformis, -e	mandelförmig
* anclong(um) Iavanum	Anklong (besteht aus 14 Bambusteilen)
ansula	Öhr
apocha depositionis	Hinterlegungsschein
apoplexis, -is (-eos)	Schlag(anfall)
aqua ardens	Feuerwasser
* aqua ardens mala	Fusel
aqua ignea	= aqua ardens
arca aedificatoria et dispensatoria	Bau- und Verwaltungskasse
arca nummaria	Kasse
* argumentum (Mus.)	Motiv
artemisia	Beifuß
artificiolum	Kunststückchen
* Asia Alta	Hochasien
atropus, -i f.	Tollkirsche
attributio	Geldanweisung
* au!	pshaw!

* auraria	Diggin(g)
aurilegulus	Goldsucher

B

Badius (de equo)	kastanienbraun
baiulus, -i	der Kuli
ballista, -ae	hier: Böller
balux, -ucis	Goldstaub
batea	vas patiniforme, in quo terra aurosa eluitur
* belli semita	Kriegspfad
* ‚beluare‘	‚bekreaturen‘
* bestia vectrix	Reittier
* bibliopoeus	Büchermacher, bookmaker
bison, -ntis	Bison, Wisent
blatero	Plappermaul, Schlabbermaul
bombarda	Büchse
bombax	zounds
borrire	wimmeln
boto, -onis m.	Knopf (an der Kleidung)
* Brevis Rivulus	Short Rivulet
* bubulina siccata	gedörrtes Büffelfleisch
bubalus	Büffel
bubula lingua	‚Ochsenzunge‘ (Pflanze)
* bubulcus	Cowboy
buchloa, -ae	Büffelgras
bufo, -onis m.	die Kröte

C

Caballus	Gaul
* caedes praedatoria	Raubmord
caelia	Ale
* caeliarius	Aleman
calamus pacis	Kalumet, Friedenspfeife
calautica	Haube
calcei laxi	Mokkassins
caliptraria	Putzmacherin
* camelipes	kamelbeinig
cammas, -ae f.	placenta exradice bulbosa cocta

* Camtsatca	Kamtschatka
* Canadensis Fluvius	Canadian River
canis latrans	Kojote
cannabis silvestris	wilder Hanf
Cansiopolis	Cansas City
* capelêum (καπηλεῖον)	taberna
capillare, -is n.	Pomade
* capitaneus	Capitano, Captain
capsula incendiaria	Zündhütchen
capsula missilis	Geschoßkammer
capulum	Lasso
carabinum	Karabiner, Stutzen
* carabinum Henrici	Henrystutzen
carboneum	Kohlenstoff
carya Hickory	iuglans Americana
casa Indiana	Wigwam
* Castellum Bentonicum	Fort Benton
* Castellum Scoticum	Fort Scotch
* Castellum Unionis	Fort Union
cattinus	Katzen-
cattula silvestris	Wildkätzchen
* celebratio feralis	Leichenfeier
cernuare	Rad, Purzelbaum schlagen
certamen salutis	Kampf ums Dasein
* charadra (χαράδρα)	Cañon
* Charadra Echûs	Echo-Cañon
* chartae magicae	Medizinzettel
chenopodium	‚goosefoot' (Tabak)
Chicagia	Chicago
* Chicum	Chico (Stadt)
chiliarchum	Oberst
* chrysorychêa (χρυσορχεῖα)	Diggins
ciccum	Stummel, Kippe (Zigarr.)
cithara Hispanica	Gitarre
* Civitates	hier: ‚die Staaten'
coacta, -orum	Filz
collineare	zielen
colluvies, -iêi f.	Gesindel

Coloratensis	Colorado-
Coloratus, -i m	der Colorado (Fluß)
complex, -icis	Komplize
commissura	Gelenk
concentus musicus	Konzert
coniectus, -us m.	der Schuß
constitutum	Stelldichein
corbula olitoria	Gemüsekorb
crotalinus	v.d. Kapperschlange
cubital, -is n.	Seitenlehne
cucurbita lagoenaria	Flaschenkürbis
culleus	Schlauch
culmus	Halm
* Curacaum	Curaçao
cynomyis, -idos	Präriehund

D

* Dacotensis	der Dakota
deglubere	skalpieren
detector	Detektiv
diaeta, -ae (traminis)	Abteil
diagramma, -atis n.	Tonleiter
didelphis, -inis	Opossum
δικαστήριον (-ιω)	Court of Justice
dispensator	Kassier
* Divortium Salsum	Salt Fork
* drapetîa (δραπετεία)	subita et praeceps fuga equorum, ‚Stampedo‘
* dominus homo	Herr der Schöpfung (italice: signore uomo)
* Domnus	Don

E

* Echo, -us, -ôn, -o	Echo
εἶεν!	Well!
elastrum (ἔλαστρον)	Sprungfeder
embolium	Zwischenspiel
embolus	Patrone

equifer	Mustang
equifer silvestris	wilder Mustang
* equus ignivomus	Feuerroß
equus morulus	Schwarzschimmel, Rappe
* Erythroandres	Redmen
εὐχαριστῶ σοι	gratias
exoneratio	Entladung
explorator	Scout, Pfadfinder

F

Facies pallida	Bleichgesicht
famuli caelestes	dienstbare Geister
farinacea, -orum	Mehlspeisen
fermentari Dep.	in Gärung geraten, gären
ferratus	mit Eisen beschlagen
ferrea lamina interrasilis	durchbrochenes Eisenblech
fibrinus	vom Biber, Biber-
fimbriatus	mit Fransen versehen
fistula	Lauf (Gewehr)
fistula stridens	(Triller)Pfeife
fistula sulcata	gezogener Lauf
* Flavae Aquae Saltus	Yellow Water Ground
* Flavae Petrae Lacus	Yellow Stone See
* Flumen Flavae Petrae	Yellow Stone River
* Fluvius Aquae Dulcis	Sweet Water River
* Fluvius Molis Fibrinae	Beaver-Dam Fluß
* Fluvius Serpentarius	Snake River
focile	Flinte
fodina	Mine
folia capillata	Fichtennadeln
folia pinnata	Kiefernnadeln
* Fons Saxosus	Rock Springs
fornacator	Heizer
fovea focaris	Feuergrube
* Fremontium	Fremont (Stadt)
fumisugium	Pfeife
funiculus igniarius	Zündschnur
funiculus ignifer	Lunte
furcilla	Gabelteile

* fustis iaculatorius	Schießprügel

G

gemmarius	Juwelier
globulorum sacculus	Kugelbeutel
* grammarium	Grammagras
grando telorum	die Salve
* grassati	bushheaders, Strauchdiebe

H

herbae serpentes	Schlingpflanzen
hinnuleus	Hirschkalb
hippoperae, -arum	Satteltasche
* hippophorbus	horsekeeper
homo liber	gentleman
* homo pugnax	Schläger
* homo rusticus	Hinterwäldler
homo temerarius	Abenteurer
humerale	Schaft
hybrida, -ae	Mulatte
* hylastes	lumberjack, Holzfäller

I

iaguarus	Jaguar
Iambarici	Yambaricos, ‚Wurzelgräber'
Iancheus, -i	der Yankee
ignitabulum	Feuerzeug
Igniterranus	Feuerländer
* ignivomus	feuerspeidend
ima vox prima	1. Baß
* incantator	Medizinmann
incoxare	niederhocken
* indagator	Detektiv
* Indianicîda, -ae m.	Indianertöter
* Indiani Serpentarii	Schlangenindianer
* Indius	Indio
* Indoandres	Indsmen
* Indoaner Ophiaceus	Snake Indsman

insidêre	fest anliegen
* instrumentum iaculatorium	Schieß(werk)zeug
Iosephopolis	San José
* Iuga Tentonia	Tenton Range
* Iugum Fluvii Serpentarii	Snake River Range
* iulepum basilicum	Basilikjulep

L

lacca	Lack
* Lacus Monus	Mono-See
* Lacus Salsus	Salzsee
lanula	Flanell
lapis Calchedonius	Chalzedon
* lapis durus	Halbedelstein
laqueus missilis	Lasso
* Laramii Montes	Laramie Mountains
lavandaria	Wäsche
lemniscus	Band, Schnur
lepus campestris	Präriehase
ligula	Abzug(shahn)
limax, -acis	Schnecke
limbus	Bordüre, Tresse
litterarum opertum	Briefgeheimnis
* Ludovici Villa	Louisville
* lunellum	Lunel, (liquor Francogallicus)
lupus agrestis	wilder Hopfen
lynceus	luchsäugig, hier: adleräugig

M

machina vectoria	Lokomotive
machinator	Maschinist
malleolus	Hahn (am Gewehr)
manubrium (sclopeti)	Kolben
* Mapimia	Mapimi (Wüste)
* Mauri Montes	Sierra Moro
mays, -idis f.	Mais
medicamentum	Medizin, Zaubermittel
* Melanglênus (μελάγγληνος)	schwarzäugig, Black-eye

Mexicum	Mexico
millepeda	Tausendfüßler
* metallici	Miners
* Mimbrenius	Mimbrenjo
mina	hic: die Mine (res displosoria)
mitella pelicea	Pelzmütze
* Modestum	Modesto (Stadt)
* Mons Flavus	Makik Natun
* Mons Palagarum	Nugget-Tsil
* Mons Pinifer	Fichtelgebirge
* Montes Albi	Sierra Blanca
* Montes Nivales, M. Nivati	Sierra Nevada
Montes Saxosi	Felsengebirge, Rocky Mountains
* Montes Ventriosorum	Gros-Ventre-Berge (vel) Mont. Magnorum Ventrium
* Montes Ventifluviani	Windriverberge
* μυχός	Winkel, hier: Hide-spot

N

nartae	die Skier
* neoceraea	Greenhorn
nigrita	der Neger
* ‚nigritta'	‚Nigger'

O

oasis, -is (-eos)	Oase
occidens ferus	der Wilde Westen
ocrea	Leggin, Schaft, Stiefel
oecus, -i	die Gaststube
* Ogdena	Ogden (urbs)
opalus	Opal
* Ophis (ὄφις)	Snake
oppilago, -inis f.	Knebel
opus acu pictum	Stickerei
oreae, -arum	Gebiß (am Zaumzeug)
orichalcinus, -a, -um	aus Messing

os pelvinum	Beckenknochen
* Ostiacensis	Ostjake
* Oxyoptes, -ae (ὀξυόπτης)	Sharp-Eye (scharfsehend)

P

* Pagideutes, -ae	Trapper, Fallensteller
palacurna palaga	Nugget, Goldklumpen
* palarius	Stakeman, Pfahlmann
* palus cruciatûs	Marterpfahl
papae!	‚Alle Wetter!'
παράκλητος	causidicus
* Pecus Flumen	Rio Pecos, Rivus Pecus
* pedicâ vincire	anhobbeln
* Pegnascus Fluvius	Rio Peñasco
* Pemmican(um)	caro siccata et trita, quae adipe subacta est
* peniculus tritorius	Scheuerbürste
* pe(n)sum	Peso
perones equestres	Reitstiefel
personacea	Mezquite-Strauch
petasus altus	Zylinder(hut)
Philadelphenus	ad Philadelphiam attinens
phyle, -es	Rasse
physêtêr, -êris	Pottwal
* Pimo, -onis	nomen infame Apachium
* Pinetum	Fichtenwald
pistellis opera reticulata perficere	klöppeln
pistolium versatile	Revolver
* ‚Plani vultures'	Llanogeier
* Planum Palatum	Llano Estacado
pluteus	Lehne
polybolus	vielschüssig
* ponchius	poncho
ponticulus	Abzug (am Gewehr)
* portatoria (cervesa)	Porter
postilena	Schweifriemen
* praedium armentorium	Estancia

praedo	Freibeuter
praeses, -idis	hier: Präsident
prataria	Prärie
* princeps olearius	der Ölprinz
* Procer	Grande
procoeton, -onis	das Vorzimmer
procyon lotor	Waschbär
* Promunturium	Promontory (urbs)
pulvis pyrius	Schießpulver

R

(ramentum) flammiferum	Streichholz
ratiocinator	Buchhalter
* regulifragus	railtroubler
* Rivus Amarus	Bitter River
* Rivus Fibrorum	Beaver Creek
Rivus Grandis	Rio Grande
* Rivus Pecus	Rio Pecos
* Rivus Viridis	Green River
* Ruber Fluvius	Red River
rubinus	Stein (in horlogio)
rubripellis	Rothaut
* Rupes Ursorum	Tse-sos

S

Sacramentum	Sacramento (urbs)
* Sacramentus	Sacramento (fluvius)
saltatio personacea	Maskenball
* saltus venatorii	Jagdgründe
* Samo, -onis	Schamo (asiat. Wüste)
* Sancti Novissimorum Dierum	die Heiligen der Letzten Tage
* sarcina circumligata	der Ballen
sarda	Karneol
scacis (aciebus) ludere	Schach (Dame) spielen
sclopetare	schießen
* scutum	Escudo (Münze)
serta	die Schnur

* sicarius	der Bravo
* siderodromicus	railroader
silva incaedua	Urwald
sindon, -onis f.	Kattun, Baumwolle
* Sin-Otus	Sans-Ear
Sinus Albus (Albisinuensis)	Bahia (Alba)
sipho, -onis m.	Feuerspritze
situs, -ûs m.	Moder
Siuxenses	die Sioux
* Societas Pellaria Montana	Mountain-Pelzhandels-gesellschaft
* Sosones	Schoschonen
spadix, -icis	der Braune (Pferd)
* spiraculum iaculatorium	Schießscharte
spolarium	Ankleidezimmer
* squova (ita Latine reddidi:)	Squaw
stapia	Steigbügel
* statêr, -êris	hellenist. Goldmünze, hier: Taler
* statio Echo	Station Echo
* stibosphrantes, -ae	Track- Smeller [a στίβος (Spur) et ὀσφραίνομαι (riechen)]
* stragulum saltillense	Saltillo-Decke
substructum	Unterbau
suggestus, -ûs	Rampe
syngrapha	der Wechsel (Geld)
synoecium	Wohnzimmer
synthesis, -is (-eos)	Anzug

T

* Tabula Septentrionalis	North Plate
tabulatum	Gerüst
taenia	der Bandwurm
talus	Knöchel
* tegumentum coactile	Filzdecke

telescopium	Fernrohr
Terra Ignium	Feuerland
Terra Nova (Teranovanus)	Neufundland(-länder)
Terra Viridis	Grönland
tesqua, -orum	die Steppe
Texia, -ae	Texas
thesaurarius	Zahlmeister
tibialia, -ium	hier: Schäfte
titumen, -inis n.	Beifuß
* Tituminum Colles	Mugwort Hills
* Tokeichun	Taurus Cornutus
tornare	drechseln
* Transitus Meridianus	South Pass
* Transitus Septentrionalis	Paso del Norte
tremulus	der Quäker
tribûs insigne	Totem
* Truchas Vertex	Truchas Peak
tubus	Rohr
tubus opticus	Fernrohr
* Tungusus	der Tunguse
tunica venatoria	Jagdhemd

V

* vaccarius	Vaquero (wie ferrarius – herrero; Unterschied zu bubulcus, Cowboy)
* Vaecuria	California
* vagus occidentalis	Westläufer
Vallisoletum	Valladolid
vervecina	Hammelfleisch
* Vetus Catabolochir	Old Shatterhand
* viguamia	Wigwam
* Vilmus	Bill
* Vinnetu, -ûs, -ui, -um, -û	Winnetou
vinum pomarium adustum	Brandy
* vinum Portucalense	Portwein
virga colurna	Haselrute

* Viridarium Septentrionale	North Park
* viri militantes	Milizmen
* vir occiduus	Westmann
* Una Penna	Sus-Homasa (Eine Feder)
* unifistulatus	mit einem Lauf
* Urbs Lacûs Salsi	Salt Lake City
ursus horribilis	Grizzlybär
* Utensis Pahus	Pah-Utah
vox media secunda	2. Tenor

Z

zavana	Savanne
* zavanivagus	Savannenläufer
* Zugnani Montes	Zuñi-Gebirge

Nonnulla nomina
narrationis de ‚Vinnetu' Latinizata.

Winnetou	Vinnetû, -ûs, -ui, -um, -û
Old Shatterhand	Vetus Catabolochir, -is
	(a καταβάλλειν, – χείρ,-ός)
Old Firehand	Vetus Pyrobolochir
	(a πῦρ, -ός – βάλλειν – χείρ)
Old Surehand	Vetus Bebaeochir
	(a βέβαιος – χείρ)
Old Death	Vetus Thanatus (a θάνατος)
Old Wabble	Vetus Paraphorus
	(a παράφορος)
Sans-Ear	Sin-Otus (a *sine* – οὖς ὠτός)
Track-Smeller	Stibosphrantes, -ae
	(a στίβος – ὀσφραίνω)
Bloody Fox	Vulpes Cruentus
Sam Hawkens	Samius Hawkens

καταβάλλειν	– prosternere
χείρ	– manus
πῦρ, -ός	– ignis
βάλλειν	– iacere, iactare
βέβαιος	– certus, firmus
στίβος	– verstigium
ὀσφραίνειν	– odorari, olfacere
οὖς ὠτός	– auris, is
παπάφορος	– titubans, vacillans